历|史|中|国
白金升级版

姜狼◎作品

五代十国
原来是这样

中国出版集团　　现代出版社

图书在版编目（CIP）数据

五代十国原来是这样 / 姜狼著 . — 增订本 . — 北京：
现代出版社，2021.8
（历史中国）
ISBN 978-7-5143-9313-2

Ⅰ . ①五… Ⅱ . ①姜… Ⅲ . ①中国历史－五代十国时
期－通俗读物 Ⅳ . ① K243.09

中国版本图书馆 CIP 数据核字（2021）第 144282 号

五代十国原来是这样

作　者	姜　狼	
责任编辑	袁子茵	
出版发行	现代出版社	
地　址	北京市安定门外安华里 504 号	
邮政编码	100011	
电　话	010-64267325　010-64245264（兼传真）	
网　址	www.1980xd.com	
电子信箱	xiandai@vip.sina.com	
印　刷	三河市宏盛印务有限公司	
开　本	710mm×1000mm　1 / 16	
印　张	23.75	
字　数	381 千	
版　次	2021 年 8 月第 1 版	
印　次	2021 年 8 月第 1 次印刷	
书　号	ISBN 978-7-5143-9313-2	
定　价	59.80 元	

目　录

五　代

一　满城尽带黄金甲
——盐贩子黄巢的造反人生

天宝十四年（755年），中华大地上爆发了规模空前的安史之乱，虽然唐王朝用了七年时间镇压安史之乱，但开元盛世的荣光一去不复返。"烈火烹油，鲜花着锦"已成绝响。

天下纷纷扰扰一百年，传祚至"姿貌雄杰"懿宗李漼，昏庸残暴，朝令夕改，近小人，远贤臣，十四年间竟然任命了二十一位宰相，太监又开始得势。其堂兄武宗李炎、其父宣宗李忱用近二十年时间积累下来的大好局面被昏庸的李漼彻底葬送掉了。

李漼死后，在宦官集团的操纵下，性格比其父更加庸懦的十二岁小童李儇登上帝位，史称唐僖宗。李漼虽然昏庸，但也没有认太监当干爹，但李儇就敢厚颜无耻地称太监头子田令孜干爹，即"十军阿父"。

传至僖宗李儇时，政治极度腐败，藩镇连年战乱，老百姓在双重搜刮下已忍无可忍，最终扯旗造反。"百姓流殍，无所控诉。相聚为盗，所在蜂起。"其中以盐贩子王仙芝铺的摊子最大，僖宗乾符元年（874年）十二月，王仙芝在长垣（今河南长垣）率三千人揭竿而起，指责唐朝"吏贪沓，赋重，赏罚不平"，自称"天补平均大将军"，这也是中国农民起义史上首次提出"平均"的概念。

王仙芝的摊子还不是最大的，埋葬唐王朝的煞星终于站在了王仙芝的身后，就是几乎家喻户晓的私盐贩子——黄巢。

"待到秋来九月八，我花开后百花杀。冲天香阵透长安，满城尽带黄金甲。"这首充满杀气的《不第后赋菊》，是黄巢留给历史最著名的印记。

其实黄巢本来是可以成为唐朝官员的，可恨的主考大佬不识货，硬把灌了半肚子墨水的黄巢给黜落了。黄巢一怒之下写了那首反诗，然后跟着王仙芝闯荡江湖，立志要推翻腐败的唐王朝……

王仙芝造反的目的只是想和唐朝讨价还价，弄个大官做做。黄巢则反对在羽翼未丰的情况下仓促谈判，你本钱太少，能谈出个卵来？

黄巢最终还是选择了单飞，而王仙芝失去黄巢后则如无头苍蝇般乱撞，最终在申州（今河南信阳）被官军击败，命丧黄泉之下。黄巢还在坚持着自己的帝王梦想，乾符五年（878 年）二月，在得到王仙芝的旧部后，黄巢在亳州城外立纛称王，自号"冲天大将军"，改元王霸，设置官属。

黄巢以为唐朝腐朽不堪一击，但他很快就在现实面前撞了一头大疙瘩，在江北被官军一路追着暴打。虽然唐王朝也向黄巢招安，但条件是黄巢必须解散军队。乱世混江湖，没有了军队，一毛钱都不值，黄巢当然选择了拒绝。

江北不能立足，黄巢则选择了向官军实力较弱的江南发展，同时江南又是朝廷财富重地，有利于军队的财政补给。江西杂牌军实力有限，很快就被黄巢手下这群北方悍将打败，但黄巢没有在江西建立战略根据地，原因很有可能是江西处四战之地，无险可守。黄巢本想攻打宣州（今安徽宣城），目标有可能是金陵，但唐朝的宣歙观察使王凝将黄巢迎头暴打一顿，黄巢又改变主意，进入物产丰饶又有险可守的浙江。可惜在浙江黄巢遇到了更强硬的对手，就是后来开创吴越一代霸业的钱镠。钱镠留在石镜镇（今浙江临安东）设伏，乱箭击杀黄巢军。黄巢弄不清杭州军的底细，不敢多留，起义军走了七百多里山路，直入福建。浙江待不下去，黄巢又像无头苍蝇一样，翻山越岭七百里，进入了在当时比较偏僻贫瘠的福建。

福建更不是黄巢的命中真龙所在，唐朝的淮南节度使、一代射雕名将高骈一直追到了福建，把黄巢打得鼻青脸肿，大将毕师铎、李罕之、秦彦等人投降官军，只有偷锅的无赖朱三跟着黄巢南下广州，追逐着各自的梦想。

在福建期间，黄巢做了一件深得人心的事情，就是他下令凡是抓到读书人，不但不杀，反而给肉吃。黄巢突然来这一笔，说到底还是他心中的进士情结所致，如果不是考官昏庸，他现在早就成节度使了，又怎么会沦落成贼？至于黄巢杀处士周朴，实在是周朴不识抬举，大骂黄巢是贼，自寻死路而已。

广州虽然富庶，但也不是黄巢的龙飞之地，毕竟北方人多不习岭南水土，很快就暴发大面积疫情。当然，黄巢在岭南只是休整，顺便和唐王朝扯了几回皮条，争取四个月的时间喘口气。养精蓄锐，黄巢的目的自然是三百年雄霸东方的西京长安城。

黄巢的计划是过长江先取襄阳，次取洛阳，最终总攻长安。但黄巢在襄阳遭到了山南节度使刘巨容的沉重打击，死伤数万。黄巢只能带着幽灵一样的军队，再次过江进入江东宣州一带寻找战机。由于唐朝在江南税赋最重，百姓生活极端困苦，黄巢一到，迎马拜降者有二十万，黄巢势力迅速壮大。在打掉了贪婪的淮南节度使高骈之后，黄巢觉得是时候去长安追逐他的伟大梦想了。

唐广明元年（880年）七月，黄巢军在采石矶横渡长江北上，在江南腹地把官军主力打得找不着北，官军望风披靡，非降即逃。十一月，黄巢军占领东都洛阳。洛阳是长安门户，洛阳失守，长安城中金紫贵胄都知道意味着什么。小皇帝李儇非常痛快，连夜带着七姑八婆老太监们逃出金光门，跑到成都避难去了。

而在西逃不久，李儇之前苦心经营的潼关防线便告失守，左军马军将军张承范率一票纨绔子弟兵被黄巢的六十万人马吃得连骨头渣子都不剩。

皇帝逃了，前线的弟兄们自然都知道该怎么做，大不了换个皇帝磕头就是了。在金吾大将军张直方的热情张罗下，唐朝留守长安的大员们挤成了一锅粥，伏跪在灞上柳桥边，恭迎冲天大将军。

黄巢入城的仪式非常震撼，《资治通鉴》对这段历史的记载极为精彩："巢乘金装肩舆，其徒皆被发，约以红缯，衣锦绣，执兵以从，甲骑如流，辎重塞途，千里络绎不绝。民夹道聚观，尚让历谕之曰：黄王起兵，本为百姓，非如李氏不爱汝曹，汝曹但安居无恐。"

这一天是唐广明元年（880年）十二月初五。

而五天之后，即十二月初十，黄巢在长安含元殿正式称帝，国号大齐，改元金统。不过因为称帝太过仓促，黄巢登基时没有衮冕和金石乐，只能用弋绨（黑色丝织品）画成了衮冕的模样，用牛皮大鼓代表金石，喽啰兵操长剑大刀立列殿上，仿佛不像是长安含元殿，而是水泊梁山的聚义厅。

黄巢心满志得地坐在大殿上，接受各怀鬼胎的唐文武百官山呼万岁，黄巢骄傲地笑了。但令黄巢所没有料到的是，这一天，恰恰是他这个大齐皇帝滑向深渊的开始。

答案并不难找，一句话：黄巢没有建立自己的战略根据地。

刘邦以汉中为根基，李渊父子以河东为根基，朱元璋以江东为根基，黄巢的根基在哪里？他根本没有根基。换言之，黄巢一直是打一枪换一个地方，奉行"流寇"主义，今天在山东，明天在河南，后天跑到了湖北，大后天竟然窜到了广东。如此长线作战，军需可以就地解决，但人心不附，各阶层不会从根本上支持黄巢，这才是黄巢最大的要害所在。除了没有根据地，黄巢另一个严重的失误是没有搞统一战线工作。

其实黄巢刚进长安时，也知道统战工作的重要性，给老百姓画了一张政治大饼，但对于中上层的官僚士绅，黄巢采取的是严厉镇压。"因大掠，缚棰居人索财，号'淘物'，富家皆跣而驱，贼酋阅甲第以处，争取人妻女乱之，捕得官吏悉斩之，火庐舍不可赀，宗室侯王屠之无类矣。"黄巢部下大将尚让为了泄愤，杀掉了三千士人，"宁左毋右"，彻底得罪了足以影响政局走向的官僚集团和士大夫集团。

在封建时代的社会大背景下，得罪了官僚和文人，下场可想而知。

长安的富豪阶层几乎被杀光，同属于剥削阶级的已投降黄巢的大员们开始拉开了与黄巢的距离，代表人物是河中节度使王重荣。原因很简单：王重荣等人都是富豪阶层，黄巢杀他们的阶级兄弟姐妹，甚至连张直方这样的降将都株连三族，他们还能活几天？黄巢甚至还要掏空王重荣的钱袋子，"调财不已，又将征兵"。面对黄巢的贪得无厌和残暴无礼，王重荣终于忍无可忍，打响了向黄巢反击的头炮。

王重荣"造反"，大齐皇帝自然恼火，立刻派头号大将朱温从同州过河，会同自己的弟弟黄邺击王重荣。砀山朱三自跟着大哥黄巢闯荡江湖，几乎是战无不胜，偏偏这次就栽在了王重荣手上。王重荣的河中军大破黄巢军，尽劫其粮船，复引兵进抵渭水北岸。

黄巢没有建立战略根据地的恶果开始显现，粮草开始接济不上，关中地区也早被黄巢搜刮干净，再也刮不出一文钱养军。几十万大军没饭吃，后果不言而喻。

黄巢因为志在长安，所以放弃了在南方割据称王的机会，最可惜的是放弃了湖南这块鱼米之乡的宝地。湖南北有长江天堑，东与南各有大山与赣、粤相隔，西凭大山绝于贵州，而且湖南气候适宜，很少有大疫情发生。其距离中原只一江之隔，如果黄巢能守住湖南，控甲十万，俟中原有变，立时可饮马长江，挥旗北上，开河洛，定关中，并非难事。

此时的黄巢也许后悔自己当年的轻率，但为时已晚，唐朝各路军阀开始进围关中，这里显然不能再承载大齐帝国的存在了。唐广明二年（881年）四月，黄巢主动撤出长安，率军退屯于灞上（今陕西西安南郊）。唐军随后入城，接受城中百姓的山呼万岁。仅仅过了半年，救世主黄巢就成了十恶不赦的恶魔，百姓恨黄巢入骨，"以瓦砾击贼，拾箭以供官军"。这一点也证明了军事失败其本质都是政治失败，项羽如此，李自成如此；洪秀全如此，蒋介石也是如此。

其实黄巢还有机会改变自己当年的轻率决定，他完全可以率军南下，穿过河南，过江进入湖南一带割据。但黄巢却放不下长安的花花世界，在杀了一个回马枪之后，又占领了长安。结果，黄巢一头扎进了鸟笼子里……

受到巨额赏金刺激，各路诸军为了能摘下黄巢的项上人头，几乎是三军用命。几通砍杀之下，黄巢军实力受损非常严重，黄巢能掌握的兵力也不过十五万人。更何况，当时天下人闻之色变的由河东沙陀人组成的四万黑鸦军已进逼长安，黑鸦军大头领，就是江湖上鼎鼎大名的独眼龙——时任河东节度使的沙陀人李克用。

河东有极为丰富的马匹资源，而且沙陀人身强力壮，沙陀骑兵在当时几乎打遍天下无敌手。黄巢也久闻沙陀人的大名，听说李克用来了，包括黄巢本人在内的齐军上下都为之气短。事实也证明了这一点，唐中和三年（883年）二月，黄巢尽出主力十五万，尚让、黄揆、黄邺、林言、王璠、赵璋等将星列其后，在沙华山西北的梁田坡，与以李克用为首的唐各道藩镇决一死战。

以现在双方的战斗力和斗志而言，结果是不言自明的，"明日，大战，自午至晡，贼众大败，俘斩数万，伏尸三十里"。

百足之虫，死而不僵。黄巢在惨败后侥幸逃到河南，想在河南东山再起，可黄巢在河南却遇到了更加难缠的对手，比如在不久前背叛黄巢的大将朱温。此时的朱温已是唐朝的宣武军节度使，风光正盛，极为卖力地阻击旧主黄巢。

黄巢始终不愿进入江南称王，白白在河南浪费了一年时间，结果又被李克用追上了。五万沙陀兵继续向落魄的黄巢展示他们强健的肌肉，在黄巢准备强过王满渡，去汴州找朱温算总账时，被李克用从后面追上，"乘其半济，奋击，大破之，杀万余人，贼遂溃。尚让帅其众降（守徐州的武宁军节度使）时溥，别将临晋李谠、曲周霍存、甄城葛从周、冤句张归霸及从弟归厚帅其众降朱全忠。巢逾汴而北"。而这些投降朱温的巢军大将，都是日后朱温称霸中原的熊罴虎将。

黄巢再次侥幸脱逃，但身边也只剩下一千残兵。长安含元殿上建元称帝的辉煌，早被阴风吹得烟云不剩！

唐中和四年（884年）六月十七日，泰山脚下的狼虎谷襄王村，黄巢被徐州节度使时溥派来的人马团团围住。无路可逃的黄巢仰天长叹："想吾起事以来，转战千里，无不胜。今日如此，盖天意乎！"黄巢让外甥林言"帮助"自己抹脖子自杀。一代枭雄黄巢，命丧于此。

王夫之对于黄巢之所以失败评价得非常深刻，"黄巢虽横行天下，流寇之雄耳。北自濮、曹，南迄岭海，屠戮数千里，而无尺地一民为其所据；即至入关犯阙，走天子、僭大号，而自关以东，自邠、岐以西北，自剑阁以南，皆非巢有；将西收秦、陇，而纵酒渔色于孤城，诚所谓游釜之鱼也"。

而当时的胜利者唐王朝诸色人等都在为黄巢的死而欢呼，可他们哪里想得到，黄巢造反失败，并不意味着唐王朝重新恢复对地方藩镇的控制。恰恰相反，黄巢起事，正好成为本就雄心勃勃的藩道军阀们扩张自己军力的借口。等黄巢腐烂的人头被送进长安含元殿时，小皇帝李儇才惊愕地发现，天下已非他所有！

二　背叛你是有道理的
——站在十字路口的朱温

也许是巧合，在中国历史上，曾经出现过两位朱姓的开国皇帝——明太祖朱元璋和梁太祖朱温，而且他们之间有很多解不开的因缘巧合：

一、他们都姓朱。

二、他们都是开国皇帝。

三、他们的家乡距离极近，朱元璋老家在沛县，朱温老家在砀山，两县相距不过百里。

四、他们都出生于大动荡时代的社会最底层，穷得快吃不上饭了。朱元璋当和尚去化斋，朱温跟着老娘到地主家里当长工。

五、他们的帝国都被姓李的干掉。梁朝亡于李存勖，明朝亡于李自成。

不过有一点，朱元璋是比不上朱温的，就是朱温怎么说也是出身清穷的乡村小知识分子家庭，朱温的父亲朱诚是一名村塾教师，而朱元璋的父亲朱五四则是在黄土地里望天刨食的泥腿子。

英雄不问出身，刘邦要过无赖，刘备卖过草席，王猛卖过簸箕，朱元璋要饭都没人给他。朱温的"老底"同样不太"干净"，因为朱温偷过东西。好笑的是，朱温偷的东西，竟然是一口大铁锅。

说来也是可怜，朱诚先生虽是教书匠，但一生清贫，又死得早，撇下老婆王氏和三个儿子朱全昱、朱存、朱温，因朱温行三，所以江湖人称朱三。王氏没有活路，只好带着三个儿子去了邻近的萧县地主刘崇家里做用人。

刘崇很同情王氏母子，但对朱温完全没有好感。无他，朱温"壮而无赖"，喜好赌博，不事生产，哪个地主家也不喜欢这号人物。朱温经常在村头聚赌，但兜里没有闲钱，就盯上了雇主家厨房那口铁锅。朱温趁人不备，扛起铁锅准备换了钱再赌，结果被地主刘崇堵在门口……

刘崇将朱温一通好打，结果还是刘崇的老母亲可怜这个没爹的孩子，阻止儿子行凶，并把朱温揽在怀里，告诉刘崇："你不要小看这个无赖，老娘我夜观天象，此子将来必成大器。"刘崇哪信这个，哂笑而去。

其实刘母看得不错，朱温手脚再不干净，但他有一身好力气，又精于骑射，这是在乱世立身的吃饭本事。只要能遇到贵人，像朱温这样的泼皮无赖，照样可以乘龙上天。而朱温的贵人，就是盐贩子黄巢。

朱温听说了黄巢在曹县起义的事情，立刻召开了家庭会议，决定由忠厚但没用的大哥朱全昱留家照顾老娘，朱存、朱温兄弟星夜北上，拜倒在黄大哥面前。而在不远处，王仙芝更早起义，而且声势远大于黄巢，朱温舍王仙芝而投黄巢，可见朱温是很识人的。

朱温是穷光棍出身，每天目睹地主刘崇家的奢华生活，朱温都馋得流口水。朱温知道他要想成为人上人，就只能把脑袋别在裤腰带上玩命。朱温在跟着黄大哥作战时非常勇猛，"以力战屡捷"，不知道斩下了多少颗敌人的头颅。朱温终于被黄巢青眼相加，提拔做了队长。黄巢麾下有很多高级小弟，李罕之、毕师铎、秦彦、葛从周、霍存都有真本事，但朱温在这些人面前依然显得鹤立鸡群。从各种史料汇总来看，黄巢对朱温是相当偏爱的，不过朱温也回报了黄巢的器重。李罕之等人投降高骈，朱温依然跟着黄大哥闯荡。从曹县开始，山东、河南、江西、安徽、浙江、福建、广东、湖南、湖北的大地上都留下了朱温的汗水与足迹。直到黄大哥"满城尽带黄金甲"，乘肩舆入含元殿，朱温自然也跟着修成正果。朱温得到的大饼是"诸将军游奕使"，相当于明朝的大镇总兵官，在黄巢的武将群中这已是很高的职位了。更为重要的是，黄巢特别重视长安的区域防守，而朱温率精锐守在长安城外东渭桥，这是黄巢对朱温的器重。替老大看守门户，不是心腹人，谁敢放心？

不过因为政治上的严重错误，黄巢遭到了各路官军的强硬围剿，黄巢的大齐皇帝梦只做了几天，就不得不面对巨大的生存考验。黄巢死守关中，白白给了各路官军从容包围的时机，其实明眼人都能看出来，以黄巢的实力，要在强大的官军面前守住长安，几乎是不可能的。而面对黄巢人生中最大的危局，朱温并没有想要离开，而是继续跟在黄巢屁股后边转圈。

朱温并非一个无情无义的人，只要黄巢对他好，他是没有什么理由背叛老大哥的。当然，更重要的原因还是朱温相信黄巢能转危为安，如果黄巢能真正平定天下，那么朱温必然是一等一的功臣。当时的朱温应该没有脚踩两条船的想法，朱温甚至还凭三寸不烂之舌，招降了屯兵栎阳（今陕西高陵东）的银州招讨使诸葛爽。

不过，朱温毕竟处在一个乱世争雄的大风云时代，江湖上能扬名立万的人物非常多，不是朱温一人就能通吃天下的。很快，朱温就发现，已经和黄巢翻脸的河中节度使王重荣是个难缠的角色。其实何止是一个王重荣，大太监杨复光，和朱温都是地痞无赖出身的偷驴贼王建，哪个又是省油的灯？特别是王重荣，简直就是朱温的命中克星，"帝（朱温）时与之（王重荣）邻封，屡为重荣所败"。朱温被王重荣打得找不到北，情急之下，只能厚着脸皮向大齐皇帝求援。但更重要的是，朱温似乎已经察觉了一丝不祥——黄巢再这么折腾下去，早晚要完蛋。

朱温在明面上并没有背叛黄巢，但在朱温的心中已经打起了退堂鼓——再这么跟着黄巢，自己会不会完蛋？其实黄巢还算是对得起朱温的，在朱温奉命攻下南阳，返回长安时，大齐皇帝可是亲自迎接的，这是别人都很难得到的殊荣。所以朱温的内心深处一直在痛苦挣扎，如果背叛大哥，将来难免要背上骂名；可如果继续跟着黄巢，自己估计是死路一条。

但有一件事让朱温对黄巢产生了严重不满，就是黄巢极为信任的左军使孟楷向来与朱温不和，而朱温向黄巢加急快递的十份求救表章全部被孟楷丢在垃圾桶里，根本没给黄巢看。员工可以对老板忠贞不贰，但前提是老板必须创造一个可以让员工展示自己人生价值的舞台，可黄巢的这个草台班子都散了架，员工都快没了饭辙，朱温自然有了异样的想法。

朱温召开了一场足以改变历史的幕僚会议，参加会议的有三个人，事主朱温和两大幕僚谢瞳、胡真。

虽然史无明载，但毫无疑问，朱温的出发点肯定要保住自己的前程，这是一切问题的前提。朱温让两大谋士给他分析保黄与降唐的利害关系，其实朱温见"巢兵势日蹙，知其将亡"，基本打定了背叛黄巢的主意，《旧五代史·谢瞳传》就记载"（谢瞳劝他降唐后）我意素决"。与其说考虑保黄，不如说是让谋士给自己降唐进行心理安慰，朱温不想背上叛主的骂名罢了。

谢瞳不是傻子，他已看出朱温的心思，端人家的饭碗就不能砸人家的锅灶，这是江湖规矩。谢瞳劝朱温的话非常精彩，兹录原文如下：

"黄家以数十万之师，值唐朝久安，人不习战，因利乘便，遂下两京。然始窃伪号，任用已失其所。今将军勇冠三军，力战于外，而孟楷专务壅蔽，奏章不达，下为庸才所制，无独断之明，破亡之兆必矣。况土德（唐朝）未厌，外兵四集，漕运波注，日以收复为名，惟将军察之。"说来说去就一个核心内容：不要陪黄巢送死，另选一条发财的路。

胡真大致也是这个意思，劝朱温炒了黄巢的鱿鱼，换个东家。老板即将破产跳楼，跟着他一起跳楼显然是傻子才会做的。至于这么做会有负罪感，但换个角度看，朱温自跟着黄巢以来，凡战必先，身上没少留下刀枪伤痕，他已经对得起黄巢给他开的那些薪水，我又没白吃你的！

唐中和二年（882年）九月十七日，朱温做出了一个对于他本人来说正确的决定——杀黄巢监军严实，正式通告天下，背巢降唐。

而接到这块天大肉饼的，是朱温的"老邻居"河中节度使王重荣。朱温假模假样地向王重荣谢罪，并表示愿意为朝廷剿灭黄巢尽力。此时的朱温是黄巢手下头牌，他的背叛，相当于足球世界里的巴萨头牌直接转会到皇马（反之亦然），轰动效应可想而知。还赖在成都的小皇帝李儇接到谢瞳的亲自上书后，激动得鼻涕一把泪一把，"是天赐予也"。情绪激动的李儇封朱温为左金吾卫大将军，河中行营副招讨使，并赐名"朱全忠"。

李儇无论如何都想不到，就是这个"天赐"的朱全忠，日后夺了他唐家三百年江山社稷，并杀尽李唐宗室。

朝廷给朱温开出的条件不谓不丰厚，左金吾卫大将军是虚职，但河中副使却是实职，仅次于王重荣。而且朝廷的题外之义非常明显——只要剿灭黄巢有功，支票给你了，你自己填。

这笔交易对唐王朝来说是非常超值的，作为黄巢手下头牌，朱温的投降对瓦解黄巢军中将领的抵抗斗志能起到非常关键的作用。而且朱温对黄巢知根知底，就像洪承畴投降皇太极，对后金进攻明朝大有裨益一样。而对朱温来说，他也在情况不明的十字路口中间选择了一条正确的人生道路，美好的人生画卷已悄然打开。

更重要的是，通过这次叛变，朱温还意外地捡到一个老娘舅，就是他的新上司王重荣。因为王重荣和朱温的老娘王氏同姓，为了在朝廷内部找棵大树靠着，朱温厚着脸皮乞求王重荣做他的老娘舅。王重荣也知道朱温的分量，自然笑纳这个干外甥。

而朱温的突然叛变，却刺激到了内外交困的黄巢，黄巢指天痛骂朱温：负锅贼，终不得善终！此时的黄巢，不过是死鸭子嘴硬，他骂完后，也该下地狱了。

"反正我没白拿你的工钱，咱们两清。"新任宣武军节度使大人一直在这样宽慰着自己。

三　上源驿的大火
——一场足以改变历史的故意纵火事件

毛泽东曾经评论过朱温，就是那句著名的评语："朱温处四战之地，与曹操略同，而狡猾过之。"

朱温和曹操有很多共同点，比如他们都是处在大帝国的崩溃时代，都在北方折腾，东有吴，西有蜀，甚至还都大举南下伐吴，却都遭到失败。更离奇的是，二人在北方都有一个实力远强于自己的敌人，曹操有袁绍，而朱温的一生死敌是盘踞河东的独眼龙李克用。

朱温和曹操也有一点不同，就是曹操最终消灭了袁绍统一北方；而朱温始终啃不下李克用，到了儿子辈儿，朱温的"猪狗"儿子被李克用的儿子李存勖扫荡得精光不剩。

原因出在哪里？答案有很多，但今天我们只从一个角度来切入，那就是度量。换言之，朱温的度量远不如曹操。

曹操与袁绍是敌人，但也是生死之交的朋友；而李克用本来也有可能成为朱温的兄弟，但一场心胸狭隘的大火，硬生生把李克用烧成了世上最恨朱温的人。

而这一切，都源于朱温的气量，和近乎赌博式的纵火杀人。只是结果很遗憾，朱温的杀人计划没有得逞，却搬起石头砸了自己的脚，彻底断送了朱温做曹操第二（至少统一北方）的美好梦想。

严格来说，发生在上源驿的这场大火，甚至可以称为改变了中国历史后一千年的进程。道理很简单：五代，除了朱温的梁，后四代即唐、晋、汉、周，都是出自李克用的河东军政集团。如果朱温能烧死李克用，那么历史就不可能出现五代，而取代五代的北宋，更不可能出现。如果没有北宋的出现，金元明清都可能不会出现……

一个叫上源驿的驿站，记载了这场虽不甚知名却惊心动魄的恐怖夜宴。而那一夜的熊熊火光，则在李克用心中留下了极深的心理阴影。

事情还要从朱温背叛黄巢归唐讲起。朱温炒了黄巢的鱿鱼，但他的反水，对于唐朝灭巢的重要性来说，只能排在第二位，而居灭巢首功的，正是来自河东的李克用。这一点，从灭巢之后，唐朝论功行赏时就看得出轻重，朱温得到的仅是四战之地的宣武军（治汴州），而李克用得到的却是天下第一重镇河东！当时之宣武军，"连年阻饥，公私俱困，帑廪皆虚，外为大敌所攻，内则骄军难制"。朱温治汴稍有偏差就有可能人头落地，远远不能和占天时地利人和的李克用相比。

朱温是在剿灭黄巢的过程中结识李克用的，因为二人是天下瞩目的灭巢双骄，所以关系刚开始时相当不错。当然，这只是李克用的错觉，毕竟沙陀胡人没那么多心眼，觉得汴帅是个可交之人。但朱温对李克用，则是外宽内忌，表面上称兄道弟，暗中恨不得李克用立时就被天打雷劈。

朱温有统一天下之志，但他也知道，欲平天下，兵强马壮的河东沙陀军恐怕是他难以迈过的一道门槛。所以在朱温的心里，就产生了一个大胆的计划——谋杀李克用，为将来统一天下去一劲敌。

朱温计划对李克用动手时，李克用正在河南境内对失魂落魄的黄巢进行最后的追杀，但因为河东军粮草补给没有跟上，还是让黄巢侥幸逃掉了。因为汴州是自己回太原的必经之地，所以大大咧咧的李克用路经汴州时，决定在盟兄的地盘上休整一下。

猎物自己送上门来，朱温笑得合不拢嘴。朱温亲自到城外迎接李克用，二人称兄道弟，好不亲热。

上源驿的客厅内灯火辉煌，朱温安排的鼓乐队正摇头晃脑地吹奏着凯旋的音乐，一队美丽舞女的曼妙身影在李克用面前晃动着。李克用坐在上首，朱温含笑坐在旁边，不停地给李克用敬酒，吹捧着李克用驱逐黄巢的不世神功，李克用已经醉意迷离。

而关于这场谋杀的地点，《旧五代史·唐太祖纪一》说是在汴帅府，而同书的《旧五代史·梁太祖纪一》却说是在上源驿馆，《资治通鉴》也持此说。从道理上讲，为了杀李克用，放火把自己唯一能卖上价钱的府第给烧了，朱温似乎还没那么傻。而上源驿不过是一个驿馆，烧也就烧了。所以，还是基本能认定事发地点就在上源驿。不过上源驿并不在城外，而是在汴州城内。

这两本书还记载了一件事，就是李克用喝醉后对朱温说话不干净，惹恼了朱温，朱温这才起了杀机。实际上这不过是后世史家对朱温的"为尊者讳"，以朱温的野心，即使李克用不用话刺激他，他照样会干掉李克用。因为李克用活着，就是对他最大的不尊重。

为了不让李克用逃出生天，朱温非常注意一些细枝末节。比如他让部下杨彦洪用战车和树栅把李克用有可能逃出的路给堵死，然后再放上一把火，大事可成。

一切都非常顺利，李克用明显喝多了，在朱温的劝说下，李克用被扶到房间里休息，河东军将也喝得烂醉如泥，"从者皆霑醉"，朱温觉得时机到了，对部下使了一个眼色，部下悄然把一根点燃的蜡烛置于帷幕之下……

朱温千算万算，甚至把李克用的贴身卫士陈思洪以下三百人都安顿好了，唯独没想到李克用的亲兵薛志勤、史敬思，以及李克用的贴身卫士郭景铢等十几个人根本没喝酒，所以神志清醒。大火着起来后，李克用还像死猪一样酣睡，还是郭景铢把李克用拽到桌下，用凉水给浇醒了，告诉李克用："朱温今天要咱们的脑袋。"李克用才如梦初醒。但等李克用用最难听的脏话骂着朱温八辈祖宗时，在上源驿的周围，冲天的火光早就堵死了李克用的任何一条生路。更要命的是，数不清的汴州兵挥舞着手中的刀枪，呐喊着要砍下独眼龙的人头请功。

虽然李克用略清醒，并用箭射杀了几十名汴州兵，可火势借着风力越烧越大，李克用已经没有任何冲出火场的可能性。朱温即将除掉心腹大患，几十万匹来自河东的健壮马匹在朱温心中奔腾而过。

但一场令朱温完全没有料到的意外发生了，"会大雨震电，天地晦冥"，倾盆大雨瞬间就浇灭了让人震怖的大火，已经闭眼认命的李克用惊喜地狂呼着"天不亡我"！而更对李克用有利的是，现场的闪电明如白昼，等于给李克用开辟了一条逃生的道路。李克用借着闪电强行突围，手下弟兄三百人以死相搏，终于力保李克用逃出生天，用绳索缒下汴州城，扬长而去。而汴将杨彦洪告诉朱温，只要发现有骑马的就射，因为胡人善骑马。朱温听了杨彦洪的建议，所以三百沙陀骑兵悉数被杀。不过讽刺的是，杨彦洪本人也骑了马，结果朱温在混乱之中没有看清，一箭将杨彦洪射死……

李克用逃回驻扎在城外的沙陀兵大营，咬牙切齿地要发兵与朱温决一死战。

还是刘夫人拉住丈夫，劝李克用不要意气用事，不如向朝廷申诉朱温的无耻，一则能赢得朝廷同情；二则能打击朱温的势力。李克用怒气未消，写信给朱温，让朱温必须给他一个合理的解释。

真要两军对阵，面对数万沙陀兵，朱温即使是在自己的地盘上，也未必有多少胜算。所以朱温极力掩饰内心的恐惧，向李克用进行"解释"。所谓"解释"，其实就像司马昭杀了曹髦，却把黑锅扣在成济头上，朱温的"解释"是动手杀河东大帅的是杨彦洪，与朱某无关。

李克用当然不会相信朱温的鬼话，但李克用其实也不太敢在朱温的地盘上撒野。等回到河东后，忍无可忍的李克用连上八表入长安，强烈控诉朱温的无耻行径，请朝廷废黜朱温官位，出兵讨伐巢逆余孽，李克用愿以河东兵助阵。虽然唐王朝知道李克用受了委屈，不过此时秦宗权为祸正烈，朝廷方面还不敢拿掉朱温，只能乱抹稀泥，劝李克用以国家大局为重，并晋封李克用为陇西郡王，勉强劝住了李克用。

李克用恨透了朱温，并把朱温当成自己的头号血海仇人。朱温搞砸了鸿门案，等于断送了自己统一北方的可能性，甚至在朱温扫平中原诸势力的时候，他也无法保证李克用不会在自己背后捅刀子。而随后的历史也充分证明了这一点，每次只要朱温的敌人向李克用求救，李克用都不惜血本发兵救援，目的只有一个：朱温不死，大仇难报！

但朱温对李克用的态度只是后悔没烧死这个独眼龙，却完全没有对自己动手杀人而有丝毫歉疚。

"不杀你，等着你将来杀我？"朱温还在为自己辩护。

四　虎生双翼
——朱温冲破牢笼之战

朱温和曹操的事业发展轨迹略相同，但相比较来说，二人在事业发展的过程所遇到的困难程度，朱温要稍大于曹操。曹操在初创业时，所遇到的多是黑山贼于毒、眭固这些小虾，而且曹操又破黄巾百万乌合之众，收其精锐，组建青州兵。曹操发迹时，东汉军阀还没有形成规模，连袁绍这样的巨咖都还在四处奔饭食。而朱温出生时，安史之乱后造成的唐朝军阀割据已近百年，远非那些乌合草贼可比。特别是在黄河流域，形成了魏博、卢龙、义武、平卢等百年军阀，再加上遍布各地的诸道节镇，各镇士兵普遍经过严格训练，朱温发展的空间其实并不大。

因为朱温首先是叛将出身，在剿灭黄巢的过程中功劳又不如李克用大，所以唐朝只给了朱温"宣武军节度使"的差使。说得难听一些，唐王朝这么对朱温，和打发叫花子没有什么区别。

唐末大动乱年代的开封一带，呈现在人们面前的是一幅完全看不到希望的末日景象——军阀连年混战，农业生产被严重破坏，人口骤减。《新唐书·秦宗权传》记载："贼渠率票惨，所至屠老孺，焚屋庐，城府穷为荆莱，自关中薄青、齐，南缭荆、郢，北亘卫、滑，皆麏骇雉伏，至千里无舍烟。"

可以数一数朱温身边的虎狼们：

西北有安师儒据郑州、滑州。

正北有朱瑾、朱瑄兄弟据郓州、曹州。

东北有齐克让据兖州。

正东有时溥据徐州、宿州。

南有铁枪王敬荛死守颍州。

西南有赵犨守陈州。

这些还只是与朱温领地直接接壤的军阀，更不说这些二线军阀的外围，在各自方向还盘踞着一伙实力更加强劲的军阀，如平卢军的王敬武、魏博军的乐彦桢、成德军的王镕、河阳三镇的诸葛爽、盘踞洛阳的李罕之。再往北，就是堪称天下第一实力派的河东李克用。而在朱温所在的河南地界，要说实力，盘踞在淮西蔡州的秦宗权称第二，没人敢称第一。朱温主政宣武军以来，每天都生活在秦宗权巨大的吃人魔影之下。朱温随时可能被巨兽们吃掉，他所面临的生存压力，远不是太平时代的安逸后人能想象到的。就像一家自主创业的小公司，夹杂在七八家同行业的国际企业巨头之间一样，那份生存上的巨大恐惧，只有亲身经历才能体会到。

对于当时的河南来说，秦宗权就是一只另类的吃人巨兽。如果当时有博彩公司开出吞并河南的赔率，秦宗权毫无疑问排第一，朱温在当时不过是个三流军阀而已。

秦宗权是蔡州本地人，后来黄巢进入河南，秦宗权割据蔡州自称刺史，有兵力万余人，这在当时是一笔相当可观的数字。秦宗权就是靠这个原始资金在血雨腥风的江湖上闯荡，秦宗权曾经和黄巢合作过，一起抄掠河南地皮，发了一笔横财。在朱温主政宣武军之初，秦宗权就已经控制北起洛阳、东抵寿州、南至襄阳、西达陕州的广阔地区，甚至他还能发兵南下，进入淮南。如果放在三国时期，秦宗权相当于袁术在江湖上的地位。

而朱温面对这样的强劲对手丝毫不敢大意，他知道，一旦疏忽，秦宗权随时可以搞掉自己的脑袋。初期羽翼未丰，朱温还比较注意与秦宗权搞好关系，但秦宗权势必要砸朱温赖以存活的宣武军饭碗，甚至发兵将汴州城围个水泄不通，这是朱温不能接受的。朱温举起了砍向秦宗权的第一刀，非常顺利，"（朱温）进与贼（蔡军）战，杀获甚众"。当然，朱温能虎口脱险，也有赖于他的盟兄、郓州的朱瑄出兵相救。否则，以朱温的微弱兵力，早就被秦宗权的小弟兄包了饺子。这场战役发生在唐中和六年（884年）六月。

之前的朱温一直被秦宗权强力压制，直到朱瑄出手赶跑秦宗权之后，朱温才算缓过了一口气。但瘦死的骆驼比马大，秦宗权整体实力并未受到严重损失，依然可以威胁到朱温的生存，甚至即将返回长安城中的唐僖宗李儇都"畏宗权为患"。不过对于朱温来说，秦宗权不过是一头垂死的老虎，虽然还可以吓唬人，但掉了尖牙，落了利爪的老虎，武松是不会害怕的。秦宗权在与朱温的车轮大战中，只有八角（今开封附近）一战让朱温折损了人马，其他所有战役，十倍兵力于朱温的秦宗权都被朱温打得找不到北。

江湖老大哥被新进小弟摁在地上暴打，面子上实在说不过去，秦宗权为了一举铲除朱温这个心腹巨患，几乎是倾其血本，"欲悉力以攻汴州"。

之前朱温与秦宗权的战争，其实还是机动作战，这种作战方式对实力较弱的一方比较有利。可如果对方进行大规模会战，朱温偏弱的军事实力很难抵挡住秦宗权的疯狂进攻。

这个问题很容易解决，朱温采取的还是"借力打力"战略，即告诉他的邻居老大哥朱瑄四个大字"唇亡齿寒"，然后朱瑄和弟弟朱瑾乖乖地率郓州兵前来救朱温。再加上朱温让大将朱珍征兵万余人，还有马匹数千，足够应付秦宗权了。朱温紧紧抓住朱瑄的要害，逼得朱瑄不得不与他合作，用自己的命去绑架别人的命，非有大智慧做不到这一点。朱温这个办法，其实非常适用于初创时期的中小企业，竞争不过大公司不要紧，几家中小企业联合起来，整体实力就足以与大公司抗衡。

在唐末中原大战史上具有决定性的战役终于打响，时间是在唐光启三年（887年）五月初八，地点在汴梁城北郊的边孝村。秦宗权无论如何也想不到，自己的大蔡皇帝梦美丽如画，竟然在小小的砀山朱三面前彻底破灭。是役，"（朱温）大破之（秦宗权），斩首二万余级；宗权宵遁，全忠追之，至阳武桥而还"。而这场边孝村之战还有一个重大意义，即秦宗权惨败之后，已无力经营河南，之前由秦宗权控制的邻近关中的河南大部州郡，被悉数放弃，严重缓解了蔡人对长安的战略威胁。

对朱温本人来说，秦宗权就是他天生的命中劫数，渡得了这一难关，朱温的前程光明无限。后人一味指责朱温的私德有问题，却有意无意地忽略了朱温能在那种混乱的局势下生存并发展壮大，有多么不容易。朱温是靠着自己的努力和智慧，在血雨腥风中一路拼杀过来，才打下河南基本盘，成为河南最大的势力，"得洛、孟，无后顾之忧"。而朱温最危险的敌人秦宗权，在朱温的凌厉攻势下，逐渐退出了历史舞台，最终被部将擒献给朱温。

在对待秦宗权的问题上，朱温展示了他特有的政治智慧。按常理来论，秦宗权数次羞辱朱温，朱温完全可以报复秦宗权，但朱温以诸侯礼接见秦宗权，并为秦宗权可惜。朱温说你是个傻子，以你的实力，如果背靠朝廷这棵大树，什么样的富贵得不到，非要称帝，结果成了叛臣，天下共讨之。随后朱温把秦宗权献于长安，算是给新继位的皇帝李晔一个见面礼。朱温这么做，就是要告诉李晔，"我朱全忠是朝廷最大的忠臣"，当然，朱温的潜台词是：我比河东那个性情暴躁的独眼龙更靠谱……

朱温在政治上的聪明，自然换来了丰厚的政治回报，李晔加封朱温中书令，晋爵东平郡王，"以赏平蔡之功也"。这是政治上的回报，军事上的回报更加丰厚，"全忠既克蔡州，军势益盛"。朱温在乱世中生存的战略就两点：政治这一手要硬，军事这一手更要硬。在乱世中生存，手上没有铁家伙，只能被人下锅煮了饺子。

搞掉了几近变态的秦宗权，只不过是朱温把围困自己的木笼子稍稍掰大了缝隙，他的身边依然虎狼出没，生存环境依然不甚乐观。但迈过了秦宗权这道坎，朱温整个人的心气被全面激活，再面对什么大风大浪，朱温已能定得下心力。

在宣武军诸邻道中，有两个大镇不得不提，即北边的魏博军与东边的武宁军。魏博军控制魏州（即古邺城）、澶州、贝州、博州等河北大州，是河北、河东进入河南的必经门户，战略地位极为重要。朱温异常重视魏博之于河南的关系，只要能控制魏博军，朱温北可攻河东，南可守河南，东可进山东，朱温将拥有很大的战略空间。一旦魏博为李克用所有，朱温就直接可以等死了。而让朱温更加忧心的是，魏博军内部发生了权力斗争，原节度使乐彦桢失势，派儿子乐从训来向朱温求援。而据可靠情报，魏博军小校罗弘信极有可能成为新一任魏博大帅，但罗弘信又与朱温不是很熟，很难保证罗弘信不私通李克用。朱温对此的解决办法是，不断向罗弘信施加军事压力，打掉魏博军的南线门户，直到罗弘信承受不了这种巨大的压力，向朱温求和为止。

朱温懂得一个道理：想让对方把你当成朋友，那你应该首先拆掉他家的大门。其实这一点，在一千多年后的北平解放过程中有明显的体现，当时解放军与西北军时打时谈，而毛泽东欲要西北军和平起义，就要彻底打掉西北军出海的门户天津。果然，天津一解放，西北军立刻起义。而朱温所做的也是如此。汴军大将朱珍率大军渡过黄河，占领了魏军南线重要门户黎阳，汴军可以随时发动对魏博首府魏州的攻击。新上台的罗弘信终于顶不住压力，派人向朱温求和。以现在双方的实力，如果真大打出手，即使朱温能获胜，也将是损失巨大的惨胜。一旦朱温陷入魏军泥潭，就有可能后院起火，对于这一点，朱温是心知肚明的。所以朱温才以打促和。就凭朱温在争取魏博军内附所表示的大政治智慧，说朱温是了不起的政治家，并非吹捧。

而朱温接下来的敌人，就是驻守徐州的武宁军节度使时溥。魏博之于朱温，相当于朱温的脖颈，断不能被人扼制，而徐州之于朱温就相当于高飞于天的翅膀。宣武军地处中原四战之地，很容易被人挤成压缩饼干，而如果开辟了东线战场，把势力伸到东海之滨，那么一直缩在笼中跳舞的朱温就如同扭开了牢笼的锁链，可以彻底地放飞自己的梦想。

而时溥天生就是个低头捡便宜的，整体实力远不如魏博。朱温的对外战略是远交近攻——远而强者，交；近而弱者，杀！

时溥在唐末诸军阀中远称不上一流，却凭空得到了剿灭黄巢的头功，因为黄巢就是在时溥人马的追杀下才自尽的，李克用白白替时溥做了嫁衣裳。因为尝到了甜头，所以在朱温全力剿杀秦宗权时，时溥又想揩朱温的油水。其实，就汴州与徐州的地理位置来看，朱温和时溥的利益诉求是重叠的，有温无溥，有溥无温。而且朝廷比较偏重于朱温，让朱温领了淮南节度使的虚缺，这让时溥大吐酸水。时溥坐在燕子楼头骂道："老子在军界搅马勺的时候，你还在刘崇家里偷锅做贼！"

朱温在政治上是只老狐狸，他要灭时溥必须在政治上有站得住脚的理由，否则很容易授人话柄。正好秦宗权的余孽孙儒等人在淮南烧杀抢掠，朝廷让遥领淮南节度使的朱温发兵剿灭孙儒，朱温知道他的机会来了，自然伏拜接受上命。而朱温算准了时溥的心思，一旦汴军拿下淮南，时溥必然腹背受敌，所以时溥百般阻挠汴军。朱温终于"怒，出师攻徐"。与其说朱温怒，不如说朱温喜。

虽然时溥的徐州兵人数不少，时溥一出手便能拿出步骑七万人，出屯丰县南，但徐州兵当时经历的生死战役较少，而汴州兵几乎都是血里火里拼出来的，战斗力不可同日而语。朱温阵营中早期一线大将朱珍一出马，时溥的人马被打得溃不成军，在与时溥的生死博弈中，朱温很轻易地拿下徐州南线门户宿州，对徐州构成了严重的战略威胁。

但让朱温没有想到的是，时溥竟是一块难啃的硬骨头。朱温和时溥发生争斗是在光启元年（885年），而直到大顺元年（890年），六七年的时间内，朱温也只不过把时溥打成了缩头乌龟，却始终难以啃下。在这六七年时间里，朱温也不是没有和其他诸侯发生战争，但重点始终放在徐州。朱温清楚徐州的战略地位对自己有多么重要，不惜一切代价也要拿下徐州。为了使这场战役取得胜利，朱温几乎是倾巢而出，"汴军四集，徐、泗三郡，民无耕稼，频岁水灾，人丧十六七"。时溥的主力悉数被歼。当然，朱温在客场作战，一切损失都是时溥的，朱温几乎是坐收战争红利。虽然朱温为了得到徐州不惜破坏徐州地区生产力的做法值得商榷。曹操为了报私怨在徐州进行大屠杀，现在成了正面人物，朱温自然也应该获得同等待遇。

至于时溥，他连乱世枭雄都称不上，只不过因一时风云际会，割占一城而已。他的人生结局比较惨烈——在一个风雪交加的夜晚，汴州大将牛存节、王重师率汴州兵从登云梯上强行攻进徐州城，绝望的时溥率家人登上关盼盼绝食而死的燕子楼，聚材浇油，一把冲天大火，宣告了他的游戏结束，也宣告了朱温的胜利，时间是景福二年（893年）四月。

"（徐州）地入于汴"，这是属于朱温的光明正大的劳动成果。如果历代皇帝能在地下大聚会，朱温会拍着胸脯对某些兵变篡位的帝王说：我的天下是打下来的，你的呢？

其实在朱温长达三十余年的征战史上，远交魏博和近攻徐州都算不上最出彩的，而之所以重点讲远交魏博、近攻徐州，是因为这两个地方对朱温冲破军阀包围圈有着非常重要的战略意义。拿下魏博与徐州，朱温这头凶猛的老虎才算真正插上了梦想的翅膀，他可以自由自在地翱翔于梦想的蓝天之上，追逐自己的人生最高点。

朱温的战略生存空间被数倍扩展，虽然还要面对很多军阀，但朱温已破了自己心中那口气，接下来要做的，不过是割麦子而已。朱温曾经的盟兄朱瑄兄弟也成了朱温可口的盘中餐，被朱温用了将近四年的时间吞下，朱瑄败死，朱瑾逃奔淮南杨行密。

实际上，朱温在郓州与之作战的，不仅是朱瑄兄弟，还有在朱温魔掌下侥幸逃脱的受伤的猎物——河东李克用。朱温进攻郓州时，李克用分几次派来数万步骑兵，为首的还是河东一线名将李存信。而沙陀兵的作战能力举世尽知，至少黄巢是领教过的。

打不过怎么办？朱温再次展示了他作为政治军事家的优秀品质，他祭出一招"借力打力"。我是打不过你，但我知道你是借魏博军的地盘过境的，那问题就好解决了。罗宏信每天都担心李克用吞并魏博军，对河东严防死守，朱温就利用了罗宏信的这一心理特点，"乃间魏人"。不知道朱温都在信中具体给罗弘信说了什么，但大致意思完全可以推测出来：如果我的大梁兵被定死在郓州，一旦李克用背后捅你一刀，老弟我可帮不了你。

罗宏信被朱温说动，出兵三万抄了李存信的后路，李存信吓得退守洺州，再也不敢去管朱瑄的死活。虽然朱瑄那边还有李克用的小股王牌部队，如李承嗣、史俨带的骑兵，但在整体上已经无法对朱温构成威胁，所以朱温很快就拿下了垂死挣扎的朱瑄，以及朱瑄貌美如花的荣夫人。

杀秦宗权得河南，杀时溥得徐州，杀朱瑄得郓曹、控制魏博军，死死压制住河东李克用，朱温成功地冲破了历史束缚他的那只牢笼，一飞冲天，睥睨天下，四海无敌，直到遇到军事史上不世出的奇才李存勖……

五　得罪了文人，骂你一辈子
——还原历史上真实的朱温

"朱三，尔砀山一百姓，遭逢（唐）天子用汝为四镇节度使，于汝何负？而灭他唐家三百年社稷，吾将见汝赤其族矣！"这是一个人当面对朱温的厉声斥骂。

朱温经过三十年血海拼杀，终于为自己搏来了属于他的那一份荣华富贵，甚至"挟天子以令诸侯"，将唐朝的空头皇帝李晔控制在自己的刀兵之下，杀皇帝，杀皇子，杀皇后，杀大臣，一切朱温认为该死的人，他都敢杀。李克用又如何，几次险些成为朱温的刀下肉，自保尚且不暇。

天下，朱温说一不二，南方诸侯如浙江钱镠、福建王审知、湖南马殷、岭南刘岩，都对朱温俯首称臣，还没有谁敢如此放肆地辱骂大梁皇帝。

而骂朱温的这个人，正是朱温的同胞大哥朱全昱。

朱全昱是在朱温废唐建梁之后为庆祝大梁帝国建立的赌博大会上骂老三的，并掀翻了"大梁皇帝"的赌桌，一桌子金银财宝滚落地上，朱温面如死色。

之所以给朱温的帝国加上"伪"，是因为事实正如朱全昱所担心的那样，梁开平元年（907年）三月二十七日，朱温法服衮冕坐在金銮殿上接受群臣山呼时，他是万没有想到，他的帝国仅过了十六年就被李存勖的后唐帝国消灭，"举族被赤"。从梁朝之后，后唐及其一脉相承的后晋、后汉、后周都不承认朱梁帝国的合法性，皆称伪梁，"天下之恶梁久矣！自后唐以来，皆以为伪也"。直到宋朝，梁朝尴尬的政治身份才被正式确认。

但宋朝官方承认朱梁王朝是有其特殊政治原因的。而自后唐以降，历代在朝或在野的知识分子一提及朱温，几乎全无正面评价。最有代表性的就是欧阳修在《新五代史·梁家人传》开头所论："梁之恶极矣！自其起盗贼，至于亡唐，其遗毒流于天下。天下豪杰，四面并起，孰不欲戮刃于胸。"明朝狂人李贽称朱温"篡弑巨盗"，王夫之更是把朱温骂得一毛钱都不值，把朱温与乱世巨恶侯景、安禄山相提并论。

朱温为什么在历史上留下如此骂名？要说朱温这辈子确实干过不少丑事，可问题是有些历史人物干过与朱温相同的事情，后人却歌颂不断。

朱温爬过灰，睡过儿媳妇，可唐明皇李隆基同样睡过儿媳妇杨玉环。

朱温杀人无数，但曹操杀的人同样不少，动辄灭人三族。

朱温篡唐称帝，赵匡胤欺负旧主孤儿寡母的行为还不如朱温光明磊落。

朱温杀唐朝皇子，赵匡胤同样要杀旧主柴荣的三个遗孤，只不过被人劝住。

朱温好淫人妻，曹操、赵匡胤都干过这样的事，赵匡胤甚至还毒杀孟昶。

答案只有一个，那就是朱温得罪了文人。

在中国历史上，可以得罪皇帝，也可以得罪大臣，可以得罪任何人，但唯独不能得罪文人，因为文人写史，笔杆子一直掌握在文人手中。损害了他们的个人或小团体利益，看他们不骂死你！至于天下安危、百姓生活，他们管不着。为什么明朝被黑成这样？原因有很多，一个最重要的原因就是明朝苛薄大臣，薪水低不说，还经常扒裤子打屁股。

朱温是底层草根出身，他身上确实有一股难以克服的匪气，他对文人始终存在一些偏见。某一年夏天，朱温带着自己的幕僚和一些书生坐在一株大柳树下面乘凉。朱温应该是对那些读死书的知识分子早有不满，故意设了一个圈套让他们往里钻。朱温指着柳树说："柳树的树干可以做车轮。"朱温知道这些马屁文人会怎么样，果然，这些文人为了拍朱温的马屁，众口同声："大人说得对，柳树适合做车轮子。"朱温冷笑道："实话告诉你们，车轮只能用榆树来做，柳树脆弱，岂能为轮！——你们这些人除了会拍马屁，百无一用。"立刻喝令左右武士拿下这些马屁拍在马蹄子上的文人，扑杀之。

这些被杀的文人都是社会中下层人士，中上层文人同样没有逃过朱温的毒手。唐天祐二年（905年）三月，在朱温幕僚双翼之一的李振的劝说下，朱温在白马驿（今河南滑州黄河边）杀害了"（宰相裴）枢等及朝士贬官者三十余人"，并把他们的尸体扔进滚滚黄河。李振是个落第举子，对那些中榜的进士恨之入骨，所以劝朱温"此辈常自谓清流，宜投之黄河，使为浊流"。其实这件事本来是与朱温无关的，但朱温一个"笑而从之"，却深深刺痛了历代自诩清流的知识分子，他们自然恨透了朱温，朱温的名声又怎么能好得了？

但有些文人对朱温的批判，细究起来，其实是没有多少说服力的，只不过他们站在自己的利益上看问题罢了。比如说朱温最大的"恶行"——废掉唐朝，杀皇帝，而让位的小皇帝李柷被杀时只有十七岁。

末帝李柷很无辜，但唐高祖李渊废隋建唐后，不也杀死了十五岁的废帝杨侑，杨侑又有何罪？李渊建立了唐朝，杀人可以无罪，朱温杀人就有罪，朱温当然不服！至于说朱温"遗毒流于天下"，朱温可从来没搞过针对百姓的大屠杀，从来没有。而被欧阳修无限美化的本朝赵太祖，一则纵容王全斌屠杀成都，死数万；二则纵容曹翰屠杀江州，死数万。欧阳修等人敢义正词严地大骂朱温，唯一的原因，只是他们没有生活在朱温后代统治的朝代里。如果欧阳修等人活在朱梁王朝，借他们一万个胆，他们也不敢！欧阳修承认朱梁，也不过是赵匡胤承认在先而已。

朱温是好杀大臣，动辄灭人三族，比如杀已投降的天平节度使王师范家小二百人，但赵匡胤同样做过这样的事。仅南宋人李焘编的《资治通鉴长编》所载，赵匡胤仅灭人族就达十几起，加起来被杀人口至少数千。

至于说朱温的政权是伪政权，更属荒唐可笑之举。伪不伪，要看你是否活得长。朱梁王朝要是像唐朝那样存在三百年，也就不存在这个问题了。如果以废旧朝杀少主就定性为伪政权的话，那么唐朝不也成了伪政权？如果以杀人来否定朱温，曹操杀的人可比朱温多多了，更不要说清朝入关后进行的大屠杀，现在不都成了正面典型？文人们可不管你杀人多少，他们只关心你给他们多少利益，高官得做，骏马得骑，至于百姓受苦受难，他们才懒得管。

就是这么一个文人笔下十恶不赦的恶棍流氓，他所建立的"伪梁"，却是五代中除了后周外对百姓最善良仁慈的政权，甚至要远好于文人欧阳修所生活的快乐宋朝。

南宋人洪迈向来对朱温也没什么好感，但他却在其《容斋随笔》中记载了一条不太引后人注目的史料，即《朱梁轻赋》。而对于朱梁政权善爱百姓的记载，道德家欧阳修和司马光视而不见，直接砍掉……

原文大略是："梁祖之开国也，内辟污莱，厉以耕桑，薄其租赋，士虽苦战，民则乐输，二纪之间，俄成霸业。及末帝与庄宗对垒于河上，河南之民，虽困于輦运，亦未至流亡。其义无他，盖赋敛轻而丘园可恋故也。"

从人性道义上讲，一个政权是否合法，要看它如何对待百姓，爱之则合法，否则非法。朱温虽有兵匪气，但他的本质是好的，朱温出身底层，从小受人白眼，他深知谋饭食者的不易。所以朱温当政之后，并没有苛剥百姓以满足自己私欲，而是采取轻赋政策善待百姓，吸引百姓来附，在唐末丧乱之际尽快恢复农业生产。朱温在文人笔下成了恶棍，可在朱梁士兵和百姓眼中，这个善赌博的皇帝却是个心地慈善的好老头儿。所以虽然朱温四处征战，但民无怨言，心甘情愿地给梁朝军队输入物资。而朱温的儿子朱友贞当政时，陷入了与河东晋王李存勖的十年苦战，对百姓的征收力度加大，但朱梁百姓依然没有出现大规模逃亡的现象。老百姓这么做，一方面，感恩于朱温的善政；另一方面，朱友贞至少继承了朱温的轻赋政策，让老百姓生活有盼头。

而梁晋争霸战的胜利者李存勖，灭梁之后，纵容经济天才孔谦对朱梁百姓进行挖地三尺式的盘剥，什么猪羊柴炭、山谷商路，都几乎搜刮干净。朱梁百姓对李存勖极为失望，"天下皆怨苦之"。所以说，朱友贞死在军事无能上，而李存勖则死在政治无能上。

其实还有一件事也能体现朱温对百姓的大爱。就是五代经济史上著名的牛租问题。据《旧五代史·周太祖（郭威）本纪》记载，当年朱温曾经发兵攻击淮南杨行密，虽然没有得手，却抢到了几十万头耕牛，这在生产力低下的古代，可是一笔天价财富。朱温并没有把这么多牛据为己有，而是把牛都分给了贫苦百姓。有了壮牛，百姓种地的积极性空前提高，生活水平自然提高，而"大恶棍"，只不过向百姓收了一点租子而已，"梁太祖尽给与诸州民。"而"伪梁"灭亡后，继之而起的后唐、后晋、后汉三朝继续向百姓收取这几十万头牛所产生的租子，而这些牛早就死光了，"自是六十载，时移代改，牛租犹在，百姓苦之"。心存善良的郭威深知此弊，立刻废除牛租。

而宋朝在对待百姓方面，和李存勖有得一拼，南宋朱熹对本朝苛政向来不违言，他说过"古者刻剥之法，本朝皆备"。而南宋初年广州州学教授林勋也说过"本朝二税之数，视唐增至七倍"。

后世文人对厚待文人、薄待百姓的宋朝歌颂不绝，而对薄待文人、厚待百姓的朱温口诛笔伐，这只能说明有些文人看问题从来只从个人利益得失角度看。

朱温对文人是刻薄一些，但朱温杀的都是他认为对他的事业非但无益而且有害的文人。而对确实有真才实学的文人，朱温向来是非常敬重的。

不算文痞李振，朱温风云帐下其实才子如云，比如朱温两大幕僚长谢瞳与敬翔、才名震天下的贴身文胆李琪，以及"颇知书"的司马邺。

李琪是晚唐著名才子，十三岁便能作诗赋词，大官僚王铎称赞他"此儿大器，将擅文价"。李琪和兄长李珽都是一时文坛才俊，皆为朱温所重用。朱温南征北伐，需要大量战斗檄文，而这些文章多是李琪手笔，深得朱温称赞。

敬翔更不必说，大梁朝头号幕僚长，朱温的首席谋士。早在李琪入幕之前，大老粗朱温身边缺一个谋士兼秘书长，而他发现敬翔文章喜用浅白语，非常适合自己，便让敬翔"专掌檄奏"，是朱温身边一日不可或缺的人物。而敬翔和那些拍错马屁的文人一样，都是中下层落第举子出身。

史料上没有敬翔拍马屁的记载，反而记载了敬翔扎实的业务能力。敬翔不但长于词章，更擅长时政地理，所有"山川郡邑虚实，军粮多少"，敬翔无所不知，朱温敬重敬翔，不是没有原因的。那些在柳树下与白马驿被杀的士人，他们如果都能像敬翔那样天文地理无所不晓，朱温又怎么会舍得杀他们？当然，那些文人对朱温没有用就遭到杀害是不对的，这也是朱温残暴的一面，无须讳言。

有些文人对朱温人品上的指斥，其实也是没有道理的，只不过是站在自己的利益立场上看问题罢了。南宋道德家胡三省先生就大骂朱温是个"反复小人"，原因是朱温当年对抗秦宗权时，郓州朱瑄曾发兵救过朱温，而朱温随后就倒打一耙，灭了朱瑄。"兵势既强，则反眼为仇敌，必诛屠以快其志而后已，如斯人可与共功名哉。"可胡三省却绝口不提朱温为什么要进攻朱瑄，那就是朱瑄有负朱温在前，朱温忍无可忍反击在后。

朱瑄是救过朱温，但朱温也没亏待朱瑄，用金银财宝塞满朱瑄的口袋。可朱瑄自来到汴州后，发现汴州兵能征善战，就动了歪心眼。朱瑄回到郓州后，就派人把无数金银放在郓州与汴州的交界处，吸引汴军士兵跳槽。那些见钱眼开的兵大爷都流着口水投奔到了郓州，"私遁者甚众"。

在乱世中混江湖，手上没枪杆子必死无疑，但朱温念在朱瑄曾经帮助过自己的分儿上，一再隐忍，只是写信指责朱瑄这么做有失江湖道义，希望朱瑄能收手，汴郓和好如初。朱瑄不但不收敛，反而回信大骂朱温，"瑄来词不逊"，朱温忍无可忍，最终全力剿灭朱瑄。当然，如果没有这件事，朱温一样要吃掉朱瑄，但就事论事，是朱瑄首先对不起朱温，朱温在这件事情上是无可指责的。朱温唯一应该受到指责的，是朱温杀掉朱瑄之后，强行占有了朱瑄的妻子。

六　朱温的爱情

　　因为对朱温本来就有严重偏见，所以有些道德家对朱温的一切都给予彻底否定，甚至包括朱温的爱情。有人对杀人如麻的暴君朱温一生深爱着张夫人感到不可理解，认为朱温这样的暴君是没有资格享有纯美爱情的。

　　说到朱温的爱情，可以举一个著名的例子，就是汉光武帝刘秀与阴丽华的传奇爱情故事。刘秀当年穷困落魄时路经新野，偶遇到了美丽超俗的阴丽华，刘秀叹道："仕宦当作执金吾，娶妻当得阴丽华。"后来果然梦想成真，娶到了阴丽华。

　　而朱温与张夫人的爱情就传奇性来说，比之刘秀和阴丽华有过之而无不及。当朱温还在萧县城外打猎撒野时，就偶遇了路过此地的张小姐，张小姐是宋州刺史张蕤的宝贝女儿，朱温不过是个穷鬼，自知得不到张小姐，只能流着口水看着心上人远去，然后说了一句："做官当作执金吾，娶妻当娶阴丽华。"

　　但让人感动的是，朱温只与张小姐偶遇一面，心里便再容不下其他女人了。后来朱温跟黄巢杀进关中，驻守同州，此时的朱温已年过三十，已属大龄未婚青年，但无论谁来说媒，朱温坚决不同意。因为朱温还在坚守着对张小姐纯贞的爱，虽然他不知道张小姐现在是死是活。而机缘巧合的是，在一次接收难民的过程中，朱温极其意外地在难民堆中发现一个蓬头垢面的女人，朱温相信自己的眼睛，没错，这个女人就是他朝思暮想的张小姐。为了表达对张小姐出身官宦人家的尊重，朱温先派人说媒，然后以极隆重的礼节迎娶了张小姐。而在正式成亲之前，朱温没有碰过张小姐，甚至每次见面都要以礼相待。而承认朱温的赵匡胤看中了蜀后主孟昶的花蕊夫人，蜀亡，花蕊夫人被解送到汴梁，七日后，孟昶卒。如果朱温心中没有那份纯贞的爱，他完全可以霸王硬上弓，就是强行霸占了张小姐，落了难的张小姐又能上哪儿说理去？

　　有人说过：作一回秀不难，如果一辈子都在作秀，那还是作秀吗？事实也证明，朱温对张夫人的尊重并非是作秀，而是发自内心的爱意，而终张夫人之世，朱温对张夫人言听计从，除了灭唐建梁之外。即使是朱温在外带兵，只要有人替张夫人传话，朱温再忙都要急忙回府，站在廊下听候夫人教诲，规规矩矩，半点也不敢逾礼。作秀做到朱温这种"逆来顺受"的程度，也可谓千古奇观。

历史上还有一个开国帝王对老婆逆来顺受，就是著名怕婆杨坚。但杨坚对独孤伽罗真心害怕，杨坚怕老婆其实是被逼的，而朱温"怕"老婆，则是他心甘情愿。

朱温之所以对张夫人敬重有加，有两个原因：从朱温角度看，朱温心存良善；而从张夫人角度看，张夫人为人贤惠，深明大义，举止有节，所以才深得朱温敬重。如果是个私生活放荡的女人，朱温又怎么瞧得上？所以五代学者孙光宪在《北梦琐言》就说"张贤明有礼，温虽虎狼其心，亦所景伏"。而张夫人在朱温的人生中起到的绝不是点缀花瓶的作用，在政治生活中，张夫人也发挥着自己的影响力。

朱温灭掉朱瑄后，得到了朱瑄的老婆荣氏，好色的朱温趁张夫人不在军中，强行霸占了荣氏。等到朱温凯旋回汴州时，把荣氏装在小车里带回，朱温却没敢向张夫人隐瞒这件事，老老实实地先写信请示："这个女人可怜无依，所以我先把她带回来，再作商议。"但朱温的意思再清楚不过，他希望夫人能高抬贵手，让自己收了荣氏。

张夫人在封丘迎到了这辆在风中摇摇晃晃的小车，荣氏知道张夫人的地位，满面羞愧地跪在张夫人面前，而朱温则站在旁边尴尬地搓手，眼中却流露着强烈的希冀。但张夫人却没有满足丈夫，而是借与荣氏的对话，委婉地敲打好色的丈夫。

张夫人哭着说出下面这段话："兖郓（朱瑄）与司空（朱温）同姓同宗，都是自家兄弟，结果因一些小事发生冲突，结果到了今日不可收拾的局面，让嫂子（朱温称朱瑄为兄）受了委屈。可我在想，如果是司空败了，兖郓胜了，那么我就会成为兖郓的战胜品，被兖郓玩弄之后，跪在嫂子的面前。"张夫人这话说得非常重，朱温给死去的朱瑄扣了绿帽子，但如果朱瑄胜了，朱温同样要戴绿帽子。听了老婆这番敲打，朱温"为之感动"，把荣氏送往尼姑庵安置，张夫人还给了荣氏一笔安置费。其实与其说被张夫人"感动"，不如说又羞又愧。男人不怕天不怕地，就怕被扣绿帽子，这事涉男人最底线的尊严。

隋文帝杨坚想纳陈宣帝的女儿宣华夫人，独孤伽罗看到丈夫实在可怜，便同意了。而朱温如果对张夫人死缠烂打，张夫人未必不会网开一面，同意丈夫纳荣氏。但朱温在个人感情上是从来不敢，或者说是不忍拂逆张夫人的心思，而这一切，皆缘于张夫人的贤惠善良触动了朱温心底最柔软的那一部分。后史多骂朱温之恶，但这个世界上并没有绝对的坏人，何况朱温对身处战乱中的百姓做了那么多好事，不能因为朱温薄待文人就将其彻底否定。

不可否认，朱温极其好色，在他权力覆盖的范围下，他看上的女人几乎无人幸免，甚至大臣的妻女都被朱温强行淫乱。但这一切，都是在张夫人去世之后，只要张夫人活一天，朱温在张夫人面前就得像猫一样乖顺。说起来也许是巧合，两个"杀人如麻"的开国朱皇帝，都有一个贤惠的妻子——朱元璋有大脚马皇后，朱温有张夫人。朱元璋每逢暴怒，马大脚都会出来劝慰，朱元璋怒气顿消。其实张夫人也是如此。正因为有张夫人在，朱温容易暴怒的性格才会被有效压制，张夫人在自己力所能及的范围内，救军人数百。而等到张夫人死后，军中响起一片哭声。

其实怀念张夫人的何止是那些被救将士，朱温同样对前妻感念不已。后期朱温虽然荒淫，但有一点很让人感动，就是朱温直到被逆子朱友珪杀死，都没有立皇后。张夫人卒于唐天祐元年（904年），也就是说梁太祖时期，梁朝根本就没有皇后。值得注意的是，虽然朱温没有追封张夫人为皇后，但却追封其为"贤妃"，一个"贤"字，写尽了朱温对前妻的无限感念。在朱温的心里，他的大梁皇后只有张夫人，即使她已经离开人世了，朱温内心最纯净的那份美好，依然留给了她。

七　爬灰爬到死
——荒谬的朱温之死

"爬灰"是民间对公公和儿媳妇私通劈腿的诙谐叫法，说得更通俗一点，就是爸爸给儿子扣绿帽子。

古往今来，最有名的爬灰者自然是爱情种子唐明皇李隆基，他与儿媳妇杨玉环的爱情美轮美奂，苦主李瑁却很少有人同情。据说南宋大思想家朱熹老先生也有爬灰的爱好，搞大了守寡儿媳妇的肚子。但李隆基是开创一代盛世的伟大君主，朱熹是把儒家思想推向学术顶峰的开山大宗师，备受后人景仰，而反面人物中爬灰最著名的，自然还是"伪梁"的朱温。

要说到朱温爬灰，其实还应该从千古一贤张夫人去世说起。公元904年，张夫人溘然长逝，留下了一个花心老光棍。朱温因为受贤惠夫人的压制，在女色上只能痛苦隐忍，老婆一死，再也没有人敢管这个老光棍了。据史载，朱温在后宫有"嫔妾数百"，朱温勤于军政之余，在后宫戏蜂引蝶，好不快活。但朱温是个心比天高的人物，虽然他的女人都是绝色，只是玩久了也腻。即使是头号大臣张全义的老婆、女儿也被逼着上了朱温的床，没过多久也腻了。寻常的女人已经吸引不了朱温那双色眯眯的眼睛，朱温开始寻找猎物，很快，朱温就发现了一群曼妙的身影，这就是朱温的众儿媳。

因为朱温的帝国比较狭小，北有河东李存勖，东有淮南杨渥，西有两川王建，树敌太多，所以朱温经常让自己的儿子们（包括养子）外出带兵。军中不能带女人，所以众王妃都留在了洛阳城。

朱温把主意打到了年方花信的儿媳妇们身上，流着口水招众儿媳进宫"伺候"老公公。从《新五代史·朱友珪传》"诸子在镇，皆邀其妇入侍"来看，张夫人所生子朱友贞的媳妇张氏也没逃过朱温的毒手。

没有资料记载众儿媳对公公让她们陪睡的态度是什么，但至少没有记载她们反抗过，应该都是心甘情愿的。她们心里比谁都清楚，老头子马上就要咽气了，只要把老头子伺候好，帝位就有可能传给自己的丈夫……

而应该也是从这个角度考虑，被老爸扣上绿帽子的朱家皇子们也愿意让老婆做这笔皮肉买卖。为了争夺大梁帝国的帝位，朱家兄弟几个早就在彼此钩心斗角，几乎是所有盘外招都使上了，戴不戴绿帽子，没人关心这个！

但大浪淘沙，不可能所有的儿媳妇都能得到老公公的喜欢，有些王妃陆陆续续被淘汰掉了，只剩下两个女人，走到了最后的决斗场——博王朱友文的妻子王氏，郢王朱友珪的妻子张氏。

这两位皇子在朱温的众多儿子中显得非常另类。朱友文实际上只是朱温的养子，本名康勤；而朱友珪只不过是朱温当年主政宣武军时，因一时无聊，和一个身份低贱的小旅馆娼妓野合所生。因为生母低贱的身份，所有朱家子弟都瞧不起朱友珪，却和本非朱家血脉的朱友文打得火热。

朱友文之所以异军突起，是因为朱友文的素质远高于朱友珪。朱友文"幼美风姿，好学，善谈论，颇能为诗，多才艺"，虽是养子，但在诸兄弟中最得朱温偏爱。不清楚是因为王氏伺候老公公得力，朱温对朱友文另眼相看，还是朱友文先讨朱温喜欢，王氏才在床榻上受宠。但不管怎么说，朱温"心尝独属友文"，已经有了把江山传给朱友文的打算。只不过毕竟朱友文非朱家血脉，朱温尚还犹豫而已。

龙床上的决斗，胜利者已经呼之欲出，就是"有色"的王氏，"尤宠之"，而朱友珪老婆张氏基本不再享受老头子的宠爱。张氏跟老头子上了那么多次床，结果还是没换来老头子把江山传给朱友珪的承诺，张氏的挫折感可想而知。其实朱温和张氏上床，只不过是玩弄儿媳妇的肉体，他从来也没打算把江山传给他极不喜欢的儿子朱友珪，甚至还经常殴打朱友珪，朱友珪"益不自安"。

张氏是个喜欢煽风点火的女人，看到自己实际上已经落败出局，她根本咽不下这口气，必欲报复王氏和朱友文。当她在朱温的床榻旁边听到朱温与王氏的密语："我快不行了，你速让友文来洛阳，我要把江山传给他。"可以想象到张氏脸上的惊恐与愤怒的表情。张氏连夜回府，哭着告诉丈夫，说老头子铁了心要把皇位传给朱友文，咱们和朱友文、王氏向来不和，等朱友文一上台，"吾属死无日矣"！

朱友珪大骂色鬼老爹无情无义，为了女色要把朱家百战打下来的江山传给外人，但老头子的脾气他是知道的，只要他定下的时候，已不可能改变。朱友珪为人虽然凶暴，但本性其实并不算坏，老爹对他这样，他也没想过要把老爹怎么样。但朱友珪身边未知名的心腹人的一句话，却点醒了这对还沉醉在绝望中的夫妻："事急矣，何不早自为图？"意思再清楚不过——你现在不杀朱温，必为朱友文所杀！

朱友珪本来就对朱温一肚子的怨气，媳妇都被你睡了，你竟然纵容干儿子要亲儿子的命？朱友珪为了活命，现在也只有一条路了。反正不杀朱温肯定死，而杀了朱温，还有存活的可能。是个正常人，都知道该怎么做。

不知道是不是王氏暗中使了坏，朱温突然又下了一个对朱友珪极为不利的决定——调朱友珪出任帝国最为偏远的莱州刺史。按当时梁朝的官场习惯，凡被贬官出外，多非善终，所以朱友珪接到的等于是自己的死刑判决书。

梁乾化二年（912 年）六月初二，忍无可忍的朱友珪带着五百多牙兵夜闯万春门，各操利刃，站在老光棍朱温的床前……

朱温看到一脸怒气与绝望的次子，显然知道儿子这次来是干什么的，也自知今天自己难逃一死，朱温大骂逆子："我早就怀疑你这个畜生，后悔当初没杀掉你，以致有今日之祸。"朱友珪对无情无义的老爹自然也不客气，直接骂了句："老贼万段。"让打手冯廷谔追着一丝不挂的老爹一通乱砍，六十一岁的大梁皇帝朱温当场丧命，肠子肝胃流了一地……

历史上非善终的帝王数不胜数，死法荒谬的也不在少数。晋景公姬獳掉进茅坑里淹死；东晋孝武帝司马曜因为嘲笑张妃年老，被张妃用被子捂死；后秦姚苌因弑旧主苻坚，被苻坚的阴魂活活吓死；但还没有哪个帝王像朱温这样光着屁股被儿子在床头杀死的。向来就瞧不起朱温的王夫之在《读通鉴论·五代上》幸灾乐祸地评论道："朱友珪枭獍之刃，已剚元恶之腹。"

朱友珪之所以弑父，惧死只是表面原因，抢在朱友文之前抢到大梁皇帝的宝座，才是朱友珪真正的目的。事实也证明了这一点，朱友珪杀父后，立刻派人去找守汴梁的朱友贞，说父皇在死前下诏杀朱友文。朱友贞和朱友珪向来不和，但在排斥外人篡夺朱家江山的问题上，朱友贞是和二哥是站在一起的，一刀下去，朱友文授首。

朱友珪风风光光地在老爹的灵柩前即皇帝位，改元凤历。而本来没有机会做大梁皇后的张氏终于逆袭成功，干掉王氏，入主中宫。

但事情显然并没有结束。因为朱友珪的出身问题，功勋大将们向来瞧不起这个娼妓的儿子，即使凤历皇帝出金宝喂饱了这些地方大军头，他们也没把朱友珪当回事。史称"时朝廷新有内难，中外人情匈悩"。

而这一切，都被朱友珪的四弟朱友贞看在眼里。

八　不作死不会死
——朱友贞是如何成为"梁末帝"的

朱温的儿子一大堆，除了早年病死的长子朱友裕外，还有亲生儿子朱友珪、朱友贞、朱友璋、朱友雍、朱友徽、朱友孜，以及朱友文、朱友让等义子。但在这些皇子中，身份最高贵的，无疑是皇四子朱友贞，因为他的母亲是朱温一生中唯一爱过的女人——张夫人。而朱友贞的性格也非常随自己的母亲，"性沉厚寡言，雅好儒士"。但不知道是不是朱友贞的王妃张氏在床上伺候公爹不得力，朱温执意要把江山传给养子朱友文。

如果细究起来，朱温不把江山交给血统最纯的朱友贞，其实也是有道理的。原因无他，就在于朱友贞"雅好儒士"上。先不说朱温对那些乱七八糟的文人没什么好感，在乱世中闯荡，没点杀人不眨眼的刚狠性格，早晚要被人吃掉。特别是朱温晚年遇到了一个致命的对手，就是几近无敌的晋王李存勖。柏乡之战，百战天下的朱温被年轻的李存勖打得灰头土脸，成为江湖笑柄。以朱友贞的性格能力，自己尚且不是李存勖的对手，朱友贞又能奈李存勖几何？

本来朱温有一个再完美不过的继承人，就是长子朱友裕。朱友裕"幼善射御，从太祖征伐，性宽厚，颇得士心"。如果朱友裕继位，面对强悍的李存勖，至少可以打成平手，但朱友贞显然不具备这样的能力。只可惜朱友裕英年早逝，所以只能选择虽非朱家血脉却能力突出的朱友文，却又被嫉贤妒能的朱友珪与朱友贞干掉了。

朱友贞虽然性格沉稳，但也不是什么老好人，他早就觊觎着大梁皇帝的位置，只不过一直在装深沉，别人觉得他胸无大志而已。等到"螳螂"朱友珪捕得朱友文这只"蝉"后，"黄雀"朱友贞终于出手了。因为朱友珪在军界没有根基，军中大佬一个也不服他，而朱友文又被杀，现在唯一可选择的也只剩下朱友贞。再加上这些大佬对朱友贞的生母张夫人相当尊敬，所以朱友贞得到了他们的普遍青睐。在梁朝的二皇帝、魏博军节度使杨师厚的大力支持下，朱友贞发动兵变，逼得皇帝宝座还没坐热的朱友珪与凤历皇后张氏自杀。不过朱友贞并没有在洛阳即位，而是在他的出生地东京汴梁做了皇帝。只是朱友贞没想到，他竟是大梁帝国最后一位帝王。

从血统的角度看，朱家天下终于回到最应该得到的人手中。但从保全江山社稷的角度看，朱友贞根本不具备乱世生存的能力。如果生在盛世，朱友贞还可以做一个中庸之主。可当李存勖坐大，已对梁朝构成了严重的生存威胁时，朱友贞还活在自己的世界里。

其实此时的梁晋形势对比，朱友贞手上的牌面并不比李存勖逊色多少。许多在五代都算一流的梁朝顶级大将都还健在，比如葛从周、杨师厚、牛存节、刘鄩、谢彦章、王彦章、寇彦卿、王檀。梁朝的整体军事实力可以和李存勖进行长期作战，更重要的是，梁朝的战略空间要远比河东广阔，湖南、浙江、福建、岭南皆臣服于梁。而不服梁朝的蜀主王建已老，杨吴又陷入内乱，可以说梁朝在南线无忧，可以集中全力对付李存勖。而李存勖南有梁朝朱友贞，北有契丹阿保机，东有大燕刘守光，生存压力很大。即使是在当时，时人也不敢随意押宝李存勖，只要朱友贞能打好手中的牌，退则守住河朔，进则兼并河东，混一宇内。

可惜朱友贞的能力实在太过平庸，他并不伟岸的身影也被光芒四射的李存勖的身影所遮掩。当然，李存勖之所以能在历史舞台上呼风唤雨，很大一部分原因是朱友贞自己犯下了致命的战略错误。

朱友贞被眼前的这片森林遮住了目光，却没有考虑到这片森林可以给予他源源不断的财富。

朱友贞是个喜欢过河拆桥的人，利用完朱友珪就把二哥干掉，而他能后来居上，全是驻守魏博的天雄军节度使杨师厚点头。可等朱友贞一上台，就对杨师厚打起了主意。

杨师厚是梁朝一号军头，手中有梁朝第一军——银枪效节都数千人，在朱温死后，杨师厚自恃有恩于朱友贞，有些嚣张跋扈，"矜功恃众"。朱友贞始终觉得杨师厚控制的魏博是自己的心头大患，一旦杨师厚有不臣之心，朱友贞是很难招架住的。但杨师厚地位高重，轻易不能动，朱友贞只能盼杨师厚早死，以除隐患。但朱友贞只看到了硬币的一面，杨师厚确实对中央政权产生了某种程度上的威胁，但这位平庸的皇帝却看不到杨师厚横在天雄军，事实上起到了阻止李存勖南下的头号战略屏障作用。有杨师厚在，甚至有天雄军在，李存勖就别想放马中原撒野。李存勖唯一的希望，只能是梁朝内部发生大的动乱，但让李存勖惊喜的是，朱友贞果然就圆了自己的一个梦想。

等到杨师厚死后，朱友贞觉得解决魏博问题的时机来了，办法很简单——拆分天雄军，这是梁朝著名奸臣赵岩给朱友贞出的馊主意。理由是魏博地广兵强，极易割据，在晚唐就是朝廷的心腹大患，无论再派谁主政魏博，都难保不做杨师厚第二，"宜分六州为两镇以弱其权"。

朱友贞觉得这个办法很好，将魏博一分为二，魏博就再也不会对朝廷构成威胁了。朱友贞下诏，割魏博之相州、澶州、卫州新置昭德军，所有魏博财物平分一半给昭德军。

只可惜，还没等朱友贞为自己的天才决策鼓掌喝彩，现实就狠狠地抽了他一记响亮的耳光。

魏博是世袭军制，"魏兵皆父子相承数百年"，已经形成一个相对封闭的小社会，魏人在心理上自成一系。而现在突然要被分开，在感情上魏人是接受不了的。朱友贞忽略了魏人的感情需求，一味强力弹压，结果导致魏人的强烈反弹，魏博舆论普遍认为这是朝廷对魏人不放心，"吾六州历代藩镇，兵未尝远出河门，一旦骨肉分离，生不如死"。

魏人的对策更加疯狂，直接操起刀枪与朝廷对着干。当天晚上，魏军就发生了严重的哗变，叛乱分子赶跑了前来监督分镇的王彦章。事情到了这一步，其实朱友贞还有挽回败招的余地，魏军中临时主政者张彦请求朝廷撤销昭德军建制，复为魏博。但谁都没想到，事情偏偏败在一个小小的供奉官扈异手上，扈异代表朱友贞到魏博实地调查情况，回来后告诉朱友贞，张彦的实力不足以抵抗朝廷大军。朱友贞接受了扈异这个极为危险的判断，决定继续执行分镇政策，结果引发张彦极为强烈的反应，大骂朱友贞昏聩无能。张彦见朱友贞不识时务，那就对不住了，魏博军上下一致同意将六州之地献给晋王李存勖。

天上凭空掉下来一块大肉饼，不吃是傻子，李存勖兴奋地接收了具有极重要战略价值的魏博重镇。得到了魏博，李存勖可进可退，将战线往前推进了数百里，饮马黄河，距离黄河南岸的汴梁只一鞭之遥。李存勖在稳定魏博局面后，铲除了横行多年的银枪效节都的扰民问题，魏人大悦，甘为晋王驱使。从此梁晋强弱易势，也奠定了李存勖灭梁的战略基础。而等朱友贞意识到自己的愚蠢决策酿成了不可挽回的危局后，"大悔惧"，可一切都晚了。

魏博的丢失，导致梁朝消灭河东再无可能，不过此时的局面对朱友贞来说并非世界末日，至少他还有很大的机会守住黄河防线。但要做到这一点，就必须满足一个条件，即无条件信用晚梁第一名将刘鄩。事实也证明，魏博入晋后，河东方面不停南下骚扰，如果不是刘鄩东挡西杀，李存勖完全可以提前几年一马直入汴洛。如果换一个心智正常的帝王，在现在这种危局下，把前线军务完全放手给刘鄩，是唯一可以做的选项。可朱友贞却根本信不过刘鄩，虽然朱友贞也下诏说"阃外之事，全付将军"，但朱友贞骨子里还是怀疑刘鄩与李存勖暗中劈腿，所以派太监当前线监军，全程监视刘鄩。朱友贞生于深宫妇人之身，根本不理解刘鄩的辛苦，反而一味责骂刘鄩。

刘鄩上表请求朝廷发给将士每人十日米粮，准备偷袭太原城，一举擒拿李亚子。朱友贞因为刘鄩常年与李存勖苦战，坐费无数朝廷军粮，不相信刘鄩的偷袭有可能成功。更可笑可悲的是，朱友贞反而怀疑刘鄩这么做是要诈骗自己的军粮，然后投降李存勖。朱友贞派人大骂刘鄩，又派太监催促刘鄩出战，彻底冷了刘鄩那颗热忱的忠君之心。而以刘鄩的江湖地位，只要刘鄩肯低下头，李存勖会把刘鄩当亲爹供起来，那可是名满天下的第一传奇名将！刘鄩深受梁太祖朱温大恩，誓死效节，是根本不可能背叛朱温的。无论受了多大的委屈，刘鄩都隐忍不发，只为报太祖当年厚遇。

此时的刘鄩像极了三国蜀末大将姜维。姜维因感诸葛亮丞相之厚遇，死不背蜀，与邓艾在西线苦战二十年，内又受奸臣所逼，几乎走投无路。刘鄩同样面临着这样的局面，刘鄩从来不怕李存勖，双方只是各有胜负而已，但刘鄩最怕的是朝中那些阿附皇帝的宵小，比如赵岩、段凝等人。刘鄩说过，"主上深居宫禁，未晓兵机，与白面儿共谋，终败人事"。

如果蜀后主刘禅不信用宦官黄皓，放手让姜维大干一场，邓艾是没有机会偷渡阴平的。朱友贞几乎就是刘禅再世，身边聚集着一群百无一用的"白面儿"，对本朝仅存的战略型大将刘鄩百般猜忌，严重牵制了刘鄩的精力。在梁晋争霸后期，刘鄩屡战屡败，甚至还有一次被李存勖打成了光棍，即发生于贞明二年（916

年）的元城之战，七万梁军几乎被全歼，刘郭只带数十骑亡命南奔。但客观来说，刘郭是不想打这场战役的，他本来是想坚壁清野，与李存勖对耗。还是朱友贞沉不住气，逼刘郭出战，结果惨败。以刘郭的能力，如果不是受后方政治干扰太多，放开手脚与李存勖大干一场，李存勖是占不到多少便宜的。事实也证明了刘郭的能力，第二年二月，李存勖"悉众"来取河南重镇黎阳，被刘郭三棍五棒子打跑了。

就是这么一位对朱友贞来说具有"保命"意义的功勋大将，却惨死在朱友贞的猜忌之下。因为担心无法控制刘郭，在奸臣段凝等人的构陷下，朱友贞派张全义去洛阳，强行给六十四岁的刘郭灌下了毒药……

刘郭是死了，朱友贞再也不担心刘郭成为杨师厚第二了，但他的大梁帝国同时也快完蛋了。朱友贞是"一叶障目不见泰山"的愚蠢典型，为了眼前的战术利益，甘心牺牲未来的战略利益。朱友贞就像一个活在自己世界里的精神病患者，他经常神经质地怀疑别人会加害于他，甚至是他的亲兄弟也不例外，更不要说刘郭这样的外人。隋文帝杨坚在讨陈后主陈叔宝的檄文中曾经嘲笑陈叔宝"据手掌之地"，朱友贞又何尝不是如此！他的所谓大梁帝国，在行将灭亡时，已经被李存勖挤成了压缩饼干，蜷缩在黄河以下、淮河以北的狭长区域。此时的朱友贞早已众叛亲离，时人都知道，大梁帝国气数将尽，李存勖入汴是迟早的事情。

梁龙德三年（923年）十月，新继位不久的大唐皇帝李存勖大军在郓州大破梁朝仅存的大将王彦章，王彦章几乎光棍般逃走，但势单力薄的王彦章不久就被生擒，不屈而死。

王彦章的死，相当于朱友贞卧室的门被人强行撞开，朱友贞已无路可逃。朱友贞聚族哭曰："大梁完蛋了。"可现在的朱友贞只能等死，什么也做不了。讽刺的是，李存勖称帝的地方，就是十年前因为朱友贞愚蠢决策而丢掉的重镇魏州。李存勖也许是在有意嘲笑朱友贞，这位人称汉光武第二的年轻皇帝把魏州升格为兴唐府，要知道，唐朝就是被朱友贞的老爹朱温灭掉的。

你能灭唐，我能兴唐！这应该是李存勖向朱温发起的挑战。而朱友贞，早被当时的梁朝人视为活死人，已经没人在乎他的喜怒哀乐，弟兄们都在排队加塞，准备向新主李存勖效忠。

当死亡之神步步逼近朱友贞的时候，他才想到太祖皇帝留给他的那位柱石之臣敬翔。当初敬翔劝朱友贞不要和赵岩、段凝这伙奸臣走得太近，朱友贞不听，结果一错再错，最终玉石俱焚。

朱友贞的无能，葬送了朱温三十年血战才拼下来的大梁江山，也葬送了朱家几乎所有的近亲宗室，以及敬翔这位对梁朝忠贞不贰的"朱家老奴"。司马光对朱友贞一生的总结可谓一针见血："均王（朱友贞）膏粱之子，材不过人，弃敬翔、王彦章，而用赵岩、张归霸以与庄宗（李存勖）为敌，能无亡乎！"

但朱友贞有一点是值得后人称赞的，就是他并没有选择向世仇李存勖屈膝投降，而是选择了在城破之日自杀殉国。朱友贞知道即使自己投降李存勖，李存勖也会无情地羞辱自己，为李克用报上源驿之仇。横竖都是死，与其被人羞辱而死，不如及时了断，还能保全名节。几百年后的金哀宗完颜守绪在城破之日选择自杀，和朱友贞是同样的考虑，蒙古与女真是世仇，蒙古人断然不会放过自己。

梁龙德三年（923 年）十月初八日，在后唐军即将兵临汴梁城之前，朱友贞让部下皇甫麟杀死了自己，皇甫麟随后自杀。

第二天，唐军杀进汴梁城，梁亡。李存勖并没有放过已死的朱友贞，把仇敌之子的人头割下来，用漆刷了一遍，藏于太庙。

九　守余有余，开疆不足
——略说沙陀枭雄李克用

"使居中国，能乱人而不能为治也。若乘间守险，足以为一方主。"

这是东汉末年名士裴潜对刘备的评论。事实也证明，刘备确实不具备曹操那样控制全局的能力，但乘间守险，遂成蜀汉偏霸。说来很巧合，朱温和曹操的人生轨迹非常相似，而唐末五代也有一个"刘备"，甚至也没有能力控制中原，但得天时地利，乘间守险，也成一方伟业，他就是李克用。

李克用的名气，在历史上远不如他那个过山车般走完传奇人生的儿子李存勖。李存勖灭梁后，过足了"唐光武"的瘾。但李存勖的江山并不是他打下来的，如果没有父亲李克用在乱世中占据河东，以李存勖善攻而不善守的性格，他是很难赤手空拳打下江山的。当然，李克用的江山也是从他的老爹李国昌那里传来的。所不同的是，李国昌传给李克用的只是一间临街手工作坊，而李存勖却从父亲接过一家国际化大公司。在五代政治史上，其实是分为两个不同角度的政治层面：一个是单打独斗，最后被唐晋汉周否定的梁朝；另一个就是后唐、后晋、后汉、后周四大王朝。而四大王朝的真正开创者，正是李克用。后晋、后汉、后周三朝对李克用多持正面评价，代后周而立的北宋对李克用也极尽恭维，称赞李克用是辅佐唐王朝从黄巢魔爪下重生的当代齐桓、晋文。

李克用其实不是汉人，而是西突厥的分支——沙陀人，后来改姓朱邪。姓李，是因为李克用率河东黑鸦军剿灭黄巢有功，唐王朝赐姓李，所以李克用一脉打着李唐宗室的旗号在江湖上"招摇撞骗"，其实他们的政权和唐朝没有一毛钱的关系。黄巢当初撤出长安后，在长安城中放火抢金银财宝的，就是李克用的沙陀兵，刘秀可从来没烧过长安城。不但如此，李克用甚至遭到了唐王朝的大兵镇压，原因是李克用虐杀朝廷委任的云州防御使段文楚。

五代十国宋初的创业帝王多为武将，比如李存勖、李嗣源、李从珂、石敬瑭、杨行密、郭威、柴荣、赵匡胤。而其中最负盛名者，当属人称"李横冲"的李嗣源，大名满河朔，但实际上要论武力指数，李克用当为第一！

因为生长在马踏胡月的边陲地区，李克用从小就学弓马劲射，十三岁时就射得一手好弓箭。有一次，天上飞来两只大雁，十三岁的李克用纵马出箭，"射之连中，众皆臣伏"。晚唐有一位著名的"落雕侍御"高骈，一箭能落双雕，李克用同样不让高骈。有人指天上双雕问李克用："你能不能射下双雕？"李克用大笑，"弯弧发矢，连贯双雕"。而这时的李克用，就已经"眇一目"，所以江湖人称"独眼龙"。一只眼就能射落双雕，可见李克用的功夫是何等了得。

有了一身好武艺，李克用十五岁时跟着父亲李国昌闯荡血雨腥风的江湖，就大杀四方，当时人称李克用是"飞虎子"，江湖新锐地位可见一二。人都是有野心的，得到第一块大饼后，总想再得到一块更大的饼。李克用在跟随父亲打败了朝廷方面的昭义军节度使李钧后，极具政治眼光地盯上了早成笼中困兽的黄巢。只要能拿下黄巢，李克用在政治上就可以摆脱累次被朝廷打压的负面政治形象。

一切都非常顺利，善于骑兵作战的四万河东黑鸦军将黄巢军打得风流云散，而李克用因为赶跑黄巢出长安立下头等功，唐王朝也知道是时候给李克用转正了，正式封李克用为河东节度使。其实朝廷也知道，即使不封李克用，以李克用的实力，他早晚会霸占河东，不如做了顺水人情。

河东是天下第一大镇，临近大漠，拥有数量庞大的优质作战马匹，李克用的发迹不知道让多少人眼红。如果说唐王朝给李克用的是一块新做出来的美味蛋糕，那么给朱温的，不过是一块过了夜的硬馒头。正因为朱温觉得朝廷对自己赏赐不公，再加之眼红李克用吃到了肥肉，为绝后患，朱温在上源驿策划了一场骇人的大火。

朱温的计算非常精准，几乎对上源驿围得水泄不通，但朱三千算万算，唯独没有算到会突降大雨，浇灭了大火，让几乎无路可逃的李克用逃出生天。而朱温在上源驿火烧李克用，却被大雨浇灭，这很可能就是《三国演义》著名桥段"火烧上方谷"的原型。

有人常说汉人心眼比少数民族要多，或者说少数民族比起油滑的汉人相对比较朴实。如果从某种角度上看，也并非没有道理，至少李克用是拿朱温当兄弟的，李克用甚至都没想过将来要与朱温争天下。但朱温这场阴损的大火彻底烧醒了李克用，也把李克用待人的真诚彻底烧没了，所以李克用对朱温充满难以压制的怒火。

而更让李克用郁闷的是，明明自己吃亏在先，明明自己拥有天下最精锐的河东沙陀兵，可偏偏就拿无耻的朱三没有丝毫办法。要论二人事业的起点，李克用远高于朱温，但河东与汴州的发展轨迹却完全不同。朱温由弱到强，败秦宗权据淮西、杀朱瑄兄弟据兖郓，杀时溥据徐州，逐安师儒据郑滑，让魏博罗弘信俯首称臣，收降李罕之、张全义收河洛，平卢王师范举家骑驴归降。虽然清河一战被杨行密水淹七军，大将庞师古战死，朱温的触角被阻止在淮河以北，但朱温依然是天下头号强藩。而李克用虽然勇武过人，淮南王杨行密久慕河东独眼龙的大名，派人去河东画了李克用的画像观瞻，但李克用在对外开疆拓土方面却没有什么进展，只是死守河东一地。

河东，北有契丹阿保机，东有大燕刘守光、义武王处直、成德王镕、魏博罗绍威（罗弘信之子），南有朱温，西有夏银（西夏前身）李思恭、岐凤李茂贞，战略发展空间非常有限。虽然李克用恨透了朱温，但他的创业能力，根本无法给朱温制造大的生存威胁，只能对朱温零敲碎打，也没占多少上风，甚至还把一个儿子李落落给搭了进去。

这件事情发生在唐乾宁三年（896年）正月，李克用亲率沙陀兵来取魏博，而他所面对的正是仇人朱温。势力早已坐大的朱温根本没把李克用放在眼里，大将葛从周出马，生擒李落落，甚至还差点活捉李克用本人。李落落的下场是被朱温当场斩首，差点没把李克用心疼得晕过去。但客观来说，李落落的死，其实还是因为李克用的实力不足以让朱温产生敬畏，否则朱温也不敢杀李落落，反而会和李克用讨价还价。这和做人质是一个道理，输出人质的一方实力越强，控制人质方越不敢轻举妄动。

事实也证明了这一点，朱温觉得自己的实力足够吃掉李克用的，那又何必再和李克用称兄道弟？今天杀了你的儿子，明天人头落地的就是你这个独眼龙。

唐光化四年（901年）三月，这是李克用平淡人生中遭受到的第二次大劫难。第一次是朱温在上源驿差点烧死李克用；而第二次的苦主还是朱温。已经晋封梁王的朱温觉得是时候搞死李克用了，几乎是倾巢而出，数路强兵围剿李克用，粗略估计，计有：

氏叔琮出太行；

晋州刺史侯言出阴地关（今山西汾西东北）；

洺州刺史张归厚出马岭关（今山西太谷东南）；

葛从周出土门（即大名鼎鼎的井陉口）；

义武节度使王处直出飞狐（今河北涞源）；

魏博罗弘信的部将张文恭出新口（今河北磁县附近）。

六路大军集合，声势浩荡地直扑李克用的老巢太原府。

在当时的诸侯争霸格局中，朱温相当于"二战"后的美国，而李克用的河东最多也就相当于"二战"后的法国，是根本无法和美国相抗衡的。六路大军杀进河东，迫使很多河东大将投降朱温，梁军几乎扫掉了太原城所有的外围城镇，随后就把太原城围了个水泄不通，形势对李克用来说非常危急，他几乎发动全城老小死守城池，而朱温开始盘算哪一天能欣赏到李克用血淋淋的人头。

如果从唯心主义的天意论来看，老天对李克用是极为厚爱的，几次帮助李克用死里逃生。上源驿大火，突降一场大雨，而这次梁军围攻太原，虽然也下了一场大雨，客观上影响了李克用守城，他每天都泡在水里指挥守城。但这场大雨同样给汴军造成了相当大的麻烦，汴军人马泡在大雨中，很快就暴发不可控的疟疾，大量士兵病倒。再加上后方粮草运输也出了麻烦，朱温权衡再三，只好灰头土脸地撤军，李克用侥幸逃过一劫。以后朱温虽然也数次敲打李克用，但朱温的精力主要用在与淮南杨行密的纠葛，以及在政治上控制唐王朝的内政上，对李克用实际上处在半放任的状态，李克用才终于可以缓过气来。

从军事能力上看，李克用不如朱温，就如同刘备不如曹操一样。这一点李克用也知道，单纯比大腿粗，李克用是玩不过朱温的，那就另辟蹊径，在政治上捞取对抗朱温的资本。

刘备之所以最后能三分天下，政治上的"投机"占了很大因素，刘备扛着"大汉皇族"的旗号，在政治上处处针对挟天子以令诸侯的曹操。李克用同样如此，虽然李克用根本不是李唐血脉，但在政治上，李克用及其幕僚团队把李克用打扮成了忠于李唐王朝，誓死与逆臣朱温抗衡的一代忠臣。因为在政治上高举兴唐反梁的大旗，李克用与南方的反梁势力如西川王建、淮南杨行密达到了某种程度的默契。晋、蜀、吴三国联合起来，在与梁朝的战略空间博弈上互相声援，有效地牵制了朱温的兵力，反而在客观上扩大了河东的生存空间。为日后李存勖的经典大逆转打下了坚实的基础，如同陈武帝陈霸先为几近灭亡的江东汉文明留下了一丝微弱的火种，苦苦撑到了汉人杨坚建立大隋朝，汉文明才绵延不绝。

李克用在政治上成熟的体现还在于他坚决不称帝，为自己争取到了极高的政治声望。朱温代唐称帝后，西川王建立刻跟着称帝，并写信劝李克用也称帝。王建这么做，实际上是想让李克用与他一起分担称帝后的政治压力，天下人要骂王建，他得拉着李克用陪绑。李克用拒绝了王建所谓先称帝，等将来唐朝复兴，再把帝位还给李唐的荒唐建议。

李克用回复王建的这封信非常感人，应该是河东统治集团精心谋划过的。李克用在信中说自己深蒙唐朝三代厚恩，位至将相，名列宗籍，怎么能背唐自立？实际上，王建虽然称了帝，但淮南杨行密那一派却没有称帝，而杨吴一直打着复兴唐朝的旗号，甚至年号都一直沿用唐朝的天祐旧号。刘备称帝，是因为孙权并没有打着复兴汉朝的旗号，所以刘备可以亮出这杆破旗。但如果杨吴高举兴唐旗帜，而李克用称帝，即使李克用还用唐朝名号，那么天下正统依然在杨吴，而不在李克用。从这一点考虑，李克用拒绝称帝是非常明智的，而只要李克用不称帝，无论杨吴在政治上出什么幺蛾子，凭借李克用的"宗室"身份，他能获得的政治资本都要远大于杨吴。

李克用不称帝的心态和闽国开国大王王审知差不多。有人劝王审知称帝，王审知笑答：做个关门天子，不如做个开门节度使。为了过上帝王瘾，而牺牲自己手上并不多的战略政治资源，是非常愚蠢的，比如东汉末年的袁术。

李克用不是不想称帝，而是现在称帝，在政治上并没有什么好处。人无利不往，李克用把自己打扮成前唐孤臣，不过是在演戏而已，和刘备自诩汉朝忠臣一样，当不得真。

玩政治的个个都是好演员，没点演技还怎么在江湖上混？但李克用在遍地枭雄的时代能险守一方，那也是有真本事的。

十　李存勖教会我们在羽翼未丰之时如何以退为进

在纷繁杂乱的五代十国时期，李存勖是个无论如何也绕不过去的人物，他个人的生死荣辱，都极深刻地影响了公元 10 世纪中国历史的走向。如果不是李存勖作死，把自己打下来的五代第一疆域大国后唐生生地给折腾散架，就不可能有千古大帝后周世宗的横空出世，一扫残唐积秽；更不会有赵匡胤凭空捡了一个天大的便宜。而骄傲地站在历史的最高点，接受万众膜拜的千古一帝，就是这个小名李亚子的沙陀人。

唐光启二年（886 年）十月二十二日，一个幼弱的生命从李克用妻子曹夫人的肚子里爬出来的时候，李克用就觉得这个头胎儿子有些非同寻常，他似乎感觉到了这应该是老天在向他暗示着什么。

李克用虽然有十几个干儿子，但在有自己子嗣的情况下，不可能把江山传给外人。所以李克用非常重视对李存勖的培养，经史子集无所不教，诗词歌赋无所不传，李存勖在尚未成年时已是文武全才。

李存勖从小就含着金钥匙出生，更让人羡慕的是，他还是五代十国第二代中唯一一个见过唐昭宗李晔，并得到昭宗极高肯定的人。年仅十一岁的李存勖站在昭宗面前，但也许是李存勖有胡人血统，还没成年的李存勖就身材挺拔，面目俊美，从这个少年眼中流露出一股时人少见的英气。所以昭宗"一见骇之"，震惊看上去邋里邋遢的李克用怎么会有这么个英俊儿子。因为当时李克用已被唐朝正式列入李氏宗籍，而昭宗也知道自己是无力再兴复唐朝了，他认定眼前这个英俊少年将来必能成大器。昭宗送给了李存勖很多珍珠宝贝，但最让李存勖或者是说是李克用受用的，是昭宗摸着李存勖后背时说的一句评语：这个孩子长大后必能成为一代栋梁，希望他以后能忠孝唐室。

这句话对李克用来说非常重要，这几乎就是在向天下人，特别是向朱温宣告：李克用及其子李存勖才是大唐帝国的正统传人，这在政治上给予李克用的好处是不言而喻的。

这句话对李存勖来说更加重要，因为昭宗的这句话也几乎定下了将来河东江山必须由李存勖继承的基调。后来李克用选定李存勖为储君，一则是因为李存勖文武全才；二则他是李家嫡长子；三则是昭宗的这句评语。在李存勖的综合条件都强于其他竞争者的情况下，如果李克用不选择李存勖，且不说会置河东于巨大的政治军事隐患之下，也等于在政治上简单地否定了昭宗皇帝。政治成熟的李克用是不可能做出这样自毁前程的蠢事的。但因为干儿子们势力太大，李克用不敢过早宣布立李存勖为嗣，否则那些带兵的干儿子铁定会闹事，甚至不排除有人引梁入室。再加上李克用还有个弟弟——总制河东禁军的内外蕃汉都知兵马使李克宁对那个位子也有点想法。所以直到 907 年，李克用行将咽气，才当众宣布由长子李存勖继承王位。

李存勖初出江湖，并没有多少威望。虽然李克用吹捧长子"此子志气远大，必能成吾事"，但无论是近亲宗室，还是养子名将，都不服李存勖。

河东天下在法理上是传给了李存勖，但面对身边一群虎狼，李存勖能不能守得住还是一个问题，历史上少主被废的例子举不胜举。而且李克用死的也不是时候，梁兵北攻河东的南线门户潞州，河东人情上下汹汹，一旦统治高层内部不稳，极易造成军情动荡，河东一夜崩溃也并非没有可能。而这一年，李存勖只有二十三岁。

李存勖并非不知道自己所面临的危险局面，其实他最担心的暂时还不是在外领兵的所谓兄长们，而是近在肘腋的叔父李克宁。李克宁控制着太原近卫部队，"军中之中，无大小皆决克宁"。一旦李克宁有异心，不用李嗣源、李存信们在外起兵，李克宁一句话，李存勖就有可能人头落地。所以李存勖及其幕僚团队的对策，是先稳住李克宁，夺过近卫部队的指挥权，首先要确保自己在太原城的安全。

李存勖灭梁后，在政治上几乎就变成了一个傻子，但在其早期政治生涯中还不算糊涂。李存勖首先把自己打扮成一个弱势的君主，主动向李克宁示弱，绝不挑战李克宁现有的地位，以退为进。

李存勖装得可怜楚楚地站在李克宁面前，说自己年少德薄，情愿把晋王的位置让给叔父。"儿年幼稚，未通庶政，虽承遗命，恐未能弹压。季父勋德俱高，众情推伏。"

以当时李克宁"久总兵柄，有次立之势"的势力，他只要点头答应，至少在太原城中是没有人敢说什么闲话的。

离最高权力这么近，李克宁没有动心，出于权力制衡的考虑，李克宁没有答应李存勖所谓的让贤。李克宁的主要顾虑，还是那伙在外"各挽强兵"的干侄子们，这些人仗着军功，不但瞧不起寸功未立的李存勖，像李克宁这样靠哥哥李克用吃饭的，他们也照样瞧不上。这些强藩随便哪一个跳出来捣乱，都够李克宁喝一壶的。现在内外情势极为不稳，李克宁也不想在这个时候出头接这个烫手山芋。

另外，李克宁和兄长李克用感情深厚，李克用死前希望李克宁能像照看自己的儿子一样看管好李存勖，再加上李存勖突然像待宰的羔羊一样可怜兮兮地求他，李克宁心一软，放过了李存勖。李克宁以叔父之尊给侄子李存勖行了君臣大礼，正式确定了李存勖的河东最高统治者的地位。

渡过了这一劫难后，李存勖在太原城中的统治瞬间变得明朗起来。即使李克宁随后被自己的老婆孟氏说动，后悔自己的让位，和干侄子李存颢四处联系，图谋推翻李存勖，但在名分上，李克宁明显吃了亏。自己装蒜在前，又吃翔在后，很容易给人造成首鼠两端政治不可靠的观感，是很难收拢人心的。

更让人难以理解的是，李克宁为了达到目的，竟然暗中向大梁朱温通款，准备通过向梁称臣割地，以换取朱温的有力支持。具体办法是等李存勖到李克宁府上饮酒时一刀杀之，举河东九州之地甘做朱温附庸。李克宁这么做，在政治上等于自杀！至少他背叛了李氏列祖列宗百战才血拼下来的河东社稷，成为人人得而诛之的头号反贼。

李克宁亏大义在前，李存勖在政治上就有了极大的转圜空间，此时拿下李克宁，于情于理李存勖都是无可指责的。但李存勖不愧是梨园老祖师，演技极为精湛，他并没有着急拿下李克宁，而是把朝中所有反李克宁的势力召集起来，说什么自己年少德薄，既然叔父这么热衷王位，为了李家江山千秋万代，我情愿让位。张承业、李存璋等人向来与李克宁不和，怎么可能答应李存勖，自然群情激愤，"众咸愤怒"。李存勖成功地挑起了反李克宁势力铲除李克宁的强烈愿望，接下来的事情就好办了。

李存勖摆了一场酒会，邀请李克宁等人赴宴，李克宁等人并不知道自己的阴谋已经外泄，坦然赴约，结果被侄子命武士当场拿下。李存勖虽然年轻，但他在政治上是非常成熟的，他始终站在道义高地上，对李克宁的指责也合情合理。李克宁自知理亏，干脆认罪，只求速死。

"是日，杀克宁及存颢。"

由于李克宁的罪名是通款逆臣朱温，这在当时是十恶不赦的死罪之首，所以即使有人同情李克宁，也对李存勖无可指责。李存勖在政治上翻转腾挪，却始终有理有据，不让人抓住自己的丝毫把柄，所以李存勖能在杀李克宁之后迅速地稳定太原局势。

太原城中发生的这场宫廷政变，在外诸藩都在密切关注。太原是河东政治中枢，一动一静，都将极大地影响着周边藩镇的政治抉择。一旦太原陷入动荡，这些强藩要么会率兵杀回太原夺位，要么举城降伏梁朝。但无论是哪一种情况发生，李存勖脖子上的吃饭家伙都很难保全。而李存勖稳定了太原局势，断绝了外藩们打着各种政治旗号浑水摸鱼的可能，在太原稳定的情况下还要起兵，那道义就会始终站在李存勖一边。

这种情况很像南北朝萧梁末年，侯景兵围金陵城一年有余，虽然城内几陷险境，但始终没有沦陷，所以萧梁外围还算稳定。而等金陵城陷，梁武帝萧衍绝粮而死后，与西魏、北齐接壤的萧梁外围彻底崩溃，导致南朝弱势，最终为北朝吞并。如果萧衍能灭掉侯景，金陵在，则大梁在，西魏、北齐又怎么会有机会凭空捡便宜？

十一　风云帐下奇儿在
——李存勖扬名立万的三垂冈及柏乡之战（上）

英雄立马起沙陀，奈此朱梁跋扈何。

只手难扶唐社稷，连城犹拥晋山河。

风云帐下奇儿在，鼓角灯前老泪多。

萧瑟三垂冈下路，至今人唱百年歌。

这首诗是清朝诗人严遂成著名的咏史诗，称赞晋王李存勖在三垂冈大破梁军，把一代枭雄朱温打得灰头土脸，而这场著名的战役发生于梁开平元年（907年）的五月初一。

三垂冈位于山西省长治县东南的太行山麓，是晚唐五代重镇潞州（即长治）的重要门户。本来潞州是朱温打下来的，但镇守潞州的丁会因不满朱温弑唐昭宗，于唐天复元年（901年）举城归降河东。潞州在河东首府太原与梁朝国都汴梁之间，等线距离不过三百里，军事地位极为重要。谁占领潞州，就像一把利剑悬在对方头上。

朱温深知潞州对自己的重要性，几乎是不惜一切代价要夺回潞州。开平元年（907年）夏，刚刚建立梁朝不久的朱温就派大将康怀贞率数万精锐北上攻潞州。

康怀贞本是朱瑾部将，后来归降朱温，屡立战功，特别是朱温与凤翔军阀李茂贞的武功之战，身为前锋的康怀贞出尽风头，披甲执盾，"一鼓而攻之，掳甲士六千人，马两千匹"，差点被激动的朱温吹上了天。

不过朱温似乎不太信得过康怀贞，毕竟丁会叛变带给朱温的刺激太大，朱温在北上夺取潞州时，就敲打过康怀贞，说自己对得起康怀贞的勇猛作战，官位至上将，赏赐无数，希望康怀贞能忠心事君，有死无二，不要学忘恩负义的丁会吃里爬外。

052

被朱温这一番恶狠狠地敲打，康怀贞为了打消朱温对自己的怀疑，不敢有半点懈怠，几乎是玩命似的攻城，"筑垒环城，浚凿池堑"。不过在潞州，康怀贞遇到了一个非常强硬的对手，就是河东的昭义节度使李嗣昭。李嗣昭是十三太保之一，李嗣昭知道自己肩上的担子有多重，为了报答李克用，李嗣昭同样是玩命似的守城。

当时李克用还在，他更知道潞州就是他的保命门窗，一旦潞州失守，梁兵必将太原围个水泄不通。为了保住家门，李克用几乎倾巢而出。相当于现代十大元帅之首的河东头号名将周德威亲自出马，率河东名将群如李存璋、李嗣本、史建瑭、安元信、李嗣源、安金全，不惜一切代价也要保住潞州。

梁晋双方在潞州的攻守呈胶着状态，梁军攻不进去，但死战不退，而晋军在周德威的率领下，在壁河下寨，与被梁军挤成压缩饼干的潞州城遥相呼应。康怀贞曾经尝试过先拔掉周德威这根刺，结果被周德威强硬地狙击回去。

这场异常艰苦的战役，一直对耗到当年七月，性格急躁的朱温对康怀贞已忍无可忍，决定临战换马，将康怀贞贬职，但依然留在军中。而取代康怀贞的，则是五代十国第一神刀、擅长使一把大槊的亳州刺史李思安。

李思安在五代十国名将群中极为另类，只要出马临阵，他专挑对方的猛将打，"必鹰扬飚卷，擒馘于万众之中，出入自若，如蹈无人之地"，是朱温的心腹爱将。但李思安最大的问题是稳定性太差，所以只要是李思安主导的战役，要么胜得惊天动地，要么败得惨不忍睹。"（李思安）每统戎临敌，不大胜，必大败。"

朱温派李思安上场，有明显的赌博成分，但现在不在李思安身上再赌一把，难道等着周德威耗死康怀贞？而朱温有足够的理由相信李思安能赢得这场轮盘赌，因为他拨给了李思安十万大军！朱温不愧是五代第一土豪，一出手就是十万人马，这是李克用卖光家当也凑不出来的数字。

不过朱温很快就失望了，李思安虽然没有立刻输掉赌局，但也被周德威的牛皮战术搞得狼狈不堪，双方还是死缠烂打。

李思安的攻城战术比康怀贞要先进一些，李思安在潞州城下修建了两重城垣，几乎将雄伟宽阔的潞州城圈成了内城，梁人称为夹寨。这种夹寨最大的作用，就是彻底隔绝晋军外线周德威本部与潞州李嗣昭的任何联系可能，所谓"内防奔突，外拒援兵"。李思安的办法足够恶毒，周德威也没什么好的办法，只能牛皮糖似的缠住李思安，零敲碎打，每天恶心你几下，果然把梁军搞得疲于奔命，最后干脆守在夹寨里，高悬免战牌，准备饿死城中的李嗣昭。

虽然城内的晋军粮食越吃越少，但由于周德威成天骚扰打游击，十多万梁军的粮草供给也成了大问题。从开平元年七月一直打到第二年正月，李思安对内拿不下李嗣昭，对外轰不走黏胶一样的周德威，"士卒疲弊，多逃亡"。这还是只逃亡的人数，在与晋军数不清的牛皮战中，梁军竟然战死了一万多士兵。李思安打破了自己"不大胜必大败"的魔咒，但朱温哪里还有耐心再给李思安时间，一道诏书把李思安召回来，贬官发落。而此时的朱温已大驾北上亲自督战，潞州以南不过百里的另一座军事重镇泽州（今山西晋城），成了朱温的临时指挥部。

开平二年正月，朱温突然从前线得到了一个重要消息——独眼龙李克用病危。开始朱温还怀疑这是李克用为了迷惑自己而放出的假消息，但随后朱温正式确认了李克用已经咽气了。而朱温似乎对这场旷日持久的牛皮战心生厌倦，准备撤兵，还是前线诸将苦劝，认为李克用的死，必然会引起河东最高统治内部的权力火并，不如再等一个月看看。朱温没兴趣再在山西待下去了，留下大将刘知俊继续和周德威扯胶，自己回到洛阳避暑去了。

朱温敢离开潞州，还有一个重要原因，就是朱温认为李克用已死，自己在河东已无对手，新王李存勖在朱温眼里，这不过是个膏粱子弟，何足惧哉！

梁朝诸将对河东形势的判断并没有错，李克用一死，李存勖为了保住权力，和叔父李克宁扯起牛皮官司，甚至为了测试头号大将周德威对自己的忠诚，下令让周德威率军北归太原。周德威知道这是晋王对自己不放心，虽然潞州战事紧，但为了不让李存勖起疑心，也只好忍痛北上。

河东援军的突然撤退，让潞州成为一座孤城，梁朝上下喜气洋洋，"汴人既见班师，知我（国祸），以为潞州必取"。守在夹寨中的梁兵每天做的，就是睡觉晒太阳，"不复设防"。而朱温也被眼前的假象所欺骗，下了一道不久后他就极为后悔的旨意，不再从内地往潞州方向调派援军，凭现有的兵力已足够了。

而此时的李存勖，已经得到了前线梁军放松警惕的情报，立刻召开军前会议。李存勖的态度非常明确：潞州是太原南线头号门户，不惜一切代价也要守住。"无上党（即潞州），是无河东也。"而且李存勖也知道朱温瞧不起自己，但这对李存勖来说是非常有利的。至少这位年轻的晋王在心理上可以轻装上阵，战胜朱三是不世奇功，败给朱三也不算太丢面子。李存勖深知自己的现在江湖地位几乎等于零，不在朱温身上剐掉几块肉，江湖上是不会认他这号人物的。

李存勖告诉手下弟兄："汴人闻我有丧，必谓不能兴师，人以我少年嗣位，未习戎事，必有骄怠之心。若简练兵甲，倍道兼行，出其不意，以吾愤激之众，击彼骄惰之师，拉朽摧枯，未云其易，解围定霸，在此一役。"

李存勖熟读历史，他应该知道前秦苻坚因为骄横不可一世，自诩投鞭可以断流，结果淝水一败，前秦帝国冰消瓦解的典故。朱温所犯的，正是骄兵必败的大忌。

不过当时梁强晋弱，为了谨慎起见，李存勖还是花了一些车马费，向契丹大头领耶律阿保机请来了一部分契丹兵助阵。等到李存勖打扫完了太原城中的一地鸡毛，李存勖率周德威等人南下，开始了李存勖初出江湖的第一战。

李存勖的行军速度非常快，四月二十四日，数万晋军夜出太原南门，仅用了六天时间，于四月三十日赶到潞州北四十五里处的北黄碾地区。李存勖知道朱温已离开潞州，但并不敢保证朱温会突然再率大军杀回来，所以现在李存勖最需要做的就是与时间赛跑，趁朱温轻敌之际，一举拿下夹寨梁军，打出新一代晋王的逆世虎威。

四月三十日夜，李存勖率憋了一肚子闷气的晋军静悄悄地埋伏在梁军夹寨附近的三垂冈，就等着天一放亮，对梁军夹寨采取偷袭行动。

老话讲不作死便不会死，即使李存勖新锐可畏，但只要梁军做好最基本的防范工作，晋军是没什么机会的。但朱温过于托大，在大驾南返时甚至撤掉了前线侦察兵（斥候），而如果这些侦察兵继续在附近游弋的话，是一定能发现数万晋军的，毕竟几万人的目标太大。梁军罢斥候，弟兄们都躲在寨子里睡大觉，谁也不知道就在寨子外面，几万虎狼正流着口水盯着自己。

不过对李存勖来说，这次偷袭行动还是比较冒险的，因为夹寨的视野非常开阔，即使梁军没有前线斥候，他们站在栅栏前，就能看到几里外的晋军行动。换言之，梁军有足够的时间做好应战准备。但让李存勖兴奋的是，当天夜里，太行山麓突降大雾，数米之外不见人影。到了次日凌晨，大雾弥漫山谷，李存勖知道自己扬名立万的机会来了，一声令下，几万晋军挥舞着刀枪，直抵夹寨。

按照李存勖事先制定的分工，李存璋和王霸率晋军后勤人员放火烧寨，把夹寨烧成两截,然后周德威率晋军主力从西北方向强攻进夹寨,大总管李嗣源率帐下亲军进攻夹寨东北角,李存勖率中路队"三道齐进",借着茫茫雾色马踏夹寨。

因为晋军这次行动非常保密,再加上梁军自己作死,以及天公不作美,等晋军杀进寨子里时,梁军这才发现。但晋人的大刀已经架在了梁人的脖颈上,再作反应已经来不及了。《旧五代史·庄宗纪一》对这场三垂冈之战的记载简略而精彩,"李嗣源坏夹城东北隅,率先掩击,梁军大恐,南向而奔,投戈委甲,噎塞行路,斩万余级,获其将副招讨使符道昭泊大将三百人,刍粟百万"。梁军前主帅康怀贞非常幸运地逃出李存勖的魔掌,模样狼狈地带着百余骑夺命出天井关逃回河南。是役,晋军大获全胜,成功地把战略重镇潞州从梁军数重围困中解救出来,确保了太原南线的战略安全。

李存勖单枪匹马,迎风立在三垂高冈上,看着山谷中数不尽的梁军兵甲军械,享受着无数弟兄伏地高呼晋王万岁的成就感,李存勖笑了。打赢了事关河东生死存亡以及事涉李存勖个人威望的三垂冈之战,从此江湖上都知道李亚子不是好惹的,还有什么比这更让年轻的晋王感到快意的。甚至是洛阳城中的朱皇帝得到三垂冈惨败的消息后,意识到李存勖并不是一个容易对付的对手,朱皇帝看着自己膝下一堆不争气的儿子,哀叹道:生子当如是,李氏不亡矣!吾家诸子乃豚犬尔。

其实三垂冈并非李存勖第一次来,早在他五岁的时候,就曾经跟着慈爱的父王在三垂冈地区射猎。三垂冈坡上有一座唐明皇李隆基的庙宇,李克用让部下在明皇庙前摆酒,一队乐工吹奏名曲《百年歌》。中年的李克用半世拼杀,感慨人生无常,听着声调凄苦的《百年歌》,李克用感慨满怀,他指着五岁的长子说:老夫壮心未已,二十年后,此子必战于死。也许李克用只是一时醉言,但谁也没有想到,二十年后,李存勖真的如父亲所言,在三垂冈明皇庙前,拉开了他辉煌人生的宏大帷幕。

十二 风云帐下奇儿在
——李存勖扬名立万的三垂冈及柏乡之战（下）

李存勖赢得了自己军旅人生中第一场重大战役的胜利，但客观来说，三垂冈之战实际上是一场偷袭战，骄傲的朱温自己打败了自己，再加上大雾助晋，所以梁军才莫名其妙地被晋人狠踹一通。老虎正在打盹儿，被驴一蹄子踹进阴沟里，但这并不说明驴子能打过老虎。虽然朱温叹过生子当如李亚子，但就朱温本人来说，他并没有太把李存勖当回事。

李存勖自然知道三垂冈之战赢得侥幸。虽然他借此战在河东打出了自己的声威，河东名宿老将周德威、李嗣昭、李嗣源等人对李存勖忠贞不贰，但梁强晋弱的局面没有丝毫改观。对李存勖来说，他现在能做的，就是啃硬骨头，一块一块地啃。

果然有一块硬邦邦的骨头摆在了李存勖面前，朱温又把触角伸向了河北地区的赵国。

这里需要简单地介绍一下五代初期的河北势力分布形势：

梁朝：朱温所建，控制河南、山东、苏北、皖北、鄂北、晋南，以及河北南部邢台、邯郸一带。

晋国：李存勖所有，占据山西大部。

燕国：刘仁恭、刘守光相继割据，占有今北京、天津地区，以及河北沧州、张家口、唐山，以及辽宁朝阳一带。

义武军：王处直所据，占有河北保定附近二州，在河北诸势力中面积最小。

赵国，即唐末的成德军节度使，占有镇（石家庄）、赵（赵县）、深、冀四州，因为统治者王镕被朱温封为赵王，所以俗称赵国。

王镕与李存勖一样，并非汉人，而是回鹘人的后裔，十岁时袭封父亲王景崇的成德节度使之职。而王镕往上溯四五辈，他的祖先世代割据成德，成为河北大藩，史称承祖父百年之业，士马强而蓄积富。

赵国北接义武，南接梁朝的魏博，东接燕国，西与李存勖的晋国比邻而居。在一轮又一轮的河北争霸战中，王镕奉行"睦邻友好"的不结盟外交政策，尽可能地不与邻藩发生武装冲突。虽然朱温是天下第一强藩，但早年的朱温把主要精力都放在了消灭秦宗权、朱瑄、时溥等中原军阀上，暂时顾不到河北。而王镕的老邻居李克用占据河东，地大兵强，是王镕无论如何都得罪不起的。所以王镕特别重视与河东的外交关系，李克用曾经发兵攻赵，被王镕花了二十万匹绢给劝退，晋赵和好。但等到朱温摆平中原后，开始经营河北，王镕知道朱温的实力，更不敢得罪朱温，"卑辞厚礼，以通和好"。等到朱温建梁后，把自己的女儿嫁给了王镕的儿子王昭祚。当时梁强晋弱，王镕只能向强者低头，承认梁朝的正统性。

王镕虽然向朱温称臣，但他的成德军毕竟是独立政权，并不受朱温直接控制。而赵国西与河东为邻，如果朱温能拿下赵国，就能在河东的东线对李存勖狠狠地插上一刀，让太原城中的李存勖每天都生活在梁军随时可能偷袭的恐惧之中。

为了实现吞并赵国的计划，朱温开始对王镕，以及更北边的王处直慢慢下手，至于说朱温的理由是怀疑王镕与李存勖暗中私通的一个蹩脚的借口而已。

就在这个时候，燕国的刘守光也盯上了赵国，发兵南屯涞水，似乎要偷袭赵国。朱温觉得并赵的机会来了，即时发魏博兵三千人进屯深、冀二州，表面上说要帮助赵国击退燕军，实际上是等待时机消灭赵国。

王镕不是不明白朱温的意思，但慑于朱温的淫威，王镕不敢和朱温翻脸。王镕希望能说服朱温撤兵，并派人去洛阳告诉朱温，说赵国已经和燕国和解，刘守光撤兵。王镕天真地以为找到了最合理的借口，朱温就可以撤兵了。即将到嘴的肥肉，没人会傻到放弃，朱温表面上和王镕打马虎眼，暗中却让三千魏兵突然发难，杀掉了守城的赵兵。王镕这时才发现自己上当，再也不管和朱三的亲家情了，立刻向李存勖求援。

李存勖收到了王镕的鸡毛信，不过在是否救援赵国的问题上，晋国高层发生了严重的分歧。大多数幕僚都认为王镕是朱温的儿女亲家，"镕久臣朱温，岁输重赂，结以婚姻，其交深矣，此必诈也！"这极有可能是朱温与王镕演的双簧戏，目的是诱晋兵深入，聚而歼之。大家的意见是先缓一缓，看看朱温下一步动作再作计较。而李存勖却认为王镕只是屈服于朱温强大的军事压力，并非真心归降，王镕臣服梁的底线是赵国独立自主。李存勖的态度非常明确：唇亡齿寒，今不救赵，赵亡，晋岂能独存！李存勖告诉大家："我若疑而不救，正坠朱氏计中。宜趣发兵赴之，晋、赵事力，破梁必矣！"

河东黑鸦军再次兵发太原城，由周德威带队疾驰出井陉口，直赴赵州，阻止梁军对赵国首府真定随时可能发起的攻击，李存勖随后赶到。

朱温本来是希望三千精兵赖在赵国不走，给王镕制造压力，敦促王镕早点献城。但朱温完全没有想到王镕竟然暗中向李存勖求救，李存勖已率晋军拦在赵州。李存勖承受不起赵国入梁给晋国带来的生存压力，而朱温同样承受不起赵国入晋带给梁朝的生存压力，所以既然李存勖要把事情闹大，那么就趁这个机会干掉李存勖。

梁开平四年（910年）十二月初三，天下唯一超霸朱温甩出手上一张王牌：宁国军节度使王景仁任北面行营招讨使，潞州招讨副使韩勍为副使，相州刺史李思安为前锋，出兵十万（《资治通鉴》作七万，《旧五代史·周德威传》作八万）。同时，魏博军协同王景仁的主力北上作战，大将阎宝、双枪王彦章率两千精锐骑兵跟进，作为机动接应。

梁军主将王景仁其实不是朱温的嫡系，他本名王茂章，善使一条大槊，性情暴戾，是淮南王杨行密手下虎将，杨行密死后，杨渥继位，忌王景仁之才，王景仁为避祸，私奔吴越钱镠。后来钱镠派王景仁去洛阳朝见朱温，朱温非常欣赏王景仁，便留为己用。而为了避朱梁祖讳，王茂章改名王景仁。

奉大梁皇帝之命，王景仁率诸军星夜北上，十二月初四，梁军从河阳渡口横渡黄河，从东北方向进入天雄军，与天雄军罗周翰率领的四万魏军会合，然后北上直进赵州南线的邢州、洺州一带。为了接近李存勖的晋军主力，王景仁下令梁军继续北上。十二月二十一日，梁军扎营柏乡（今河北柏乡）。四天后，晋王李存勖在赵州与周德威的主力会合，震惊天下的柏乡之战一触即发。

不过，现在李存勖最担心的倒不是梁军人多势众，他最怕赵王王镕承受不了压力，临场下软蛋。李存勖先率小股部队外出，生擒梁军后勤人员二百人，从他们嘴口撬出了一条重要信息，朱温确实要使诈吞并赵国，并表达了就算赵国以铁为城，梁终要取之的强硬态度。李存勖和王镕都知道朱温想吞并赵国，但却一直没有实证。现在李存勖得到了证人，立刻把被俘梁军送往真定，让他们一字一句把朱温的原话告诉王镕，从而坚定了王镕背梁归晋的决心。王镕反梁立场坚定，就等于在后方政治战场上支持李存勖，李存勖没有后顾之忧，就可以集中精力在柏乡对付王景仁。

梁军兵精粮足，即使一时半会儿拿不下赵国，也有足够的资本和远道而来的李存勖打对耗战。从太原到真定山路崎岖，粮食运输比较困难，虽然赵国竭力输粮，但毕竟赵国只有四州，粮食有限，所以李存勖必须速战速决。而李存勖的对手王景仁早就窥破晋军的短板，你要速战速决？不好意思，我偏要耗死你！

不过李存勖还没有摸清王景仁的底细，并不敢贸然发起总攻，只是驻军于柏乡北三十里处，派周德威率小股骑兵到梁军大营前试图挑战。"梁兵不出"，任凭晋军群魔乱舞，我自岿然不动。

现在着急的是李存勖，他知道王景仁想倚仗着强硬的资本耗死自己，而李存勖是根本没有资本和王景仁拼消耗的，而他唯一的资本，就是晋军旺盛的士气，可士气是有时限性的，"朝气锐、暮气坠"，时间不在李存勖这一边。晋军再往前推进二十五里，扎营于野河北岸，他试图以"步步为营"之计刺激王景仁，让王景仁下令出战。

李存勖这次使了一计损招，让前去挑战的晋军骑兵在周德威的带领下，先是对着梁军大营一顿乱箭，然后集体骂人。晋军具体骂了什么，于史不详，但应该是李存勖针对王景仁本人背景专门制定的骂人攻略，王景仁最怕听到什么，弟兄们就给我狠狠地骂，连带着韩勍、李思安，祖宗八代、七姑八姨，都被晋军的毒舌骂了个坟头冒烟。

王景仁本来就是个急脾气，根本架不住李存勖近乎泼皮无赖式的骂人，终于被骂毛了，派副使韩勍率三万步骑兵出营教训这伙出口成"脏"的河东人。晋军看到几乎武装到牙齿的梁军黑压压地出营，立刻撤退，被骂急了眼的韩勍估计是憋得太久，急需发泄郁闷，死追晋军不放。周德威手下只有一千多骑兵，如果正面迎击，等于送死，所以周德威选择了梁军相对薄弱的两翼，一千河东骑兵就像一只讨厌的苍蝇在一头猪身上来回袭扰，惹得这头猪乱甩尾巴。河东骑兵士气旺盛，加上骑术精湛，骚扰一下梁军不成问题。但梁军人数太多，而且装备极为精良，每匹战马上都铺锦绸、悬金银饰，虽然受到了晋人骚扰，也不过损失了一百多人。晋军不敢和梁军玩命，边战边退。

通过这场规模很小的战役，周德威真正认清了梁朝军队的强大，不是一朝一夕就能衰退的。性格沉稳的周德威更倾向于以守待变，等梁军士气耗尽，晋军再出手收拾梁军，必能大胜。"贼势甚盛，宜按兵以待其衰。"不过李存勖并不认同周德威的看法，梁军士气久而必衰，难道晋军士气就会久而不衰？李存勖坚持速战速决，对周德威产生了严重不满。周德威同样不让步，但他还是通过李存勖非常尊敬的老太监张承业，劝李存勖要沉住气，一旦梁军主动渡过野河发起会战，吃亏的将是弱势一方。

李存勖本来还想嘴硬，但当他从俘虏的梁兵口中得到了王景仁即将修建浮桥渡河的计划，惊出一身冷汗。李存勖认识到速战速决其实对梁军是同样有利的，所以他及时改变战略，听从周德威的建议，全军退守高邑，以退为进，再寻战机。

以双方的军事力量看，真要打会战，晋人铁定被梁人包饺子。要削弱梁人的战斗能力，最好的办法，还是周德威在三垂冈之战中使用过的牛皮糖战术，不停地袭扰梁军，特别是梁军的后勤保障。

不知道是什么原因，梁军的粮食突然不够吃了。其中一个重要原因，赵国方面早就预料到梁军会北上赵州，所以提前搬空了赵州府库的粮食，而梁军后勤运输一时没有跟上，所以造成了梁军"柏乡比不储刍"的局面，梁军为了解决粮食问题，只能就地取粮，四处抄掠。梁军客场作战，晋军主场作战，赵国和义武军的粮食源源不断地供给晋军，时间反而站在了李存勖这一边，李存勖不再像以前那样力求速战速决。

晋军在周德威的率领下，再次祭出骂人祖宗八代的损招，不过梁军怀疑周德威背后有晋军埋伏，不敢出战。梁军死守在柏乡营中，四个方向都有成群的晋军骑兵骚扰梁军外出采办粮草，时间一久，梁军营中几乎断了粮。

无法想象，以梁朝强大的整体实力以及朱温的智商，怎么会不调拨粮食供给十万大军？但事实就是如此，不但梁人没有粮食吃，甚至战马都饿得眼冒金光，只能啃茅席。军队作战大忌之一就是前线无粮，这极易造成人心恐慌，所以王景仁决定向晋军发起总攻，多拖一天，梁军就多一分因绝粮而崩溃的危险。至于史书所载王景仁出战是因为周德威等人把他骂急了，实际上周德威这次不骂娘，王景仁也要出战。

梁乾化元年（911年）正月初二，梁军主力在王景仁、韩勍的带领下悉数出营，结阵而出，一定要活捉满嘴喷粪的周德威。周德威当然不会傻到与梁军玩命，且战且退，回到野河北岸。

梁军人数太多，而野河上桥梁有限，所以梁军过河速度比较慢。李存勖知道这几万梁军一旦过了河，必如下山猛虎势不可当，所以李存勖派大将李建及带着二百壮士，堵在桥梁北头，极力阻止梁军过桥，"力战却之"。

也许是这场规模极小的战役刺激了李存勖的野心，他似乎又忘记了周德威之前对他的苦劝，又想毕其功于一役。年轻气盛的晋王告诉周德威：国家生死存亡在此一举，我先上阵杀敌，你在后面助威。周德威知道今天势必与梁军主力决战，但现在还不是时候，他的理由是梁军缺粮，吃了上顿没下顿。现在梁军刚吃完上顿，有力气拼杀，所以现在决战等于送死。等梁军没饭吃的时候，我们再动手，必能一击克之，希望李存勖再耐心等一等。"彼去营三十余里，虽挟糗粮，亦不暇食，日昳之后，饥渴内迫，矢刃外交，士卒劳倦，必有退志。当是时，我以精骑乘之，必大捷。"李存勖总算听进去了周德威的逆耳之言。

梁军吃过早饭出战，自然希望速战速决，但狡猾的晋人根本不和他们玩。等到了中午，梁军士兵因为没有饭吃，饿得两眼昏花，士无斗志，就差直接躺在地上睡着了。王景仁也发现了这个问题，既然晋军不咬速战速决的鱼钩，那就只能先撤回营，再作打算。"景仁等引兵稍却。"梁军几万人都挤在河边，即使朝后退，巨大的惯性也让梁军手忙脚乱，阵型被打乱，东首魏博兵与西首的汴宋兵早挤成一团。

这一幕被眼尖的周德威看到，熟读史书的周德威也许受到了秦晋淝水之战的启发，当年秦军就是在河边挤成一团，晋将朱序临河大呼：秦军败了！秦军慌不择路，遂至崩盘。现在的形势和当年简直如出一辙，周德威率众大呼："梁兵败了！弟兄们要发财的跟我上。"数万晋军同声高呼，声势极大，同时也给梁军制造了极大的心理恐慌，梁军已有人开始溃逃。梁军虽然断粮，但梁军的战马兵甲都是世界顶级装备，晋军弟兄早就看着眼熟。大帅一声令下，晋人争先恐后地杀向梁军。

首先扛不住的是东首的魏博兵，见势不妙，魏兵脚底抹油先溜了。魏军的溃败，给处在混乱中的西首汴宋兵又制造了更大的心理恐慌，汴宋兵像无头苍蝇一般乱转。晋军大将李嗣源知道汴宋兵在心理上已经有些撑不住了，立刻想到一个绝妙的主意。李嗣源让士兵们冲着汴宋兵高喊："魏兵已溃逃，你们难道等被河东人砍头嘛！"

此时的汴兵似乎还不太知情东首魏兵的情况，当他们从李嗣源口中得知魏兵溃逃的消息，早就斗志涣散的汴兵彻底崩溃了，李嗣源散布的这个真实的消息成了压垮梁军的最后一根稻草。梁军本就饿着肚子，根本没有心思战斗，李嗣源这么一喊，梁军"互相惊怖，遂大溃"。反正魏兵溃逃在先，皇帝真要追责，也怪不到我们头上。

这应该就是西首汴兵溃逃时的心理，但不管怎么说，柏乡十万梁军的大溃败已成定局。不过，从整体上来看，梁军斗志已经崩溃，但就个体而言，梁军单兵作战的能力还是让晋军有所忌惮，此时贸然与乱哄哄的梁军作战，未必就能占到什么便宜。还是大将李存璋懂一点政治，他让晋军士兵们在阵前给梁军兄弟们上了一堂感人至深的政治课：梁军弟兄都是普通百姓，只不过被朱温蒙蔽上当。只要你们放下武器赶紧滚蛋，我们一个不杀！

李存璋这句话实际上是在替梁军减了负，背着沉重的兵甲，逃也逃不远，不如丢掉这些东西，轻装逃跑。"于是（梁）战士悉解甲投兵而弃之，器声动天地。"特别是梁军精锐部队之一的龙骧军、神武军、神捷军都丢下武器，撒开脚丫子哭爹喊娘狂奔而去。

李存璋说话算数，他率领的晋军确实没有对放下武器的梁人大开杀戒，但李存璋可没有替饱受梁人欺负的赵国保证不开杀戒，李嗣源等各部晋军可没有保证不杀人。

赵国久受梁人欺凌，早就恨梁人入骨，只恨平时没有机会报仇。现在梁军放下武器，不杀你们，更待何时？为了报复梁人，面对堆积如山的兵甲器物，赵人弃之不顾，操着短刃追上手无寸铁的梁军，肆意杀戮，龙骧、神武、神捷三军几乎像瓜果梨桃一样被赵人砍杀殆尽。同时，晋军三大名将李嗣源、史建瑭、安金全各率本部人马冲进梁军乱阵中大砍大杀。特别值得一提的是，安金全帐上几乎是清一色的吐谷浑番兵，战斗力极强，空手白爪的梁人死伤极为惨重。从野河南岸到柏乡城之间空阔的数十里地中，梁人伏尸遍野，血水将野河染成了红色。梁军主将王景仁、韩勍、李思安带着几十名亲卫骑兵夺路狂奔，在混乱的局面中侥幸逃出生天。在这场柏乡之战大出风头的李嗣源率军一直狂追了一百五十里，直到邢州才鸣金收兵。而之前赖在赵国深、冀二州不走的三千魏兵，听说梁军主力在柏乡被晋军全歼，吓得连夜弃城南逃。本来岌岌可危的赵国局势，在晋王李存勖的帮助下转危为安，王镕可以继续做他的赵王，寻欢作乐。

十万梁军在这场乱七八糟的溃败战中，仅被晋军杀死的就有两万人，生擒梁朝将军二百八十五人，数万逃兵裹着狂风溃逃到梁保义军节度使王檀所在的磁州辖区，才由王檀出面，给逃兵发了路费，遣散回本部。坐在洛阳城等待吞并赵国好消息的朱皇帝，万万没想到他的十万大军竟然稀里糊涂地就被李存勖全歼，败状极惨，朱温脸上的惊愕表情可想而知。

梁朝虽是天下第一强国，但总体经济实力也是有限的，此次十万梁军出征，军资消耗极大，梁军每副铠甲都价格数十万钱，几亿钱的军用装备就这么葬送掉了。

不过以朱温的见识，他最心疼的还不是这些钱，而是在政治外交上的重大损失。柏乡一败，早就与梁朝离心离德的王镕、王处直已经彻底倒向李存勖，河东的东线防御体系固若金汤，梁军已无可能从河北太行山一线进入河东境内。战略损失，相当于东吴孙权偷袭荆州得手，让刘备彻底失去走汉中、荆襄两线消灭曹魏的可能，只能走山路艰险的汉中单线。同样的道理，以后朱温要再与河东作战，只能走潞州一线，李存勖在河北一翼战略无忧的情况下，可以集中所有兵力在潞州附近与梁军抗衡，战略压力减到最小。

虽然在柏乡之败后，梁朝还是天下第一强国，但统治力明显减弱。而李存勖在接连打赢了防守态势下的三垂冈与柏乡之战，终于可以喘过气来，甚至借着与河北两镇的战略结盟，可以主动向梁朝发起进攻。

不过朱温虽败，虎威犹在，梁朝的整体实力还没有弱到可以被李存勖一口吞下的地步，只不过梁朝从大象瘦成了河马，而河东从兔子胖成了豹子。李存勖现在能做的是，在内继续整合亲太原中央的力量，在外持续瓦解梁朝的战略空间。

李存勖的横空出世，一改先王李克用屡被朱温欺负的窝囊形象，扭转了河东在战略生存上的被动态势。这两场梁晋之间的恶战结果震惊天下，谁都没有想到身经百战的天下头号枭雄朱温被之前默默无闻的李存勖打得满地找牙，李存勖几乎是凭一己之力，再加上老天的一些眷顾，成功地率河东冲出历史的牢笼，如猛虎下山，一发不可收拾。

老天都在帮李存勖。朱温也许在进攻上打不过李存勖，但以朱温的老到，守住黄河一线还是没有问题的。可谁也没有想到，柏乡之战仅仅一年后，爬灰爬成仙的朱三被亲生儿子朱友珪一刀送上西天，而老四朱友贞又把二哥踢下地狱。而当一直在密切关注梁朝内部动态的李存勖得知朱友贞将成为他的对手时，他笑了。

在李存勖之前推定的三个有可能的对手中，他最怕的其实还不是所谓"多才艺"的朱温假子朱友文。朱友文善于后勤统筹，但不善于前线交锋，而朱友珪虽然性格顽劣，但"辩黠多智"，做事不像朱友贞那样四平八稳，这反而是李存勖比较忌惮的对手。但偏偏最终上位的是性格庸弱的朱友贞，李存勖最不怕的就是这种平庸性格的对手。

时间也证明了这一点，朱友贞继位后，不停地出昏招，在内重用赵岩、张的等奸臣，在外猜忌功勋老将，在战略上硬生生把固若金汤的魏博防线送给李存勖，李存勖几乎是在朱友贞的"帮助"下，用了十年时间，灭掉了与自己家族有血海深仇的朱梁王朝。

十三　花样作死
——"唐光武"李存勖覆亡记（上）

　　当大唐皇帝李存勖（李存勖已在 923 年于魏州称帝，国号大唐，史称"后唐"）意气风发地策马进入汴梁城时，所有人都想到了一个著名的历史人物——死灰复燃的东汉光武皇帝刘秀。

　　西汉被王莽篡夺后，天下人都以为刘氏已亡，王氏当兴，但仅仅十六年后，一个叫刘秀的西汉前宗室竟然重建汉朝江山，东汉帝国又雄雄壮壮地在东方的历史长河中挺拔了近二百年！三百年唐朝被朱温一朝倾覆，但时人对唐朝还有很深的感情，复兴唐朝是当时社会舆论的主流。不过谁都没有想到，又是十六年后，唐朝"后裔"继刘秀之后，再次实现华丽的剧情大翻转。

　　大唐朝完美回归！

　　灭后梁两年后，李存勖再发神威，出兵消灭前蜀，蜀主王衍举族入洛受诛。灭朱梁，平两川，再顺江东下，收荆南，平楚，削吴，定吴越、闽、南汉，四海复归唐一统，天下人都心甘情愿地拜伏在"唐光武"皇帝陛下面前山呼万岁，天下再享承平。

　　可历史却总是在不恰当的时候跟人们开天大的玩笑。当人们都在期待大唐帝国完美中兴的时候，这个处在人生最顶峰的当代光武却以光的速度坠落。还没等人们反应过来到底发生了什么，李存勖就兵败身死。洛阳城头那把让人绝望的冲天火光，宣告了大唐中兴的梦想彻底破灭。对于李存勖前一脚上天踏祥云、后一脚入地踩烂泥的诡异人生轨迹，很多人都觉得可惜。

　　其实李存勖的败死一点也不值得同情，李存勖在功成名就后，就开始自己作死，而且是别人完全不可理解的花样作死。

　　其实对于李存勖自已如何作死，《旧五代史·庄宗纪史论》已给出了答案："岂不以骄于骤胜，逸于居安，忘栉沐之艰难，徇色禽之荒乐。外则伶人乱政，内则牝鸡司晨。靳吝货财，激六师之愤怨；征搜舆赋，竭万姓之脂膏。大臣无罪以获诛，众口吞声而避祸。夫有一于此，未或不亡，矧咸有之，不亡何待！"

李存勖为什么会变成这样？虽然史家给出了很多答案，但归根结底，李存勖的败亡，可以总结为：其自身性格存在着严重的缺陷，而同时又缺乏有效的监管。

历史上有两个因为缺乏监管而从云端一头栽进烂泥的著名君王，就是齐桓公姜小白与前秦宣昭帝苻坚。众所周知，姜小白之所以能成为春秋第一霸主，有至少七成原因是因为他身边站着一个几乎无所不能的天才仲父管仲。而苻坚之所以能统一北方称霸天下，也至少有一半原因是因为他身边有一个几乎无所不能的铁血宰相王猛。管仲和王猛之于姜小白与苻坚，与其说是君臣关系，不如说是监护人与被监护人的关系。姜小白与苻坚，他们在事业上虽然如日中天，但从性格来说，他们都是长不大的孩子。身边有人管着他们，可以给他们指引正确的方向，不至于让他们身陷迷途。而他们对这种父亲式的宰相也几乎是言听计从，有效地规避了巨大的政治风险，可等管仲与王猛死后，姜小白与苻坚彻底失去管教，开始盲目自大、好大喜功、不听人劝，结果一个身死宫难，一个国破人亡，沦为天下笑柄。

从本性上来说，李存勖与姜小白、苻坚是同一类人。这类人都非常感性化，待人真诚，极易在并不了解对方真实情况的条件下与人成为朋友，愿意与人剖肝沥胆共生死。他们在心智上其实并不成熟，都有着强烈的父爱需求，身边必须有一个家长式的大臣时刻看管着他们。

姜小白身边有管仲，苻坚身边有王猛，而李存勖身边也有一个类似管仲、王猛式的家长型人物。确切来说，不是一个人，而是两个人，就是前面提及的德高望重的河东总管大太监张承业与河东第一名将周德威。

张承业，本姓康，从小就入唐宫做了太监，被老太监张泰收为养子。张承业之所以进入河东集团，是因为李克用在与张承业有业务往来的过程中，非常欣赏张承业的为人。后来唐宰相崔胤在朱温授意下诛灭所有太监，即使在诸藩镇者也要杀死。但李克用不舍得杀张承业，便杀了一个罪犯，把人头交给崔胤，张承业逃过一死。也许是这个原因，张承业对李克用感恩戴德，必以死相报。李克用也知道张承业为人忠朴，临死前特意把李存勖叫过来，流泪托孤于张承业，"以亚子累公等"。当然，这个"等"，也包括周德威、李嗣源等人。张承业几乎是看着李存勖长大的，再加上李克用对自己的高天厚德，张承业对河东江山极为忠诚。在李存勖与朱友贞进行的异常艰苦的十年战争中，都是张承业在打理河东内部政务，"军国之事皆委承业，承业亦尽心不懈，凡所以蓄积金粟，收市兵马，劝课农桑，而成庄宗之业者，承业之功为多"。李存勖在政治上没有后顾之忧，在经济上又有足够的军饷，才能在对梁作战中所向披靡。

虽然李存勖以长兄事张承业，但从年龄上来说，张承业比李存勖大了足足四十岁，比李克用还大十岁，这完全是父子之间的年龄差。事实上也是如此，李存勖对张承业的感情其实和父子没有任何区别。张承业自己没有儿子，所以他把自己所有的感情都倾注在年轻的晋王身上，对李存勖用情极深。河东高层权贵都知道张承业德高望重，没人敢轻慢这个老太监，"敛手皆畏承业"。就是李存勖的母亲曹太后对张承业也是无比尊重，有一次李存勖因为要用公款赏赐艺人，张承业不同意，二人发生冲突，还是曹太后亲自劝尉张承业"小人忤公，已笞之矣"！

李存勖另一个"仲父"，是周德威。

周德威，小名阳五，朔州马邑人，"为人勇而多智，状貌雄伟"，是当时公认的河东第一名将。朱温为了活捉周阳五，甚至悬赏生得周阳五者为刺史。李克用死后，河东政治形势一片混乱，此时周德威带着晋军主力在外，这就给了一些人造谣的空间，"晋人皆恐"。如果此时周德威反水朱温，他想要星星，朱温都愿意给周阳五摘下来。可周德威为了效忠于新王李存勖，毅然率军回太原，承认李存勖的政治地位，并哭拜李克用灵，"由于群情释然"，为李存勖稳定统治权立下头功，从此赢得了李存勖的极大感激。

周德威生年不详，但他早在乾宁年间（894—897年）跟随李克用南征北战时，李存勖刚刚出生，说明在年龄上周德威也是李存勖的父辈。周德威虽然是军人，但也兼任等同于宰相的同中书门下平章事（相当于军队在常委中的代表）。

张承业主政治，周德威主军事，二人一内一外夹辅李存勖，都在一定程度上起到了监护人的作用。不过从李存勖的性格来看，他天生就是个不喜欢被人管教的野孩子，喜欢疯玩，虽然在表面上他非常尊重这两个盗版管仲，以及自己生性严厉的生母曹太后，但内心里还是非常排斥的。即使是当着二人的面，李存勖没少和他们争吵。比如李存勖和一帮小伙伴赌钱，让张承业从国库里提钱来赌，被张承业拒绝，李存勖非常生气，差点和张承业翻脸。而等到灭梁大业即将功成，李存勖决定称帝，张承业以死相劝，李存勖理都没理。至于周德威，李存勖在军事业务上自恃天才，也几乎听不进去性格稳重的周德威的劝告，一味逞英雄。而在胡柳坡之役中，李存勖在晋军还没有完全做好准备的情况下强行进攻梁军，反对无效的周德威只好硬着头去上阵，结果父子战死。虽然李存勖听说周德威战死时说"哭之恸，丧吾良将，是吾罪也"，但没过多久就把周德威抛到了脑后。

不要说盗版的管仲、王猛——张承业、周德威，就是正牌的管仲、王猛，他们也在自己的少东家面前碰过一鼻子灰。管仲劝姜小白远离易牙等小人，王猛劝符坚及时杀掉姚苌、慕容垂等野心家，二人都不听，结果引来杀身大祸。姜小白、符坚视管仲、王猛如再造父母尚且如此，何况李存勖从来也没有在感情上把张承业、周德威视为再造父母，不过一老阉、一爪牙而已。从这个层面来看，即使周德威不死，李存勖也不会屈就自己的意愿去听周德威的摆布，而张承业被李存勖活活气死后，李存勖也没有多少内疚之感。

李存勖熟读历史，姜小白与符坚违谏而亡的惨痛教训，他不可能不知道。但李存勖为人促狭、傲慢自大，他根本不会承认姜小白、符坚与自己的相似之处，也不认为自己需要什么监护人。真正能让李存勖敬畏的只有一个人，就是生母曹太后，但曹太后在政治上毫无见识作为，她身为一介后宫女流，也不可能承担管仲、王猛的角色。

如果让李存勖接受有人对自己的监护，只有在一种条件下才有可能出现，就是河东在与梁朝的对垒中屡战屡败，李存勖威望受损，他才会不情不愿地接受。而自李存勖出江湖以来，连胜朱温、朱友贞父子，最终灭掉梁朝，天下人皆伏首甘拜膝下，李存勖威望达到顶点，更不可能去找什么监护人。而缺少监护人的监管，李存勖更加肆无忌惮地挥霍自己的人生，恶性循环之下，最终从天上跌落凡间，摔了个粉身碎骨。

十四　花样作死
——"唐光武"李存勖覆亡记（下）

李存勖在功就名就之前的创业期，还是给人一种积极向上的感觉——为人慷慨，纳谏如流，身先士卒，人们也乐意接受这个与淫荡残暴的朱三完全不同的正面人物。而李存勖马踏汴梁城，则把当时社会对李存勖的英雄崇拜推向了最高峰，而悲剧恰恰从此拉开了帷幕。

普天下人们热烈期盼的"唐光武"已不见踪影，李存勖之前给人们留下的美好印象一夜尽被西风吹去，人们看到的，则是一个骄傲、自私、刚愎自用、猜忌大臣、好大喜功的享受者。

李存勖开始学会享受人生了，灭掉梁朝的巨大成就感已经让本就缺乏有效监管的李存勖迷失了人生的方向。也许李存勖认为梁朝是天下第一强国，他都能灭掉，更不说蜀吴荆楚粤越闽等小王国，即使他享受人生，也不会影响他的大唐中兴计划。

李存勖的"享受人生"，总体上来看，可以分为四种情形：一、炫耀自己的绝世武功；二、纵容自己的皇后刘氏胡作非为；三、纵容早年被朱温彻底铲除掉的太监集团以及戏子艺人；四、得罪军队。

先说第一点。人但凡做出一点成绩总会多少有一些骄傲的，这本是人之常情，但从来没有成功者会像李存勖这样，把所有的功劳完全归功于自己，他人弗预也。诚然，李存勖与梁作战十六年，每战都披坚执锐、身先士卒，但同样上阵杀敌的还有其他河东众将，周德威、李嗣源、李存信、李嗣昭这些大将哪个不满身伤痕？虽然李存勖嘴上不说，但他心里依然在想：不是朕起到模范带头作用，你们哪个会上阵？

在刚刚灭梁时，李存勖的骄傲情绪就已非常强烈。割据江陵的荆南节度使高季兴被李存勖强召入洛朝见，等回来后，高季兴告诉人们，这个新皇帝狂妄傲慢过了头。"（李存勖）及对功臣举手云'吾于十指上得天下'，矜伐如此，则他人皆无功也，谁其不解体！"高季兴不是预言家，但他相信自己对李存勖人生的判断：荒于禽色，何能久长！

再说第二点。关于李存勖那个几乎是天生"扫把星"的刘皇后。如果说李存勖是个玻璃安装工，那么刘皇后就是个专门砸玻璃的，老公装多少玻璃，她就敢砸多少。

刘氏，史无其名，魏州成安人。在她五六岁时，晋军攻陷成安，刘氏入晋阳宫，成为李克用嫡妻刘太后的贴身宫女。在门第之风残存的五代，李存勖之所以能看上出身卑微的刘氏，主要原因就是刘氏有浓厚的艺术天分，会吹笙，会歌舞，而李存勖本人就是艺术青年。加上姿色绝代，英雄自古爱美人，李存勖掉进桃花窝里是再自然不过的事情。刘氏有美貌，却没有德行。也许她从小生活在尔虞我诈的宫廷，见惯了太多的虚伪，所以养成了极端自私的品格。等到李存勖称帝后，刘氏的生父找上门来，希望能父女相认。刘氏知道自己出身不好，她自然不愿意认下这个穷爹，诈称自己父亲早早就死了，这个老头儿是江湖骗子，让人把父亲在宫门前乱棍打了一顿，将其轰出，刘父号哭而去。

不认生父，说明刘氏人品太差，而刘氏最大的问题是贪财，几乎是为了钱财不惜毁掉丈夫江山的那种毫无底线的贪婪。各地朝贡向来都要分成两份：一份是给皇帝李存勖的，另一份是给刘皇后的。最搞笑的是，刘皇后还低价收购瓜果梨桃，让太监挑到市场，打着皇宫特产的旗号，高价卖了不少钱。

刘皇后在宫里胡作非为，其实从根源上来说都是李存勖惯出来的。刘皇后娘家在朝中没有政治根基，要约束只需李存勖一句话而已。李存勖自己就是一个缺乏管教的人，他又怎么可能去约束别人？

人们常说成功男人的背后往往站着一个贤惠的女人，贤妻对于男人事业成功的帮助非常大，但如果是恶妻，则能轻易瓦解丈夫辛苦创建的事业。同光三年（925年），中原地区发生了严重的水灾，百姓流离失所，甚至军人也死伤惨重，也直接影响了政府的税收进项。李存勖不管这些，为了筹钱享受，对百姓横征暴敛，几乎是挖地三尺，百姓"愁苦，号泣于路"。而此时的李存勖在干什么？正在和他心爱的皇后一起郊游玩乐。如果刘皇后能学到朱温张夫人一半的贤惠，能劝丈夫要多体谅百姓疾苦，李存勖也不至于如此迅速地丧失人心，几乎是在万众欢呼下被人杀死。从现有的史料可以看出，刘皇后不但从来没有劝谏过丈夫，反而不断怂恿李存勖享受人生。以至于当年年底下暴雪的时候，基层士兵都没有过冬的衣服穿，刘皇后还跟着李存勖去伊阙游玩，所到之处还要求百姓提供物资。

李存勖不怕得罪百姓，因为他手上还有一支强大的军队，可当军队都被得罪后呢？刘皇后是个极其愚蠢浅见的庸俗女人，她并不在乎军队哗变，她辛苦搜刮来的钱财半毛钱也不想给那些当兵的。有大臣曾经劝李存勖给军队发工资，李存勖倒是同意了，但刘皇后坚决不给，她说得非常现实："吾夫妇得天下，虽因武功，盖亦有天命。命既在天，人如我何！"意思非常清楚：我们夫妻的天下是上天给的，不是这些大头兵给的！这些伤人的话传到军人耳中，可想而知会是什么后果。后来军队哗变，甚至与李存勖义断情绝，反戈相向，和刘皇后这句话大有关系。

如果李存勖还能清醒地意识到自己的大唐帝国已经千疮百孔，他就应该主动限制刘皇后更深层次地参与政治，可惜他没有。当他与宰相们商议如何解决军费问题时，刘皇后隔在屏风后面偷听，当听到宰相们希望后宫能出钱犒军时，刘皇后怒了。刘皇后带着小儿子李满喜，怀里抱着自己的私人物品，直接当面扔在李存勖面前，负气地说："地方上的进贡早已花完，现在我就剩这点钱，你们都拿去！"宰相们面面相觑而退。

李存勖纵容刘皇后，最大的恶果自然是得罪了军队，军人没有钱养家，他们哪里还会为李存勖这样的铁公鸡卖命。当李存勖调动军队，准备给弟兄们发钱时，弟兄们都义愤填膺：早干什么去了！我们家属都饿死了！

为了一个女人而得罪自己在乱世江湖赖以生存的军队，只有大脑短路的李存勖才做得出来。楚庄王宴乐，有将士乘乱非礼爱姬，爱姬拔将士之缨，请求庄王严查此人，而庄王要江山不要美人，大度不问。等后来庄王于战阵中遇险，正是此人舍命相救。李存勖明明懂得这个道理，却反其道而行之，实在让人无法理解。

李存勖宠爱刘皇后，却不知道刘皇后早就暗中给他扣了顶绿帽子，与皇弟李存渥暗中私通。李存勖死后，刘皇后看都不看死鬼一眼，连夜与李存渥私奔。好在苍天有眼，刘皇后后来被继位的唐明宗李嗣源抓住并赐死，一代红颜祸水方才殒命。但早在刘皇后被逼死之前，她丈夫身经百战打下的天下已经被她毁于一旦。要知道，李嗣源虽然承认李存勖的正统，但他的大唐帝国与李存勖政权完全是两个概念。如果从某种角度来看，说李存勖死于女人之手，并不为过。

接着再说第三点。谁都没有想到，在李存勖百战灭梁之后，站在历史舞台最中央的，不是堪称河东第一幕僚长的枢密使郭崇韬，也不是威震天下的李横冲（李嗣源），更不是那个抠门至死的刘皇后，而是一群本来上不得台面的太监，以及卖唱戏子……

时人都觉得李存勖强于朱温，实际上"流氓"朱温有一点做得要远强于"阳光可爱"的李存勖，就是对太监的态度。众所周知，唐朝在一定程度上就亡于宦官之祸，从唐宪宗李纯开始，宦官集团杀皇帝、立皇帝如同家常便饭。到了天崩地裂的昭宗朝，还发生了太监刘季述软禁昭宗李晔的重大政治事件。朱温意识到不铲除宦官集团生存的土壤，内部政治环境就不可能实现稳定，朱温与唐宰相崔胤联手，几乎杀光了所有太监。事实也证明，朱梁王朝的灭亡，有自己的战略失误，有内部政治的混乱，有军事谋略的偏差，但唯独没有太监作乱。而灭掉梁朝的李存勖政权之所以灭亡，可以说有一半的"功劳"是要记在太监集团及艺人的头上。

五代宦官中有好人，比如张承业和张居翰，但也仅此数人而已，大多数太监在后唐政治生活中起到了极为恶劣的负面作用。李存勖得天下后骄奢自大、贪图享乐，太监们立刻找到了发财的门路。据《旧五代史·郭崇韬传》记载，有太监曾经非常夸张地给李存勖讲唐朝皇帝在女人方面的享受，李存勖垂涎不已，立刻"于诸道采择宫人，不择良贱，内之宫掖"。

折腾完了天下女子，太监们又劝李存勖大兴土木，理由是洛阳宫殿的规模远远小于长安城。"今大内楼观，不及旧时长安卿相之家。"这句话深深地刺激了好大喜功的李存勖，李存勖不管当时民力艰难，吹嘘自己"富有天下，岂不能办一楼"！随即劳动民力，给自己早已破破烂烂的帝国又添上几个大窟窿。

李存勖宠信太监，折腾百姓，实际上并没有引起地方军阀的反感，反正军阀们是打着皇帝的旗号搜刮民间的，骂名自有皇帝背着。但李存勖不应该让太监们参与政治与军事，这直接抢了地方实力派们的奶酪。在同光年间，李存勖身边就聚集了一千多名不知道从哪儿冒出来的太监。李存勖为了监控藩镇们的一举一动，极为愚蠢地建立了藩镇监军制度，而充当监军者，自然就是唯上意是从的太监们。李存勖把一些心腹太监都塞到了各大藩镇中，一来监视诸藩；二来凡是各藩长官不在本镇时，一应军政大务均由太监们处置。太监们仗着皇帝的信任，对地方长官颐指气使，"陵忽主帅，怙势争权"，遭到了地方长官们的极大反感，"藩镇皆愤怒"，都对李存勖严重不满，而在"愤怒的藩镇"中，自然少不了最终葬送李存勖政权的干兄长——手握重兵的镇州节度使李嗣源。藩镇大员手上都有相对独立的兵权，只要他们肯给自己手下发银子，弟兄们是不管皇帝姓李姓朱的，何况李存勖为人悭吝，对普通士兵薄情寡义，弟兄们都巴不得李存勖早点翻船。

太监们有了相应的权力，自然就会排挤忠良大臣，直至满朝狐兔。后唐帝国实际上的二当家——名震天下的枢密使郭崇韬，向来反对太监干政，经常劝李存勖罢废太监，李存勖不听。郭崇韬一心为国，但他这么做却得罪了太监集团。李存勖本就对郭崇韬功高天下产生猜忌，再加上太监们经常在他耳边射郭崇韬的暗箭，李存勖最终除掉了堪称灭梁、灭蜀第一功臣的郭崇韬，结果自毁长城，郭崇韬冤死后没多久，李存勖自己也完蛋了。

最后说第四点。李存勖早年英明干练，但此时的大唐皇帝，在时人心目中不过是一个行将灭亡的昏君，昏聩程度简直令人发指。即使是傻子也知道控制军队的重要性，但李存勖就敢公然侮辱自己的军队……

最典型的就是李存勖不顾军队的强烈反对，封戏子陈俊和储德源为刺史。这件事情还要从李存勖最喜欢的一个戏子周匝说起。周匝当年在胡柳坡之战中被梁军俘虏，几乎让李存勖痛不欲生。后来李存勖灭梁，又见到了他的宝贝周匝，"帝甚喜"。周匝趁机为两个人向李存勖讨封赏，理由是自己在被梁人俘虏期间，得到了梁教坊使陈俊、内园使储德源的照顾。现在奴才平安归来，希望陛下能封二人为大州刺史，算是给奴才报了恩。李存勖爱周匝心切，他没有考虑到这么做会造成何等恶劣的后果，虽然一开始并没有同意，但经不起周匝的劝说，还是同意封陈俊为景州刺史、储德源为宪州刺史。

一州刺史下辖数县，地位也仅次于节度使，非有大军功者是不能当刺史的。很多禁军将士跟着李存勖身经百战也没当上刺史，两个寸功未立的戏子竟然可以当上刺史，可以想见将士们对李存勖是何等的愤怒。消息一出，举军哗然，将士们都愤怒异常，准备找"李天下"讨说法，还是郭崇韬苦劝压了下去。

这件事情对唐禁军对李存勖的忠诚度造成了不可挽回的巨大伤害，所以当成德军节度使李嗣源被李存勖逼反后，唐军将士多倒戈投李嗣源麾下。至于李存勖，已是孤家寡人，众叛亲离，不死何待！

十五　文盲治国，斯民小康
——李嗣源平淡而不平凡的帝王路

在河东军事集团早期的人员构成中，李嗣源并不是一个很引人注目的角色。当时属于一线人物的有周德威、李存孝、李嗣昭、李存信、史建瑭、安金全等人。虽然李嗣源出道较早，不过综合来看，李嗣源在当时一大票虎狼中不显山露水，但谁都没有想到，把赫赫"唐光武"李存勖挤下历史舞台、开创一代盛世的，竟然就是这个看上去平淡无奇的李嗣源。

可以说，李嗣源在五代十国的帝王中是最特殊的一个。别的不说，直到一百五十多年后的北宋中期，编撰《新五代史》的欧阳修都不知道李嗣源到底姓什么，只知道他在叫李嗣源之前有个胡名叫邈吉烈，而他的父亲则留下了一个汉族名字——霓。唯一可以确定的是李嗣源的民族，他是沙陀人。

李嗣源和后来的北宋太祖赵匡胤相似度很高。首先，他们都是当时第一流的武将，赵匡胤一根等身大棍打天下，李嗣源曾单骑直犯梁朝虎将之首葛从周，江湖人称"李横冲"。其次，他们的脾性相对都比较宽厚，虽然作秀成分较多，但不妄杀人。再次，他们在当时都不显山露水。最后，他们都篡了老主子的皇位。

不过所不同的是，赵匡胤是在后周世宗柴荣死后，利用柴荣交给他的兵权发动兵变，欺负孤儿寡母篡位。而李嗣源在李存勖还活着的时候就已经和旧主翻脸，李存勖也间接死于李嗣源之手。

实际上，赵匡胤篡位是主动而为，李嗣源"篡位"则在很大程度上是被李存勖猜忌功臣逼出来的。柴荣待赵匡胤亲如兄弟，生前从未有负赵匡胤分半，但李存勖一直怀疑李嗣源不忠。李嗣源因念及养父李克用的养育之恩，一直隐忍而已。顺便插一句，虽然李克用有一堆干儿子，但与李嗣源却是名正言顺的养父子关系，感情要近于李存孝、李存信那伙假子。

也正因为如此，李存勖更加猜忌李嗣源，毕竟养子和亲生儿子的区别并不大，李嗣源更有条件威胁到李存勖的皇位。在同光朝，李存勖猜忌勋旧大臣几近疯狂，郭崇韬遇害不说，李嗣源也"危殆者数四"。好在李嗣源在朝中人际关系非常好，很多大员都暗中帮了李嗣源一把，他才躲过大劫。

同光四年二月，魏博兵发生叛乱，裹胁效节指挥使赵在礼为老大，作乱魏赵一带。形势对李存勖来说已是非常危急，但他依然不肯派李嗣源去讨伐乱兵，因为他担心李嗣源会趁机掌控兵权。直至万不得已，李存勖才勉强让李嗣源带兵。

不过李存勖很快就后悔自己做出的这个足以致命的决定。李嗣源在军中的威望远在李存勖之上，这已不是李嗣源有意控制军权的问题，而是军队在李嗣源、李存勖二人中必择一主。李存勖失军心，李嗣源得军心，一得一失，胜利的天平已不可避免地向李嗣源倾斜。叛兵和准备攻城的李嗣源谈条件：我们本不想反，是皇帝逼我们反的，只要令公（李嗣源）愿意做我等之主，我等即听令公指挥，万死不辞。

现在的形势非常清楚，李存勖行将自我毁灭，天下无主，李嗣源如果不动手，天下早晚属于他人。李嗣源此时的抉择，和赵匡胤所面临的形势几近相同，天上掉下来的馅儿饼，你不吃，自有别人吃。李嗣源不是什么圣人，面对诱惑不动心。再者他也知道李存勖猜忌自己，如不自保，早晚也会死在猜忌之下。所以面对乱兵要挟，李嗣源其实是动了心的。只不过李嗣源也是演技派，为了在政治上立于不败之地，李嗣源先是流了一通鼻涕，说我必将归藩待罪，以求皇帝宽恕。然后……然后就打着铲除奸臣李绍荣（梁旧臣段凝）的旗号，率大军乘虚南下，找李存勖要说法去了。

虽然李存勖之死与李嗣源率叛军南下大有瓜葛，但李存勖如果不是自己花样作死，李嗣源无论如何也没有办法踢掉李存勖。不过同样是面对旧主，李嗣源对李存勖可谓恩至义尽，他还知道面对诸军哭鼻子，说皇帝是受了那伙太监、戏子的蛊惑才有今日，并厚葬李存勖，谥庄宗，而赵匡胤则四处攻击待他如亲兄弟的柴荣，专杀方面大耳的将士……

唐同光四年（926年）四月二十日，大唐监国李嗣源在洛阳宫中称帝，开创了属于李嗣源自己的时代。

虽然李嗣源目不识丁，但他极具政治头脑，有大臣劝他另起国名，以示在政治上与乱政而亡的李存勖政权决裂。李嗣源拒绝了这个建议，理由是他不能负太祖（李克用）三十年养育之恩。实际上，李嗣源知道，一旦更换国号，他自己就成了无根之木，毕竟他和李克用父子有着根本脱不开的关系，天下人也将视他为忘恩负义之人。赵匡胤之所以敢与柴荣义断情绝，是因为他手上控制着天下最精锐的禁军，地方军没有打败禁军的可能。而李嗣源时代，地方藩镇的军事实力非常强，一旦有强藩指责李嗣源忘恩负义，李嗣源在政治上会非常被动。李嗣源不改变李存勖的国号，甚至也没有改变自己的李姓，并承认李存勖政权的合法性，为自己的执政减少一些不必要的阻力。但是天下人都知道李嗣源的唐朝和李存勖的唐朝根本不是一回事。宋人欧阳修在修《新五代史》时，实际上就把李嗣源与李存勖视作两个不同的政权，分别设立了唐庄宗家人传与唐明宗家人传。

李存勖花样作死，政权最终落到了李嗣源手里，地下的李存勖也许不服。但从更大的视野来看，李嗣源取代李存勖，无疑是当时百姓的福音。李存勖称帝只有四年，却弄得四海鼎沸、万民嗟怨、藩镇作乱，中原地区存在着随时崩盘的巨大危险。是李嗣源及时出现，修改了李存勖时期一些荒唐残暴的政策，"以经济建设为中心"，让老百姓有饭吃，稳定了民心，并通过自己在军队中建立的威信，基本控制了军队。本来岌岌可危的中原局势迅速稳定下来，被欧阳修称为"兵革粗息，年屡丰登，生民实赖以休息"，出现了五代史上罕见的小康盛世。

当李嗣源初继位时，时人还对他有所怀疑，但时间很快就证明了李嗣源取代李存勖的合理性。李嗣源深知同光朝覆亡之弊，他上台后，实行了几项利国利民的好政策。归纳起来大致有：一、诛杀在李存勖时代祸国殃民的太监集团，除了个别太监被留在宫中使用，其他人悉数杀之，即使是逃到庙里冒充和尚的也揪出来杀头。二、释放李存勖之前搜掠进宫的无数美女，并发给还乡费，任其择夫。值得一提的是，在这些被放回家的女人中，有一位柴姓宫嫔，她带着李嗣源发给她的巨额遣散费回到家乡邢州，嫁给了一个兵头子，这个兵头子名叫郭威，而这位柴姓宫嫔有个侄子，名叫柴荣。三、禁止藩镇除了法定节日之外向朝廷纳贡，地方上就没有理由搜刮百姓，减轻了百姓的负担。四、禁止地方上对过往客商乱设名目收费，促进了商业的繁荣发展。五、恢复农业生产，开放铁禁。以前官府不允许百姓私造农具，而由官府制造卖给农民。李嗣源考虑到此政策不便农民，下诏解铁禁，允许农民打造农具和其他生产生活用品。

这五项便民政策一经推出，便受到了天下百姓的欢迎。百姓们庆幸恶魔李存勖及时完蛋，否则大家不知道还要受多少洋罪。

如果要论综合资质，李嗣源在武艺方面只能与李存勖打个平手。而在文艺上，李嗣源是个文盲，大字不识几个，而李存勖会吹会唱会填词，著名的词牌《如梦令》就是李存勖所制。李嗣源知道自己的短板，所以他一直保持低调谦逊的作风。李存勖不承认别人的贡献，张开十指自负"李天下"；李嗣源则非常重视人才体系建设，他从来也不会认为一个人的天才可以决定整个世界的未来，只有李存勖才会这样想。

而说到知识分子在李嗣源时代受到重用的事例，最著名的莫过于农村士人出身的原河东掌书记冯道与李嗣源这一文一武在乱世中的风云际会。李嗣源处心积虑要拜冯道为宰相的事情，将在下一篇《李嗣源用冯道为相的窍门》中进行详细解读，这里只说冯道两则劝谏李嗣源的小故事。

李嗣源有一次问冯道民间百姓生活过得如何，冯道是从农村走出来的，他最清楚农民问题的根源以及解决办法，冯道告诉李嗣源，在士农工商四业中，农民过得最苦。遇上灾年农民挨饿，遇上丰年则谷贱伤农。冯道向李嗣源提及过唐懿宗时进士聂夷中的一首《伤田家》诗："二月卖新丝，五月粜新谷。医得眼前疮，剜却心头肉。我愿君王心，化作光明烛。不照绮罗筵，遍照逃亡屋。"冯道之所以提这首诗，主要还是因为这首诗写得浅白，不用他讲解，李嗣源都能看得明白，所以能出台符合农民利益的有关政策。

虽然此时冯道是宰相，但李嗣源时代的二号人物是枢密使安重诲，所以宰相也就相当于大号的翰林侍读。冯道不和安重诲争权，而是把精力放在了对李嗣源的规劝上，毕竟李嗣源是武人出身，有时性格暴躁，而冯道性格温和，二人的性格正好可以互补。李嗣源作为武人皇帝，没有像李存勖那样花样作死，和冯道时常进行劝谏是大有关系的。而枢密使安重诲是担任不了冯道这种角色的，因为安重诲同样是个文盲，不过正是安重诲的建议，李嗣源才有意识地吸纳冯道、赵凤这样有真才实学的知识分子进入内阁的。

十六　李嗣源用冯道为相的窍门

李嗣源虽然是个大文盲，但政治权术却玩得炉火纯青，这一点和同样没喝多少墨水的赵匡胤又有几分相似。因为时代的原因，赵匡胤对大臣斗权术的故事传播很广，实际上李嗣源同样玩过一手堪称教科书般经典的官场驳人术，这件事情与五代第一"官油子"冯道有关。

冯道早在同光朝就被李存勖内定为宰相，但因为冯道父亲去世，冯道回乡守丧三年。等冯道准备回朝复职，李存勖又已花样作死了自己，冯道成了待业青年。不过新继位的李嗣源对冯道是非常欣赏的，也打算让冯道入阁为相，只不过宰相位子暂时没有空缺，李嗣源先让冯道担任端明殿侍讲，留在身边，慢慢找机会把冯道塞进去。而时任宰相的是任圜和郑珏，以及级别更低一些的豆卢革与韦说。

任圜是后唐第一流的经济专家，自任圜主持经济工作以来，"期月之内，府库充赡，朝廷修葺，军民咸足"，他当宰相无人有异议。郑珏百无一用，但一则郑珏是梁朝宰相，用郑珏能安抚梁朝旧臣；二则郑珏是李嗣源恩人张全义的嫡系。如果不是张全义向李存勖力荐李嗣源北上平乱，李嗣源也就没有机会称帝。

任圜和郑珏都不能动，那么就只能拿两个饭桶豆卢革与韦说开刀。豆卢革与韦说堪称官场两大活宝，二人结党攀附，收受贿赂，互相抬轿子吹喇叭。豆卢革举荐韦说的儿子韦涛为宏文馆学士，韦说举荐豆卢革的儿子豆卢升为集贤学士，弄得朝野喧哗，"识者丑之"。最让李嗣源对二人不能容忍的是，这两个同光朝的饭桶自恃老资格，瞧不起李嗣源，经常对李嗣源呼三喝四，不成体统。李嗣源暗中授意豆卢革、韦说曾经得罪过的谏议大夫萧希甫上章弹劾二人，不过萧希甫也拿不出什么证据，只是乱咬豆卢革指使马仔杀人，韦说强夺邻居家的水井，不过这已经足够李嗣源用的。天成元年（926年）七月，李嗣源下诏，解除豆卢革、韦说的宰相职务，贬放外州。

宰相位置空出来了两个，李嗣源可以随时把心仪的冯学士塞进来了。但还没等李嗣源下诏让冯道入阁，朝中各大派系就已经为了这两个宰相位置扭打一团，互不相让。道理很简单，大饼就两块，你吃了我就得饿肚子。更重要的是，如果你的人马上位，就会给我穿小鞋，我伸头让你砍，我傻吗？

为了能让自己的弟兄当宰相，大佬们几乎是全裸出镜，直接在李嗣源面前互相揭短，就差抡刀对砍了。

朝中主要有两大派系，"二号皇帝"枢密使安重诲集团和宰相任圜集团。当时天成朝有实权者四人，安重诲、任圜、郑钰，以及另一位枢密使孔循。不过郑钰和孔循早就投靠安重诲，朝中实际上就是安重诲与任圜之争。任圜仗着自己是李克用的侄女婿，安重诲仗着自己是李嗣源的铁杆兄弟，二人互相争风吃醋，积怨甚深。

李嗣源知道各人的心思，但为了公平起见，他让几位大臣议事，各自推荐宰相人选，而李嗣源本人则坐在殿上等结果。

任圜推荐了曾经做过梁太祖文胆的御史中丞李琪。李琪虽然和安重诲表面上哼哼哈哈，但也向来瞧不起安重诲这号傻大粗。任圜如果能把李琪安插进来，自己的势力自然又大一分。不过任圜的建议却遭到了郑珏与孔循的坚决反对。道理很简单，李琪是任圜的狗腿子，李琪要入阁，自己就多了一个敌人。更何况郑钰与李琪私交极差，孔循和李琪也素有恩怨。不过这两个滑头反对李琪的理由却是李才华有余，气度不足，又兼贪财不廉，不适合当宰相。

在安重诲的授意下，郑钰与孔循也隆重推荐了一个人选，却差点没让任圜骂出声来，二人推荐的竟然是号称"没字碑"的太常卿崔协。崔协为人不学无术，大字不识几个，经常闹笑话。任圜知道崔协是安重诲的狗腿子，自然不能放崔协进来。任圜的理由是："协虽名家，识字甚少。臣既以不学忝相位，奈何更益以协，为天下笑乎！"不过任圜话音刚落，又遭到了安重诲、郑钰、孔循的集体围剿，他们指责任圜用人挟私。

四个内阁大臣在皇帝面前吹胡子瞪眼拍桌子，任圜虽然一对三，但场面上并不落下风，龇牙咧嘴地与政敌们扯皮。李嗣源一直不说话，等到四只斗鸡咬累了，李嗣源才开了金口，不过李嗣源也是推荐宰相人选的。

皇帝自然也有资格推荐人，四人都看着李嗣源，他们想知道皇帝会推荐个什么鸟出来。结果李嗣源轻飘飘说出一个人的名字——易州刺史韦肃，四个人都愣了。

韦肃是谁？他们从来都没听说过！

李嗣源告诉大佬们他推荐韦肃的理由："韦肃曾经在朕最困难的时候帮助过朕，而且又出身大族京兆韦氏。"

韦肃虽是名门之后，但在官场上实在无功绩可称，一个毫无资历的州刺史突然当上了宰相，李嗣源这是让大家羡慕嫉妒恨吗？当然不是，李嗣源莫名其妙推出韦肃，其实是大有玄妙的。

李存勖当初不顾军队的强烈反对，封两个对唐灭梁毫无功劳的戏子陈俊、储德源为刺史，伤了将士们的心，结果兵败身死。眼前的教训之于李嗣源来说不可谓不深刻，以李嗣源政治上的成熟，他怎么可能重蹈覆辙？官场是要论资排辈的，其实李嗣源以及在座诸人都明白，韦肃无论如何都不可能进入内阁的，否则立时官场大乱。

所以在众人实际否定了韦肃之后，李嗣源再次推出一个人选——户部侍郎冯道。

李嗣源给冯道在政治上进行定性："你们都知道冯道是个什么样的人，庄宗在太原时，冯道就掌文墨机宜，有功无过，庄宗曾经要拜冯道为相，只是还没有来得及。冯道为人谦和厚重不与人争，与物无竞。"

听说是冯道，众人还算平心静气，毕竟冯道的资历远强于不知道从哪个角落冒出来的韦肃。冯道在河东给李存勖当了十年的贴身文胆，又是正三品的户部侍郎，如果冯道入相，虽然有些人还是瞧不上冯道的农民做派，但也无话可说。

事情很快就定了下来，众人都同意冯道入阁。毕竟皇帝提了两个人选，如果都否定了，皇帝脸上无光，所以在否决了韦肃之后，冯道是必须入阁的。也许有聪明人已经意识到，冯道才是李嗣源真正要推出的人选。

其实李嗣源完全可以不必如此大费周章，会议一开始就可以推荐冯道。但李嗣源非常狡猾，他不但先把冯道藏在袖中，而且让四位大臣先推荐人选。

窍门就藏在这里。

首先，宰相的位置只有两个，如果李嗣源先推荐冯道，那么未必就能得到所有人的认同。如果有人不接受冯道，而李嗣源强行拉冯道上船，很可能会得罪某些大佬，将来难免给自己和冯道穿小鞋。

而如果安重诲与任圜在开始时就接受冯道，那么还剩下一个宰相名额，李嗣源就必须做出一个选择，势必会得罪其中一人。而等到两派为了一个名额杀到精疲力竭时，李嗣源适时推荐冯道，众人虽不情不愿，但至少都可以接受冯道。

李嗣源很顺利地把冯道塞进内阁，还没有得罪人，这不能不说李嗣源有很强的政治权术。而赵匡胤玩权术，其实是建立在禁军战斗力之上的强硬，换成石守信坐在赵匡胤那个位置，石守信也能极轻松地杯酒释兵权。

在李嗣源的精心运作下，冯道顺利入阁，而另一位宰相的人选，最终也确定下来，排除了任圜推荐的李琪，而用了安重诲的马仔崔协。

用崔协，应该不是李嗣源的本意，还是权衡了朝野派系的格局后做出的艰难选择。崔协是安重诲的人，安重诲在朝中势大，孔循、郑钰都站在安重诲一边，任圜略显孤单。而且孔循已经放话：只要我还有一口气在，就一定让崔协入阁。

当然，李嗣源敢放任圜的鸽子，主要还是因为任圜和安重诲已在桌面底下做了某些交易。虽然任圜在宰相人选上没有得逞，但他的损失在其他方面得到了补偿，所以任圜权衡再三，放弃了李琪。

各方交易最终完成，冯道和崔协出任宰相。

正月十一日，朝廷下了明诏：以端明殿学士、户部侍郎冯道，以及太常卿崔协并为中书侍郎，同中书门下平章事。

接到任命诏书时，冯道伏地谢恩。

十七　不能持家，何能治国
——李嗣源的家事

做人难，做一个统驭万方的帝王，难上加难。

李嗣源控制的区域极大，北至长城，南达淮河，东临大海，西及秦岭，是公认的天下最强者。但就是这个表面上风光无限的天下最强者，夜深人静时面对明月，心中总会升腾起一丝不安与焦躁。

问题出在他的家庭上，或者更确切地说，李嗣源在为究竟由谁来继承自己的皇位发愁。

李嗣源总共有四个亲生儿子——李从璟、李从荣、李从厚、李从益。

如果不是那场李嗣源完全没有想到的意外，他根本不必为继承人发愁，因为他的长子"骁勇善战、谦退谨敕"的李从璟在奉李存勖之命，去魏州劝其父李嗣源的过程中，于卫州被元行钦杀害。

插一句闲话，五代有个奇特的现象，综合能力极强，一旦继位就能成为明君的儿子往往不得善终，所以君主被迫选择其他儿子，结果国破家亡。梁太祖朱温有子朱友裕、晋高祖石敬瑭有子石重信与石重义、汉高祖刘知远有子刘承信、李嗣源有子李从璟。

李从益太小，而且生母是个无名宫人，李嗣源不可能立他为嗣。真正有资格竞争皇位的，只有同母的皇次子李从荣和皇三子李从厚，他们都是夏皇后所生。而在李嗣源当皇帝后，他首先考虑的继承人，并不是以序当立的李从荣，而是老三李从厚。天成二年二月，十四岁的李从厚就被封为河南尹，兼判六军诸卫事。河南尹兼判六军诸卫事，相当于现在的首都市长兼任卫成司令，五代没有立皇太子的习惯，但凡当上首都市长（后唐为河南尹，晋汉周宋为开封尹）的皇族，基本都是能当上皇帝的。再加上出任判六军副使的是当时名将、李嗣源最宠爱的女婿石敬瑭，明眼人都能看得出来，李嗣源这是要石驸马保三皇子坐江山的节奏。

对于李嗣源为什么要把皇位传给李从厚，于史无载，但推测一下，应该与李从荣和李从厚不同的性格有关。李从厚生性淳厚稳重，"形质丰厚，寡言好礼"，这一点非常像李嗣源本人，所以"明宗以其貌类己，特爱之"。而次子李从荣，生性疏阔，贪大喜功，附庸风雅，喜欢和文人交朋友，甚至还出版过一本诗集——《紫府集》。江湖上那些绿头苍蝇听说皇次子是个臭鸡蛋，纷纷凑过来，"（李从荣）多招文学之士，赋诗饮酒，故后生浮薄之徒，日进谀佞以骄其心"。向来瞧不起酸腐秀才的李嗣源不喜欢李从荣冒充文人，曾经多次告诫次子，你的文学水平不过半瓶醋，一旦闹出了笑话，会影响皇家形象。

李嗣源经过反复权衡，决定立李从厚而疏远李从荣。所以李从厚留在洛阳当"皇太子"，而李从荣则被发配到天雄军当邺都留守去了。李从荣虽然爱好文学，但他冒充文学青年的真实目的还是那个让人眼热的帝位，可他没想到，竞争还没开始，他就输给了弟弟。当得知李从厚任河南尹兼判六军时，李从荣"闻之，不悦"。

李从荣虽然不悦，可只要父亲不改变主意，他一点翻盘的机会也没有。但谁都没有想到，一场意外的婚姻，却突然改变了李从厚与李从荣的命运，李从荣竟然不可思议地咸鱼大翻生，挤掉了李从厚。

这场闹剧的始作俑者，就是前一篇提到的枢密使孔循。

孔循这个人的经历非常传奇。孔循不知道姓什么，幼时失怙，后来给汴梁富户李让当养子，改姓李不过李让又当了朱温的干儿子，孔循改姓朱。朱温儿子有个乳母喜欢孔循，接孔循过来抚养，因为乳母丈夫姓赵，又改姓赵，叫赵殷衡。等到梁朝建立后，不知道是什么原因，孔循最终改姓了孔。

孔循为人油滑，有奶便是娘，当初李存勖快要玩完时，李存勖和李嗣源都要争汴州，而时任汴州刺史的孔循不知道到时押谁的宝，干脆两边都押。孔循极其搞笑地先跑到北门迎接李嗣源，然后又蹿到西门迎接李存勖，两边磕头押宝。等到李嗣源称帝后，安重诲权倾一时，孔循又抱住了安重诲的大腿，"重诲尤亲信之"。不过孔循也只不过是想利用安重诲而已。孔循看到年迈的李嗣源让李从厚任河南尹兼判六军事，他就认定李嗣源一定会把江山传给李从厚。为了巴结李从厚，"为人柔佞而险猾"的孔循把自己的女儿嫁给了李从厚。但正因为这一点，孔循彻底得罪了安重诲。

其实李嗣源本来是想为李从厚娶安重诲的女儿，但孔循精明过了头，他为了能当上皇帝岳父，他挖坑骗安重诲跳了进去，说你是二号皇帝，不宜与皇家走得太近。安重诲便拒绝了李嗣源的提亲，但没想到孔循竟然偷偷摸摸把自己的儿女嫁了过去。安重诲无端被孔循要了，异常恼火，利用自己在朝中的地位，先把孔循踢出中枢，出为忠武军节度使。因为恨屋及乌，安重诲又盯上了李从厚，因为李从厚一旦当上皇帝，那么孔王妃就是皇后，孔循又得骑到自己头上。在安重诲一系列见不得光的运作下，天成四年四月，李嗣源突然解除李从厚"河南尹兼判六军诸卫事"的职务，去太原当河东节度使，实际上废除了李从厚的太子地位。而李从厚被废后，能接盘的也只能是李从荣，所以李从荣极其幸运地叼到了"河南尹兼判六军诸卫事"的肉饼，成为实际上的皇太子。

其实，李嗣源在废掉李从厚时，还有一个人选可以考虑，就是他的养子——一代虎将李从珂。

李从珂本名王阿三，因母亲魏氏守寡后嫁给了李嗣源，李从珂便当了拖油瓶。河东灭梁，李从珂立功无数，被安重诲等人所忌恨，安重诲没少给李从珂穿小鞋，而李嗣源非常疼爱这个养子，甚至为了犊子，李嗣源当场和安重诲对骂。但涉及帝位传承，在有自己亲生儿子的情况下，李嗣源不可能把帝位传给和自己没有血缘关系的养子。郭威传位给养子柴荣，很大程度上是因为郭威的亲生儿子都被刘承祐杀光了，别无选择。虽然李从珂严重不服，但养父铁了心肠，自己也只能徒唤奈何，谁让自己没投对胎？不过李从珂很快就欣喜地发现，其实他还有机会翻盘。

原因在于李从荣自身。

如果是个聪明人，在被实际确认为太子之后，即位之前，应该夹着尾巴做人，先把老皇帝熬死，再暴露自己的本性也不晚。其实此时的形势对李从荣是非常有利的，李从荣最惧怕的头号权臣安重诲因为和李嗣源翻了脸，已经被李嗣源做掉了。只要李从荣稳扎稳打，就没有势力能威胁到他的地位。但李从荣刚判了六军诸卫事，就仗着自己手上有兵权，开始在官场上四处树敌。李从荣还没在"太子"宝座坐稳，就几乎得罪了官场上所有大佬，甚至还包括后宫实际掌权的"皇后"王德妃花见羞。

比如安重诲之后的两大枢密使——范延光和赵延寿，都因为不是李从荣的人马，而被李从荣时常辱骂敲打，"皆轻侮之"。而李从荣和自己的姐姐永宁公主因为不同母，平时就互相嫌憎，李从荣恨屋及乌，对姐夫石敬瑭百般嫌弃。甚至当初劝李嗣源立李从荣的宰相冯道，也上了李从荣的黑名单，他怀疑冯道推荐自己是场阴谋，"执政（冯道）欲以吾为太子，是欲夺我兵权，幽之东宫耳"。

因为李从荣是实际上的帝位继承人，加上李从荣为人浮薄轻佻，一旦登基，势必会引发天下大乱。范延光、赵延寿、石敬瑭等人惹不起李从荣，都打算离开京城到外地避祸。这些大佬各自都有后台，范延光用钱喂饱了花见羞和太监头子孟汉琼，回到他曾经待过的成德军当节度使。赵延寿也是李嗣源的女婿，兴平公主一句话，赵延寿立刻卷起铺盖去汴州任宣武军节度使。而石敬瑭更是手眼通天，走了永宁公主的门路，得到了拥有强兵实权的河东节度使的肥差，堪称天下第一强藩。即使以后李从荣即位，他也奈何坐镇河东的姐夫不得。

这些人后台硬，说跑就能跑，其他没后台的都得在火药桶里老实待着。最搞笑的是亲军都指挥使康义诚，他的特殊身份是不能离开京城的，他只能两边下注，自己押宝老皇帝李嗣源，而让儿子押宝"太子"李从荣……

范延光和赵延寿不过是外臣，得罪也就得罪了，但李从荣最不应该得罪的就是他的庶母花见羞。因为花见羞还有另外一层敏感的身份——皇四子李从益的养母。

花见羞是五代史非常传奇的女人，她本姓王，是邠州一个卖饼人家的女儿，因长相绝美，人称"花见羞"。早年曾经是梁朝头号名将刘鄩的通房丫头，刘鄩死后，王氏流落江湖，后来被李嗣源收留。李嗣源的原配夏夫人死得早，继夫人曹氏又与世无争，实际上主持后宫的是德妃花见羞。

花见羞没有生儿子，所以李嗣源便把幼子李从益交给花见羞抚养。花见羞是个有权力欲的女人，李从荣和她非亲非故，一旦李从荣当上皇帝，自己什么好处也捞不到。但如果是李从益即位，那么自己就是权倾天下的皇太后……

如果李从荣处事谦和谨慎，花见羞拿不到他什么把柄也就算了，没想到李从荣到处惹事，又让花见羞看到了翻盘的希望。

此时的老皇帝李嗣源已经病入膏肓，眼瞅着就要伸腿瞪眼了，李从荣为了安全起见，决定一旦父亲不行了，他就率兵强行继位，绝了花见羞那帮鸟人的念想。

长兴四年（933年）十一月初八，李嗣源突然发病，昏迷不醒。李从荣立刻进宫打探情况，发现父亲要完了。而他离开内殿后，听到宫里一片哭声，李从荣更坚定地认为父亲已死，"从荣意帝已殂"。李从荣知道属于自己的时代即将到来，回府准备当皇帝去了。

但让李从荣万万没有想到的是，老爹根本没有死，等他前脚刚走，李嗣源就醒了过来。因为李从荣早就把宫里的太监宫女得罪光了，没有人给李从荣通风报信，这就给了花见羞扳倒李从荣一个绝佳机会。

三天后，即十一日清晨，李从荣率亲卫步骑千人在天津桥集结，准备进宫继位。为了避免可能出现的阻挠，李从荣派心腹马处钧去找新任枢密使冯赟，威胁冯赟："今天我就要当皇帝，你们满门老小的性命都捏在我手上，你们自己看着办！"

冯赟其实是知道李嗣源还活着的，他哪里还肯上李从荣的贼船。冯赟等马处钧走后，立刻骑马来到宫里，见到了新任枢密使兼宰相的朱弘昭，三司使孙岳，以及代表王德妃势力的老太监孟汉琼。冯赟的任务是和大家一起，做已经准备向李从荣投降的康义诚的工作，毕竟康义诚手握京城兵马，他的心态将决定大家的命运。冯赟警告康义诚不要首鼠两端，须知老皇帝还没死！然后又拿李嗣源对康义诚的厚待给康义诚施压："主上拔擢吾辈，自布衣至将相，苟使秦王兵得入此门，置主上何地？"冯赟说得慷慨激昂，实际上他真正的目的还是保住自己满门的性命，"（一旦李从荣事成）吾辈尚有遗种乎！"

实际上比冯赟更着急的是孟汉琼，如果李从荣进宫，自己必将惨死。所以孟汉琼见康义诚似乎还有些犹豫，兼之有人报秦王李从荣已经率兵入宫，孟汉琼不再废话，直接闯入内殿见李嗣源，大呼："从荣反，兵已攻端门，须臾入宫，则大乱矣！"宫中人皆惊，相顾号哭。孟汉琼到底是在宫里头混的，快刀斩乱麻，直接逼得康义诚不得不站在自己这一边，同时也成功地制造了李从荣要杀光所有宫人的恐怖气氛。

孟汉琼所说李从荣的"反"，其实并不是说李从荣要改朝换代，言下之意其实是想对李嗣源说李从荣要弑父夺位。李嗣源久经宦海，自然能听懂孟汉琼的意思。当年朱温是怎么被儿子朱友珪干掉的，李嗣源一清二楚，所以当孟汉琼说李从荣要反，李嗣源气得浑身颤抖，他让自己的养孙、控鹤指挥使李重吉立刻指挥禁军平定李从荣叛乱。李重吉是李从珂的儿子，自然早就视李从荣为死敌，一旦李从珂有机会当皇帝，那李重吉就是皇太子……

李重吉有了动力，自然要为自己的亲爹卖命，立刻把兵守住宫门。孟汉琼也没有闲着，老太监披上盔甲，骑着高头大马，极其拉风地带着五百骑兵出讨李从荣。

李从荣此时还在做着皇帝梦，他雄踞在天津桥的桥头，等待着康义诚的回话。康义诚并没有来，来的却是孟汉琼派来的马军都指挥使朱洪实率领的五百精锐骑兵。李从荣这才知道他的老爹根本没有死，就是老爹派朱洪实来追杀自己。李从荣"大惊"，实际上是差点没被吓死。李从荣再没有之前威风八面的气势，在朱洪实的骑兵杀出左掖门后，腿已经被吓软的李从荣仓皇逃回秦王府，带着老婆刘氏钻到了床底下，吓得瑟瑟发抖。奉李嗣源诏令前来讨逆的皇城使安从益"就斩之（李从荣），并杀其子，以其首献"。

本来公认的大唐帝国继承人，就这么以一种荒谬搞笑的方式结束了自己的美梦。而当宫里的李嗣源听到李从荣被杀时，"悲骇"，差点从床上掉下来。李从荣再不孝，李嗣源也从来没动过杀掉李从荣的念头，最多废为庶人禁锢终身。而从安从益的心狠手辣来看，他应该是受了花见羞以及孟汉琼的指使——斩草除根！

李从荣死了，他的两个儿子也死了，其中一个小儿子还是当着李嗣源的面被杀掉的。而诸将敢于向李嗣源提出把此子交出来的无理要求，如果没有王德妃在背后站台，几乎是不可能的。

李嗣源应该知道这些背后见不得光的一些瓜葛，但此时的李嗣源已行将就木，无力再反击什么人了。以冯道为首的官员们进宫安慰老皇帝，李嗣源满面羞惭，"吾家事至此，惭见卿等！"不过值得李嗣源欣慰的是，天下终究还是他子孙的。就在李从荣被杀的第二天，李嗣源就立刻派孟汉琼火速去邺都，召李从厚回洛阳继位。

十一月二十一日，孟汉琼飞驰邺都，见李从厚。李从厚当天就从邺都出发东进。二十九日，李从厚风尘仆仆地赶到洛阳宫，但他慈爱的父亲在二十六日就已龙驭上宾了。很快，李嗣源的庙号就由宰相们拟定出来——明宗圣德和武钦孝皇帝。

虽然南宋遗民陈栎曾经高度评价过李嗣源，认为"周世宗第一，唐明宗第二，周太祖第三"，但激进的史学家王夫之对李嗣源的评价却非常低，王夫之认为李嗣源"不能谋身而与之谋国，其愚不可瘳；不能谋国而许之以安民"。

王夫之的观点并非没有道理。相比郭威和柴荣相继拉开中原政权统一天下的大幕，李嗣源的七年小康并没有推动历史的发展，甚至还导致后蜀孟知祥的独立，后唐帝国被生生割掉一大块疆土。而李嗣源治家不力，宠溺儿子，处事不明，最终导致祸起萧墙，自己也被活活气死。

李嗣源幻想着给自己的亲生儿子留下一根没有荆棘的权杖，但可惜的是，性格庸弱的李从厚接过这根光滑的权杖时，却发现很多人都在盯着这根权杖。据李从厚粗略估计，这些人中有长兄李从珂、姐夫石敬瑭与赵延寿，还有范延光……

十八　喜从天降
——咸鱼李从珂翻生记

二十岁的宋王李从厚在老皇帝灵前即位，以冯道为首的文武百官山呼万岁。而实际上的皇长子、时任凤翔节度使的潞王李从珂还在念怨着养父：仅仅不是你亲生的，你就不选我，当年我是怎么在血雨腥风中给你卖命的！

李从珂是在十几岁时遇到他人生中的贵人李嗣源的。李嗣源在平山遇到了王阿三的母亲魏氏，一见钟情，遂纳之。而魏氏只有一个要求，李嗣源要养活儿子王阿三，李嗣源同意了。

也许是寄人篱下的原因，李从珂跟着养父之后，"谨重寡言"，不乱说一句话。等到成年，李从珂长成牛一样的身板，"长七尺余，方颐大体，材貌雄伟，以骁果称"。李嗣源一杆大枪横冲河北，李从珂跟着养父大杀四方，深得他的干叔父李存勖器重，虽然这位干叔侄生于同年。

李从珂并不像猴子一般性格的李存勖，反而和晚他二十年的周世宗柴荣非常相似。他们都是寄人篱下的养子，李从珂是生母魏氏嫁给李嗣源，柴荣是姑母柴氏嫁给郭威。而李嗣源和郭威都曾经有段时间非常落魄穷困，两个养子不辞风雨，在社会最底层熬心熬力赚点小钱养活两个不成器的养父。柴荣卖过雨伞贩过私盐；李从珂更惨，当苦力扛大包、背石灰、收马粪养活李嗣源。正因为如此，李嗣源格外疼爱这个养子，但唯独不肯把皇位传给他。李从厚首先获得继承权时，李从珂被外放河中节度使，驻守河中府（今山西永济）。等到李从荣基本确定继位时，李从珂又被外旅到凤翔（今陕西宝鸡），唯一不同的是，这次李从珂得到了潞王的爵位。

潞王的爵位，并不能拴住欲展翅高飞的李从珂，他渴望能爬到山峰的最高处，拥有整个天下。得知性格庸弱的弟弟李从厚继位后，李从珂就开始有了异样的想法。

实际上，李从厚或者说是朝中执政如朱弘昭、冯赟等人早就盯上了李从珂。李从珂"少从明帝征伐，有功名，得众心"，是朝廷的心腹大患，朱、冯等人首先拿掉了李从珂之子李重吉的控鹤都，再慢慢寻找机会铲除李从珂。李从珂也知道这些人对自己心怀叵测，养父驾崩时，他以各种理由推托不去洛阳奔丧。

见调不动李从珂，朱、冯又生一计，以朝廷的名义调李从珂出任河东节度使，接替另一个野心家石敬瑭，并派洋王李从璋前来凤翔催促李从珂移镇。李从珂根本不上当，反而公然指责朱弘昭、冯赟挟天子以令诸侯，作乱朝廷，彻底和李从厚撕破了脸皮。

朱、冯不是晁错，李从珂也不是实力强大的吴王刘濞，李从珂只控制着黄河在"几"字形大拐弯的一片狭小地区，实力并不足以和强大的朝廷对抗。地方各大藩镇根本不看好李从珂能翻盘，拒绝支持李从珂，"潞王使者多为邻道所执"。

朝廷方面出手非常阔绰，西京留守王思同出任讨逆军主帅，大将药彦稠为副，护国军节度使安彦威、山南西道节度使张虔钊、武定军节度使孙汉韶、彰义军节度使张从宾各率本部兵悉集于凤翔城下，时间是唐应顺元年（934年）三月。

所有人都认为李从珂死定了，他在重重包围之下已插翅难逃！李从珂为了仅存的一点逃生希望，撕开老脸，站在城头上哭着请求官军看在他当年"从先帝（二李）百战，出入生死，金创满身"的分儿上，放他一条生路。"我何罪而受诛乎！"五十岁的李从珂站在城头老泪纵横，鼻涕一把眼泪一把，很明显，潞王是动了真感情。他本来自认功劳齐天从无谋逆之意，但正因为功劳齐天才被人猜忌，以致今日功高震主，你不死，我不可能总是活在你的阴影里，从古至今莫不如此。

李从珂的哭诉产生了一定的正面作用，毕竟城下官军有很多都是李从珂的老部下。被人快要逼死的老首长临城一哭，"闻者哀之"，已经有官军动摇了。形势对李从珂来说多少有一些好转，而督军的张虔钊向来对李从珂没什么好感，他懒得跟这些心疼李从珂的二百五废话，马刀一举，逼着官军从城西南向凤翔城发起攻击。官军弟兄本来在感情上就偏向无罪的李从珂，张虔钊是个喝兵鬼的贼，感情上的一近一远，立刻在官军中引发了爆炸效应。"士卒怒，大诟，反攻之（张虔钊）"。张虔钊完全没想到这伙兵痞子竟然当场骂娘翻脸，吓得骑马狂奔，才侥幸捡得一条性命。官军阵中的羽林军指挥使杨思权可能就是李从珂的老部下，他临阵高呼："大相公（李从珂），吾主也！"率先解甲向李从珂投降，本就是对朝廷不满的官军也都不陪李从厚玩了，"诸军解甲投兵，请降于潞王"。

杨思权这路投降，极大地影响了其他方向围城的官军，有人高喊城西军已投降潞王并得了一大笔赏金，向来是认钱不认娘的兵大爷们一听有钱赚，立刻踹了王思同这些老梆子，向李从珂投降。王思同等人根本控制不住局面，也学张虔钊，脚底抹油溜了。

就在转眼之间，李从珂的敌人竟然摇身一变，成了他的马仔。这极具戏剧性的一幕甚至让李从珂一时都没反应过来，在即将饿死的时候，天上掉下来一块大肉饼，李从珂喜极而泣。

当然，杨思权等人投降不是没条件的，他们其实是要在李从珂身上押宝下注，毕竟他们从李从厚那里得到的银子太少。杨思权公然向李从珂索要官位："愿王克京城日，以臣为节度使，勿以为防（御史）、团（练史）。"杨思权漫天要价，其他反水的官军自然也都会向李从珂开口要钱。李从珂是个聪明人，管他以后如何，先签了保命的空头支票再说，杨思权拿到了李从珂的书面保证书："事成后，你可出任邠宁节度使。"李从珂其实兜里也没什么钱，但为了不让弟兄们寒心，他几乎变卖了所有的家当，锅碗瓢盆无一幸免，"悉敛城中将吏士民之财以犒军，至于鼎釜皆估直以给之"。

本来在围城时，李从珂就已做了最坏的打算，可他没想到死局竟然可以如此华丽地逆转，这极大地刺激了李从珂推翻李从厚的意志。而李从珂看过地图，只要越过长安这道坎，洛阳就在眼前。

而更让李从珂没有想到的是，朝廷方面的长安留守刘遂雍竟然主动投怀送抱，之前刘遂雍就拒绝溃逃的王思同等人进城。刘遂雍不是傻子，他看到李从珂士气正盛，李从厚倒台在即，他何必要陪李从厚去死。刘遂雍等李从珂大军一到，立刻投降，并把长安城中所有财宝都送给李从珂，李从珂转手都赏给了弟兄们。李从珂要让还在观望的官军看清楚：跟着我混，钞票大大的！

李从珂知道拿钱喂兵大爷，李从厚自然也知道。而实际上李从厚许给官军的支票更为丰厚："平凤翔，人更赏二百缗，府库不足，当以宫中服玩继之。"但问题是李从厚不懂用兵，这些兵大爷也根本不把李从厚当盘菜，给了钱也未必给你卖命。更要命的是，李从厚为人糊涂，竟然把在军中深有名望的马军都指挥使朱洪实给杀了，原因是康义诚在御前会议上指责朱洪实谋反。"帝（李从厚）不能辨其是非，遂斩洪实，军士益愤怒。"

此时的洛阳朝廷，人心涣散，而李从厚所能起用的军界大佬，在李从珂面前都不过是江湖小辈。而唯一能和李从珂掰腕子的只有石敬瑭，可石敬瑭的野心比李从珂还大，他早就瞧内弟李从厚不顺眼……

李从厚身边聚集着一批早就暗中与李从珂眉来眼去的大佬，这些人就等着早日见到潞王，屈膝磕头赚银子。李从厚派出的讨逆军主帅，如护国节度使安彦威、匡国节度使安重霸皆降，在灵宝遇到东进的李从珂，立刻换了马甲，甚至保卫洛阳的京城巡检安从进也在桌底下和李从珂谈好了条件。

李从厚众叛亲离，他的命运已经注定。听说安从进杀死了李从珂下诏罪在不赦的冯赟及朱弘昭满门，惊魂未定的李从厚率五十骑兵夜出玄武门，准备去魏博投靠姐夫石敬瑭。

李从珂风光无限地进入了洛阳城，这一天是应顺元年四月初三。文武阁僚们照例换马甲拜神，李从厚下场如何，没人关心。谁手上握有兵权，弟兄们就认你当老大，是亘古不变的官场规矩。作为胜利者，李从珂转正的速度非常快。四月初四，曹太后就下令废掉李从厚的帝位，由李从珂权军国事。四月初五，曹太后命令潞王继承帝位。又过了一天，李从珂笑容满面地在明宗皇帝的灵柩前即皇帝位，接受王公大臣们的山呼万岁。

一个崭新的时代再次开启。可摆在李从珂面前的却是一连串让人焦头烂额的事情，他现在的首要任务是筹钱给弟兄们发工资，没钱谁跟你玩？

早在凤翔起事之初，李从珂就许诺等破洛阳城，弟兄们每人发钱一百贯。这还只是李从珂本部人马的赏钱，投诚过来的官军所需的赏钱更是一笔天文数字。可等李从珂进入洛阳后，搜天刮地竟然只刮出了六万贯，而李从珂第一笔需要支付的军费就高达五十万贯……

即使是后宫里的曹太后、王太妃把自己的私房钱加上耳环簪子统统拿出来，勉强也只凑了二十万。李从珂再也刮不出来油水了，只好厚着脸皮把这点钱分给弟兄们，还要按级别分发。像杨思权这样有功于李从珂的，只不过领到了一头骆驼、两匹大马，外加七十贯钱，李从珂本部人马一人领到二十贯，而原来的官军每人只有十贯钱……

弟兄们气得大骂李从珂铁公鸡铜仙鹤，后悔当初受了李从珂的骗，卖了老命才捞到十贯钱。兵大爷们到处给李从珂扣黑帽子，"除去生菩萨（李从厚，小名菩萨保），扶起一条铁！（李从珂）"

其实倒不是李从珂抠门儿，他兜里真没有钱，否则以李从珂的性格和智商，他不至于穷酸成这样。但兵痞子们不管你困难与否，你不拿出当初给我们许诺的银子，我们就不给你卖命，价格公道，童叟无欺。

李从珂的悲剧命运，其实在"除去生菩萨，扶起一条铁"的咒念中，就已经埋下。

十九　双雄记
——李从珂与石敬瑭的命运纠缠

李从厚当皇帝，李从珂不服。

李从珂当皇帝，石敬瑭不服。

李从珂自恃二十岁就跟着养父李嗣源南征北战，立功无数，瞧不起李从厚。而同样身经百战立功无数的还有石敬瑭。只不过二人的区别在于与李嗣源的关系，石敬瑭只是女婿，而李从珂则是李嗣源的养子。石敬瑭始终认为，李从珂能当皇帝，也仅仅是他的养子身份而已。

下面简单介绍一下石敬瑭的身世。

学术界对五代史有一个著名的论断，即五代曾经存在过"沙陀三王朝"——先后由沙陀人建立的后唐、后晋、后汉。实际上这个说法并不准确。首先，继李嗣源的养子李从珂并不是沙陀人，而是河北汉人，而后汉刘知远倒是货真价实的沙陀人，只不过刘知远早已完全汉化。争议的焦点在于石敬瑭的族属。

欧阳修认为石敬瑭是沙陀人，父亲名叫臬捩鸡，而《旧五代史》则说石敬瑭是西汉宰相石奋之后，后来流落西夷。而可以佐证《旧五代史》说法的，是南北朝著名的鲜卑人姓氏——窦氏，窦氏其实是东汉外戚名将窦宪之后，窦宪败死，子孙出逃大漠。当然，石敬瑭所谓是石奋后人，应该是石敬瑭自抬身价，并不可信。旧史还有一个记载可以佐证石敬瑭的汉人身份，《旧五代史》记载石敬瑭的父亲石绍雍，番名叫臬捩鸡。如果石绍雍是沙陀人，应该倒过来记载"臬捩鸡，汉名石绍雍"。综合各方资料来看，石敬瑭基本可以认定是汉人，而非沙陀人。

石敬瑭于唐景福元年（892 年）生在太原，小李从珂七岁。石敬瑭"性沈淡，寡言笑"，喜怒不形于色，任你天崩地陷，我自眉宇不动。石敬瑭平时没有什么特别的爱好，最大的爱好是读兵书。时任代州刺史的李嗣源偶然发现了这个兵学神童，"深器之"，并把女儿嫁给了年仅十七岁的石敬瑭。

李从珂跟着养父李嗣源四处杀伐，其实石敬瑭同样没少立功，如果说李从珂立十分功，石敬瑭至少也要立九分半功。《旧五代史·晋高祖纪》称赞石敬瑭"灭梁室，致庄宗一统，集明宗大勋，帝（石敬瑭）与唐末帝（李从珂）功居最"。只不过石敬瑭比李从珂性格更沉稳，以至于李存勖对石敬瑭并不太了解，而擅长作秀的李从珂却得到了李存勖的称赞。

　　在养子和女婿之间，李嗣源基本是不偏不倚，两边都疼。但就李嗣源被迫与李存勖翻脸起兵后，为李嗣源称帝立功最大的还是石敬瑭。也许是这个原因，李嗣源对石敬瑭还是高看一眼。李从荣在朝廷四处折腾，在李嗣源的默许下，石敬瑭谋得了天下第一强藩——河东节度使的位置。

　　石敬瑭守河东，退可自守，进可争雄天下，而李从珂早就盯上干妹夫。"帝（李从珂）与石敬瑭皆以勇力善斗，事明宗为左右；然心竞，素不相悦。"不过在表面上，通过亲情的力量，两大乱世枭雄还能维持脆弱的和平。为了打消李从珂对自己的疑虑，石敬瑭甚至杀掉了废帝李从厚，企图打消李从珂对自己的疑虑。

　　李从珂对石敬瑭知根知底，从来没有放松对石敬瑭的警惕。石敬瑭受制于人，不得不暂时向李从珂表示屈服。清泰元年（934年）五月，李从珂刚刚继位，就逼石敬瑭来洛阳朝见自己。石敬瑭还不敢得罪李从珂，只能硬头皮去洛阳。据史料记载，石敬瑭身患重病，"久病羸瘠"，但谁都无法保证石敬瑭的重病是不是装出来的。

　　李从珂软禁石敬瑭，而曹太后则是石敬瑭老婆魏国公主的生母，她心疼女婿，没少给李从珂施压。虽然朝中大臣倾向于扣留石敬瑭，但李从珂还是难违母命，便给自己一个台阶下，说什么"石郎自少与我并肩作战，我们的感情深似海"，却根本没人相信他的鬼话。

　　在丈母娘和老婆的运作下，石敬瑭龙出浅滩入大海。惊魂未定的石敬瑭知道李从珂早晚还会打自己的主意，开始"阴为自全之计"。为了掌握李从珂的去向，石敬瑭又走了丈母娘和老婆的门路，出重金收买老太后身边的人，让这些人密切关注李从珂的一举一动，但有风吹草动立刻向他汇报。有钱能使鬼推磨，谁不爱钱？宫里的太监宫女们都成了石敬瑭的间谍，石敬瑭对李从珂大到军国重事，小到吃喝拉撒，"事无巨细皆知之"。

　　不过就整体实力来说，李从珂还是在石敬瑭之上，所以石敬瑭在羽翼未丰时还不敢和李从珂撕破脸，双方都在明争暗斗。石敬瑭想打击李从珂的经济实力，借口防御契丹缺粮，请李从珂调拨粮食。李从珂明知石敬瑭在耍把戏，又承担不起契丹人南下的代价，只好咬牙供应石敬瑭以及镇守幽州的赵延寿。李从珂让其他藩镇运粮到河东，石敬瑭乘机打着李从珂的旗号，"遣使督趣严急，山东之民流散"。反正天下是你李从珂的，得罪了民心，黑锅你来背。当然李从珂也不是个善茬，他又下诏让河东人缴纳军粮，让怨声冲天的河东人去骂石敬瑭。

李从珂之前一直在为是保中原还是保河东的问题犹豫不决，但李从珂很快就想到了一个好办法，鱼与熊掌我都要！清泰二年（935 年）十一月，李从珂下诏，以驻守徐州的武宁军节度使张敬达为北面行营副总管，率兵出掌太原以北的代州。李从珂这么做，名义上是让张敬达协助石敬瑭防御契丹，实际上是"以分石敬瑭之权"，时刻监视石敬瑭的一举一动。

李从珂此举让石敬瑭感觉到双方撕破脸皮的大限就要到了，石敬瑭加紧了对抗李从珂的一切准备，甚至把他在洛阳以及其他地方经营的财产都拉到太原，美其名曰充当军费。

似乎是石敬瑭方面已经做好了准备，打算主动挑衅李从珂。石敬瑭突然给李从珂上了一道奏折，请求朝廷解除他河东节度使的职务，给他挪个窝。河东是天下第一强镇，石敬瑭怎么可能交给李从珂？他不过是在引诱李从珂上钩，只要李从珂同意，他就会给李从珂扣一顶残害功臣的黑锅。

石敬瑭这块带毒肉饼的诱惑实在太大了，虽然大臣李崧、吕琦等人劝李从珂不要上当，心急的李从珂还是忍不住咬了钩。下诏：改任石敬瑭为郓州刺史，由河阳节度使宋审虔主政河东，并让张敬达武装监视石敬瑭离晋赴郓。石敬瑭等的就是李从珂这个命令，他公开指责李从珂出尔反尔，"面许终身不除代（不离开河东），今忽有是命！……安能束手死于道路乎！若其宽我，我当事之；若加兵于我，我则改图耳"。

石敬瑭的心思尽人皆知，正如朝廷方面的枢密直学士薛文遇对石敬瑭的判断："移（镇）反，不移亦反。"石敬瑭的心腹、河东掌书记桑维翰给欲火焚身的石敬瑭再添了一把干柴。桑维翰劝石敬瑭"推心屈节"，向契丹皇帝耶律德光求救，只要契丹大兵至，就不怕什么张敬达、王阿三。

石敬瑭知道只要自己膝盖一软，再拿出大把银子，不怕耶律德光不咬钩。底气渐足的石敬瑭终于和大舅哥翻了脸，石敬瑭公开指责李从珂不过是明宗皇帝的养子，没有资格当皇帝，"要求"李从珂把帝位还给明宗皇帝的亲生子许王李从益。

石敬瑭当着天下人的面抽李从珂的老脸，李从珂自然恼羞成怒，立刻诏削石敬瑭的一切职务，并命令张敬达、河阳节度使张彦琪、安国节度使安审琦、保义节度使相里金、前彰武节度使高行周等各部进围太原。

当年李从厚派各藩进围凤翔李从珂的历史重演，只不过当时李从珂实力弱小，要不是李从珂城头一哭，他早就完了。但河东的整体实力远不是凤翔可比，而且契丹骑兵就在代北，耶律德光已经接受了石敬瑭开出的价码——石敬瑭愿向契丹称臣，并愿认耶律德光为父，并割幽云十六州入契丹，随即大军开拔南下。

当年九月，发了财的耶律德光亲率五万精锐铁骑，对外号称三十万，从代州扬武谷（山西原平西北）南下，直奔太原，去救他从来没见过的干儿子。

太原城外的大帅张敬达也想会会这个生活在传说中的契丹大头领，张大帅一声令下，官军以步兵为主，在太原城西北山下列阵。唐军虽然人多，但是马少，而契丹军出战的是清一色的三千不披重甲的轻骑兵，唐军弟兄们看着这三千匹好马，开始眼热。

在冷兵器时代，拥有一匹战马，就相当于现在开着宝马7，而契丹骑兵都是些老弱病残，兵大爷们口水滴答……

"唐兵见其赢，争逐之。"

作为诱饵的三千契丹轻骑兵成功地把唐军吸引到了汾河湾畔，契丹骑兵浮水而去，唐军一部分泡在水里，另一部分还在岸上。耶律德光要的就是这个效果，"兵半渡而击之"，契丹人立刻大举杀出，掐头拦腰去尾，一口就吃掉了一万多唐军。

经此一败，唐军战斗力涣散，张敬达率五万唐军退守晋安寨，太原之围遂解，石敬瑭也见到了仰慕已久的小干爹。太原城下的形势顿时逆转，之前是唐军包围石敬瑭，现在则是石敬瑭与契丹兵包围张敬达，至少石敬瑭确认，自己安全上岸了。

为了剿灭张敬达，石敬瑭下了血本，与契丹人形成一个长达一百多里、厚五十里的大阵，将晋安寨围个水泄不通。为防止有唐军闯阵向李从珂通风报信，石敬瑭还布置了大量铃铛、绊马索，以及会叫的狗……

晋安寨连一只蚊子都飞不出石敬瑭的手掌心，唐军粮食已经吃光，甚至用粪便喂马，战马饿得咬尾巴，一万匹马都没有了尾巴。唐军也尝试着主动攻击，但河东军和契丹军里外三层，根本冲不出去。虽然李从珂得到了张敬达等人被围的消息，李从珂本来打算想御驾亲征，但一想到石敬瑭的彪悍，李从珂腿肚子发软，随便找个不三不四的借口不去了，改由各藩镇出兵，幽州节度使赵德钧和成德军节度使范延光都发兵进抵河东。但赵德钧根本没打算要救张敬达，他在盘算两件事：一、吞掉范延光的两万人马；二、他派人找耶律德光，厚着老脸求耶律德光收自己做干儿子，他开出的条件比石敬瑭还要丰厚。虽然耶律德光也曾动了心，但在桑维翰死皮赖脸的哭求下，耶律德光才拒绝了赵德钧。

唐清泰三年（936 年）十一月十二日，石敬瑭在耶律德光的册封下，意气风发的在柳林即皇帝位，国号大晋。

李从珂还活着，石敬瑭就已经把他看成了死人，甚至李从珂的年号也被石敬瑭铲除。石敬瑭不承认李从珂的清泰年号，顺带着也铲除了李从厚的应顺年号，将清泰三年改为长兴七年。

形势非常明显，石敬瑭气势正盛，张敬达已成死局，李从珂不过苟延残喘而已。张敬达忠于李从珂，愿为死臣，但不代表张敬达手下将领也愿意给李从珂陪葬。杨光远等人劝张敬达识时务，投降石敬瑭换取富贵，张敬达宁死不从。你不听话？这个好办，杨光远"乘其（张敬达）无备，斩敬达首"，带着渴望发财的弟兄们投降了耶律德光。

晋安寨的五万唐军面无惭色地成了石敬瑭的打工仔，李从珂这才深刻体会到了当年官军投降自己时，李从厚绝望的心态。更让人绝望的还有后面。赵德钧等援兵还没有撤离，契丹人自然不会放过这几块肥肉。契丹人在团柏镇（山西祁县东）对唐军发起总攻，早就对李从珂不满的赵德钧立刻撤回幽州，而其他各部如符彦饶、张彦琦、刘延朗等人都溜之大吉。唐军被打得溃不成列，"相腾践死者万计"。

这些唐军都是李从珂最后的保命钱，一场仓促的赌局全都赔光了！

李从珂的命运可想而知。而且李从珂知道，胜利者石敬瑭是绝对不会放过他的，一旦自己落在石敬瑭手上，必然会遭到石敬瑭的无情羞辱。石敬瑭也急需用羞辱李从珂的方式，来向天下证明自己才是明宗皇帝最有资格的继承人。

十一月二十四日，镇守洛阳城北门户的河阳三城节度使苌从简开门向石敬瑭投降，李从珂知道自己的末日到了。

十一月二十七日，绝望的李从珂颤抖着，奉年迈的曹太后、刘皇后以及皇子李重美，外加心腹宋审虔等人登上玄武楼，坐在一堆猪油浸泡过的木柴中间，一把冲天大火，宣告了李从珂时代的覆灭。

十一月二十九日，大晋皇帝石敬瑭车驾进入洛阳城。

二十　卿本佳人，奈何做贼！
——汉奸石敬瑭

"呜呼！晋之事丑矣，而恶亦极也！"这是欧阳修在《新五代史》第五十二卷中对后晋政权建立者石敬瑭的一句评语。

石敬瑭则是历史公认的五代第一汉奸。史学界主流观点普遍认为正是石敬瑭为了一己之私，把襟带山川的中原门户幽云十六州割让给契丹，才导致中原无险可守，直至1368年，明朝大将军徐达率汉族军队收复大都。欧阳修所说的"恶"，其实就是指石敬瑭割让幽云十六州的重大历史事件。所谓十六州，是指五代时期的幽州（今北京市）、檀州（今北京密云）、顺州（今北京顺义）、蓟州（今河北蓟县）、瀛州（今河北河间）、莫州（今河北任丘）、涿州（今河北涿州市）、新州（今河北涿鹿）、妫州（今河北怀来）、儒州（今北京延庆）、武州（今河北宣化）、云州（今山西大同）、应州（今山西应县）、朔州（今山西朔县）、寰州（今山西朔县西北）、蔚州（今山西灵丘）。

欧阳修所说的"丑"，是指两件事：一、石敬瑭为了私利，不顾个人廉耻，四十四岁的他认三十三岁的耶律德光当干爹。二、石敬瑭建立的后晋政权向契丹称臣纳贡，石敬瑭也就是历史上著名的"儿皇帝"。

以堂堂中原正统大国之尊，向"尚未开化"的大漠荒国磕头认干爹、称儿臣、纳职贡，受尽契丹人欺凌压榨，开此耻辱之先的石敬瑭当之无愧地被钉在历史的耻辱柱上。

唐清泰三年（936年）七月，那个烈日炎炎的夏天，无数唐军进围太原城下，目标很确定，就是要生擒公然造反的河东节度使石敬瑭。李从珂控制着中原二十藩镇，石敬瑭只有河东一道，双方实力对比悬殊。石敬瑭要想活下去，只能去请援兵。放眼天下，唯一有实力救石敬瑭的，只有北边的邻居契丹大辽国。

不过石敬瑭知道天下没有免费的午餐，不向耶律德光放血，契丹人绝对会见死不救的。你不放血，凭什么救你！

经过深思熟虑，石敬瑭向耶律德光开出了丰厚条件。河东掌书记、坚定的亲契丹派桑维翰写了一封致契丹人的信，石敬瑭在信中承诺，只要耶律德光肯出手救人，他愿意在事成之后向契丹称臣藩纳职贡，并割让雁门关以北、西起云州东至幽州的十六州入辽，以及每年向契丹人输送金帛三十万匹两。不知道是出于什么考虑，石敬瑭竟又加了一笔：愿认耶律德光为父！

向契丹人求援，在河东军事集团上层是主流观点，基本没人反对向契丹称臣，但反对石敬瑭向契丹人割地并认干爹。代表人物是石敬瑭的贴身心腹、将来的后汉高祖刘知远，他的意见是可以向契丹称臣，也可以送给契丹人大量金银财宝，但反对认耶律德光当干爹，并割让中原战略领土。

刘知远很有战略眼光，他一眼就看出一旦割让幽云十六州，必然会导致将来中原无险可守。但石敬瑭自有他的考虑，以耶律德光的贪婪，只凭金银财宝是不足以让耶律德光动心的，不割地，契丹人必不相救。

如果站在石敬瑭本人的立场，也许石敬瑭的考虑是正确的，从耶律德光得到大肉饼后的反应"大喜"，可以看出耶律德光对这个条件是极为满意的。如果只出钱，耶律德光应该会不屑一顾：我有兵有马，难道我就不会抢钱？你送给我，我还欠你一个人情！

至于石敬瑭乱攀亲戚，刘知远极力反对。虽然刘知远是沙陀人，但他的思维相对于石敬瑭则比较传统，他接受不了干爹反而比干儿子小十一岁。石敬瑭却"不从"，还是奴颜婢膝地跪在了耶律德光的面前，磕头认了干爹。石敬瑭不顾社会伦理认小干爹，是想通过结干亲的办法拴住耶律德光，保持晋辽外交关系的稳定，同时阻止其他中原的野心家乱认亲戚，影响到自己的统治。

而现实很快就抽了石敬瑭一记响亮的耳光，幽州节度使赵德钧见石敬瑭攀上了契丹人的高枝，羡慕嫉妒恨，眼都红了。赵德钧立刻给耶律德光谈了条件："只要立我为帝，我愿意与契丹结为兄弟之国，"并厚赠金银宝贝。

耶律德光出于避免赵德钧和自己翻脸，断了自己北归后路，差点就同意了赵德钧的条件。石敬瑭听说后差点晕倒，除了大骂赵德钧无耻下流外，立刻派桑维翰去找耶律德光，鼻涕一把泪一把地哀求。最丢人的是，为了说服耶律德光放弃赵氏父子，桑维翰跪在耶律德光的大帐前，从白天到晚上，纹丝不动。"涕泣争之",这才勉强打动了耶律德光。

看透不说透,才是好朋友。不管是石敬瑭乱认干爹,还是耶律德光乱收干儿子,其实他们之间都不过是互相利用的关系。但不得不承认,因为利益上有共同点,石敬瑭与耶律德光这对干父子之间确实有过一段蜜月期,甚至是石敬瑭的皇位也是耶律德光册封的。

后唐清泰三年(936年)十一月十二日,寒风呼啸中的太原城外柳林,石敬瑭正式接受耶律德光的册封,建立了后晋王朝。值得一提的是,石敬瑭所建立的晋朝,严格意义上来说并不是中原帝王。因为石敬瑭并不是穿着中原帝王的衮冕继位,而是穿着契丹人的传统服装继位,而且耶律德光在册封石敬瑭为晋帝的诏书上开宗明义:"咨尔子晋王。"一个"子"字,不仅让石敬瑭蒙羞,更让中原(汉化)政权遭到了前所未有的耻辱,骂石敬瑭一句"汉奸卖国贼",并不为过。

石敬瑭知道没有耶律德光出手相救,自己早成了李从珂的刀下鬼。所以石敬瑭在统治中原之后,对恩重如山的小干爹极尽阿谀恭维之能事,马屁拍到炉火纯青,"帝事契丹甚谨"。每次契丹派使者南下,石敬瑭都要在别殿对着契丹使者下跪磕头,极其肉麻地问:"父皇帝安否?"

石敬瑭巴结的并不只是干爹耶律德光,契丹一应太后亲贵大臣都是石敬瑭需要拍马的。甚至还在天福三年(938年)的六月,石敬瑭还派内阁首辅大臣冯道出使契丹,给他的干祖母述律老太后上尊号,弄得冯道被耶律德光调戏了很久,差点老死在漠北。石敬瑭铁了心给耶律德光当干儿子,他知道,一旦和耶律德光翻脸,固然能赢得中原人的支持,但契丹人的铁甲骑兵会轻易撕破河北防线……

除了干爹和干祖母,其他契丹勋贵都没少收到石敬瑭拍的马屁。"至(契丹)元帅太子、伟王、南、北二王、韩延徽、赵延寿等诸大臣皆有赂遗。"搞笑的是,赵延寿正是曾经差点砸掉石敬瑭饭碗的赵德钧的养子。而这些人见石敬瑭如此贱骨头,自然瞧不起这个贱货,只要石敬瑭马屁没拍到位,这些大爷就派人来骂石敬瑭。石敬瑭惹不起这些大爷,照例"卑辞谢之",反正石敬瑭早就不知廉耻为何物,骂就忍着。

虽然中原官员早就看不惯石敬瑭的贱骨头,"朝野咸以为耻"。不过石敬瑭自有他的道理,他对大臣们说:"这些金帛是送给了契丹人,但这些钱不过是国内几个县的租赋而已,花小钱买大和平,多么划算的事情。"插句闲话,虽然赵匡胤通过篡位建立的宋和石敬瑭并非一家，但宋朝的外交政策却基本是石敬瑭外交思路的延续——花钱买和平，必要时乱认干爹干大爷。在外交上，最完美继承石敬瑭外交衣钵的，无疑是南宋高宗赵构。从各方面综合来看，赵构几乎就是石敬瑭的投胎转世。这些主降派经常使用的一个观点就是"兵不如人，枪不如人，国力不如人，打了等于送死"！实际上，从石重贵与契丹大战，南宋与金的拉锯战来看，只要内部将相和，把契丹人和女真人驱出中原并非难事，只不过石敬瑭和赵构从来就没想到要收复什么故土，现有的地盘足够他们挥霍的。至于什么幽云十六州，本来就非石敬瑭的根据地，送给契丹人，石敬瑭没觉得有什么可惜。

　　石敬瑭慷慨地把战略要地幽云十六州送给契丹人，却直接导致了中原汉族政权在防御游牧骑兵时的极大战略被动，北宋苏辙曾经哀叹"石晋始以燕、蓟之地赂契丹……是时，割地之害深矣"。幽州至云州一线是燕山山脉至太行山脉，地形险峻，有利于中原政权防御来去无定的游牧骑兵。但自幽云入辽之后，契丹骑兵往前推进数百里，直接面对一川无险的河北平原，契丹骑兵曾经南下深州、冀州一带烧杀抢掠，给中原政权在河北的防御体系造成了极大的压力。"自晋汉以来，（河北）常为契丹所困，每胡兵入寇，洞无藩篱。"直到强势的周世宗柴荣出现，历史才出现了可喜的扭转，通过浚通胡卢河，有力地阻止了契丹骑兵南下骚扰河北。但可惜柴荣英年早逝，篡位的赵匡胤又欺软怕硬，基本秉承了除称臣割地的石晋对契丹的政策，以守势为主，导致契丹人对中原政权重新构成重大威胁。

二一　旰食宵衣，礼贤从谏
——说说石敬瑭的另一个侧面

说完了石敬瑭的负面，再来说说石敬瑭的正面。

最朴素的逻辑辩证法告诉人们，完美无瑕的人是不存在的，万恶不赦的人也是不存在的。石敬瑭是汉奸，但这并不影响石敬瑭作为历史上一位相对有为之君的存在。

石敬瑭认小干爹，割让幽云十六州，是著名的儿皇帝，在历史上早就臭名昭著，所以人们很容易记住石敬瑭的阴暗面，却有意无意地忽略了另一个石敬瑭。

"及其为君也，旰食宵衣，礼贤从谏，慕黄、老之教，乐清净之风，以绨为衣，以麻为履，故能保其社稷，高朗令终。……以兹睿德，惠彼蒸民，虽未足以方驾前王，亦可谓仁慈恭俭之主也。"

这是一段历史评论。如果不作特别说明，人们会认为这是史官歌颂某个有为之君。其实这段史评说的正是石敬瑭，出自《旧五代史·晋高祖纪评》。

在五代史上，唐明宗李嗣源的"粗为小康"非常著名，但他的女婿石敬瑭在统治的七年间，其实也完全可以称为"粗为小康"。

石敬瑭大驾刚进洛阳时，就下诏减轻百姓的盐务负担。石敬瑭规定北京（今太原）百姓可以向官府以粮食折算盐税，同时降低了之前朝廷"每斗须令人户折纳白米一斗五升"的规定，这个价格对百姓来说太高，石敬瑭"极知百姓艰苦"，规定以后再让百姓以粮易盐时，必须按当时的市场价格，而不是搞一刀切。同时洛阳百姓可以不用粮食折算盐税，而是用钱折算，方便了百姓。

唐末五代，盐税向来是朝廷税收的大头，石敬瑭之前，五花八门的朝廷对百姓极尽榨盐之利，更兼山西是产盐重地，百姓负担非常重。石敬瑭为了满足契丹干爹的贪欲，他比谁都需要钱，但相比于钱，他现在更注重的是民心。百姓的盐税负担，在石敬瑭期间是非常轻的，百姓摆脱了盐老虎的压榨，生活水平自然也就上去了。

石敬瑭并非作秀，一直到他驾崩，也没有改变这个政策，作秀一辈子，也就不是作秀了。七年时间，可以想见百姓省了多少钱。而正因为石敬瑭轻盐税，导致朝廷税收骤减，石敬瑭的侄子上台，全面改变叔父的轻盐政策，又重新放纵盐老虎压榨百姓，最终天崩地裂，不可收拾。

除了在盐税上让利百姓，石敬瑭还做了一条特别规定："天福元年以前，诸道州府应系残欠租税，并特除免。"也就是说，石敬瑭不承认李从珂政权对百姓征收的税收，包括酒曲钱，一并废止。更让人感动的是，石敬瑭从北京来洛阳的路上，发现郑州附近农田遭到了蝗虫啃食，立刻派人前去察看，根据实际受损的情况减轻农民的租税。在天福二年五月，石敬瑭听说洛阳、邺都附近闹起了旱灾，二话不说，下诏两地税务机构减少征收五分之一的税收总额。

抛开石敬瑭和耶律德光之间乱七八糟的关系，只从百姓利益的角度来看，石敬瑭无疑是一个好皇帝。石敬瑭曾经针对定州干旱下过一道诏书，在诏书中，石敬瑭详细阐述了自己对百姓的态度："朕自临寰宇，每念生民，务切抚绥，期于富庶，属干戈之未戢，虑徭役之或烦。惟彼中山（定州），偶经夏旱，因兹疾苦，遽至流移，达我听闻，深怀悯恻。"照例，石敬瑭免除了定州百姓的夏秋两税。天福四年（939年）十二月，中原突降大雪，连下五旬，给百姓造成了严重灾难。很多军士贫民饥寒交错，石敬瑭给他们发放薪炭米粟，此举虽属小恩小惠，但至少石敬瑭还能记得百姓穷苦，心里始终没有忘记百姓。

石敬瑭对百姓的爱护，从一次他与大臣的对话可以体现出来。《旧五代史·晋高祖纪二》记载：天福二年（937年）四月，石敬瑭巡幸郑州，在接见郑州防御史白景友的时候，白景友献出一批牛羊和器皿。石敬瑭并没有立刻接受，而是问白景友："这些东西不是抢百姓的吧？"白景友非常硬气地回答："臣畏陛下法，皆办于已俸。"石敬瑭听说白景友用的是自己工资钱，便欣然收下。

一个"臣畏陛下法"，说明石敬瑭非常严格地执行爱惜民力的政策，任何官员都不允许有丝毫违禁，否则石敬瑭是饶不了他们的。如果石敬瑭纵容大员抢掠百姓，白景友是会毫不手软地搜刮民财的。

石敬瑭的汉奸帽子戴了一千多年，但实际上，石敬瑭的治国能力在五代十国中都是首屈一指的。李从珂为了对抗石敬瑭，疯狂地在农村拉壮丁，导致青壮劳力"结集为盗，藏隐山谷"。石敬瑭为了恢复立国之本的农业生产，专门派人到山谷里"逐处晓谕招携，各令复（旧）业"。不过这些青壮年很多都是犯过案子的，他们担心官府会追究他们的刑事责任。石敬瑭为了打消他们的顾虑，又告诉这些人："（天福二年）四月五日（下诏日）以前为非者，一切不问。"新政府不会追究他们在旧政府统治期内犯的罪。不过石敬瑭同时又警惕地看到，有些人可能尝到了打劫的甜头，未必愿意回乡务农。石敬瑭警告他们："如两月内不归业者，复罪如初。"给这些土匪两个月的考虑期，逾期不回家务农的，一律追究刑事责任。石敬瑭高超的政治手腕可见一斑。

如果用现在的经济光谱来划分，石敬瑭是典型的市场派，他反对过于集中的经济模式，为了搂钱不顾一切，而是主张藏富于民。陈州百姓王武在自家地里突然挖出了一大堆黄金，可还没等王武数清黄金数量，绿头苍蝇一般的当地官府立刻上门，指责王武非法侵占他人财物，立刻将黄金没收，转手就送给了石皇帝，以邀圣宠。石敬瑭手头非常缺钱，但他却反对这种从百姓手中抢钱的做法，他告诉那些摇头摆尾的大臣："这些东西本就不是官家的，谁挖出来的自然应该归谁所有。"石敬瑭把黄金还给了王武。石敬瑭拒绝与民争利，而宋朝则对百姓举起了经济屠刀。南宋初，广州州学教授林勋曾经指责宋朝的财税制度："本朝二税之数，视唐增至七倍。"朱熹也曾经炮轰过"古者刻剥之法，本朝皆备"。相对于宋朝对民间几乎掠夺式的财税政策，石敬瑭已经做得足够优秀，至少石敬瑭心中还怀着一颗爱民之心。

石敬瑭是武人出身，但他喜欢读书，经常在兵事之余，和自己的幕僚大臣开小型座谈会，谈论民间疾苦以及官方相关政策推出后的利弊得失。纵观石敬瑭的七年执政，他所奉行的经济路线，和西汉初年的黄老无为而治有着惊人的相似之处。黄老无为之治，是遵循先圣老子的"我无为，而民自化；我好静，而民自正；我无事，而民自富；我无欲，而民自朴"的思想，提倡与民生息，不搞经济刺激。其核心的精神内在，其实就三个字——不折腾。而后晋上承后唐乱政兵事之余，百姓疲敝，经济凋零，石敬瑭要恢复中原的经济实力，只有"不折腾"这一条路可走。七年时间，证明了石敬瑭的"不折腾"路线是正确的，效果非常显著。《旧五代史》的史官们也称赞石敬瑭"旰食宵衣，礼贤从谏，慕黄、老之教，乐清净之风，以绨为衣，以麻为履，故能保其社稷，高朗令终"。

有一条史料并不太引人注目。《旧五代史·晋少帝纪一》记载，石敬瑭的侄子石重贵即位后，立刻犒赏将士，按级别，每个军人都领到五贯到一百贯不等的赏钱。石重贵哪来的钱赏赐军人？自然都是石敬瑭七年间发展经济的成果。要知道，李从珂称帝后，他允诺给弟兄们发钱，可功劳最大的杨思权才领到七十贯钱，他的本部人马才领到二十贯……

在结束石敬瑭的话题之前，再提及一件非常重要的历史事件：天福三年（938年）十月，石敬瑭决定放弃当时的国都洛阳，迁都汴州，并升汴州为东京开封府。

迁都开封的理由，史料记载得非常清楚，石敬瑭考虑洛阳远离东部的漕运交通线，劳动百姓车推肩挑运输粮草，同时也不利于朝廷对关东（虎牢关以东）地区的统治。而汴州是漕运重镇，"舟车所会，便于漕运。……今汴州水陆要冲，山河形胜，乃万庚千箱之地，是四通八达之郊。爰自按巡，益观宜便，俾升都邑，以利兵民"。

汴州早在朱温时就已经升格为东京开封府，但朱温本人主要还是生活在洛阳。虽然朱友贞定都开封，但又被李存勖消灭，李存勖主张恢复一切唐朝旧制，又把国都定在洛阳。石敬瑭在法统上不是李唐后裔，所以他没有李唐那样的历史负担。不过在石敬瑭迁都汴梁时，因为被冷落了十几年，汴梁城早已衰败不堪。是石敬瑭的一道命令，又让奄奄一息的汴梁城重新恢复了曾经的妖娆多姿。而极尽繁华的大宋东京汴梁城，那一座座具有现代娱乐功能的瓦肆勾栏，那一幅横绝千古的《清明上河图》，其发端者，其实就是石敬瑭。

不过说来吊诡的是，石敬瑭虽然把国都定在了东京汴梁，但其人生的谢幕地却是在东京汴梁以北四百余地的北京邺都。石敬瑭之所以不辞劳苦去邺都，是因为桀骜不驯的成德军节度使安重荣意欲谋反，石敬瑭必须亲征。天福六年（941年）八月，石敬瑭抵达邺都，布置对安重荣的围剿。安重荣虽然是个大嗓门，还喜欢作秀，但从军事能力上看，他连给石敬瑭提鞋的资格都没有。当年十二月初二，安重荣反。十二月初七，石敬瑭派妹夫、天平军节度使杜重威为主帅，讨伐安重荣。十二月十三日，叛军在宗城被杜重威率领的官军击溃，斩首一万五千。牛皮吹破的安重荣狼狈逃回镇州死守，但也只勉强撑过了天福七年的春节，就被杜重荣破城斩首。

安重荣死了，但河北局势依然动荡，所以石敬瑭一直没有回汴梁。可让这位双面枭雄意外的是，他永远回不了汴梁城了。晋天福七年（942年）六月十三日，五十一岁的石敬瑭病逝于邺都保昌殿。

临死前，石敬瑭紧紧拉住宰相冯道的手，眼睛却盯着他年幼的儿子石重睿。石敬瑭的言下之意非常明显，他希望冯道能立石重睿为帝。不过冯道不傻，冯道身边就站着晋朝宗室最年长的下一代成员——齐王、广晋尹石重贵。如果冯道立石重睿，以石重贵的性格，他绝对不会对幼儿石重睿俯首称臣，必然会发动兵变。一旦出现这种局面，冯道还有活路吗？甚至还要牵连年幼无辜的石重睿。

最终，冯道还是选择了目光冷峻的石重贵，对外宣称的理由是天下大乱，国家应立长君。这是一个无可辩驳的理由，乱世时代立幼儿为帝，除非宗室中有年长成员居中摄政，或有强悍的皇太后垂帘听政，否则必为外人所夺。赵匡胤篡位，就是一个再著名不过的例子。

而和冯道一起决定新君人选的，还有一个人，就是天平军节度使、侍卫马步军都虞侯景延广。景延广是什么人？他是石重贵的头号心腹兼首席智囊，冯道和景延广议事，是大有深意的。

景延广身后站着石重贵，冯道知道他该怎么做。说来有意思的是，就在石敬瑭死的当天，冯道就做出了拥立石重贵的决定。

历史何其讽刺。

二二 宁可当孙子，也不当奴才
——五代晋辽关系破裂始末

按照五代主要帝王都要至少有一篇专论的标准，无论如何都应该给石重贵写一篇的，但鉴于石重贵统治的四年时间内主要只做了一件事情，即与晋国的宗主国契丹关系破裂，继而大打出手，最终被契丹所灭。所以不再多费笔墨，而是把有关石重贵的一些事情，都放本篇及下篇中一并讲述。

下面简单介绍一下石重贵的身世。

石重贵是石敬瑭幼弟石敬儒的儿子，生于后梁乾化四年（914年）。因为父亲早死，石重贵一直跟着叔父石敬瑭闯荡江湖。石重贵不喜读书，却喜欢骑射，石敬瑭很疼爱这个侄子。但和李嗣源之于李从珂的感情一样，疼是一定的，但传位是不可能的。等到石敬瑭快咽气时，他考虑的还是幼子石重睿，石重贵依然被晾在墙上。好在冯道做出了一个对石重贵来说完全正确的选择——立石重贵为帝，避免晋朝宗室内部的一场血腥残杀。

晋天福七年（942年）六月十四日，二十九岁的石重贵在文武百官的山呼万岁声中，春风满面地君临天下。

在处理了叔父的国丧后，石重贵意气风发地迎来了属于自己的时代。

不过在晋朝特殊的历史外交框架下，石重贵要开创自己的时代，无论如何都绕不过一个问题——和契丹的关系。

众所周知，石敬瑭当年在太原差点被李从珂的人马包了饺子，是石敬瑭不惜割让幽云十六州，并向契丹称臣称儿纳贡，才让耶律德光出手相救，最终咸鱼翻生的。晋朝建立后，石敬瑭与契丹建立了牢固的臣属关系，说穿了，就是铁了心要给契丹人当奴才，天天像孙子一样被契丹人骂来骂去。虽然石敬瑭丢人现眼，但客观上阻止了契丹铁骑的南下，保全了中原汉文明没有受到契丹人的野蛮破坏，中原百姓也过上了七年"粗为小康"的相对安稳的日子。

对于石敬瑭对契丹一边倒的外交政策，石重贵并不是很认可，虽然他的干祖父耶律德光曾经高看过石重贵一眼。石敬瑭南下洛阳，欲留一子侄守根本重地太原，石敬瑭问耶律德光，耶律德光手指石重贵，"此儿眼大，可守太原"。而后来石重贵一路青云直上，未必就没有耶律德光的因素在内。

不过石重贵知道对契丹的一边倒是叔父的既定国策，不可能改变，所以石重贵也基本不说什么，甚至是耶律德光也被干孙子蒙在鼓里。石敬瑭死后，耶律德光还派人来祭奠干儿子，送慰问礼马二十匹。不久后，耶律德光再送御马两匹、羊千头、绢千匹。在耶律德光看来，干儿子和干孙子没有什么不同，都是自己在中原的"看门狗"，耶律德光还在做着继续享受中原稽首臣伏的美梦。

但石重贵却开始谋划改变与契丹的这种不平等的外交关系。

起因是晋朝高层召开会议，商议派人去契丹告哀事宜。告哀是一种很正常的外交礼节，即告诉外国首脑：本国领袖逝世了云云，但这里却涉及一个外交等级的问题。石敬瑭时代，晋是契丹的臣属国，告哀书中自然要向契丹称臣。很多石敬瑭时代的老臣主张继续向契丹称臣，反正大家早就不要脸了。

石重贵并没有急于发表意见，反而是侍卫马步军都虞侯景延广跳了出来，极力反对这伙老臣的意见。需要说明的是，跳出来的仅仅一个景延广，没有第二个人，"晋大臣议告契丹，致表称臣，延广独不肯"。景延广的意思是不能再向契丹称臣，这与晋朝的大国地位不相符，但皇帝（石重贵）可以以个人名义向耶律德光称孙。

景延广的观点并非没有道理。虽然石敬瑭的帝位是契丹耶律德光册封的，但当时石敬瑭的地盘仅有河东一地，远不能与契丹相抗衡。但石敬瑭统治中原后，国土北抵幽云，东临大海，南达淮河、汉水，西接吐蕃，幅疆万里，人口千万，甲兵数十万，只是经济上比之前朝略显困难。以这样的实力，是完全有能力和契丹人一争高下的。石敬瑭是个软骨头，但不代表石重贵也是。

景延广表完态后，宰相李崧站出来反对景延广。李崧的态度也足够强硬："向契丹称臣是有些丢人现眼，但这么做也是为了江山与百姓不受刀兵之苦。现在和契丹人翻脸，陛下必然要披甲亲征，何其来哉！"李崧不忘讥讽石重贵与景延广一句：到时有钱都买不到后悔药。

反对向契丹称臣的话出于景延广之口，但李崧却针对石重贵。其实大家都知道，景延广是石重贵的头号心腹，二人一定是在开会之前定好了新的对契丹政策，只不过由景延广出头站台而已。内阁首辅大臣冯道早就看透了景延广和石重贵是穿一条裤子的，所以景延广和李崧互喷口水时，冯道却打哈哈，"依违其间"，两不得罪。虽然其他大臣都反对景延广，但因为一则景延广背后有石重贵的支持；二则冯道装哑巴，纵然知道若与契丹对抗必败，也没人能争得过景延广。即使是先朝老臣桑维翰，他反对景延广的强硬外交政策，几次欲劝石重贵不要冲动，但都被景延广以不三不四的理由拒之门外。桑维翰尚且如此，别人再反对，又有什么用？

不过宰相之一的赵莹却多留了一个心眼，现在口说无凭，应该立个字据，将来契丹人万一打过来，也好有保命的本钱。"莹知其（景延广）言必起两国之争，惧后无以取信也。"在赵莹的坚持下，石重贵同意把今天所议都写在纸上，"以备遗忘"。景延广知道赵莹的意思，但现在志气正盛的景大人根本不怕什么耶律耀库济，你敢来，老子就灭了你！

而景延广所不知道的是，还没等景延广对契丹公开表态，赵莹就已经把景延广的议事内容偷偷泄露给了契丹人。耶律德光"益怒"。而这个"益怒"，说明耶律德光对石重贵早有不满，早在赵莹之前就应该有人给耶律德光通风报信。

石重贵身边游荡着一群吃里爬外的内鬼，他竟然还不知道……

石重贵是完全支持景延广的，"帝卒从延广议"。毕竟石重贵是天朝大国的皇帝，但与契丹这种不正常的外交关系已经严重影响了晋朝的大国政治以及外交形象。

等消息传到了契丹，耶律德光再也忍不住对石重贵的不满，立刻派人来到汴京给石重贵扣大帽子。耶律德光足够聪明，他并没有直接质问石重贵为什么称孙不称臣，而是打起了石重贵继位合法性的主意。晋是契丹的臣属国，晋朝的继承人人选就必须得到宗主国的同意。而石重贵即位时比较仓促，并没有通告契丹，石重贵也没打算再搞一个契丹人的册封礼。

不过从史料上看，石重贵并没有接见契丹使臣，而是由景延广出面，严厉警告契丹人不要狂妄自大，须知山外青山楼外楼。景延广态度强硬："先帝是北朝所立，今上则中国自策，为邻为孙则可，无臣之理！"景延广这句话，实际上已经否定了晋朝与契丹的臣属关系，可以想见契丹使者的脸色。景延广已经懒得再和契丹人再费口舌，他语气极端强硬地告诉契丹人："晋朝有十万口横磨剑，翁若要战则早来，他日不禁孙子，则取笑天下，当成后悔矣。"景延广对耶律德光的言外之意再明显不过：有种你就来，可你能活着进来，未必就能活着出去。

耶律德光见石重贵如此蛮横，自然怒不可遏。晋朝向契丹臣服，一则符合契丹的经济利益，契丹经济落后，急需中原的物产；二则有利于耶律德光塑造"天可汗"的伟大政治形象。可现在石重贵否认晋辽的臣属关系，等于当众打了自己的老脸，耶律德光岂能咽下这口气。既然石重贵不识抬举，耶律德光已经打算好了——出兵灭晋，再找一个听话的，继续在中原称帝，继续给自己当干儿子。至于取代石重贵的人选，就在耶律德光身边，就是赵德钧的养子赵延寿。

契丹大军即将入寇中原的消息被传得沸沸扬扬，晋朝社会各阶层被搅得人心不定。虽然石重贵强硬决定与契丹翻脸，为了外交尊严不惜一战，但晋朝内部鱼龙混杂，心怀鬼胎的大有人在，特别是晋朝坐镇地方的封疆大吏们。

在"兵强马壮者自为天子"的五代十国时期，谁当皇帝，身边都会有人不服。石敬瑭当皇帝还算有那个资格，但石重贵算哪根葱，突然就登极九五，晋朝那班功勋大将谁心服？最典型的一个，时任河东节度使的刘知远，是晋高祖石敬瑭的头号心腹大将，但刘知远服石敬瑭，却不服石重贵，所以当石重贵决定与契丹翻脸时，刘知远一句话都不说，只是打着备战契丹的名义招兵买马，等待时机自己发洋财。甚至可以说，刘知远是希望石重贵惨败的，只有这样，他才有机会浑水摸鱼。

除了刘知远，石重贵的姑父、成德军节度使杜重威也在觊觎石重贵那个让人热眼的位置。虽然杜重威一时不敢造次，但他也同样在等待机会，同时在成德军辖区搜刮民财以自肥，叛乱头子安重荣的财产早就被杜重威私吞了。

杜重威之下，是更加贪婪的沙陀秃子杨光远。杨光远这辈子最大的爱好就是伸手抢劫，一代大佬范延光就是死于杨光远之手，范延光的财产自然也被杨光远吃掉。景延广与契丹翻脸后，让石重贵"借"走了杨光远麾下的二百匹战马，杨光远是只铁公鸡，自然恼火。沙陀秃子干脆和耶律德光暗中勾搭，经常"述少帝（石重贵）之短"。更可恶的是，杨光远经常给耶律德光输送晋朝内部的绝密情报，晋朝之亡，杨光远之流的内奸要负主要责任。

不得不说的是，石重贵决定对契丹称孙不称臣，是非常有血性的，远比他那个贱骨头叔父更值得历史的尊重。但石重贵和契丹翻脸，还是过于仓促了些。毕竟石重贵的主张在统治高层内部并没有取得完全一致的意见，内鬼太多。其实最稳妥的办法，是能争取到一至两年的战略时间与空间。在此之前，继续向契丹称臣，迷惑住耶律德光，在这一两年时间内先清除内鬼。而后来石重贵失败的事实也证明了内鬼的破坏力。石重贵刚登基不久，在高层内部还没有站稳脚跟，很多大佬都在盘算把石重贵卖给耶律德光发洋财。可惜石重贵在景延广的攘臂大言中已经被表象冲昏了头脑，他并没有看到刘知远、杨光远、杜重威，以及张彦泽等人阴险的冷笑，坚定地吹起了向契丹人决战的号角。

在石重贵决定与契丹人开战时，他同时还向另外一个人宣战。这是个女人，而且还是石重贵的长辈——守寡多年的叔母冯氏。

冯氏是后唐邺都副留守冯濛的女儿，而当时的邺都留守正是晋高祖石敬瑭。石敬瑭为自己的弟弟石重胤娶了冯氏为妻，但石重胤命短，很快就丢下冯氏升天了。因为冯氏"有美色"，所以早就被好色的侄子石重贵盯上了。以前叔父在时，因为家法严格，石重贵不敢造次，只能望着叔母流口水。现在叔父死了，再没人敢管自己的事了，石重贵向冯氏发起总攻。冯氏虽是石重贵的叔母，但实际上冯氏的年龄比石重贵还小，而且更为乱伦的是，当初石敬瑭是把小弟弟石重胤当儿子养的，所以从心理上来说，冯氏与石重贵之间并没有所谓的辈分阻碍。再加上石重贵是皇帝，权势赫赫，冯氏自然也愿意勾结上石重贵。你情我愿，干柴烈火一点就着，就在石敬瑭还没有出殡的时候，石重贵就和冯氏花好月圆了。天福七年的十月初三，石重贵正式册封冯氏为皇后。

石重贵乱伦，其实倒也没什么，历史上乱伦皇帝多了，不缺石重贵这一号。但问题是，石重贵立冯氏为皇后的同时，又重用冯氏家族的男性成员，形成了五代史上并不多见的外戚干政。

冯皇后有个哥哥冯玉，因为不识几个字，所以只混到了礼部郎中的小官。可等妹子当上皇后，冯玉摇身一变成了大国舅，很快就飞黄腾达，当上了右仆射，"军国大政，一以委之"。而冯玉为人贪鄙，一朝得势，就四处伸手要钱，朝野的龌龊官员们都知道冯玉的后台是谁，都来巴结大国舅。冯玉一边捞钱，一边乘势弄权，"由是朝政日坏"。石重贵虽然最终亡于那伙吃里爬外的内鬼，但不可否认，冯玉也是亡晋的罪魁祸首之一。

二三　虎头蛇尾
——一地鸡毛的晋辽大战

耶律德光已经接到了杨光远的绝密情报。情报上只有一句话："（晋）境内大饥，公私困竭，乘此际攻之，一举可取。"

这是石重贵不应该在此时与契丹翻脸的第三个原因。晋朝经济在石重贵即位之初遇到了严重的困难，在这种情况下贸然开战是很不明智的。

晋天福末年，中原发生了罕见的自然灾害，主要是蝗灾和旱灾，饿死几十万百姓。而石重贵不知体恤百姓，为了筹集大量军饷，石重贵不管百姓死活，派出由三十六名使者组成的官方搜刮团，分驻各地抢钱。这些搜刮大使们倚仗着皇帝权势，带着一伙狗腿子，随身携带枷锁和刀具，强闯民宅，明目张胆地进行抢劫。百姓"小大惊惧，求死无地"。

石重贵抢来了无数沾满百姓血泪的钱财，但这些钱财可并不都是备作军用的，其中一大部分是留给石重贵私用的。换言之，朝廷缺钱，但帝王将相们却不缺钱，他们宁可把钱用在享受上，也不养军，其中就包括那个大言给耶律德光好看的景延广。

天福八年（943年）秋天，石重贵去景延广家里饮酒作乐，景延广家里设施非常豪华，"器服、鞍马、茶床、椅榻皆裹金银，饰以龙凤"。景延广为巴结石重贵，献上帛五千匹、绵一千四百两，马二十二匹，玉鞍、犀金不计其数。欧阳修气愤地骂这两个民贼，"时天下旱、蝗，民饿死者岁十数万，而君臣穷极奢侈以相夸尚如此"。

正是因为收到了杨光远的这份情报，耶律德光才决定趁火打劫。

晋开运元年（944年）正月初二，还沉浸在新婚宴尔快乐中的石重贵收到了边疆急报："契丹前锋将赵延寿、赵延照将兵五万入寇，逼贝州。"同时，河东刘知远、成德军、昭义军、横海军都急报契丹人大举入寇。

耶律德光终于发动了战争，但此时的石重贵却不想开战了。

石重贵之前急于推翻石敬瑭的卖国政策，主要是想从政治上捞取形象分，他心里其实是希望耶律德光能忍下这口恶气的，并不希望耶律德光动粗。但耶律德光是什么人？他怎么可能受得了这份窝囊气！可真等契丹人开打时，石重贵在民族大义的三分钟热度早就变得冰冷，他现在更感兴趣的是和冯皇后享受"天伦之乐"，以及享受从民间搜刮来的金珠宝贝。

契丹人来势非常凶猛，还没等石重贵反应过来，就已攻破贝州。贝州是汴梁北面门户邺都的门户，贝州的丢失，导致邺都北面无险可守，契丹人很快就进逼邺城下。

此时的石重贵再没有当时气吞山河的豪迈，而是给耶律德光写了求和信，希望能与契丹恢复正常的外交关系。耶律德光根本没理睬石重贵，只是冷冷地回了句：已成之势，不可改也！

脚上的泡是自己踩出来的，石重贵别无选择，只能硬着头皮上场。

现实很快就给了石重贵极大的鼓舞，契丹伟王从雁门关进入河东，准备开辟西线战场，结果被强悍的河东节度使刘知远在忻口暴打一通，伟王丢下三千具尸体狼狈逃回。

西路军的溃败并没有阻止契丹东线的节节胜利。晋朝出了一个汉奸，就是博州刺史周儒，周儒投降后，立刻引契丹麻答部从黄河马家口渡河，契丹兵立刻在马家口修建堡垒，准备接济河西岸的数万主力部队渡河，而这对晋朝来说是非常危险的。晋朝的侍卫马军都指挥使李守贞的任务，则是必须敲掉这支鱼刺一般的契丹兵。

此时有一万契丹步兵正在河东岸筑建工事，另外还有一小部分契丹骑兵来回骑行，充当保安工作。李守贞虽然也是野心家，但当时名位不显，所以他有足够的对荣誉的渴望，杀敌立功的想法非常急切。李守贞的作战方法非常简单粗暴，就是利用契丹保安骑兵数量少，集中优势兵力冲溃这股骑兵。契丹骑兵被打散后，一万契丹步兵就直接暴露在晋人的马刀之下。那还说什么，晋人将契丹步兵围在河东岸的狭长区域内大快朵颐，"契丹大败，乘马赴河溺死者数千人，俘斩亦数千人"。晋军成功地收复了要津马家口，阻止了契丹主军东渡黄河的企图。河西岸的契丹主力根本不敢过河送死，全都溜之大吉。

当时晋军对契丹军人的态度是能杀死不要活的，战斗力无比旺盛。自然，这种战斗力并不是石重贵和景延广带来的，景延广机械用兵，禁止各地晋军互相救援，差点害死了中原顶级名将高行周。因为兵败马家口后，为了泄愤，契丹人杀光了生擒的汉人百姓，"所过焚掠，方广千里，民物殆尽"，激起了汉人将士的极大义愤，"由是晋人愤怒，勠力争奋"。

而这一点，对石重贵来说是极为有利的。晋朝国内的经济困难在很大程度上影响了石重贵对抗契丹人的决心，但看到军队士气并没有受到经济困难的影响，也让石重贵又找回了当初失去的自信心。等到李守贞把在马家口大捷中擒获的契丹将士五百七十八人押送到已经抵达澶州督战的石重贵面前时，石重贵"悉斩之"，其实也是为了激励将士们的抗战决心。

形势对石重贵来说非常有利，耶律德光迫于战局不力，已经收缩战线。特别是元城之战，十几万契丹精锐部队在澶州城北与晋军大战，晋军主帅是高行周。值得一提的是，石重贵本人就出现在晋军前线阵上，他见到了全副武装的干祖父耶律德光，但二人并没有直接交流。

对于这场战役，《资治通鉴》的记载非常精彩，引如下："以精骑左右略陈，晋军不动，万弩齐发，飞矢蔽地。契丹稍却；又攻晋陈之东偏，不克。苦战至暮，两军死者不可胜数。昏后，契丹引去，营于三十里之外。"不久，耶律德光拔营北上。

耶律德光跑了，石重贵立刻腾出手对付和耶律德光眉来眼去的平卢节度使杨光远。李守贞在马家口大捷后，立刻带着两万精锐开拔青州，剿杀沙陀秃子。这场战役并不值得一提，在历史上也不过是个再小不过的浪花。（开运元年）十二月，杨光远最终撑不下去了，羞羞答答地投降了官军，但最终还是被石重贵弄死了。

石重贵最近的日子过得有滋有味，但石重贵的亲密战友景延广则被从神坛上拉下来，成了破铜烂铁。景延广为人狂妄霸道，稍一得势就盛气凌人，得罪了整个官场。石重贵不能因为景延广一个人而站在文武大佬们的对立面，何况景延广经常骑在石重贵头上擅作威福，"帝亦惮其不逊难制"，便将景延广下放为西京留守，出居洛阳，离开了最高决策层。

景延广走了，但耶律德光又来了。契丹皇帝是不会甘心失败的，否则老脸就没有地方搁了。开运二年（945年）刚一开春，契丹人直扑昭义军管辖的邢、洺、磁三州，"杀掠殆尽，入邺都境"。耶律德光急于从石重贵身上找回面子，但很遗憾，晋朝那帮强悍武夫又结结实实地赏了耶律德光一记响亮的耳光。数万晋军在邺都留守张从恩等人的率领下，集结于相州（今河南安阳）的安阳河南侧，而前锋慕容彦超和皇甫遇则率数千骑兵北上迎敌，在漳河南岸遇到了契丹主力数万。几乎是十比一的兵力对比，但这场遭遇战却让契丹人打得极为难受，晋军"自午至未（傍晚），力战百余合，相杀伤甚众"。契丹没有占到半点便宜，直到张从恩的主力部队前来增援时，契丹人再也没了屠杀无辜百姓时的凶猛，全都吓跑了。而前线契丹人的溃逃，又给后队的契丹主力造成了严重的心理恐慌，契丹人吓得大叫："晋军悉至矣！"而身在邯郸的耶律德光也没了闹下去的心思，"即时北遁"。

让石重贵做梦都想不到的是，在与耶律德光的撕逼大战中，他竟然还有机会发起对契丹的战略反击。

这是北面招讨副使马全节给石重贵的建议。马全节认为契丹兵远没有想象中那么多，且多不中用，不如乘机直取幽州，收复旧河山。已经被胜利冲昏头脑的石重贵自然希望一鼓作气收复幽州，石重贵知道，一旦事成，他就将成为千古一帝。

这个诱惑实在太大了。石重贵本人立刻兵发汴梁城，下诏亲征契丹，时间是开运二年（945年）二月。这是北宋自岐沟关惨败之后，那一溜儿窝囊帝王根本不敢做的事情。

河东节度使刘知远非常反对石重贵的冒进政策，认为晋朝国力疲敝，竟然主动进攻契丹，简直就是找死。实际上刘知远是有小算盘的，他希望石重贵兵败，只有这样他才有机会乱中取事。但随后发生的震惊天下的白团卫村之战，让刘知远的心紧紧揪了起来。

白团卫村之战，是从后梁开始，自唐、晋、汉及至北宋，对契丹人的战争中最让中原人扬眉吐气的一战。这是一场谁都没想到的空前胜利，包括当事双方耶律德光，以及志吞八荒的石重贵。

这场战役发生于晋开运二年三月，地点在今河北省安国市境内的白团卫村。这一次，耶律德光是下了血本的，黑压压数万契丹精骑兵压云南下，蹄声阵阵，扑天黄尘飞舞，场面非常恐怖震撼。而晋军主帅杜重威听到契丹人有八万骑兵时，腿肚子都吓抽筋了。杜重威根本没有胆量和如此数量的契丹骑兵一决高下，立刻率一万多人从定州撤到泰州（今河北清苑）。不过耶律德光也知道杜重威带的是晋军绝对主力，只要拿下，石重贵就难逃生天。几乎是晋军在前面结阵撤退，契丹军在后面马阵相随。晋军一直撤到了白团卫，但契丹人像黏胶一样也跟到了白团卫，而且契丹军仗着人数多的优势，将晋军团团围住。耶律德光的目标非常明显——打不死你们，也要饿死你们。

晋开运二年（945年）三月二十六日傍晚，乌云覆顶，狂风呼啸，飞沙走石，一片地狱末日景象。而对被包围的晋军来说，他们的末日已经到来——粮食吃完，水也喝光，甚至连泥水都喝没了。在远处坐在由骆驼拉着的大奚车上观望的耶律德光见时机已到，拔刀下令，向晋军发起攻击。因为是攻坚战，马匹用不上，几万契丹骑兵全都下马，手上操着短兵刃，拆掉了晋军外营的鹿寨，一步步向晋军进逼。

面对契丹人的马刀，杜重威已吓得不知所措，他竟然想等风停了再和契丹人作战。杜重威没血性，但晋军弟兄们都有，很多人都向杜重威请战。李守贞不满杜重威的窝囊，认为此时风大日晦，胡人不知我军底细，混场一战更易取胜。

杜重威还在犹豫，马军左厢都排阵使张彦泽折中建议，说可以等风稍小些再战，不然风力太大，影响我们耍大刀。而马军右厢都排阵使药元福则认为契丹人一定会觉得我们不敢在风大时主动进攻，而我们以骑兵对彼之步兵，出奇制胜，卒能大胜，符彦卿非常认同药元福的观点。而李守贞已经烦够了杜重威的磨叽，直接上马，举起大枪，甩开杜重威下令，所有男人都跟我上阵杀贼。

已经饿得发晕的晋军骑兵咬着牙，在李守贞、药元福的带领下，出西营，借着风势，以排山倒海泰山压卵之势，直接捅进了契丹的铁鹞子军。铁鹞子军如果在马上作战，则天下无敌，但他们现在舍马就步，只能舞短刀，而晋军则是骑马舞大刀，作战优势非常明显。

晋军在逆境中爆发恐怖的求生欲望，边杀边吼，声音震动天地。没有做好作战准备的契丹人被晋军一路追杀二十多里，遍地都是死尸。

完全是出乎意料的惨败，本来还盘算着多收三五斗的耶律德光吓得魂都飞了，眼瞅晋人杀到自己眼前，耶律德光再不顾什么大皇帝的尊严，揪住一头骆驼闪电般狂奔。搞笑的是，耶律德光嘴里还不停地念古怪的咒语，那头骆驼扭着大屁股消失在斜晖之中。耶律德光骑着骆驼侥幸逃脱，但他的八万契丹骑兵则光棍一般逃回来，每名士兵所配备的马匹、甲仗都打包送给了晋人。

当然，耶律德光能逃出生天，主要还是晋军主帅杜重威没有率军追赶。而杜重威是有私心的，如果他帮助石重贵灭了耶律德光，石重贵成了千古一帝，自己的帝王梦想岂不是要破碎？

对于杜重威的深意，耶律德光未必不知道，只是性格好胜的他始终咽不下这口恶气。虽然他的老娘述律太后劝他与晋和好，再打下去老本都快赔光了，但耶律德光还是坚持对晋采取攻势。而石重贵也打累了，"契丹连岁入寇，中国疲于奔命，边民涂地"，实在折腾不起了。石重贵派人去与耶律德光进行和平谈判，耶律德光倒是同意谈判，但前提却是让石重贵交出罪魁景延广，同时晋朝割让成德军四州、义武军两州。

战败国竟然要求战胜国割地，这种事情只有晚清那帮奇葩才能做得出来。石重贵作为战胜国，他自然是不会接受这种条件的，否则他就和他叔父石敬瑭一样成了千古汉奸。

耶律德光开出这样的条件，明眼人都知道耶律德光还想打，石重贵也未必不知道，但白团卫村之战的空前大捷让石重贵觉得耶律德光也不过如此，没什么好惧怕的。再加上"契丹人畜亦多死，国人厌苦之"，石重贵算定耶律德光即使想打，他手上也没多少本钱了。

以前有一部国产动画片《骄傲的将军》，讲述一个将军打了胜仗之后骄傲自满，不再工习武事，而是每天吃喝玩乐。石重贵就像这个骄傲的将军一样，觉得自己天下无敌，耶律德光不敢犯边，自己可以再享受几年快活人生了。

对于石重贵的奢侈享受，《资治通鉴》的记载触目惊心："四方贡献珍奇，皆归内府；多造器玩，广宫室，崇饰后庭，近朝莫之及；作织锦楼以织地衣，用织工数百，期年乃成；又赏赐优伶无度。"

本来大胜契丹后，晋军将士士气旺盛，即使石重贵不想再与契丹开战，也应该利用这个难得的喘息时机，犒赏将士，以备不时之战。而石重贵则学起了前辈李存勖，有钱给戏子，没钱给将士。弟兄们出来混江湖，"冒白刃，绝筋折骨"，要的是真金白银，你一毛不拔，谁还为你卖命？正如桑维翰对石重贵的警告，再这样下去，将士寒心，三军解体，你就等着玩完吧。

石重贵不听。

而历史对石重贵倒行逆施的惩罚，很快就要到来。

开运三年（946 年）九月，契丹人再次大举入寇，领头的还是那个吹胡子瞪眼的耶律德光。

其实契丹人还是那些契丹人，整体实力未必比晋朝强，晋朝那帮有野心的高级将领打契丹如同切果砍菜。河东刘知远在阳谷将三万契丹兵打得找不到北，斩首七千级。随后，张彦泽又在定州和泰州两次暴打契丹人，斩首两千级。但可惜的是，刘知远只主政河东一地，张彦泽是偏将，而晋军最高统帅，还是那个无德无才的杜重威。有杜重威在，足以使晋军的战斗力大打折扣。

其实朝野都对杜重威主持军务多有不满，赵莹就劝石重贵不如起用李守贞，至少李守贞是真名将。而杜重威为了捞兵权，私下用大量金珠宝贝喂饱了石重贵，石重贵利令智昏，再次起用杜重威。

最可笑的还在后面。石重贵亡国已在眼前，竟然还大言不惭地宣称："专发大军，往平黠虏。先取瀛、漠，安定关南；次复幽燕，荡平塞北。"甚至让李守贞权知行幽州府事，此时的幽州，一直被契丹人牢牢控制。石重贵同时下令："生擒耶律德光，授大镇节度使，钱万贯、银万两、绢万匹！"

石重贵期待姑父能一战定乾坤，可他做梦也想不到，他亲爱的姑父却把他卖掉了。杜重威花钱买兵权，其实只有一个目的：反戈相向，废掉石重贵，建立自己的杜氏帝国。杜重威耍尽心机，骗走了石重贵保命的最后一支精锐力量——禁军。

石重贵还在做收复幽云十六州的春秋大梦，杜重威已经和耶律德光谈好了价钱——杜重威帮助契丹人南下灭掉石重贵，而耶律德光则同意杜重威为中原之主。

耶律德光根本没有打算让杜重威当什么中原之主，只不过在利用杜重威这个傻子。杜重威被人卖了，还在替人数钱，喜滋滋地要求三军将士和他一起投降契丹。晋军将士都是汉人，不愿意给契丹人当奴隶，杜重威的工作很难开展。耶律德光得悉这一情况后，立刻派赵延寿给晋营送去一件只有皇帝才有资格穿的赭袍，说契丹人不会霸占中原，将来的中原皇帝一定还是汉人。

如果中原皇帝还是汉人，那么晋军就不再是亡国奴，心理负担减轻了许多。再加上石重贵为人贪残，专喝兵血，弟兄们早就看他不顺眼了。当然，弟兄们同样瞧杜重威不顺眼，他们投降契丹，并不代表要拥立杜重威这个国贼。

杜重威率晋军主力投降契丹，这一天是开运四年（947年）十二月十六日。而其他晋朝大军如李守贞、高行周、符彦卿都知道没有再打下去的必要，都解甲投降。

几乎就在几天之间，石重贵手上可以控制的，不再是数十万的精锐士兵，而只是把守汴梁宫的侍卫七百人。

等到之前还向他称臣的张彦泽率两千骑兵，代表契丹人扑向汴梁时，石重贵这才明白过来，他早被姑父骗得倾家荡产。

就在杜重威投降的当天夜里，张彦泽的"契丹铁骑"就已杀到汴梁城下。次日凌晨，"契丹铁骑"攻破封丘门，张彦泽就在明德门下等待石重贵的降表。

一切都该结束了。无路可逃的石重贵一边骂着无耻的姑父杜重威，一边含着热泪写下投降书，结束了一个本来可以名扬千古的时代。石重贵的降表简短有力："孙男臣重贵，祸至神惑，运尽天亡。今与太后及妻冯氏，举族于郊野面缚待罪次。"

石重贵的时代结束了，"虏主"耶律德光在中原的美好时代才刚刚开始。开运五年（948年）正月初一，耶律德光在那帮节操不如妓女的晋朝百官的欢呼声中，春风满面地进入了大梁城。而他的干孙子石重贵，则举家被迁到漠北受苦。

在路过杜重威大营时，已是俘虏的石重贵痛哭流涕，大骂杜重威：我家何负此贼！

早干什么去了？

二四　下山摘桃子
——刘知远的发迹之路

在五代六大开国帝王朱温、李存勖、李嗣源、石敬瑭、刘知远、郭威中，从奴隶到帝王者，朱温；百战兴唐者，李存勖；开创小康盛世者，李嗣源；留千古骂名者，石敬瑭；拉开中原政权改革及统一中原大幕者，郭威。而沙陀人刘知远夹在这些明星帝王中间，实在有些不太起眼。

其实刘知远是有很多话题可以讲的。

刘知远在晋亡后趁乱建立的后汉政权确有下山摘桃子之嫌，但必须要说明的是，刘知远能上山等待摘桃时机，这个机会也是刘知远一刀一枪拼杀出来的。

刘知远是毫无争议的沙陀人，他有一副与汉人迥异的奇特长相，"面紫色，目睛多白"，但刘知远本人早已汉化，他身上看不出有丝毫的沙陀背景。至于宋人吹嘘刘知远是东汉明帝刘庄第八子刘昞之后，不过是无聊的马屁而已。

刘知远祖上名位不显，对于草根出身的壮汉来说，要想出人头地，在乱世中只有从军一条路可走。刘知远最早是跟着李嗣源混的，但当时不过是个兵头儿，李嗣源并不知道刘知远是哪方尊神。而真正给刘知远打开通天窗的，是一代奸雄石敬瑭。而刘知远与石敬瑭的结识非常有戏剧性。梁贞明五年（919年）十月，晋梁在魏州德胜寨大打牛皮战，场面非常胶着。时任河东左射军使的石敬瑭被梁军伏击，击断了石敬瑭所骑战马的铁甲，如果不是身边的刘知远果断地把自己的马匹送给石敬瑭，石敬瑭已成梁军俘虏。石敬瑭获救之后，对刘知远感恩戴德，"敬瑭是以亲爱之"。而石敬瑭当时已是李嗣源的宝贝女婿，石敬瑭一句话，刘知远立时青云直上。等到李嗣源兵变称帝后，石敬瑭还在念着刘知远的救命之恩，没少在李嗣源面前走门路，李嗣源自然不能驳女婿面子，让刘知远当上了牙门都校。

官不大，但实际上刘知远和石敬瑭已经确立了从属关系，从唐天成元年（926

年）石敬瑭出任北京留守，刘知远就一刻也没远离石敬瑭，可谓形同兄弟、亲如父子，而刘知远只比石敬瑭小三岁。刘知远是个聪明人，他知道石敬瑭是自己的命中贵人，石敬瑭的命运将决定自己的命运。所以刘知远愿意鞍前马后为石敬瑭效命。李从珂造反赶跑了李从厚，李从厚找石敬瑭避难，而李从厚的侍卫又想诛杀石敬瑭，夺取石敬瑭的地盘。是刘知远早先谋算一步，及时做好应变准备，又救了石敬瑭一命，并杀光了李从厚的所有侍卫。这次突发事情，应该就是石敬瑭逼死内弟李从厚的主要原因。

当然，刘知远并不是石敬瑭的贴身侍卫，刘知远拼了老命保护石敬瑭，其实是在保护自己的前程。而石敬瑭也对刘知远非常依赖，让刘知远主管河东马军，出任马步军都指挥使，相当于总司令、大元帅，以跻身河东核心决策层。与时任河东掌书记的桑维翰同为石敬瑭的两大铁杆心腹，桑维翰主政治外交，刘知远主军事，形成了河东集团的双头鹰权力格局。

刘知远进入河东决策层议的第一件大事，就是石敬瑭在遭到李从珂的围剿时向契丹求救，并愿意向契丹称臣称儿割地纳贡。虽然早前李从珂强迫石敬瑭从河东移镇郓州，刘知远劝石敬瑭"今据形胜之地，士马精强，若称兵传檄，帝业可成，奈何以一纸制书自投虎口"，但以石敬瑭的精明，刘知远不劝他，他也不会移镇的。

刘知远不反对向契丹称臣，他也知道契丹是唯一能救河东集团于水火的大菩萨，但石敬瑭不顾个人尊严给契丹当干儿子，是思想正统的刘知远所不能接受的。石敬瑭自己贱骨头，刘知远也懒得管，但石敬瑭割让幽云十六州，却遭到了刘知远的极力反对。作为一个沙陀人，却阻止一个汉人割让汉人的传统势力范围，虽然石敬瑭最终没有采纳刘知远的建议，但至少刘知远在维护中原利益方面是问心无愧的。而石敬瑭本人也知道刘知远对自己的忠心，反而更加器重刘知远。甚至是石敬瑭的小干爹耶律德光也替包括刘知远在内的河东高层吹喇叭，"刘知远、赵莹、桑维翰皆创业功臣，无大故，勿弃也"。

其实耶律说这句话非常正常，还有另外一层含义，警告石敬瑭不要卸磨杀驴，因为当时石敬瑭已经有了猜忌刘知远的苗头。石敬瑭不会猜忌桑维翰和赵莹，这只是两个手不能缚鸡的文人，不足为患。可刘知远为人骁勇能战，深得将士死力。在击溃唐军张敬达部队的过程中，刘知远指挥河东军队抵抗官军，"用法无私，抚之如一，由是人无贰心"。而等到晋朝建立时，天下多故，石敬瑭四处讨伐不臣，一时还离不开刘知远。刘知远坐镇京城，手握重兵，保持了禁军的稳定，"知远乃严设科禁，宿卫诸军无敢犯者，……由是众皆畏服"。

就凭这两条，石敬瑭就足以寝食难安，一旦刘知远起了异心，祸起肘腋之间，石敬瑭的人身安全根本得不到有效保障。石敬瑭还不敢冒天下之大不韪，公然杀头号功臣刘知远，但已开始寻找机会剥夺刘知远的兵权。天福二年八月，天下初定之后，刘知远就被调离洛阳，出守许州。天福三年十一月，刘知远又被调到宋州（商丘）任归德军节度使。虽然许州和宋州都在河南，但石敬瑭的意思非常明确，不仅不让刘知远在京师培育势力范围，也不给刘知远在地方藩镇积蓄力量的时间。而在出任宋州不久，石敬瑭给刘知远加了一个"同中书门下平章事"的宰相职衔，当时称为"使相"，不过这只是虚授。但因为同时授职的还是刘知远极瞧不起的大贪官杜重威，刘知远一怒之下拒绝接受诏命，甚至"杜门不出者数日"。

石敬瑭等待的机会终于来了。石敬瑭同样"大怒"，立刻召开最高国务会议，准备对刘知远进行全面否定，然后解除兵权，罢归私第，形同软禁。宰相赵莹和刘知远有不错的私交，自然反对，理由是刘知远是晋朝头号功臣，如果罢废刘知远，会让天下人觉得石敬瑭是在卸磨杀驴，对石敬瑭的政治形象非常不利。

石敬瑭笨嘴拙舌驳不过，只好放下了早就对准刘知远的政治屠刀。

不过石敬瑭对刘知远在军界复杂的人脉不放心，但他倒真的没有要杀刘知远的念头。不说什么政治形象，主要还是乱世杀伐太多，石敬瑭还要面对各方势力的铁血逐鹿，比如契丹干爹和成德军的安重荣，在这种情况下杀头号大将，等于自杀。而刘知远又确实没有异心，石敬瑭也还可以继续利用刘知远的军事才能为自己服务。

天福五年（940年）二月，刘知远改任邺都留守，就是石敬瑭要榨干刘知远军事才能的苗头，目的自然是要防御安重荣。但一年后的四月，刘知远又被调到天下第一大藩——河东，出任节度使，从太行山西侧严密监视安重荣。虽然史料没有记载，但可以想象得到，石敬瑭在决定这一任命时，应该是有过挣扎的。

河东兵马强劲，刘知远万一在河东造反，那自己难保不会成为第二个聚柴自焚的李从珂。但如果不起用刘知远，没人给自己擦屁股……

刘知远还是心揣蜜意地去了河东上任，至少刘知远可以庆幸一点，主政河东，以后再没人能威胁到自己的安全了，包括石敬瑭本人。而在赴河东任之前，刘知远曾经回过一次汴梁，石敬瑭也亲赴刘知远府第。君臣二人说了些什么，史无明载，不过也无非是石敬瑭暗中敲打，察颜观色，刘知远假痴不癫，最终蒙混过关。不过话说回来，石敬瑭和刘知远毕竟是从人头阵中滚出来的热血兄弟，三十年风里雨里，石敬瑭对刘知远还是有真感情的。只要刘知远不过红线，石敬瑭愿意以兄弟待之。甚至是石敬瑭在邺都快要升天的时候，他还考虑要把刘知远调回朝廷，出任辅政大臣。只不过新继位的石重贵早就忌惮刘知远的强悍，他根本不敢放刘知远入京，否则自己将活在刘知远可怕的阴影之下，石重贵便把这个遗诏压了下来。"齐王（石重贵）寝之"，刘知远"由是怨齐王"。

其实，刘知远和石重贵心里都明白，彼此都是对方追求辉煌人生的绊脚石。

有石重贵在，刘知远还不知道要受多少猜忌；而有刘知远在，石重贵每天都会如芒刺在背，他也不想做第二个李从珂。

刘知远并非不想做第二个石敬瑭。石敬瑭是对自己不错，但自己救了石敬瑭两条命，石敬瑭厚待自己，刘知远自是心安理得，何况石敬瑭已经死了。不过刘知远也知道，现在不是他出手的时候，因为石重贵对中原的控制远比李从珂牢固。而且刘知远是非常注重自己政治形象的，石重贵主张废除对契丹的臣属关系，已经赚了很多印象分，刘知远不可能在这个时候再学石敬瑭向契丹称臣称儿割地，否则大汉奸的帽子扣在自己脑袋上，刘知远在政治上一败涂地，在军事上也不会成功。

刘知远的应对策略是，只要石重贵不征他入朝当傀儡，他可以拼尽全力在河东一线阻止契丹人南下。这么做，一则有利于刘知远保住自己的地盘，二则也有利于刘知远打造边塞忠臣的良好政治形象。耶律德光在决定与石重贵决一死战时，他的目光早就盯上了他曾经吹捧过的刘知远控制的河东。如果能拿下河东，契丹人可以从东、西两线直进中原。但刘知远几乎是拼了老命死守河东。契丹人在东线河北地区被晋朝中央军揍得鼻青脸肿，而在西线河东地区同样没有占刘知远的半点便宜。几乎是契丹人进入河东一次，被刘知远暴打一次，动辄斩首数千级。

当然，刘知远有自己的底线，就是他只在河东抵抗契丹人，绝不出太行山一步，他不会让石重贵当枪使。石重贵不是没考虑过把刘知远调到河北，让刘知远和耶律德光绞杀，自己坐收渔利。刘知远对石重贵的几次恶意调令虽没有当面拒绝，也是推三阻四，反正就是不去。"帝（石重贵）再命刘知远会兵山东，皆后期不至。"石重贵对刘知远的赖皮行径非常不满，气愤地说："太原（刘知远）殊不助朕，必有异图。"刘知远当然有异图，但刘知远主政河东，兵强马壮，不久前又收服吐谷浑部众及大量牛马，步骑兵数量至少有五万人。石重贵再对刘知远不满，又能奈何？而等到杜重威、张彦泽等人把几乎手无寸铁的石重贵卖给耶律德光时，这个落魄的皇帝也许会后悔他当初对刘知远的猜忌。

不过石重贵的覆灭，"虏酋"耶律德光摇身一变成了中原大皇帝，对刘知远来说也不是个好消息。一旦耶律德光坐稳中原，契丹人将从北、东、南三面对河东进行战略包围，刘知远的生存压力远大于石重贵时代。也许刘知远已经后悔当初坐山观二虎相斗的看客策略，但以刘知远的脾性，他即使做了错事，也不会坐在地上怨天尤人，而是积极采取犯错后的弥补对策。而现在首先要做的，就是稳住早就盯上河东的耶律德光，同时"分守四境以防（契丹）侵轶"。

客将王峻代表刘知远来到汴梁找耶律德光，做了两件事：一、向耶律德光灭晋表示祝贺；二、针对耶律德光有可能以中原皇帝名义调刘知远离开河东，说"太原夷夏杂居，事务繁多，暂时脱不开身"。刘知远在政治上非常成熟，他深知"两手抓，两手都要硬"的道理，外交上我可以暂时向你低头，我损失不了什么，但在军事上寸步不让，必要时以血还血。

不过刘知远看出来耶律德光初入中原，天下未定，暂时是不会对自己下手的。

果然，耶律德光立刻向刘知远伸来了橄榄枝，"赐诏褒美"，把刘知远吹上了天，其实耶律德光何尝不明白，如果他进攻河东，一年之内都未必能拿下，势必会造成中原形势更加不稳，难免有其他人浑水摸鱼。为了稳住刘知远，耶律德光送给他一根木头拐杖，这是契丹人最尊贵的礼物，只有德高望重之人才能得到此杖。而王峻捧着这根木拐杖回太原时，一路上但凡契丹人看到此杖，无不惶恐避让。虽然耶律德光又犯了乱认干儿子的老毛病，不打招呼，就称呼比自己大七岁的刘知远为儿子，向来不屑细务的刘知远根本不在乎这个，你叫你的，我又没承认。

刘知远只担心一件事情，就是耶律德光一旦把中原局势稳定下来，必然会收回河东，河东与契丹早晚必有一战。刘知远现在能做的，就是祈求耶律德光在中原胡作非为，得罪中原人心。等到耶律德光恶贯满盈被迫撤出中原时，刘知远才能在浑水中摸到大鱼。而让刘知远喜出望外的是，耶律德光非常"听话"，自己喜欢他干什么，这个契丹傻子就干什么。

契丹人进入中原，对中原人来说无疑是一场空前的灾难。契丹人向来崇尚暴力，不屑文明式的征服，动辄屠城，犯下了历史无法饶恕的滔天罪行。攻晋初期，契丹人就大肆屠杀手无寸铁的汉人百姓达数十万人。《资治通鉴》第二八四卷记载："(杜重威不敢战)由是虏无所忌惮，属城多为所屠。千里之间，暴骨如莽，村落殆尽。"而进入中原之后，契丹人恶习未改，继续作恶。耶律德光让契丹士兵以"打草谷的幌子"到处杀人掠劫，而这次"打草谷"造成了严重的恶果，"丁壮毙于锋刃，老弱委于沟壑，自东、西畿及郑、滑、曹、濮，数百里间，财畜殆尽"。为了敛财，耶律德光大肆搜刮天下，不交钱就杀头，所有降辽官员都被契丹人刮了个精穷。契丹人在中原的倒行逆施，激起了中原汉人的极大义愤，"内外怨愤，始患苦契丹"。

而这对刘知远来说无疑是个好消息。

耶律德光把中原汉人全都得罪光了，契丹人已经不可能再在中原立足，而当时无论是江湖阅历、官场威望还是军事实力来说，最有资格出来收拾残局的汉人军阀，除了刘知远，别无他人。其实南唐本来也有机会北进中原，但鼠目寸光的李璟却拒绝了韩熙载的建议，隔着淮河看热闹，白白便宜了刘知远。

刘知远以军功起家，但他在政治上非常成熟，他做了几件漂亮事，最大限度上争取到了汉人民心。一、刘知远听说雄武军节度使以秦、阶、成三州投降后蜀，刘知远自我谴责，说："戎狄凭陵，中原无主，令藩镇外附，吾为方伯，良可愧也！"刘知远说这句话，其实就是给自己打造忧国忧民的政治形象。二、在部下的劝说下，刘知远虽然于辽会同元年（947年）二月十五日在太原宫正式称帝，但并没有启定新国号，国号依然是晋，甚至都没有起新年号，而是舍弃石重贵的开运年号后，直接延承了石敬瑭的天福年号，称是年为天福十二年。刘知远这么做的理由很简单，"予未忍忘晋也"。石敬瑭主政七年，爱敬士民，人望很高，而刘知远称帝却不改国号年号，感动了无数不忘晋德的士民，为他进入中原打下了坚实的民心基础。

不过刘知远也有演戏演过头的时候，听说契丹人押解晋少帝石重贵北上时，刘知远装模作样地声称要派兵救下石重贵，实际上根本没动静，坐视石重贵北迁。以刘知远的脾气，石重贵真要被他解救下来，等刘知远统治稳定之后，也难逃一死。

在确定石重贵不再会影响自己称霸天下，以及被愤怒的中原汉人赶跑的契丹大皇帝耶律德光已在河北杀胡坡病死，放下心来的刘知远接受了大将郭威正确的南下路线，即放弃走契丹残余势力密集的河北，而是走汾河谷地，下洛阳、趋大梁。天福十二年五月十二日，大"晋"皇帝刘知远兵发太原城，下山摘桃子。

晋朝完了，契丹人也跑了，在中原留下了巨大的政治真空，很多守城将领都不知道是在为谁守城。虽然在南下的过程中也遇到一点小麻烦，但基本都是一些零星抵抗，刘知远几乎一路游山玩水地南下摘挑子。如果要论当皇帝的幸运指数，除去史上最幸运的彩票中奖者赵匡胤之后，大致也就算得上刘知远了。

从太原到洛阳至少有三百公里，再加上山路难走，但刘知远的大驾也只用了二十天就到了洛阳。而原晋朝百官们早就在荥阳等待刘知远的大驾，这伙变脸如同翻书的大员们终于在六月初八这一天见到了他们朝思暮想的刘知远，冲着大"晋"皇帝摇头摆尾，丑态百出。三天后，春风满面的刘知远大驾进入汴梁城。给刘知远当孙子的何止是这些变脸大员，地方上那些藩镇变脸的速度同样惊人。

这些人派来的官方代表早就挤满了汴梁，俟大驾一到，这伙人一拥而上，磕头舞蹈放大屁，鞋子挤掉了一地。"甲子（十一日），帝至大梁，晋之藩镇相继来降。"大家都是闯荡江湖的，江湖规矩必须严格遵守——谁枪杆子多，谁就是老大。

此时形势初定，而刘知远演够了让人作呕的忠臣戏，摘下面具，把"晋"国号扔进了臭水沟里。六月十三日，大"晋"皇帝摇身一变，成了大"汉"皇帝，但天福年号不变，理由还是那句早已发臭变味的"余未忍忘晋也"。而刘知远后来的庙号非常有意思——汉高祖。

国号没人在乎，年号也没人在乎，大家在乎的是高官厚禄、真金白银。刘知远自然也不敢得罪这些官场妓女，刚入汴梁就下诏承认契丹之前任命的原晋朝官员的职务不变，最大限度稳定了人心。

说来讽刺的是，当年李存勖在河上与梁人苦战十六年才灭掉梁朝，成了半吊子的汉光武。可李存勖不会想到，二十四年后，真正的汉光武才出现。刘知远几乎是在一夜之间恢复了汉朝的法统，上尊太祖高皇帝（刘邦）、世祖光武皇帝（刘秀）。人们这才惊愕地发现，汉光武原来是刘知远。

　　可更加讽刺的是，李存勖的"汉光武"好歹做了四年时间，而刘知远这个"汉光武"甚至还没有来得及数清汴梁城有多少街道巷子，半年后就咽气了。

二五　人头落地，血流成河
——史上最残暴的后汉政权

历史上有两个后汉：一个是刘秀建立的汉朝政权，史家也称"后汉"，如范晔的《后汉书》；另一个就是刘知远几乎是白捡来的汉朝政权，宋人也称"后汉"。两个后汉相比，刘秀的帝国远比他的冒牌子孙刘知远的帝国伟大得多，仅国祚，东汉就福延一百九十六年，而刘知远的大汉帝国则成为历史上国祚最短的正统政权，掐头去尾，五代后汉只存在了四年。一眨眼，后汉帝国建立了。再一眨眼，后汉帝国突然就没了。

后汉政权（以下皆指五代后汉）为什么只存在了短短四年，原因很复杂，但用时任判司天监事的王处讷的话来说，"第以高祖（刘知远）得位之后，多报仇杀人及夷人之族，结怨天下，所以运祚不长"。

换言之，后汉之亡，归结于一个原因——杀人如麻！

后汉政权的杀人传统，自然是源于他们的高祖皇帝刘知远。刘知远在政治上非常成熟，特别是在晋亡之后争取晋朝人心上，刘知远做得非常漂亮，但这并不影响刘知远举起他的屠刀。早在李从厚逃奔石敬瑭时，刘知远就体现了他凶狠好杀的性格，杀光了李从厚的侍卫，虽然在这件事上，李从厚也有一定责任。而石敬瑭与张敬达大战晋安寨时，有一千多名唐军投降石敬瑭，石敬瑭打算把这些人编入亲卫部队，刘知远就以这些降兵有可能再次归唐为由，劝石敬瑭杀掉了这些人。"帝尽杀之"，一个"尽"字，鲜血淋漓。

刘知远做事手段非常刚狠，在石敬瑭初定洛阳时，刘知远负责城中治安工作，虽然此时他没有杀人，但从"（士民）无敢犯（刘知远之）令"来看，刘知远是没少挥舞大棒子的。刘知远向来崇尚暴力哲学，我说不服你，但我可以打死你！

晋朝宰相冯道和李内崧因为受石敬瑭逼迫，不得不吹捧大贪官杜重威，石敬瑭借此让杜重威取代了刘知远的都指挥使职务，刘知远恨透了冯、李二人。等到他继位后，因为冯道官场地位太高，刘知远不敢轻举妄动，但也没收了冯道的全部家产。对李崧，刘知远下手更是狠毒。刘知远先把李崧的家产全部转送给他麾下杀星苏逢吉，然后又纵容苏逢吉构陷李崧暗中勾连契丹，杀光了李崧家族，"举家遇害，少长悉尸于市，人士冤之"。

李崧多少还算得罪过刘知远，但没有得罪刘知远却因为阻碍刘知远发财的，照杀不误，比如唐明宗李嗣源的幼子李从益。李从益从来没做过对不起刘知远的事情，仅仅因为契丹人撤出中原时，契丹大将萧翰诈称契丹皇帝有命，让李从益"权知南朝军国事"，然后拔脚溜之。李从益只是一个被人摆布的傀儡，刘知远废掉软禁也就行了，他却暗中派马仔逼死了李从益和他的养母花见羞。当时舆论对李从益的死大呼冤枉，但刘知远却只管杀人，谁影响到我的利益，谁就得死！

有什么样的老大就有什么样的狗腿子，刘知远杀人上瘾，他手下那伙文武将相个个都是杀人变态狂。后汉最著名的一文一武两个杀人狂，文者苏逢吉，武者史弘肇。

苏逢吉其实也是个半吊子文人，他的父亲苏悦是个酒鬼，曾经在刘知远麾下任职，便把儿子苏逢吉推荐给了刘知远，甚见信用，"（别人很难见到刘知远）逢吉日侍左右"，从此飞黄腾达。而刘知远信用苏逢吉，除了苏逢吉稍通文墨外，主要还是二人投脾气。刘知远为人"严毅"，而苏逢吉"深文好杀"，自然臭味相投。

苏逢吉酷爱杀人，在太原时就已沾满了别人的鲜血。当时苏逢吉主管太原的司法工作，太原监狱人满为患，刘知远让苏逢吉清理监狱。清理监狱？这个简单，杀光就是了！"逢吉尽杀禁囚以报。"监狱里关着多少囚犯，史无记载，但以太原城的人口规模，至少也有数百名囚犯。苏逢吉一声令下，监狱里滚满了人头……

等到刘知远坐天下后，苏逢吉依然主持司法，这几乎就成了天下盗贼们的灾难。苏逢吉治盗，还是那个简单逻辑——杀！杀！杀！具体做法就是连坐制度，一人犯法，九族和邻居都得死光光。苏逢吉甚至亲自起草以皇帝名义颁发的诏书，略云"应有贼盗，其本家及四邻同保人，并仰所在全族处斩"。因为这个制度过于酷烈，有些人非常反对，认为从来没有偷盗者诛灭九族的法律逻辑，更何况邻居与保人何罪？在舆论高压下，苏逢吉才极其不情愿地去了"全族"二字，但依然是全家坐斩。还有一个血淋淋的例子，附在《旧五代史·苏逢吉传》中：郓州有个捕快头子张令柔，因为奉了朝廷颁发的新捕贼制度，"尽杀平阴县十七村民"。这个十七村民，显然不应该仅是十七个人，而是十七村民被控偷盗罪，十七村人的全家悉数被杀。而《新五代史·苏逢吉传》则说是"尽杀平阴县十七村民数百人"，可以印证确实是"杀全家"。

上有所好，下必甚焉。卫州刺史叶仁鲁为了巴结苏逢吉捞功，不管是贼是民，抓住就杀，甚至前往抓贼的百姓被叶仁鲁抓到，也被定为盗窃犯，进行惨无人道的虐杀。当时舆论对叶仁鲁的残暴千夫所指，但苏逢吉却认为叶仁鲁是天下第一捕快。既然朝廷认为杀人无罪，"由是天下因盗杀人滋滥"。

而苏逢吉杀人的最经典案例，无疑是晋朝宰相李崧之死。苏逢吉与李崧本来素不相识，但李崧曾经得罪过皇帝刘知远，刘知远是一定要整死李崧的。而因为刘知远把李崧的家产悉数赏给了苏逢吉，为了保住这不义之财，苏逢吉也有足够的动力置李崧于死地。

李崧本人倒对家产被夺看得非常开，从不在苏逢吉面前表露心中所想，甚至还巴结过苏逢吉，"谦挹承颜，未尝忤旨"，但事情却坏在李崧两个饭桶弟弟李屿、李鸶身上。二李素无见识，对李家的财产被夺耿耿于怀，经常对苏家子弟提及家产被夺的事情。苏逢吉知道后，自然加快了陷害李崧的步伐。

要给李崧定罪，最有力的办法就是给李崧扣一顶里通外国的汉奸帽子。而所谓李崧家的家丁葛延遇向官府举报李崧勾结契丹，明眼人一看就知道这是苏逢吉买通了葛延遇。至于什么李崧那封写给契丹的蜡丸密信，当时舆论公认是苏逢吉伪造的。

刘知远已在（948年）二月驾崩，刘承祐初继位，而河中节度使李守贞、凤翔节度使王景贞在关中作乱，当时政治形势非常不稳，在这个敏感时期给李崧定罪再合适不过了。

苏逢吉把李家兄弟悉数下狱，并对李屿严刑拷打，李屿吃打不过，只好供伪状，称李崧与家人二十人欲在高祖皇帝（刘知远）灵柩下葬时，在汴梁城放火谋反。有了李屿这个伪状，苏逢吉还嫌不足，二十人太少了，苏逢吉把"二十人"改成了"五十人"。不久诏下，李崧举族被诛，所有尸体均暴晒街头，"时人冤之，归咎于逢吉"。

苏逢吉这个半吊子文人都杀人上瘾，武夫出身的侍卫亲军都指挥使（禁军头子）史弘肇自然不遑多让。

史弘肇家世为农，因为史弘肇有一身好拳脚，又能日行二百里，跑得比马还快，是天生吃兵饷的。史弘肇其实早年是梁军中混过饭的，后来一直跟着晋高祖石敬瑭，算是石敬瑭的心腹人马。后来刘知远守河东，便把久仰其名的史弘肇要了过去，结果一路升迁。在刘知远称帝时，史弘肇已是刘知远头号心腹兼武装部队总司令。

史弘肇治军不可谓无方，"（史弘肇）严毅寡言，部辖军众，有过无舍，兵士所至，秋毫不犯"。但他为人过于凶狠，下手太重，而这一点，又与刘知远臭味相投。部下但有犯令者，即使是小过，也当众打杀之，"将吏股栗"。

后汉坐天下后，史弘肇负责京城汴梁的治安巡防。因为晋朝大乱，遍地盗贼，史弘肇面对的压力非常大。而史弘肇的办法和苏逢吉一样简单：宁可错杀一千，不可放过一个！史弘肇经常带着精悍禁军在城中来回巡防，只要发现一个小偷，即使这个贼只偷了一文钱，照杀不误，甚至都不上报朝廷。而被杀者的家人，因为畏惧史弘肇的权势，根本不敢上访，否则也难逃一死。史弘肇一番杀戮，虽然"奸盗屏息"，但"冤死者甚众"，这样的治安手段，和契丹人对中原汉人的屠杀又有什么区别？

因为史弘肇可以不上报朝廷滥杀人，导致禁军士兵可以假公济私，甚至公报私仇。如果有禁军官吏看上某人财产，强逼此人交钱，如果不交，好办，扣一顶盗贼帽子，立斩！甚至有个醉酒百姓因为和禁军士兵吵了几句，就被诬告成贼，杀之，更不用说断舌、决口、斫筋、折足等酷刑每天都在发生。

比杀人更可怕的是，史弘肇为了揪住更多盗贼，竟然让民间互相监视告密。《宋史·边归谠传》记载："史宏肇怙权专杀，闾里告讦成风。"结果导致民风大坏，人人自危。告密有钱赚，所以有些宵小之徒从中看到了商机，到处揭发人，"谗夫得以肆其虚涎"，官员同样发了财，"贪吏得以报复私怨"，而其中自然包括史弘肇本人。史弘肇本人看上了商人何福殷的数十万贯家产，就收买何家仆人，诬告何福殷勾连契丹，即日捕拿，酷刑伺候，然后杀头，数十万贯轻松到手。最令人发指的是，史弘肇甚至还和他手下弟兄瓜分了何福殷的老婆、女儿。

除了苏逢吉、史弘肇两大杀星，主管军事的枢密使杨邠和主管经济的三司使王章虽然没有直接杀人，但也同样戾气深重。后汉由这些好杀人、好淫人妻女、贪婪无度的魔鬼当政，自然是普通百姓的晦气。

后汉君臣不但用长枪、锥子杀人，同样会用算盘杀人，后汉经济掠夺之酷烈，堪称史所罕见，而几年后，周世宗柴荣进行全面的经济改革，其主要改革对象就是后汉的经济掠夺政策。

后汉这些帝王将相们杀人上了瘾，实在没人可杀，那就自己人杀自己人，互相抢着大刀片子，像古惑仔一样在街头对砍。说来极为讽刺的是，苏逢吉和史弘肇是两大杀人狂，可这两个杀人狂之间同样矛盾重重，都恨不得将对方大卸八块。

后汉君臣的残杀，则引出了五代史上最为血腥的官场火并案——乾祐之变。

而正是这场在历史上并不太引人注目的乾祐之变，直接影响了之后的历史发展。甚至可以说，没有乾祐之变，就不会有郭威建立周朝，更不可能有赵匡胤白捡了一个北宋王朝。

二六 自作孽，不可活
——乾祐之变始末

后汉帝国把自己无情埋藏的速度快，但在这个帝国暴卒的过程中，有一个时间节点不太引人注目，天福十二年（947年）十二月十一日，后汉皇位第一顺位继承人、时任开封尹的刘承训猝死于开封府衙门，时年二十六岁。"少温厚、美风仪"的刘承训意外去世，完全打乱了刘知远对皇位的安排，刘知远在自己身患重病的情况为儿子的去世痛哭流涕，"哭之恸"，最终刘知远的身子也哭垮了，不久驾崩。

刘承训完全就是个天生当明君的料子，为人"孝友忠厚，达于从政"。可以说，只要刘承训继位，那么他必将改变汉朝政府血腥残酷的治国模式，以文德治国，后汉政权长命百岁并不是奢想。所以当坊间听说刘承训死后，"人皆惜之"，而在五代短命的帝王宗室中，能得到老百姓"人皆惜之"评语的，只有两个人：一个是柴荣，另一个是刘承训。

刘承训死后，虽然还有次子刘承勋可以选择，但刘承勋是个天生残疾，刘知远只能不太情愿地选择了二十岁的小儿子刘承祐。

刘知远知道小儿子能力有限，为了防止他胡作非为，刘知远拼尽最后一口气，给帝国留下了一幅堪称经典的托孤格局，这在五代史上也是罕见的。

按刘知远的安排，枢密使杨邠、侍卫亲军指挥使史弘肇、左仆射苏逢吉，以及枢密副使郭威同为顾命大臣，另外还有三司使王章也深豫顾命事，实际上是一个执政五人组，有些类似于清咸丰死后留下的以肃顺为首的顾命八大臣。

在顾命五大臣中，王章主要负责帝国的财政运营，很少参与军事议政。而枢密副使郭威的地位又略逊于以上四人，兼郭威是帝国著名的救火队长，主要负责防御契丹以及镇压境内不臣势力，基本不干涉政务。特别是刘承祐继位不久，原永兴节度使军校赵思绾占据京兆府（今陕西西安），凤翔巡检使王景崇在讨伐赵思绾的过程中突然也扯旗造反，随后镇守河中的护国军节度使李守贞公然对抗朝廷，郭威奉诏率官军西讨三叛，根本不在京中。在朝中真正拿大主意的，还是杨邠、苏逢吉、史弘肇三人。

在"三角组合"中，杨邠和史弘肇私交极好，和苏逢吉关系一般，而史弘肇又与苏逢吉是死对头。再扩大范围，郭威、王章其实都是杨、史一党，四人就差喝鸡血拜把子了，苏逢吉则甩开膀子单干。

苏逢吉向来是反对武人专权的，几乎不遗余力地抑制武人，后来北宋的"胥吏名相"赵普提出以文抑武，不过是在炒苏逢吉的冷饭。苏逢吉执政之初，就唆使傀儡宰相李涛上表，想踢掉杨邠和郭威两大枢密，发配到藩镇，但在各方势力的运作下，苏逢吉没有得逞。

等到郭威平定关西三叛，得胜还朝时，地位威望急速上升，这是苏逢吉不愿看到的。苏逢吉再次准备拿郭威开刀，底线是绝不能让郭威留在京城，否则以他在军界中的地位，苏逢吉会多一个强硬的对手。适时有契丹入寇河北，必须有大将坐镇邺都防御契丹，而现在能动的正国级人物，也只有郭威，这是苏逢吉在最高国务会议上推动的结果。

史弘肇自然也愿意让郭威坐镇河北，毕竟一旦事急，河北随时可以成为杨、史一党的战略大后方。双方很快达成了初步协议，但却在郭威以什么样的身份去河北的问题上，苏逢吉和史弘肇发生了争议。郭威以前就是枢密副使，史弘肇希望郭威能以枢密使的身份镇邺，理由是郭威成了最高军事统帅，可以威服众将。而苏逢吉是极力打压武人的，以郭威加枢相衔必然会导致"枪杆子对准笔杆子"为由，坚决反对。后来皇帝刘承祐出于大局考虑，同意了史弘肇的意见，让郭威出任河北大帅，总管兵甲钱谷。

苏逢吉对此极为不满，史弘肇也反感苏逢吉多嘴饶舌头，两位顾命大臣互相吹胡子瞪眼。等到第二天，帝国的决策者们在宰相窦贞固府上喝酒，始终没咽下恶气的史弘肇故意给苏逢吉难堪，站起来给郭威敬酒，说什么"昨天的事，有人就想出风头"。苏逢吉自然听出来话外之意，但满座多是杨、史一党，苏逢吉不想惹事，反而放低姿态，也举杯敬郭威，说昨天的争议只是国事上的分歧，并无个人恩怨，请郭威和史弘肇不要介意。郭威自然不会介意，但史弘肇却恼了，立刻拍桌子冲着苏逢吉狂吼："闭上你的鸟嘴！安定国家，在长枪大剑，安用笔杆子？"目标直指苏逢吉的文人身份。

史弘肇明显是想把事态扩大，顺势铲除苏逢吉。在各位大佬的极力斡旋下，这场不愉快的酒会很快结束，但"将相始有隙"。不过这场争议毕竟主要还集中在国家政治领域，而接下来发生的一幕，则让史弘肇与苏逢吉势同水火，必有一死一生。

这一次是苏逢吉主动挑事，戳痛了史弘肇最不愿意让外人道的"感情伤疤"。

几天后，众权贵又在王章府上饮酒，这次无关朝局。席间，众人玩起了当时时兴的一种手指游戏——手势令。比如说甲方"亚其虎膺"，乙方则伸手掌；乙方说"以蹲鸱间虎膺之下"，甲方则屈大拇指，"以钩戟差玉柱之旁"，则伸中指，伸错了则罚酒。

游戏非常简单，但要命的是史弘肇根本不会，而坐在他身边的客省卿阎晋卿倒娴熟此道，不厌其烦地教史弘肇。苏逢吉正坐在史弘肇对面，看到史弘肇笨手笨脚，突然冷笑着来了一句："不会不要紧，身上坐着一个姓阎的，还有什么不会的。"

苏逢吉这句话，其实是在讽刺史弘肇的老婆阎氏。史夫人虽然现在混得人五人六，但早年却是酒肆娼妓出身，这是史夫人永远洗不掉的污点，也是史弘肇最忌讳别人提的。苏逢吉却专揭史弘肇的伤疤，史弘肇顿时火冒三丈，当时就和苏逢吉翻了脸，站起来冲着苏逢吉一顿骂，苏逢吉装聋作哑。史弘肇不过瘾，踢翻桌子准备揪住苏逢吉一通胖揍，苏逢吉拔脚溜之，史弘肇还不善罢甘休，拔剑要追苏逢吉，还是杨邠死死抱住史弘肇，苦劝半天，才让史弘肇放手。不过，二人的关系从此彻底破裂，再无转圜的可能，"于是将相如水火矣"！

苏逢吉既恨史弘肇，又怕史弘肇，毕竟史弘肇主管京城禁卫，只要史弘肇一句话，苏逢吉立时就会被砍成肉泥。"吾去朝廷（官署办差），止烦史公一处分，吾蓥粉矣！"可苏逢吉也知道，要扳倒史弘肇，仅凭他一个人的力量是办不到的。

其实苏逢吉并不孤独，他还有一个更加重要的政治盟友，就是二十岁的小皇帝刘承祐。

当初刘知远托孤五大臣，主要是考虑到刘承祐幼弱不懂事，但刘承祐却从来不这么想。二十岁的年轻人，人生观早已成熟，即使从政经验略显幼稚，也应该适合放权锻炼。再者，二十岁的帝王还不亲政，只能说最高权力分配出了大问题。

问题其实就出在杨邠和史弘肇身上。

杨邠是首席顾命大臣，相当于清朝顾命八大臣中肃顺的地位，是"总机政"，而挂着归德军节度使衔的侍卫亲军都指挥使史弘肇则负责汴梁城及皇宫安保，王章照样拨弄他的算盘珠子，天天叫嚣"笔杆子不如枪杆子，枪杆子不如算盘珠子"。

这三位大爷仗着是跟着老皇帝刘知远血雨腥风中闯荡出来的老一辈，向来瞧不上乳臭未干的刘承祐，虽然在君臣礼节上极尽恭顺，但具体落实到现实利益上，他们的态度非常明确——大人的事情，小孩子不要插嘴。

如傀儡一般的刘承祐何止是插不上嘴，甚至他想得到一件玩具，都得先让几位顾命大臣玩腻了才能给他。《资治通鉴》记载明确："（杨邠）虽不却四方馈遗，有余辄献之。"说得直白些，就是杨邠贪财，地方上贡献给朝廷的财物，都进入了枢密府，成了杨邠的私产。而杨邠总要顾及小皇帝的面子，在一堆金珠宝贝中挑些次等货，随手就扔给了叫花子刘承祐。

这等无礼的羞辱，换了你，你还会心平气和？

当时有堪称算盘天才的王章坐镇经济战线，帝国财政非常健康，"承契丹荡覆之余，公私困竭，章捃摭遗利，咨于出纳，以实府库。属三叛连衡，宿兵累年而供馈不乏。及事平，赐予之外，尚有余积"。而刘承祐盯上的，就是这个"余积"。刘承祐不傻，手上没钱，自己就拉不起一个山头。身边没几个得力的狗腿子，腰杆子就硬不起来。何况作为天朝皇帝，平时需要的花销太多，可那几个该死的老头儿死掐钱袋子不给钱，刘承祐脸上也没有面子。

不仅是钱，权力也成了刘承祐急需插手的领域。刘承祐对外姓权臣霸占刘家天下非常不满，须知天下姓刘，不姓杨不姓史不姓王。随着刘承祐的逐渐长大，他的身边聚集了一伙帝国权力的边缘者，如枢密承旨聂文进、内客省使阎晋卿、飞龙使后匡赞、翰林茶酒使郭允明，以及刘承祐的舅舅李业。

其他小鱼小虾可以慢慢想办法往上爬，但李业是先皇帝的小舅子，今皇帝的大娘舅，早在刘知远时期就主管皇宫钱袋子。刘承祐想让舅舅出任当时出现空缺的宣徽使，为了能让顾命大爷们成全他，刘承祐甚至都搬出了满头花白的李太后，希望杨、史等人能给哀家一个薄面。

但杨邠和史弘肇并没有给老太后面子，而且直接当众打脸，不行！理由是官员升职的规矩是按资历慢慢爬，而不能随时超车加塞，更何况李业是外戚，自古外戚祸国的例子比比皆是。远的不提，近的如冯玉亡晋……

李业没能爬上去，而聂文进、阎晋卿等人虽然都是刘承祐的心腹，但他们的升迁之路也被杨、史等人堵死。这些人升不了官发不了财，自然"共怨执政"。

虽然杨邠和史弘肇对刘家天下忠贞不贰，但实际上他们可能更忠于先帝刘知远，对于刘承祐，他们想怎么羞辱就怎么羞辱，半点面子也不给。刘承祐也不是特别缺钱，他总还是可以从杨邠那里领到一些珍珠宝贝，而刘承祐又喜欢听歌看戏，身边养着几个戏子伶人。有一次刘承祐爽了，就赏给戏子锦袍和玉带，而戏子们知道史弘肇的家法，只好硬着头皮去史府感谢史弘肇。而史弘肇听说刘承祐给戏子们发钱，当时就恼了，说："士卒守边苦战，忍寒冒暑，都还没有得赏赐，你们是什么鸟人，何功而得此！"

刘承祐恼火至极，打狗不看主人面，是把主人当狗看。

让刘承祐更没面子的事情还在后面。刘承祐已过弱冠，到了立皇后的年龄，而刘承祐最喜欢的是耿夫人，刘承祐打算立耿夫人为皇后。立谁为皇后，这本是皇家私事，杨邠居然连这个事情都要插手，反对皇帝立皇后，理由竟然是不三不四的"太着急了"。刘承祐笨嘴拙舌，否则可以反击杨邠：你怎么不一直打光棍？干吗娶老婆？

顾命大爷们对刘承祐呼三喝四如同使唤奴仆，更遑论让刘承祐插手军国重事，权力蛋糕早就被他们视为自家私产，断不能让外人刘承祐染指。刘承祐自然不会愿意刘家的最后一块私产被外人霸占，二十岁都还没有亲政的皇帝，除了"优游卒岁"的后主刘阿斗，闻所未闻，说出去颜面何存？刘承祐开始向顾命大爷伸手要权力："我爸爸名下的大饼作坊，我这个少东家总能吃上两块吧！"

当刘承祐在杨邠、史弘肇讨论国家大事时提出自己的意见时，二人觉得刘承祐过于放肆，也不称称自己几斤几两重？杨邠当即打脸，"陛下但禁声，有臣等在！"

刘承祐彻底愤怒了，脑海中已浮过杀机。

而杨邠等人得罪了最不应该得罪的皇帝，鱼游沸鼎而不自知，依然花天酒地，不可一世。杨邠为人虽然"长于吏事"，但"不识大体"，眼光短浅。杨邠认为自己掌政权，史弘肇掌内卫兵权，王章掌财赋税收，郭威掌天下兵马，刘承祐的尊严受到了伤害，那又如何！老子就是瞧不起你。

杨邠等人继续招摇朝野，而刘承祐则愤怒而孤独地舔舐着伤口，"帝积不能平"。他身边那些早就受够杨邠、史弘肇霸道之苦的小伙伴们则看到了扳倒杨、史二人的良机，纷纷凑到刘承祐耳边，"邠等专恣，终当为乱"。其中以大娘舅李业最为卖命叫唤。

"帝信之。"其实以刘承祐的智商，他未必就会相信杨、史会推翻大汉天下，但就他个人利益来说，倒是极有可能被杨、史废除的，这显然是刘承祐不可能答应的。为了夺回本就属于自己的利益，刘承祐也必须冒险一搏。

一桶猪油浇在了干柴上，而坐山观虎斗的苏逢吉觉得是时候和刘承祐联手除掉杨、史了，苏宰相又往干柴上浇了一桶猪油。"苏逢吉既与弘肇有隙，知李业等怨弘肇，屡以言激之。"李业等人本就恨透杨、史，苏逢吉火上浇油，李业等"卒"杀杨、史等人。这个"卒"字，说明正是苏逢吉的话才最终让李业下定杀杨、史的决心。而苏逢吉非常狡猾，他没有直接去挑拨刘承祐，而是拐弯抹角去刺激李业，再让李业去找刘承祐商议，自己绝不参加这种容易授人以柄的会议。而一旦刘、李杀杨、史，苏逢吉坐收渔人之利；若杨、史废刘、李，苏逢吉也几乎可以自保上岸。

刘承祐、李业、聂文进、后匡赞、郭允明，外加一个隔岸观火的苏逢吉，加紧了对杨、史突袭的行动。这一切自然是在极端保密的情况下进行的，不过刘承祐还是把这件事关刘家天下的大事告诉了母亲李太后。李太后是个平庸妇人，她只想过安稳日子，不想干这种一旦赌输人头落地的买卖，劝儿子不要冲动。但刘承祐已经被杨、史刺激成狂，见母亲不上路，气得大骂："国家之事，非闺门所知！"

李太后不敢得罪杨、史，但毕竟刘承祐是她儿子，她不支持儿子的莽行，也不会去告密。其实杨、史差点就知道了这场绝密计划，事情出在阎晋卿身上。李业做事不缜密，竟然把这个计划告诉了外人阎晋卿。而阎晋卿不敢上这条贼船，打算去告密请赏，结果等到阎晋卿来到史府欲见史弘肇，史弘肇不知道出于什么原因，拒绝接见阎晋卿。

李业是在乾祐三年（950年）十一月十二日把计划告诉阎晋卿的，而刘承祐集团动手的时间是在次日清晨，说明阎晋卿肯定是当天就去找史弘肇，而刘承祐得到阎晋卿泄了密，情急之下只能把计划提前。不过刘承祐们可以确认的是，杨邠、史弘肇、王章这些国贼对此事绝对是不知情的。否则，等待刘承祐的只有乱刀剁成肉泥。

接下来发生的事情就非常简单了。引《资治通鉴》对这场政变的精彩记述：

丙"子旦，邠等入朝，有甲士数十自广政殿出，杀邠、弘肇、章于东庑下。文进亟召宰相、朝臣班于崇元殿，宣云：'邠等谋反，已伏诛，与卿等同庆。'又召诸军将校至万岁殿庭，帝亲谕之，且曰：'邠等以耗子视朕，朕今始得为汝主，汝辈免横忧矣！'皆拜谢而退。又召前节度使、刺史等升殿谕之，分遣使者帅骑收捕邠等亲戚、党与、傔从，尽杀之。"

权势威赫一时的顾命大臣杨邠、史弘肇、王章甚至还没有来得及反应是怎么回事，人头就已经落地。随后刘承祐向群臣宣布了自己是这场赌博的胜利者，并接管了之前由史弘肇严密控制的禁军兵权。

大事底定！刘承祐终于痛快地复仇了。刘承祐派大批杀手，分赴杨府、史府、王府，凡是杨、史、王三贼的亲属、党羽、狗腿子，悉数砍头，从耄耋老者到刚出生的婴儿，一个不许留，全都杀光。甚至王章早年得病卧床不起的女儿，也被禁军从床上拉起来，摁跪在地上砍头。

其实这场政变不过是帝室集团和权相集团之间争夺权力的血腥群殴，本来也不会影响到历史的宏大进程，刘承祐除奸成功，掌握最高权力，开启自己的时代也就是了。但刘承祐可没有忘记，还有一个人，他还没有杀呢！

郭威！刘承祐怎么可能忘记这个与杨邠、史弘肇关系极为亲密的小兄弟。更让刘承祐坐立不安的是，郭威总控河北军政财权，凡兵马钱谷一悉咨威。如果不除郭威，一旦郭威以清君侧为由起兵南下，刘承祐仅凭这点禁军，可能很难扛过郭威。

其实刘承祐制约郭威的底牌还有很多，最重要的是，郭威虽然北上，但他的家眷都留在汴梁，这些人质足够刘承祐周旋郭威。但刘承祐却利令智昏，他认为他有办法除掉坐镇邺都的郭威，所以郭威的家小留下来也没什么意思。

开封尹刘铢奉皇帝诏命，率大队杀手闯进郭府，凡是郭家老小一个不留。被杀者，计有郭威夫人张氏以及张氏所生两个儿子郭青哥、郭意哥，郭威的侄子郭守筠、郭奉超、郭定哥。而必须着重提及的是，在刘铢屠杀的郭家人中，还有郭威养子郭荣留在府上的夫人刘氏，以及刘氏所生三个还没有留下名字的儿子，郭荣本人其时正跟着养父郭威坐镇邺都。而同样跟着郭威在邺都办差的河北监军王峻的家人，因为王峻是郭威心腹，也被诛夷满门。

郭荣是谁？他本姓柴，因为姑母嫁给郭威，所以他被姑父收养，改姓郭。不过历史上还是习惯称呼他为柴荣。至于柴荣是谁，已经不必多介绍了。而在这场血光之灾中，郭家几乎被满门抄斩，除了郭威、郭荣在外没有被杀外，还有郭威的继室董氏因各种原因侥幸逃过一劫。

自古一人得道，鸡犬升天；一人失势，鸡犬不留，这是权力游戏的基本规则，参赛双方都要遵守。但就这场乾祐之变来说，也许杨邠、史弘肇的家眷必须要为他们本主的飞扬跋扈付出生命的代价，但郭威家小被杀，则得到了舆论的巨大同情。

得罪刘承祐的是杨邠、史弘肇，而不是郭威。事实上，郭威一直对杨邠、史弘肇的狂妄跋扈感到忧心，没少劝两个老大哥做事要收敛一些，毕竟皇帝大了，多少要给三分面子，但杨、史不听。而郭威本人对刘承祐也是非常尊重的，李守贞等三叛祸乱关西，是郭威总领全局，扑灭反乱。论功，郭威第一，谁都没有异议，但郭威还是把这次平叛的胜利归功于皇帝圣明，甚至拒绝了刘承祐的加赏。郭威很会做人，而且在郭威与刘承祐的直接交往中，郭威绝对不像杨、史那样猖狂，每次必极尽臣礼。这样模范忠臣的家眷，刘承祐说杀也就杀了，半点也没给郭威面子。

二七　被逼着做皇帝的郭威

接下来讲的是郭威。

简单说一下郭威的发迹史：

郭威，字文仲，唐天祐元年（904年）七月二十八日，生于邢州尧山（河北隆尧）。至于《旧五代史》所载郭威出生时，"赤光照室，星火四迸"，全是一毛钱都不值的无聊马屁。郭威姓郭，不过也有一种说法，郭威本姓常，因为父亲常简早年在晋燕大战中战死，郭母改嫁郭氏，冒姓郭。

郭威三岁丧父，五岁丧母，是姨妈韩氏含辛茹苦把郭威拉扯成人。特殊的家庭背景，养成了郭威"负气用刚，好斗多力"的处事方式。年仅十八岁时，郭威就跟着昭义节度使李继韬闯荡江湖，手脚不太干净。而提及郭威的少年时代，就不得不提到《水浒传》中一个再经典不过的角色——花和尚鲁智深。没错，那段家喻户晓的"鲁提辖三拳打死镇关西"的故事，原型就是郭威。那一年，郭威年仅十八岁，正是青春闪亮的年纪。

郭威当时正在潞州当兵，一个阳光刺眼的午后，醉酒的郭威来到一家肉铺买肉。实际上，郭威听说肉铺老板是个街霸王，郭威不服，专门来砸场子的。郭威让屠户割肉，然后借口屠户割的肉不满他的意，对屠夫劈头盖脸一通骂。屠夫被骂急了，挑衅郭威："你有种，刺我一刀！别光放嘴炮。"郭威冷笑着，操起杀猪刀，直接就捅进了屠夫的胸膛……

光天化日之下杀人，市场管理立刻拿住郭威去官府报案。好在李继韬怜郭威是条汉子，没舍得杀他，继续留在军中效力。三年后，李继韬谋反失败被杀，李存勖将潞州牙兵分配到自己的骑兵卫队，而郭威也在其中。进入中央军，郭威人生的道路开始变得宽阔，在这里，郭威遇到了他人生中第一个贵人——石敬瑭。

有人经常哀叹遇不到贵人所以命运不济，但贵人帮扶的前提是你肚子里得有真材实料。郭威从军后开始读书，因为他悟性好，又"长于书计"，被石敬瑭相中，留在身边听用，"令掌军籍"，但也仅此而已，郭威并没有挤进石敬瑭的核心圈子。而真正让郭威平步青云的是刘知远。郭威和刘知远性格相近，刘知远又非常器重郭威的才干，很快就"尤深待遇，出入帷幄，受腹心之寄"，成为刘知远集团中仅次于杨邠、史弘肇、苏逢吉之后的第四位要员。

在刘知远主政河东期间，郭威没少在军事上替刘知远谋划，比如刘知远招降了朝三暮四、视叛变如家常便饭的吐谷浑大酋长白承福，其实就是郭威的杰作。而在契丹大举进攻后晋时，刘知远担心自己的前程，还是郭威坚定了刘知远的信心，"河东山川险固，风俗尚武，士多战马，静则勤稼穑，动则习军旅，此霸王之资也"。而如果不是郭威这几句话，刘知远一时动摇，可能就投降了契丹。

当然，以上这两件事对郭威来说只是小菜，真正让郭威在历史上大出风头的是，契丹人撤出中原后，天下无主，刘知远决定下山摘桃，郭威为刘知远制定最有效的南下路线。

当时有两条可以选择的路线：一、以史弘肇为首的武将提议，河东兵东向出井陉关，攻取河北重镇真定、邺都，先定河北，河南不战自降。二、刘知远本人提议，从太原南下，过石会关直接插潞州，渡河之前就是汴梁。

针对这两条路线，郭威提出了让人大开眼界的第三条线，即大军出太原后，沿汾河谷地走西南方向。汴梁在太原东南，舍东南而取西南，众人不解。郭威的理由则非常充分：虽然方向不对，但汾河两岸没有军事重镇，而且地势平坦，有利于大部队快速挺进，我们几乎不会遇到强有力的抵抗，兵法"以迂为直"，我们会以最快的速度来到洛阳。拿下洛阳，不出二十天，汴梁底定。

而郭威否定出河北的计划，理由是契丹残余部队在河北实力还很强，如果我们遇到契丹人的抵抗，则必然会拖慢我们进入汴梁的速度。一旦南唐军队渡淮河北上，肯定会比我们先到达汴梁，如此，则大势去矣。而刘知远的上党线计划，同样被郭威否定，理由是石会至上党一线山路难走，而且粮草供应困难，也会拖慢进入汴梁的速度。

最终刘知远同意了郭威几乎天才般的战略谋划，果然不出两旬底定中原。如果没有郭威这段精彩至极的战略规划，刘知远入主中原的梦想很可能会被其他势力实现。换言之，郭威是后汉政权建立的头号功臣，刘知远只能排第二。

在政权建立后，郭威得到了枢密副使的官位。虽然序列依然排在杨邠、史弘肇、苏逢吉之后，但却掌握了帝国至高无上的军权，而杨邠只是文官枢密使。等到刘知远驾崩时，郭威很自然地就成了托孤大臣之一。

前面讲过，在顾命五大臣中，真正率兵打仗的只有郭威。郭威一人成败，事关汉帝国的安危存亡。当李守贞、王景崇、赵思绾作乱关西时，朝议认为除了郭威外，也没有合适人选去平乱。

郭威本人对后汉政权忠贞不贰，面对帝国的存亡大事自然也不会推三阻四。在老油条冯道的点拨下，郭威率军西征时带足了公款，一路走一路发，等到河中时，郭威已把弟兄们喂饱了。虽然李守贞曾经是官军弟兄们的老大，但李守贞是只铁公鸡，向来一毛不拔，弟兄们自然愿意替郭威卖命。三军用命，李守贞逃无可逃，一把火了断了秦王荒谬的帝王梦想。

平定三叛，并不是郭威戎马生涯的终点。在契丹人大举压境，河北形势危急时，郭威很自然地继续替老刘家卖命，主政河北军政事务，成为名副其实的河北王。

这是一个影响历史的决定。如果郭威留在汴梁当官，当乾祐之变时，郭威铁定要陪同杨邠、史弘肇等人下地狱。郭威如果死了，之后的赵匡胤也不知道会在哪里玩泥巴了。

人之常情，当郭威得知乾祐之变中杨、史、王满门以及自己的家小悉数被杀时，直接哭倒在地，而站在郭威旁边的那个郭荣，三个儿子也没了，同样泪流满面。

但还没等郭威痛苦地回忆与家人在一起的快乐时光，刘承祐已经率先向郭威发起了攻击。刘承祐派供奉官孟业密出汴梁城，北上邺都，联系河北武将，让他们秘密处死郭威及王峻。不过孟业在赴邺都之前，先去了澶州，找到镇宁节度使李洪义（李太后弟），要求李洪义先处死郭威的死党、侍卫步军都指挥使王殷。李洪义并没有接受外甥皇帝的指令，而是非常意外地把消息传给了王殷，王殷立刻把消息转发给郭威。

史料记载，郭威面临着两难的抉择：要么把自己和养子郭荣的脑袋交给刘承祐，郭家灭门；要么听从枢密吏魏仁浦的建议，发兵南下，找皇帝讨说法。实际上郭威根本不可能选择前者，除了梁武帝萧衍兄长萧懿那样的傻子，谁甘心送死？

刘承祐幻想河北军将乱刀砍死郭威，可这些大将都是郭威一手调教出来的，对郭威感情极深，比如邺都行营马军都指挥使郭崇威（后来避讳改称郭崇，以下皆称郭崇）、步军都指挥使曹威等人。而且郭威治军宽严相济，整个河北军界都极为同情郭威，所以郭威决定南下清君侧自保，弟兄们没有说二话的。

乾祐三年十一月十五日，郭威终于开始了他人生中最后一次冒险之旅，此时的郭威可以幻想他坐在汴梁城宫殿的场面了。

当然，托孤大臣之一的郭威向自己的小主子开刀，和同样是托孤大臣之一的赵匡胤向自己的小主子开刀，性质是完全不同的。宋朝文人极力宣传赵匡胤在陈桥兵变当夜醉酒，对士兵们的计划毫不知情。这种纸糊的"历史"早就被各种资料和符合逻辑的推理戳得千疮百孔，赵匡胤根本不是被迫当皇帝，而是主动策划，发动了这场陈桥兵变。郭威才是真正被逼着当皇帝的，不是刘承祐杀郭威家眷，郭威断然不会如此。而如果刘承祐聪明些，把郭威家眷扣作人质，郭威更不敢刀兵相向。换言之，是刘承祐逼反了郭威，柴宗训可从来没有逼反赵匡胤。

郭威南下为自己武装申冤，但还是考虑到要保障河北根据地万无一失，郭威留下了能力超强的养子柴荣坐守邺都。

郭威申冤心切，从邺城出发仅仅两天后，他的部队就杀到了澶州，李洪义根本没和外甥皇帝站在一条船上，郭威一到，李洪义立刻投降。澶州是保障汴梁安全的河北重要门户，澶州没了，刘承祐这才知道自己闯了多么大的一场祸事。为了侦察郭威，刘承祐派小太监鸑脱到前线偷窃，结果被郭威当场捉住。

郭威在政治上无疑是成熟的。他起兵的旗号就是清君侧，比如杀害杨、史、王的李业、聂文进、郭允明等人，此时的郭威还没有公开推翻刘承祐的政治条件，所以郭威对刘承祐是极为客气的。郭威写了一封自辩信，让鸑脱带回汴梁交给刘承祐。但臣子无端起兵总是难圆其说的，郭威早就找到替罪羊：这是郭崇、曹威等人逼臣干的。

刘承祐看没看这封信，对郭威来说根本不重要，这只是郭威耍的一个政治花招。又过了两天，十一月十七日，郭军兵临黄河南岸的滑州，义成节度使宋延渥开门接客。宋延渥在历史上不出名，但他有个著名的皇后女儿，就是赵匡胤的小宋后。

滑州以南，就是汴梁城，再无遮拦。刘承祐是真急了，他对禁军能否战胜河北军毫无胜算，但泰宁节度使慕容彦超却认为郭威军乌合之众，不堪一击。刘承祐相信了叔父，让慕容彦超出城迎战郭威，慕容彦超是后汉高祖刘知远同母异父的弟弟。

慕容彦超自信满满，但没想到在汴梁城外刘子陂一战，还没等慕容彦超出战，他的坐骑就一个马喘屎栽倒地上，慕容彦超狼狈逃回。不过慕容彦超的泰宁军却不看好慕容彦超，他们更愿意把赌注押在郭威身上。当天夜里，泰宁军就夺营而出，认郭威做了老大。牛皮吹破天的慕容彦超光棍一般逃回郓州，而督战的刘承祐发现自己也成了光棍。

刘承祐带着惊慌失措的苏逢吉、苏禹珪、窦贞固三大宰相和几十个乱七八糟的鸟人准备回汴梁城避难，结果却吃了开封府尹刘铢的闭门羹。进不了城，刘承祐等人只能在汴梁城外的赵村如孤魂野鬼般游荡。郭威的军队发现了刘承祐的动向，立刻包抄过来，虽然郭威下令不许伤害皇帝，但在一场混乱的踩踏事故中，刘承祐不知道被谁一刀砍死。而彻底得罪郭威的苏逢吉知道一旦落入郭威之手，断没有活路，一剑抹了脖子。

刘承祐的死，意味着刚建立仅有四年的后汉帝国行将走进历史的坟墓，知情人是绝对不会相信郭威会再忠于刘家的，毕竟这场血海深仇，疙瘩是根本解不开的。公平一些说，郭威对刘承祐还是有感情的，当得知刘承祐被杀的消息时，郭威痛哭流涕，哭道："老夫之罪也！"有些作秀成分，但也是郭威感情的真实流露。欧阳修指责郭威"久有异图"，其实这句评语送给欧阳修的本朝主子赵匡胤最合适，赵匡胤在陈桥兵变中的表演是非常拙劣可笑的。而赵匡胤之所以能顺利篡位，是因为他控制着由柴荣亲手调教出来的打遍天下无敌手的禁军。而郭威之所以没有在刘承祐死后立刻即位，主要顾虑到河东皇叔刘崇控制着番汉精卒，在稳住刘崇之前不能轻动。

宋人经常吹嘘陈桥兵变后回汴梁兵不血刃、市不易肆，而攻击郭威军入汴梁则四处抢掠，还唯恐世人不知这是郭威主动下的抢劫令。实际上，二者所处的时代背景有很大不同，宋人强行将二者进行比较，是有失公允的。

郭威是在进入滑州后就承诺只要进入汴梁，公私财物一任弟兄们哄抢。但当时郭威并没有完全控制这支他刚带不久的来自五湖四海人心各异的军队，所以不能轻举妄动。而赵匡胤虽然下了禁劫令，那是因为这支禁军是赵匡胤多年带领的，都是小团伙，自然不必担心有人不听话。其实赵匡胤也是下过抢劫令的，就是在灭后蜀的时候，赵匡胤就告诉王全斌："凡克城寨，止籍其器甲、刍粮，悉以钱帛分给战士，吾所欲得者，其土地耳。"

郭威在稳定汴梁局势时，立刻下令禁止抢劫，违者斩，弟兄们都非常听话。而宋军入蜀后，大肆烧杀抢掠，动辄屠城，蜀人民愤极大，这一切，其实根源就是那句"悉以钱帛分给战士"。

此时的郭威确实想到了做皇帝，只是当时时机不成熟，但并不是像欧阳修所谓的"汉大臣不即拥立（郭威）"，如果郭威没有受到来自刘崇的压力，又怎么会在乎那些手无寸铁的后汉大臣？赵匡胤篡周，虽有孤臣李筠、李重进反宋，但因为柴荣收天下精兵入禁军，二李的军队如同纸糊的一般，赵匡胤自然不必在乎。

而郭威为了稳住刘崇，使出了一招缓兵计，在他的主张下，朝议决定迎立镇守徐州的武宁军节度使、湘阴公刘赟，而刘赟正是刘崇的长子。郭威这招极为精妙，本来刘崇还在犹豫是否发兵南下，震慑郭威，但听说自己的儿子将要即位，那自己就是太上皇，刘崇也就按兵不动，白白给了郭威难得的战略缓冲期。等到郭威利用这段时间完全控制局势时，刘赟这块抹布也很自然地就被丢进历史的角落里。等到刘崇发现被郭威给耍了之后，再有所反应已经来不及了，甚至连刘赟的小命都没有保住。

不得不承认的是，郭威是对不起刘赟的。刘赟和郭威无冤无仇，只是因为刘赟被朝议定为嗣皇帝，所以中了郭威的计，甚至刘崇哭天抢地给郭威写信，请求把刘赟放回河东，郭威都没答应，直接把刘赟弄死在宋州。但从另一个角度讲，郭威万不能放刘赟，毕竟刘赟有嗣皇帝的身份，一旦刘崇拿这个身份大做文章，在政治上对郭威来说几乎是致命的。宋人司马光义愤填膺地在《资治通鉴》记载"（郭威）杀湘阴公于宋州"，但他绝对不会写赵匡胤入宫时，要杀掉柴荣交给他托孤的三个幼子，甚至潘美苦劝时，赵匡胤大骂潘美："汝以为不可耶！（不能杀掉这几个小兔崽子吗？）"而且周恭帝柴宗训之死疑点重重，不能完全排除赵匡胤毒杀的可能性。

历史从来都是血腥肮脏的，谁也不比谁高尚多少。

刘赟死了，权杖上的最后一根棘刺被拔掉，至于刘崇哭天抢地地要找郭威血债血还，郭威已经不在乎了。但郭威还是没有立刻称帝，而是以汉朝执政的身份把持朝政，因为郭威急需做一件有天大功劳的事，来覆盖这次武装申冤留给舆论炒作的空间，毕竟这件事情并不怎么光彩。就在这个时候，契丹皇帝耶律阮突然率数万骑兵大举南下，抄掠河北，形势异常危急。而现在朝野还具备大帅资质的，除了郭威，没有第二个人。

郭威率兵过黄河北上抵抗契丹，其后赵匡胤也曾率兵过黄河北上抵抗契丹，历史又一次惊人得巧合。可郭威这次北上是货真价实地抗辽，《辽史》中对此次南下有明确记载：赵匡胤只不过打着契丹南下的幌子，把军队调到陈桥，然后再杀回汴梁篡位。

历史又在重合。在澶州，又是凌晨，郭威正在睡觉，突然有数千将士围住郭威，要求郭威继位当皇帝。他们的理由是："将士已与刘氏为仇，不可立也！"有人迫不及待地撕下了军中的黄旗，强行裹在了郭威身上，"呼万岁震地，因拥威南行"。而这些人中，就有赵匡胤的身影，他目睹了这震撼人心的一幕，并把郭威的剧本完全抄默心中。十年后，他照葫芦画瓢，上演了一出漏洞百出的蹩脚闹剧。

天下，不可逆转地属于郭威。其实这也是郭威应该得到的，毕竟后汉能建立，郭威功居十之七八，何况郭威家眷惨死，也为郭威赢得了太多的舆论同情。

郭威的速度也比较快。十二月二十七日，郭威出任大汉监国，江湖上的老油条们纷纷上表劝郭威称帝。八天后，也就是汉乾祐四年（951 年）正月初五，四十八岁的郭威历经艰辛磨难，终于龙飞九五，登上了天子的宝座。

时人已经看惯了"梁唐晋汉周，朱李石刘郭"走马灯般换老大的历史闹剧，觉得郭威不过是个石敬瑭、刘知远之类的乱世枭雄。但当时人很少有人能想到的，正是这个脖子上雕着一只青雀的郭雀儿，气势恢宏地拉开了中原政权统一天下的雄壮大幕。

世人都知道北宋赵氏兄弟用了十九年时间削平诸国，统一中原，实际上按顺序来说，中原的统一大业始于郭威，盛于柴荣，成于赵匡胤，终于赵匡义。

二八　郭威是个好皇帝

郭威开启了属于自己的伟大时代，不过他的时代实在太短，从951年二月，到954年正月，满打满算不过三年时间，驾崩的时候也不过五十一岁。

在这三年时间里，郭威只做了两件正确的事情：一、在他的亲生儿子悉数被刘承祐杀害的情况下，他选择了与自己毫无血缘关系的养子柴荣为嗣皇帝，这才有了之后二十多年轰轰烈烈的统一进程，也为历史留下了一段极为珍贵的回忆。二、改变后汉政权几乎泯灭人性的经济掠夺政策，为处在乱世黑暗中的百姓打开了一扇并不太大却充满着希望的光明之窗。南宋遗民陈栎称赞五代之君"周世宗第一，唐明宗第二，周太祖第三"，不是没有道理的。

郭威是武人，以军功与战略谋划著称于史，郭威身上的"仁"却很少为历史所注目。郭威在控制汴梁后，曾经杀他满门的刘铢已被有关部门控制，只要郭威愿意，刘铢满门老小即使为被杀的郭家老小以命赔罪，相信舆论也不会说什么。虽然郭威也打算杀刘铢全家，但最后时刻郭威还是放弃了，他只是杀刘铢一人，"余悉皆活"。即使是乾祐之变的罪魁祸首苏逢吉的家人也都得到了郭威的饶恕，一个不杀。这份宽广的心胸大度，不是其他"仁君"能比得了的，那些"仁君"得志之后，敲打羞辱那些曾经得罪过他的官员，一个都没放过。

郭威也是个有脾气的人，但郭威说到底还是个仁人君子，他骨子里的善，在生活中的一点一滴都能体现出来。而郭威的这种善，无一不体现在他的治国方略中。

郭威对于苦难人民的热爱，不胜枚举，因篇幅有限，只提郭威的九条善政。

一、勤俭节约。郭威即位之初，就下诏停罢地方藩镇向朝廷进贡奇珍美味，他用不着这些玩意儿。郭威有句话说得非常感人："朕起于寒微，备尝艰苦，遭时丧乱，一旦为帝王，岂敢厚自奉养以病下民乎！"郭威富贵至极，却仍然挂念在战乱中饱受痛苦的底层百姓，难能可贵。郭威是从民间走出来的皇帝，他了解民间疾苦，他知道老百姓最需要他做什么。

二、允许境内商人和外国人（蕃人）进行商品贸易。

三、同意发生旱灾的南唐沿淮（河）百姓进入周朝统治区购粮。郭威并没有因为他们是敌国百姓而对他们抱有戒心，国家有罪，百姓何辜！虽然郭威此举有收买人心的嫌疑，但至少郭威敢这么做，说明他心中还是有百姓的。有些浑蛋皇帝连表面文章都懒得做了，直接抢百姓的救命粮。

四、将被官府籍没的罪犯名下的地产，还给他们的家眷。一人有罪，九族无辜。此举极有人情味，千载之下，仍让人感动不已。

五、恢复农业生产。对于那些无家可归的流浪者，官府给他们划拨无主土地，让他们耕种。同时官府减免各种赋税，让他们安心生产。郭威是个明白人，只有百姓富裕了，国家才能实现真正的富裕，他说过"苟利于民，与资国何异"。

郭威还下令，如果流亡百姓想离开周朝去敌国生活，朝廷不但不横加阻拦，而且拨付路费。在生产力不发达的古代，劳动力是最重要的社会资源，历朝政府都在挖空心思增加劳动力，甚至不惜动用暴力手段。郭威却反其道而行之，不是郭威不懂劳动力的重要性，而是他认为以德留人，如果暴力截留，这样只会丧失民心。

六、改革盐曲法。后汉对贩私盐的打击极为严酷。只要有私造盐者被抓，贩一克盐也要杀头。郭威深知盐弊，下诏规定私制食盐超过五斤者才论死。郭威这么做，主要是考虑到有些人制私盐并不是为了赚取暴利，仅仅是养家糊口。

七、改革牛皮征收制度。牛皮是冷兵器时代稀缺的战争物资，历代官府都在民间强行征收牛皮，说白了就是抢，一文钱不给，百姓怨声载道。郭威对此进行有力的整改，他规定在民间按土地占有量进行牛皮征收，以每五十亩地为一张牛皮的征收标准，百姓深受其利。当然郭威也有一个附加条件，不许百姓将牛皮卖给敌对国家，但可以在境内自由交易。毕竟郭威也要考虑到国家的军事安全。

八、除了牛租。六十年前，朱温与淮南王杨行密大战，从淮南抢回几十万头耕牛。这些牛被分配给了农户，农户每年向朝廷交点牛租。而"伪梁"灭亡后，虽然当年那些牛都死光了，但正统的唐、晋、汉三朝还在强行向百姓征收牛租。李存勖、石敬瑭等人只顾自己享受，哪管百姓死活！但郭威最见不得百姓受苦，下诏取消了牛租，他不缺这点钱，他最缺的是民心。

九、重用人才。郭威知道自己有几斤两的文学水平，他从来不写什么打油诗。郭威经常说自己"不亲学问，未知治天下之道"，所以郭威非常注重选拔人才，周宋很多名臣大员多是被郭威提拔栽培的，文如王朴、郑仁诲、范质、魏仁浦、王溥、李毂，武如郭崇、韩令坤、石守信、王审琦及赵匡胤。

因为时间有限，郭威也没来得及做出更大规模的改革，而且和他的养子柴荣规模空前的改革力度相比，郭威所为也就如蜻蜓点水。但也正是郭威的蜻蜓点水，彻底激活了自唐末以来如死水一般沉寂的社会，也从某种角度启发了柴荣。柴荣的改革，很明显是建立在郭威改革基础上的，至少郭威给养子点明了某种充满希望的方向。

郭威这辈子很不容易，早年丧父（母），中年丧妻，晚年丧子，人生三大不幸，郭威一个不少。郭威从小生长在缺少严格管教的寄养家庭中，再加上杀人如同碾死一只蚂蚁般的唐末五代大背景，郭威的性格不是特别成熟，很容易受到外界一些事情的影响，有时也会暴怒，杀人如草芥。

后汉遗臣慕容彦超据兖州发动叛乱，虽然郭威亲征，很快就平定了兖州之乱，但盛怒之下的郭威显然不想放过慕容彦超的党羽。郭威下了一道非常狠毒的命令：所有跟着慕容彦超谋反的官员，立斩！一个不留！

如果放在平时，郭威也许早就释放了这些叛乱者，因为郭威曾经的老大哥王峻在任枢密使时专横跋扈，郭威又不忍和王峻翻脸，只能把怨气撒在兖州官员身上。还是户部郎中窦仪找来了德高望重的太师冯道和深受郭威信任的宰相范质，在一番心平气和的劝说下，郭威消了气，才收回了屠杀令。

就本性来说，郭威不是一个恶人，他是非常重感情的。一起闯荡血雨腥风江湖的老兄弟，不到万不得已时，郭威是绝对不会翻脸的。而从某种角度讲，郭威有兄弟，而赵匡胤没有，石守信那班人和赵匡胤不过是互相利用的关系。

而郭威人生中最重要的一个兄弟，无疑就是王峻。

王峻其实是个帅哥，模样俊俏，肤色白皙，早年生活落魄时，王峻曾经被梁朝权臣赵岩包养过。梁朝灭亡后，王峻在江湖上流浪，最终结识了刘知远，而又通过刘知远认识了郭威。二人脾气极投，很快就金兰为证，结为异姓兄弟。后汉朝，郭威坐镇河北，王峻则出任监军，与郭威形影不离。而乾祐之变时，因为受到了郭威的连累，王峻的家人被刘承祐杀了个精光，因为这件事情，让郭威对王峻产生了极大的愧疚感。郭威建周后，朝中最具实权的枢密使职务，当时除了王峻，根本不可能有第二个人选。郭威用王峻，一方面是能力因素，郭威武装申冤，王峻"从太祖赴阙，绸缪帷幄，赞成大事，峻居首焉"。堪称功首，用王峻别人也无话可说。另一方面就是感情因素，郭威自认欠王峻的实在太多了，这辈子都还不完。所以郭威给了王峻几乎除了帝位之外的所有权力，是人所共知的二皇帝，比当年的安重诲势力还大。不仅如此，郭威对王峻本人是非常敬重的，因为王峻长自己两岁，所以贵为天子的郭威见着王峻，向来都称"王兄"，而不直呼其名。在当时能得到这种待遇的，只有两个人：早已修炼成精的太师冯道和王峻。

客观来讲，郭威对王峻几乎到了除了老婆不能分享，我所有就是你所有的地步。苏逢吉败后，郭威打算把苏逢吉霸占的李崧财产都送给王峻，王峻觉得李崧族诛，事不吉利，推辞掉了，但也说明郭威对王峻已是仁至义尽。

但反过来讲，正是郭威在感情上的这种倾情回报，反而养成了王峻狂妄跋扈的习气。郭威对王峻低三下四，而王峻觉得这一切都是理所应当，坦然受之。很明显，王峻把郭威这种低姿态的友好当成了软弱可欺，王峻开始不停地骚扰郭威，他认为自己还可以从郭威身上得到更多。

王峻其人，演技较差，脾气太大。在朝堂上经常发生不和谐的一幕：御前会议上，王峻与郭威议事，一旦郭威的表态不合王峻的心意，当着满朝文武，王峻冲着郭威破口大骂，郭威的祖宗十八代无一幸免。

郭威不是傻子，他当然知道自己对王峻太过友好，这会助长王峻的猖狂，但郭威始终对王峻抱有内疚，再加上"国家新造，四方多故，王峻夙夜尽心，知无不为，军旅之谋，多所裨益"，还是不忍心对王峻下手。否则以郭威早年街头霸王的脾气，再加上现在随意可以杀人的无上权力，十个王峻的人头也被砍掉了。

郭威希望王峻能痛改前非，可王峻的胆子越来越肥，开始干预事关帝国安危的人事任免权，甚至是郭威不可能让步的皇位继承人的选择权。

哪个皇帝会让大臣挑选帝位继承人？从来都没有。

王峻心胸狭窄，见不得别人升官发财，郭威的部下向训不过封了个宫苑使的差事，王峻就撒泼打滚，甚至耍无赖要辞职。郭威对王峻一再忍让，甚至亲赴王峻府上，低三下四给王峻赔好话。

到了后来，王峻发展到公然要求郭威罢掉宰相范质、李穀，改任自己提出的人选。对此，郭威已经出离愤怒，但郭威还是念及旧情，忍了。

对于王峻的泼皮行径，郭威虽然不满，但总不忍对王峻发作。可当王峻开始插手帝位继承人安排时，郭威再也忍不住了。

郭威的亲生儿子都死光了，而在名义上，郭威还有一个儿子，就是养子柴荣。但在周朝建立时，并没有官方文件说要把江山传给柴荣，此时的郭威还在考虑到底把帝国传给谁，而除了柴荣，郭威手上还有很多选择。

郭威有几个晚辈的亲戚，如外甥李重进、女婿张永德、前妻张夫人的外甥曹彬、养子兼内侄柴荣，还有一个平辈的亲戚——妹夫杨廷璋。

曹彬和杨廷璋和郭威关系太远，郭威不可能选择他们，而能选择的只有外甥、女婿和养子（内侄）。李重进与郭威有血缘关系，按理最应该选择李重进。郭威又疼爱女儿，张永德同样有机会，但郭威最终还是选择了和自己没有任何血缘关系的养子柴荣（柴夫人是柴荣姑姑，没有生育）。

柴荣的优势有两点：一、柴夫人是郭威的患难夫妻。郭威和柴夫人感情极深，柴夫人死得早，郭威终身不立皇后。二、郭威早年落魄穷困，养子柴荣走南闯北做小生意养活姑父。郭威发达后，视柴荣如亲生，感情极深。

听说柴荣成为实际上的太子人选，王峻当时就急眼了。

王峻要想在郭威死后继续把持权力，就只能希望下一任皇帝庸弱无能，但能力强悍的柴荣一旦上台，必将在政治上判王峻的死刑，"峻素惮世宗（柴荣）之聪明英果"。

王峻开始拆柴荣的台。

王峻主要做了两件事情：一、在慕容彦超叛乱时，郭威本打算让柴荣讨伐慕容彦超，王峻却担心柴荣得胜后威望更著，极力反对此议，郭威只好亲自上马。二、想尽一切办法，阻止坐镇澶州的柴荣回汴梁见养父。

第一件事郭威忍忍也就算了，可见不到自己唯一的儿子，郭威感情上受到了很大的伤害。他甚至在朝堂上不顾皇帝脸面，对大臣们哭鼻子，"王峻陵朕太甚，欲尽逐大臣，翦朕羽翼。朕惟一子，专务间阻，暂令诣阙，已怀怨望。岂有身典枢机，复兼宰相，又求重镇！观其志趣，殊未盈厌。无君如此，谁则堪之！"

郭威终于忍无可忍，在朝堂上拿下了还在梦想更大权力的枢密使，将王峻贬为商州司马，即刻轰出汴梁城。

王峻的所作所为，已经称得上是大逆不道，换成其他帝王，早把王峻灭了满门。只是郭威脾气实在太好，而且太重感情，不是王峻把他逼到了墙角，郭威是不会动王峻的。即使拿下了王峻，郭威也还在念着当日的兄弟情。听说王峻在商州得了病，郭威"愍之"，让王峻老婆去商州探亲。

如果石守信做了王峻这样的事情，赵匡胤早就把石守信一门老小都砍光了。当然，石守信等人也没有这样的机会，杯酒释兵权，算是给足了兄弟面子。赵匡胤和石守信之间本就是利益交换，只不过赵匡胤得志后，并没有遵守当初的盟约。

历史上有很多皇帝被称为仁君，但很少提及郭威。实际上郭威的仁厚，放在历代帝王中都是数一数二的。

再提最后一件郭威让历史感动的事情。广顺四年（954年）正月十七日，五十一岁的郭威病逝于汴梁滋德殿。临终时，郭威拼尽最后一口气，对床前的养子柴荣提出了最后一个要求，等他死后，必须薄葬。"我死，当衣以纸衣，敛以瓦棺；速营葬，勿久留宫中；圹中无用石，以甓代之；工人役徒皆和雇，勿以烦民；葬毕，募近陵民三十户，蠲其杂徭，使之守视；勿修下宫，勿置守陵宫人，勿作石羊、虎、人、马，惟刻石置陵前云：'周天子平生好俭约，遗令用纸衣、瓦棺，嗣天子不敢违也。'"

郭威要求薄葬，直接的诱因是他当年西征李守贞时，看到唐朝的十八座帝陵因为墓中宝贝太多，被人盗了墓，郭威不想死后再被人打扰。但从深层次讲，郭威主要还是爱惜民力，不忍生活困难的百姓再为一个死人劳力破财。所以郭威死后，简单的墓室里既没有金腰带，也没有夜明珠。

二九　英雄敌不过天意
——漫谈周世宗柴荣之生平

赵匡胤风流千古，但他从来不承认他所建立的文治武功其实都是柴荣打下来的，他只不过随手捡了个大便宜。他所做的，只是在柴荣的基础上有所增益而已。但赵匡胤不承认，不代表历史不曾发生过，历史也同样不会忘记在赵匡胤之前，那个震惊整个东方世界的郭家养子。

几乎所有的历史评论家都众口一词：如果不是柴荣意外地英年早逝，他必然能建造一个功比汉唐的伟大帝国，而他本人，也将成为与秦皇汉武齐名的千古大帝。

"伟大的征服者"，这是最符合柴荣生平的历史标签。英雄敌不过天意，但英雄可以征服历史。

而做到这一切，柴荣仅仅用了五年零六个月。

有关柴荣的篇幅很长，但这一切都是值得的，毕竟他是历史上独一无二的柴荣，一个震撼历史的伟大征服者。

…………

梁龙德元年（921 年）九月二十四日，柴荣出生在河北邢州隆尧县一个破落地主家里，他的父亲名叫柴守礼，时年二十七岁。不过因为柴荣出生时，隆尧属于晋王李存勖的地盘，晋国奉唐朝天祐年号，所以《旧五代史》称柴荣生于唐天祐十八年。

不知道从哪一辈起，曾经富甲一方的柴家就衰落了，虽不至于精穷，也活得捉襟见肘。有说法认为柴荣是唐朝开国元勋——霍国公柴绍的后人，即使是，那又如何？刘备还是正宗汉景帝玄孙、中山靖王刘胜之后，还不是到处"要饭"？

每日为家庭奔忙的柴守礼，自然不会知道他的这个儿子将来会有怎样的人生，但柴家的窘迫，迫使少年柴荣不得不用他稚嫩的双肩，挑起一个家庭生存的重担。

有人是天生做生意的，比如胡雪岩、盛宣怀；有些人是天生做皇帝的，比如刘邦、朱元璋。有没有既会做生意，又会做皇帝的？有，就是柴荣。

不知道是什么时候、什么地点、通过什么渠道，柴荣结识了北方著名的茶老板颉跌氏。颉跌氏是做茶叶商贸流通的，就是批发茶叶贩到外地销售，赚取差价。颉跌氏似乎很喜欢柴荣，就把柴荣带在身边，在江湖上四处闯荡赚钱。不过有说法认为柴荣其实是个卖雨伞的，伞利微薄，不如茶叶赚钱，应该是柴荣在跟着颉跌氏之前卖伞。

柴荣不辞风里雨里，赚点辛苦钱，其实是养家用的，他本人花钱是很节省的。柴荣需要养活两个长辈懒汉：一个是他百无一用的父亲柴守礼；另一个就是他的姑父，当时混得一塌糊涂的郭威。

柴荣还有一个姑姑，因为生有绝色，被唐庄宗李存勖纳入宫中，做了一个嫔御，但没有混出头。李嗣源称帝后，大放宫人，柴姑姑被放出宫，可以自由婚嫁。柴姑姑身份高贵，身边又带着不少钱，她却一眼就看上了当时邋里邋遢的丘八头子郭威。任凭柴荣祖父母苦劝，柴姑姑只嫁郭威，柴家最终妥协，把女儿嫁给了郭威。柴荣就是这样和郭威扯上关系的，郭威也知道老婆在老家还有一个在江湖上跑单帮做生意的侄子。

因为柴夫人一直没有生育，而郭威又想要个儿子，柴姑姑提出一个建议——把老家侄子柴荣收养过来。因为郭威很喜欢柴荣，也就同意了。从此，郭威和柴荣既是姑侄，又是父子，亲上加亲。当时的郭威非常穷，还是柴荣四处跑生意，赚了钱养活养父。郭威也知道养子对他恩重如山，等到郭威发达之后，他首先提携的就是养子柴荣。后汉建立后，郭威平定了李守贞等人的叛乱，威望如日中天之际，奉命北上坐镇邺都防御契丹，郭威只带上了养子柴荣。当然，郭威不可能预知，正是他这个无意之举，才为历史保留了一段不可复制的伟大传奇。

等到郭威建立周朝时，他的亲生儿子都被杀光，而他需要确定一个皇位继承人。柴荣之所以中选，原因在上篇已经提及。不过相对于柴荣曾经照顾过养父，郭威看重柴荣的，还是柴荣那横绝一世的能力。如果仅是出于对柴荣当年照顾自己的感情，郭威大可以封柴荣为大藩，不至于把整个帝国都交给与自己没有血缘关系的养子。

在确定由柴荣继位后，郭威甚至把与自己有血缘关系的外甥李重进叫进宫，让比柴荣年长六岁的李重进给柴荣下跪磕头，以定君臣之分。至于王峻的反对，因为郭威铁了心要把皇位传给养子柴荣，即使王峻是自己一辈子兄弟，涉及自己的根本，郭威也不会客气。

铲除了王峻，天下人都不会怀疑，柴荣将是下一任中原帝国的主人。其实早在柴荣坐镇邺都时，因为善理民政，就得到当时舆论的一致好评。郭威病重时，天下惶恐，而听说柴荣主政汴梁军政时，各界舆论都鼓掌称颂，皆谓皇帝选对了人，汴梁形势迅速安定下来。"时太祖寝疾弥留，士庶忧沮，及闻帝总内外兵柄，咸以为惬。"这个记载，说明柴荣在郭威称帝时代就已贤名著于朝野，而当赵匡胤篡位时，江湖上都不知道赵匡胤是何许人。

广顺四年（954年）正月十七日，五十一岁的郭威病逝于汴梁滋德殿。柴荣自然也以皇位继承人的身份，毫无悬念地在养父灵前即皇帝位。不过柴荣心里也清楚，在殿下给自己三跪九叩、山呼万岁的文武百官，真正能瞧得起自己的没有几个人。

此时的柴荣是孤独的。

三十　英雄敌不过天意
——漫谈周世宗柴荣之战高平

高平，现在是山西晋城下辖的一个县级市，紧依太行山，自古就是从山西进入河南的天险要道。而高平在历史上之所以出名，主要还缘于一千多年前那场震惊天下的铁血大战，而这场战争，则拉开了周宋帝国统一天下的雄壮大幕。

高平之战，因为柴荣，甚至因为赵匡胤，历史从来没有忘记。

发动这场战役的是柴荣养父的仇人刘崇，刘崇永远都不会饶恕郭威杀死自己亲生儿子刘赟的血海深仇。后汉被郭威取代后，刘崇流着泪在太原衙门称帝，国号还是汉，史称北汉。北汉建立后，刘崇就开始找郭威讨还血债，不过他根本不是郭威的对手，几个回合下来，刘崇被郭威揍得鼻青脸肿，也老实了两年。但当刘崇听说郭威死了，继位的是郭威的养子柴荣时，刘崇放声狂笑，"吾儿之仇得报矣！"不过为了稳妥起见，刘崇还是请来了他的盟友——契丹人，契丹皇帝耶律璟也愿意浑水摸鱼，派北院宣徽使耶律敌禄（即杨衮）率六七万骑兵挺进太原，与刘崇麾下的三万北汉军会合，然后浩荡南下。

刘崇南下的路线，其实是他大哥刘知远当初要选择却又放弃的路线，即出团柏（今山西太谷），直取潞州（今山西长治），渡过黄河进攻汴梁。现在刘崇要做的，就是拿下晋南头号军事重镇潞州（古称上党）。

周朝国葬还没有结束，刘崇就大举入寇，并在潞州太平驿大破周昭义节度使李筠部下穆令均所部两千人，"俘斩（周）士卒千余人"。消息震撼了汴梁城，柴荣立刻召开临时御前会议商议对策。与会者都认为既然刘崇打上门，那我们就奉陪到底。唯一的分歧是，柴荣想亲征，大臣们则认为派一大将足矣。

柴荣想亲征，非常好理解。柴荣初即位，在江湖上还没有像样的成绩，大家对他不过是口服心不服。而如果打败刘崇，则天下畏服。而大臣们也是出于好心，劝柴荣不要冒险，其实他们都不好意思把实话说出来：就凭你，亲征刘崇？省省吧！

而反对柴荣最为激烈的竟然是冯道。冯道对柴荣半点情面也不留，直接打了柴荣的脸。柴荣自比唐太宗，冯道冷笑道你不是唐太宗；柴荣自比泰山压顶，冯道还是冷笑说你也不是泰山，气得柴荣差点当场发飙。关于冯道为什么阻止柴荣亲征，将在《冯道生存之"道"》篇中详细解读。

柴荣之所以坚持亲征，其实还有一个不便与外人道的原因。而明末王夫之则揣透了柴荣的心思，他评论道："朱友贞、李存勖、李从珂、石重贵、刘承祐之亡，皆非外寇之亡之也。骄帅挟不定之心，利人之亡，而因衅其不轨之志；其战不力，一败而溃，反戈内向，殪故主以迎仇雠。"如果柴荣派大将出征，军权就要旁落，一旦大将有异心，像杜重威、张彦泽那样，柴荣手上无兵，只能坐以待毙。柴荣必须亲征，将军权牢牢抓在手上。否则，石重贵、刘承祐就是柴荣的前车之鉴。

显德元年（954年）二月初九，大周皇帝柴荣下诏亲征，并在出发前颁诏天下，讨伐刘崇。这道诏书文采极佳，略云："朕自遭闵凶，再经晦朔，山陵已卜，日月有期，未忘荼蓼之情，岂愿干戈之役？而河东刘崇，幸灾乐祸，安忍阻兵？乘我大丧，犯予边境，勾引蕃寇，抽率乡兵，杀害生灵，觊觎州县。朕为万姓之父母，守先帝之基局，闻此侵陵，难以启处。所宜顺天地不容之意，从骁雄共愤之心，亲御甲兵，往宁边鄙。务清患难，敢避驱驰？凡在众我，当体兹意。"

柴荣讲了三点：一、周朝本想守两国之好，是刘崇主动发动战争的。二、刘崇勾结契丹人南犯中原，是当代大汉奸。三、为了百姓平安，朕不惜冒险亲征。军事是政治的延伸，柴荣很巧妙地把战争责任推给了刘崇，并且把自己打扮成人民的大救星。这在政治上是非常聪明的，虽然柴荣对这场即将到来的恶战能否取胜心中也没有底。

二月十一日，柴荣率大军出汴梁，疾速向泽州方向行进，柴荣承担不起潞州丢失的代价。而为了这场事关大周帝国生死存亡的大战，周朝军界几乎是精英尽出，计有：老将符彦卿、郭崇、樊爱能、刘词、药元福、王彦超、白重赞，新锐李重进、张永德、赵匡胤、石守信、高怀德、韩重赟、韩令坤、慕容延钊、李崇矩、潘美、尹崇珂、曹翰、米信、马仁瑀。

刘崇在高平摆下战场，但柴荣显然不会被动应战，他需要把战火烧到刘崇的大后方。柴荣让驻镇河中的护国军节度使王彦超会同驻镇陕州（今河南三门峡）

的保义军节度使韩通，取晋州路东进，进攻北汉西部边境，分散刘崇的注意力。同时，驻镇魏州的天雄军节度使符彦卿会同驻镇澶州（今河南濮阳）的镇宁军节度使郭崇，取磁州（今河北磁县）路，进入北汉境内，给北汉人制造周军要奇袭太原城的假象，对刘崇进行战略恫吓，以减轻高平方面周军所面临的军事压力。

周军的先锋是向训、樊爱能、何徽、白重赞，他们的任务是火速增援潞州李筠。柴荣随后出汴梁，向东沿黄河东进，至怀州（今河南沁阳）折头北上。

二月十六日，柴荣抵达怀州。

二月十八日，周军主力迅速抵达泽州，柴荣没有停留，直接把大部队拉到泽州东北十五里的高平。

可能是情报有误，刘崇根本没有先取潞州的打算，"过潞州不攻，引兵而南"，准备直取洛阳，再取汴梁。好在周军行动迅速，在潞州以南数十里的高平堵住了北汉军进一步南下的步伐。

两军相遇。

刘崇这才知道柴荣亲自来了。虽然当初刘崇出兵时，就认定柴荣"旻（刘崇改名）幸周有大葬，而天子（柴荣）新立，必不能出兵，宜自将以击其不意"。但柴荣既然来了，那今天就让你替你老子郭威偿还血债。

决定历史命运的大决战即将开始。

二月十九日，天刚放亮，柴荣就率主力和北汉军在一片高地上试探性地进行了交锋，"击之，北汉兵却"。北汉军没占什么便宜，往后撤了一段距离。但柴荣却"趣诸军亟进"，紧追北汉军不放。刘崇把军队后撤至巴公原，再次迎击周军。刘崇将北汉军分成两部分，自己带中军，大将张元徽坐镇左路，耶律敌禄率契丹军坐镇右路。

北汉军"众颇严整"，而周军都是老兵油子，向来是"出工不出力"。丘八大爷们看北汉军阵容严整，就有了畏战心思。再加上周军不到三万人，最多两万人，寡不敌众，"（周军）众心危惧"。

周军在距离北汉军不远处也摆出了"山"字阵：

左军：义成节度使白重赞、侍卫马步军都虞侯李重进等部。

右军：马军都指挥使樊爱能、步军都指挥使何徽等部。

中军：宣徽南院使向训、郑州防御使史彦超等部。

大周皇帝柴荣"金盔金甲淡黄袍,五股攒成祥甲绦。护心镜,放光豪。丝鸾带,扎稳牢。鱼褟尾,护裆口。战裙又把膝盖罩",骑马站在"山"字阵的最前面,殿前都指挥使张永德率禁军在柴荣身后,负责保卫皇帝安全。

刘崇已经看到了柴荣,但刘崇这时才知道周军人数不多,他开始有些后悔把契丹人招来分功,刘崇认为凭自己的北汉军,足以吃掉柴荣的这点虾兵蟹将。不知道是出于拍马屁的心理,还是确实认为周军不如北汉军,北汉将领"皆以为然"。但在旁边观阵的杨衮却认为周军不可小觑,"劲敌也,未可轻进"。刘崇不听,"时不可失,无妄言也"。

两军初对阵时,巴公原便一直在刮着强劲的东北风。东北风对北汉军是非常有利的,可刘崇刚要下令进击,突然又变成了南风,反而对北汉军不利。逆风作战不利这是基本的战争常识,但北汉官员却认为时机已到,请刘崇下令,刘崇利令智昏,竟然同意了。北汉的枢密直学士王得中上前拉住刘崇的马头,苦劝刘崇不要意气事,可以再等等。但刘崇根本瞧不上周军,南风又如何,照样切瓜剁菜!刘崇对王得中说:"老措大!毋妄沮吾军!"刘崇下令张元徽率东军进击与其对应的周军樊爱能、何徽等部。

可意外却发生了。还没等北汉军冲进周军阵中,周军樊爱能与何徽竟然带着几十名亲兵不战而逃,丢下了无头苍蝇一般的周右军。

主将跑了,弟兄们怎么办?答案惊人得一致:投降刘崇。反正跟着柴荣是吃肉,跟着刘崇也是吃肉,他们又不是没出卖过石重贵、刘承祐。还没等在后面督战的柴荣反应过来,周右军"(周)步兵千余人解甲呼万岁"。

刘崇激动得仰天大笑。

周右军突然不战自溃,对周军其他阵营造成了极大的心理震撼,中、左两军士气大受打击。在这个时候,只要统帅柴荣意志稍有薄弱,效仿樊、何临阵脱逃,周中、左二军势必投降刘崇。

势若山崩,柴荣的末日也就到了。

柴荣的反应非常激烈,"帝见军势危,自引亲兵犯矢石督战"。用现代艺术语言演绎,柴荣狠狠地往地上吐了一口唾沫,把手中大剑斜指上苍,大喝:怕死的,或走或降。不怕死的,还是个爷儿们的,跟朕上阵送死!说罢,柴荣双腿夹马,骏马如利剑一般直冲北汉军大阵。

三军用命，其功在将。只要主帅肯用命，弟兄们还有什么好说的！何况是九五至尊的皇帝！周军的新锐将领们正是血气方刚的年纪，见柴荣都拼了，咱们还有什么好说的！杀他娘的！

数十名年轻的周军将领率各部，如泰山压顶一般，吼叫着，跟着柴荣冲进了北汉军的阵中。

此时，柴荣不再孤独。

出于对本朝主子的吹捧，司马光在《资治通鉴》只用一句话记载柴荣亲自上阵，却用一大段描写赵匡胤的英勇，厚此而薄彼。当然，赵匡胤在高平之战中的表现堪称英雄之风，"太祖皇帝（赵匡胤）身先士卒，驰犯其锋，士卒死战，无不一当百，北汉兵披靡"。

实际上，根据赵匡胤在位时编撰的《旧五代史》记载，第一个跟着柴荣杀过去的，是内殿直马仁瑀。"（马仁瑀传）从世宗亲征刘崇，王师不力，仁瑀谓众曰：'主辱臣死！'因跃马大呼，引弓连毙将卒数十，士气始振。"然后才是赵匡胤本人跟上。司马光把马仁瑀冲阵放在了赵匡胤之后，不过是逢迎拍马而已，还不如赵匡胤本人豁达。

李重进、张永德、石守信、高怀德、韩重赟、韩令坤、慕容延钊、李崇矩、潘美、尹崇珂、曹翰、米信、董遵诲、马全义，还有狗肉贩子出身的小卒唐景思，一群年轻人，在同样年轻的柴荣感召之下，激动得不能自已，都山崩海啸般与北汉军血战到底。

死，也要死出个男人样。

周右军自溃，周军形势异常危急，但北汉军阵中谁都没想到，几乎是死到临头的柴荣竟然亲自上阵，及时挽救了行将山崩的周军。

南风越刮越大，狂风夹杂着尘土碎石，北汉军被风石打得睁不开眼。刘崇这才后悔没听王得中的建议，可再想撤退时，周军岂能让你来去自如？北汉大将张元徽在与周军作战时，战马突然扑倒在地，周军不和他客气，乱刀剁成肉泥。

张元徽是北汉的标志性大将，他的死，给北汉军本就不强的士气造成了极大的心理打击。周军则趁热打铁，一举击溃北汉军。

"（周）战士皆奋命争先，贼（北汉）军大败。"

其实北汉军还有一路援军，就是坐镇西路的杨衮的数万契丹骑兵。现在周军已经杀红了眼，杨衮当然不会陪刘崇下葬，直接拐了马头，溜之大吉。

契丹人见死不救，刘崇气得浑身颤抖。老皇帝手举红旗，四处收拢败兵，可北汉兵像鸭子一样到处被周军追杀，谁还顾得上那个老头子。刘崇没办法，只好带着好容易收回来的一万多败兵，"阻涧而阵"，利用险要地势企图死守，但却把自己置于死地。

当天傍晚，周河阳节度使刘词带来的援军赶到巴公原，稍事休整后，与周军主力在第二天向刘崇残部发起总攻。一万多北汉军挤在狭小的山涧谷地里，活动空间有限，几乎是等着周军屠杀，那柴荣就不会客气了。

这是一场毫无悬念的战役，"北汉兵又败"。刘崇像惊弓之鸟一样狼狈逃出山涧，却丢下了弟兄们的尸体无数，大量军资器械无数，牛马驴猪无数，"僵尸弃甲填满山谷。所获辎重、兵器、驼马、伪乘舆器服等不可胜纪"。周军大获全胜，只是跑了刘崇。

刘皇帝此时已经换上粗布衣服，戴上斗笠，扮成百姓，骑着契丹皇帝送给他的黄骝马，带着一百多亲卫骑兵，连夜逃回太原。但由于天太黑，结果却迷了路。刘崇让当地村民给他带路，结果村民带错了路，带着刘崇朝西边的晋州方向逃窜。跑了一百多里路，刘崇才发现方向不对，杀了村民，改道向北，勉强才逃回太原城。大难不死的刘崇为了感谢这位救他一命的马大爷，封黄骝马为"自在将军"，享受三品俸禄。刘崇想不到为北汉存亡立功的竟然是一匹马，历史实在过于讽刺。

"乳臭未干"的柴荣赢得了这场高平之战的最终胜利。《旧五代史》的史官们对他们曾经侍奉过的皇帝给予了极高的评价："是日，危急之势顷刻莫保，赖帝英武果敢，亲临寇敌，不然则社稷几若缀旒矣。"一个"赖"字，说明这次震惊天下的高平之战，首功是柴荣，而不是其他什么人。

高平之战如同一声惊雷，震醒了在黑暗中沉睡近百年的历史。世人这才知道郭威有个养子叫柴荣，在高平大战教训了不可一世的北汉老皇帝刘崇，一战成名天下知。

其实这场高平之战，更大的意义并不仅仅是柴荣打出了自己的威名，而是彻底击碎了北汉政权南下吞并中原的野心。终北汉存在之世，再也不敢主动发动对中原政权的战争，不过困兽死守而已。柴荣打怕了当时天下战斗力最为顽强凶悍的北汉人，可以无北顾之忧地开启带有明显柴荣标签的轰轰烈烈的统一战争。欧阳修虽然有时经常胡言乱语，但他也不得不承认高平之战对于统一的重要性——"世宗取淮南，定三关，威武之振自高平始。"

在取得高平之战的胜利后，柴荣有些被胜利冲昏头脑，决定毕其功于一役，准备趁热打铁，进围太原，一举消灭刘崇。虽然将领们都反对这次冒险之旅，但柴荣有些无赖似的要求将领们必须执行他的命令。

柴荣大胜高平之后立刻向北进军，实际犯了兵家最忌的疲劳行军，等到各路周军云集太原城下，胜利之师已成疲惫之师。虽然周军各部陆续攻克北汉州郡，但太原城始终拿不下来，刘崇希望自己至少能守住太原，将来再逆转翻盘。

刘崇的梦想最终还是实现了，周军被迫灰溜溜地离开河东。具体原因，大致有以下几点：

一、周军是上承梁唐晋汉的旧式军队，偷奸耍滑已成习惯，到了太原城下，丘八爷们开始四处抄掠百姓，彻底得罪了河东百姓，周军粮食接济成了问题。

二、数十万周军在太原城下游手好闲，几乎成了官方土匪。好在柴荣及时做出了调整，下诏安慰河东百姓，放宽河东百姓的缴税期限，并严禁周军抢劫，河东民心稍稍安定。不过河东本就地瘠民贫，即使所有河东百姓倾囊相助，周军也得之甚微。

三、契丹人不会允许北汉灭亡，出兵在代州一带袭扰周军，并成功地击杀了周朝大将史彦超，周军为之夺气。

四、天公不作美，连旬大雨，周军在雨中被泡成了方便面，并且发生大规模疫情，军情不稳。

综合各种考虑，柴荣不得不咬牙暂时中断自己的梦想，于六月二日下诏撤军。柴荣率周军仓皇撤退，之前攻克北汉各州郡的周朝官员也不得不狼狈撤出，一场本可以名垂青史的大战，就这样稀里糊涂地泡汤了。

不过，柴荣第一次北伐灭汉没有成功，并不影响高平之战巨大的历史意义。围攻太原本就是柴荣一时心血来潮之举，柴荣不是圣人，从来都不是。

三一　英雄敌不过天意
——漫谈周世宗柴荣之战寿州

众所周知，975 年，北宋太祖赵匡胤在篡位后的第十六个年头，终于一鼓作气，消灭了割据江南近百年的（杨吴）南唐政权，天下大势已定。其实要说对宋灭南唐贡献最大的，并不是赵匡胤本人，而是赵匡胤的旧主周世宗柴荣。不是柴荣几乎倾全国之力，用了三年时间，拼掉了南唐最精锐主力，赵匡胤是不会轻松拿下李煜的。

不过柴荣三打南唐并不是一场战役，而是历时三年多，战线长达一千多公里的漫长战争，周朝与南唐的攻守战和，刀兵与外交，情况非常复杂。因为篇幅有限，所以只节选柴荣在三打淮南过程最为精彩的一幕——战寿州，两个伟大的男人之间的一场震撼历史的对决，柴荣决战刘仁赡。

周朝攻南唐，起源于时任周朝比部郎中王朴那篇著名的《平边策》，而这篇《平边策》也是柴荣给大臣们布置的作业中最精彩的一篇。王朴的《平边策》很长，但取其精华，大意是"先易后难"，先啃硬骨头吴蜀，再捏软柿子（除了最硬的那根骨头北汉和契丹）。不过柴荣并没有完全按照王朴的计划走，后期改成"先难后易"，王朴的"先易后难"则被赵匡胤和赵普全文抄袭过去。

当时除了周朝之外，无论是从疆域、人口还是经济实力、兵力，天下第一强国非南唐莫属。"其地东暨衢、婺，南及五岭，西至湖湘，北据长淮，凡三十余州，广袤数千里，尽为其所有，近代僭窃之地，最为强盛。"南唐是唯一可以与周朝争雄天下的大国。

周显德二年（955 年）十一月初一，大周皇帝柴荣正式颁诏天下，讨伐不庭，诏书写得洋洋洒洒，气势雄大。柴荣作战，向来喜欢亲征，这次征南唐也不例外。这次南征，几乎派去了帝国最精锐的部队和战将，先锋是宰相李毂，忠武军节度使王彦超为副，侍卫马军都指挥使韩令坤以下十二将，各率本部兵随李毂出征。

周朝与南唐有着长达一千多公里的边界线，基本以淮河分界，而南唐淮河防线的头号重镇就是寿州（今安徽寿县）。只要拿下寿州，周军就能占据淮南之战的主动权，虽然柴荣也知道坐镇寿州的是南唐头号名将刘仁赡。

此时是冬季，淮河水浅，再加上南唐皇帝李璟突然撤掉守卫淮河的"把浅军"，周军先锋部队利用这一有利时机，迅速在淮河上搭建浮桥，从正阳（今寿县西南）方向在无敌军防守的情况下顺利渡过淮河，进入淮南腹地，并在寿州城下两次打败南唐偏军。

而显德三年（956年）正月初八，柴荣率周军主力部队离开汴梁浩荡南下，迈出了征服天下的第一步。

而周军大举南下，震动了整个文恬武嬉已久的南唐官场。李璟虽然昏庸疏狂，但也知道寿州的战略地位，李璟很快派神武统军刘彦贞率三万人北上救援寿州。刘彦贞是个大贪官，赚钱本事一流，根本不会打仗。不过刚开始的时候，刘彦贞下令打造了数百条大船，准备冲击周军浮桥，对李毂造成了很大的震慑。李毂连夜带周军先头部队扔下浮桥，撤回淮河北岸，俟机再南渡作战。柴荣本人非常反对北撤，因为等到淮河水位暴涨，到时周军就很难再过淮河。柴荣让李重进火速前往正阳，不惜一切代价也要保住淮河浮桥。

李重进南下，刘彦贞北上，两军在正阳附近相遇。本来刘彦贞率军抵达寿阳时，刘仁赡曾劝刘彦贞先休整部队，毕竟"强弩之末不能穿于鲁缟"，但刘彦贞立功心切，不听劝阻，率饿得两眼直冒金星的南唐军北上。

刘彦贞的作战方式非常奇特，南唐的一万多匹战马都用铁链拴住马腿，组成一个同进同退的大阵，号称"捷马牌"。同时派人在阵前放置很多皮袋子，里面装满铁蒺藜。更让李重进看不懂的是，刘彦贞用木块刻成老虎狮子，在阵前晃来晃去。李重进没兴趣陪刘彦贞耍宝，一声令下，吃饱喝足的周军将饿得找不着北的周军打得找不着北。是役，周军"斩首万余级，追奔二十余里，杀大将刘彦贞，擒神将盛师朗数十人，降三千人，获戈甲三十万"，只有少数残兵逃回寿州。

这场正阳之战在整个周唐淮南作战史上的地位非常重要，刘彦贞的败死，直接敲响了南唐政权的丧钟，严重打击了南唐人抵抗周军的决心，所以陆游评价说："唐丧地千里，国几亡，其败自彦贞始。"但更严重的问题是，刘彦贞所部被歼，导致孤城寿州直接暴露在周军强大的攻击面前，而刘仁赡似乎也隐隐感觉到了一丝不祥。

下面来介绍一下另一位主角刘仁赡。

刘仁赡，字守惠，欧阳修认为他是徐州人，陆游则说他是淮阴人。刘仁赡父亲名叫刘金，曾任杨吴濠州团练使，他的哥哥刘仁规还是吴王杨行密的女婿。

刘仁赡"略通儒术，好兵书，有名于国中"。南唐开国烈祖李昇非常欣赏刘仁赡，封为武昌节度使。后来李璟灭楚，刘仁赡率武昌水军进取岳阳，一路秋毫无犯，大得楚人之心。《江南野史》评价刘仁赡"性淳谨，器度伟重，喜怒不形于色。总令兵士严而不残，有良将之才。出典郡符，鄣治无滞，有政绩能名，军民乐其仁信"。

有这样的名将坐镇淮南头号重镇寿州，李璟非常放心，而就在刘仁赡上任的同年，柴荣就杀了过来。

刘仁赡深知柴荣的厉害，早在周军南下之前，他就曾经劝李璟不要撤掉把浅军，但李璟不听，结果周军轻松进入淮南，终成大患。而刘彦贞不听刘仁赡的正确判断自去送死后，刘仁赡就知道刘彦贞必败，柴荣必来，所以刘仁赡加紧城防，准备与柴荣一决生死。

刘仁赡终于在寿州城头上，隔着茫茫淮河，遥遥望见了生活在传说中的柴荣，柴荣率周军主力驻于淝水北岸，这一天是周显德二年（955 年）正月二十二日。

柴荣做事向来雷厉风行，四天后，周军利用之前李榖搭建的浮桥，迅速渡过淮南，在寿州城下向困守的刘仁赡炫耀着自己的肌肉。

柴荣知道刘仁赡是根硬骨头，劝降是不可能的，只有用实力解决问题。二十三日，柴荣一剑直指，各地被征调来的数十万民工，与周朝正规军一起，向寿州城发起了如潮般的进攻。

这是五代史上罕见的城防大战。

无数只战船游弋在淮河中，船上都装着一种先进的远距离投射武器——石砲。所谓石砲，简单来说就是弹弓的放大版，把大石头放在巨型弩机的发射口，然后用力射向遥远的城池。目标是砸坏寿州城墙，有利于周朝的地面部队攻克城池。

同时，柴荣又"束巨竹数十万竿，上施版屋，号为'竹龙'，载甲士以攻之，又决其水砦入于淝河。攻之百端"。

可惜，守城的是刘仁赡，一位不世出的名将，柴荣迅速拿下寿州城的计划落空了。这场战役一直打了四个月，柴荣"驻跸于其垒北，数道齐攻，填堑陷壁，昼夜不息，如是者累月"，但寿州城依然坚如磐石，大唐王朝的旗帜迎风不倒。

数十万大军拿不下一个寿州城，大周皇帝怒了，他要亲自上阵找刘仁赡决战。

北宋人龙衮记载了这个极为传奇的男人之间决斗的故事，事在《江南野史》第五卷。

与其说柴荣是找刘仁赡决战，不如说柴荣是去送死。

其实自攻城以来，柴荣一直在城下督战，只不过刘仁赡没发现而已。但有一次，刘仁赡发现城下有一个周军大人物坐在胡床上，指挥周军进攻。刘仁赡不认识这人是谁，但从周军对此人的恭敬态度以及装束来看，此人必是伞贩子柴荣。

刘仁赡抑制心中的狂喜，柴荣近在眼前，只要一箭射死敌酋，周军必退。

刘仁赡射术极好，"猿臂善射，发无不中"，射死柴荣不成问题。在柴荣身边的侍卫还没有反应过来的时候，一支利箭就穿透了时空，直射柴荣。不过因为距离有些远，这支箭落在了柴荣所踞胡床的不远处。

柴荣看到了这支箭，只是冷笑。

而周朝大臣们则吓出了一身冷汗，劝柴荣立刻后撤，不要成为刘仁赡的箭靶子。柴荣望了一眼风云无恙的寿州城，冷笑道："一箭射杀一天子，天下宁复有天子乎！"

这就是柴荣对刘仁赡的回答。也只有柴荣，才能做出这样霸气的回答。柴荣平生最不信邪，你越逞强，我越不怕你！刘仁赡我也不鸟你！

柴荣让侍卫把胡床往前搬，理由是近些，刘仁赡的箭可以够得着。弟兄们都吓坏了，但柴荣不再理睬他们，只是微笑着遥望着城头上的刘仁赡。

刘仁赡不客气，你自己寻死，我自然要成全你。刘仁赡再次搭箭，满月流星，一箭直射柴荣，但箭依然在胡床前几米落下尘埃。

柴荣笑了，刘仁赡则仰天长叹：此天意，吾不胜天。一把把弓扔在地上。

龙衮这样称赞柴荣这次不可思议的霸气："以周世宗之神武确断，当矢石而不惧。予观自古帝王之达者一人而已。"

170

而龙衮是北宋人。

柴荣无恙，而刘仁赡也知道自己失去了最后一次自救的机会。其实只要刘仁赡向柴荣屈膝，以柴荣对刘仁赡的欣赏，刘仁赡可以得到任何他想得到的东西。但刘仁赡食李氏之禄，是绝不可能投降的。刘仁赡告诉部下，我今日有死而已，断不做屈膝将军。因为刘仁赡待部下如兄弟，所以刘仁赡选择杀身成仁，弟兄们也没二话，所以守城意志更加坚定，周军无论如何进攻，始终拿寿州城毫无办法。

数十万周军被阻于寿州城下，实际上是对南唐非常有利的，至少淮南其他州郡可保无恙，柴荣岂能容此！既然刘仁赡这颗硬核桃暂时啃不动，那就先去捏软柿子。围点打援，在机动战中消灭南唐精锐部队，最后再攻寿州。周军在异国作战，没有守土之责，机动性非常强，可以在部分作战区域形成多数对少数，若稍有不力，便进行战略收缩，但南唐军需要守土，灵活性远不如周军。

柴荣盯上了南唐国都金陵的江北门户——滁州。替柴荣攻取滁州的，是柴荣非常欣赏和喜爱的大将赵匡胤。赵匡胤虽然篡位备受历史争议，但赵匡胤的作战能力是毋庸置疑的。赵匡胤在涡口（今安徽怀远附近）大破南唐兵马都监何延锡，杀万余人，同时活捉了刘仁赡的侄子、天忠指挥使刘崇浦。本来要北上救援寿州的南唐军皇甫晖部与姚凤部被赵匡胤打怕了，退守清流关不敢北上。

赵匡胤急需打出名气，作战欲望非常强烈。他随后在滁州北的清流河前生擒皇甫晖和姚凤，轻松拿下滁州。

滁州的丢失，导致金陵在江北无险可守，迫使李璟把重兵布置在金陵附近，这样就减轻了围困寿州的周军所面临的军事压力。而李璟迫于湖南战事的压力，以及东南邻居吴越又在柴荣的调令下出兵，李璟承受不住巨大的压力，派人来找柴荣求和。条件是奉柴荣为兄，向周朝献岁币。

这样的条件不可能打动柴荣，柴荣不是奔着这点银子来的，他要的是整个天下，所以断然拒绝了李璟的求和。周军弟兄也确实给柴荣挣面子，随后不久，侍卫马军都指挥使韩令坤就攻克南唐江北头号重镇扬州，随后又克泰州，给金陵城制造了空前的生存压力。周军其他各部也都没有闲着，光州（今河南潢川）、舒州（今安徽潜山）、蕲州（今湖北蕲春）先后被周军拿下。

此时的李璟还在幻想求和，提高了和谈条件，愿做周朝外藩，每年岁贡百万，割寿、濠、泗、楚、光、海六州。柴荣相信不久后就可以拿下整个淮南，他根本没兴趣和李璟和谈，我能打得过你，为什么要和你和谈？打不过的才会和谈。

既然柴荣不给面子，李璟也怒了，血性上来，这位天才的艺术家决定和柴荣死战到底。李璟在打退了吴越兵之后，派四弟、齐王李景达率重兵北上救援寿州。李景达是个饭桶，根本不懂军事，而奉命监视李景达的监军陈觉更是南唐著名奸臣，有这样的组合，岂能是柴荣的对手！甚至柴荣都没有亲自出手，替他出面的还是赵匡胤。

"居数日，唐出兵趣六合，太祖皇帝奋击，大破之，杀获近五千人，余众尚万，走渡江，争舟溺死者甚众，于是唐之精卒尽矣。"六合之战，几乎吓破了李璟的胆，但却依旧没有动摇寿州城中孤臣刘仁赡杀身成仁的决心，柴荣对此极为不解，却又无比敬重这位让自己难堪的南唐孤臣。

刘仁赡已成城中困兽，却依然有能力出城袭击周军，更让柴荣非常难堪。"寿州贼军犯我南洞子，王师死得数百人。先是，帝（柴荣）命继勋领兵于寿州之南构洞屋，以攻其城。至是，继勋以怠于守御，为其所败，我之洞屋悉为贼所焚。"再加上连旬天降大雨，粮草运输跟不上，周军士气被消磨殆尽，军事管理一片混乱，逃亡事件不断发生。因为柴荣的大符皇后得病，柴荣必须回汴梁一趟，但李重进等人继续守在寿州城下，陪刘仁赡折腾到底。

寿州城始终拿不下来，周军在沿江招讨使向训的安排下，所有在淮南的主力悉数撤出所在城池，全部集中于寿州。只要拿下寿州，一则能沉重打击南唐士气，二则再战淮南无后顾之忧，这也是柴荣同意的。

这招对刘仁赡来说几乎是灭顶之灾，"由是周兵皆聚于正阳，而寿州之围，遂不可解。终失淮南"。而李璟则在压力非常大的情况下又调集五万大军，再次援救刘仁赡。

这支南唐部队行军迅速，很快就抵达了寿州城外的紫金山下。李璟与刘仁赡都知道，这将是他们人生中的最后一次救赎，一旦再败，一切都无再挽回之机。

很遗憾，虽然柴荣不在现场，但周军主将个个都是虎狼之辈，向训、张永德、李重进都是人中龙凤，显然不是南唐那伙饭桶可以相比的，虽然南唐军中也有林仁肇这样的名将。

此时柴荣已经返回前线，并带来了数千人的水军部队，极大地丰富了周军的作战选择。显德四年（957年）三月初二，柴荣率大军渡过淮河，与向训等人会合，准备与南唐军决战。

南唐军现在最需要做的，就是保障寿州城的吃饭问题。南唐军修建了甬道，准备通过甬道向城中送粮。但就在甬道即将挖到城中时，被周军发现，李重进自然不能让他们得逞，大刀阔斧之后，南唐甬道被彻底破坏，还战死了五千人。

即使如此，南唐军依然保持着强大的战斗力，柴荣未必有把握一战胜之。但没想到南唐大监军陈觉的奸臣病又犯了，猜忌大将朱元，暗中上书诋毁朱元，李璟决定拿掉朱元。朱元见李璟如此昏庸，一怒之下，率队投降了柴荣。朱元是南唐名将，他的倒戈，极大地挫伤了南唐军的斗气。柴荣趁热打铁，于三月初五的清晨，在紫金山下对南唐军发起了总攻。

南唐军已经斗志涣散，周军则士气高昂，结果不问可知。南唐军惨败，死伤万余，剩下的四万人沿着淮河南岸向东疯跑。周柴荣亲自率军狂追二百里，除了把一部分唐军挤进河里淹死，其他唐军悉数投降。

紫金山之战的结果，已经病入膏肓的刘仁赡看在眼里，他没有任何表情，他知道有陈觉带队，早晚会有这一天。

柴荣收拾了南唐援军，接下来就可以直接与刘仁赡对话了。柴荣再派人入城告诉刘仁赡，劝刘仁赡"自择祸福"，但刘仁赡态度明确——宁死不降。谁敢议降，斩！

刘仁赡的儿子刘崇谏不想陪老爹殉国，暗中出降周军，结果被巡逻部队抓到，送回刘仁赡面前。刘仁赡恼羞成怒，不顾将士们的哭劝，毅然将儿子斩首示众，再敢降者，就是刘崇谏的下场！

刘仁赡大义灭亲，深深感染了已经饿到虚脱的南唐将士，都是男人，横竖是个死！

而柴荣此时又来劝刘仁赡投降。其实劝不劝，寿州城都已经指日可下。苦苦撑了一年多，饥饿、作战以及斩子带来的精神上的痛苦，刘仁赡再也站不起来了，卧床昏迷不醒。

城中唐军知道打不下去了，在寿州监军周廷构和营田副使孙羽的倡议下，城中高层以刘仁赡的名义给柴荣写了降表，这一天是三月十九日。两天后，柴荣以胜利者的身份，在寿州城下接受南唐军的投降。

柴荣终于近距离见到了让他为之心折的那位南唐名将。奄奄一息的刘仁赡是被周廷构派人放在床上，抬到柴荣面前的。柴荣对刘仁赡尽臣节非常感动，下诏褒奖刘仁赡："刘仁赡尽忠所事，抗节无亏，前代名臣，几人可比！予之南伐，得尔为多。"而就在当天，刘仁赡溘然长逝于他苦守一年多的寿州城。

满城尽哀。李璟得到消息后，再也忍不住，号啕痛哭，可这又有什么用呢？寿州的丢失，导致淮南无险可守，即使唐军依然可以与周军大打出手，但在战略上，唐军是非常被动的。柴荣带着周朝军界的精英们，几乎是沿着淮河一路扫荡，克濠州，攻楚州，歼灭南唐主力无数。而等到了显德五年（958年）的时候，李璟实在撑不下去了。为了保住江南半壁，李璟只能向柴荣屈膝服软。

李璟求和的条件不可谓不重：一、自去唐国号，改称江南国主，向周朝称臣。二、割让淮南十四州入周。李璟为了讨好柴荣，甚至不惜男人的尊严，称比自己还小五岁的柴荣为"父"。

苦战三年，柴荣终于得到了他想得到的：州十四、县六十、户口二十二万六千五百七十四、人口百余万。

周朝拿下寿州，南唐事，已不可为矣！

三二　英雄敌不过天意
——漫谈周世宗柴荣之军事、政治、佛教改革篇

柴荣是一个伟大的政治家、军事家，但人们并不太清楚的是，柴荣其实还是一个伟大的改革家。世人皆知赵匡胤篡位后对唐末五代以来的弊病进行了一定程度上的矫正，实际上赵匡胤是在柴荣改革的基础上进行敲敲补补的，甚至可以说，在商鞅变法与王安石变法之间，完全可以加入开北宋兴隆之局面的周世宗变法。

这是一场真正的触及社会根底的整体性改革，影响所及，震古烁今。而柴荣完成这一切，只用了区区五年半的时间。

柴荣最先进行的改革领域，是事关帝国安危的军队。而这场深刻影响宋朝历史的军事改革，其发端就是高平之战时，周右军樊爱能、何徽临阵脱逃，险置柴荣于死地。

高平之战，柴荣在江湖上打出了自己的威名，但同时，他发现了军队的积弊，特别是骄兵之弊。柴荣深知如果不改革军队，将来还会出现第二个樊、何，继续把自己当大礼包送人。

赵匡胤"杯酒释兵权"，解除了地方藩镇的兵权，流芳千古。但实际上，早在五代初年，有识之士就意识到地方兵权的下放是导致连年战乱、兵大爷祸害民间的根本原因，废除地方兵权并不是赵匡胤的天才发明。河东军队仗着有功于李克用，到处扰民，有人劝李克用整治军队，李克用叹道："此辈胆略过人，数十年从吾征伐，比年以来，国藏空竭，诸军之家卖马自给。今四方诸侯皆悬重赏以募勇士，吾若束之以法，急则弃吾，吾安能独保此乎！俟时开运泰，吾固自能处置矣。"而赵匡胤之所以能轻松地"杯酒释兵权"，其实就是赵匡胤处在了一个"时开运泰"的历史时期而已。换言之，是柴荣创造了赵匡胤可以轻松享受的"时开运泰"。

柴荣种树，赵匡胤乘凉。没有柴荣种树，赵匡胤只能晒太阳。

用文官取代武将管理地方州县，也不是赵匡胤的天才发明，早在南汉高祖刘龑时代，刘龑就用文官主政地方州县。而宋朝著名的知州制度，就是"权知某军州事"，早在南唐时就已经使用。南唐用文官代理节度使事，称为"知节度使事"，后来衍变成"知军州事"。解决地方兵权下放引发的骄兵问题，是一代代有识之士共同努力的结果，并非一个人的功劳。

除了骄兵，当时军界还有一个大问题，就是冗兵，即军队人数虽多，却战斗力涣散。冗兵的原因是老兵不退役，而军阀又不敢得罪这些人，只能任由他们赖在军中混饭吃。骄兵、冗兵最擅长的不是打仗，而是临敌卖主，石重贵就是这样被他们廉价卖掉的，柴荣也险些被卖掉，所以史称"每遇大敌，不走即降。其所以失国，亦多由此"。

军队已经到了不改革就会亡国灭种的地步，更何况柴荣志在统一天下，就必须打造一支铁血部队，所以军队改革势在必行。

在高平之战斩杀樊爱能、何徽等逃跑将校七十余人后，柴荣在汴梁宫中与大臣们议事，就明确提到裁减冗兵。柴荣认为，"凡兵务精不务多，今以农夫百未能养甲士一，奈何浚民之膏泽，养此无用之物乎！且健懦不分，众何所劝！"

轰轰烈烈的军队改革就此拉开帷幕。首先，柴荣裁撤掉老弱残兵，这些人除了吃空饷百无一用。然后招募强壮的农民进来顶替名额。在新兵入伍后，柴荣实行了"精锐者升之上军，羸者斥去之"的竞争制度，谁有本事谁吃肉，没本事的淘汰出局。只有竞争才会生产出优质产品，其实部队也是一样。

除了在部队内部进行竞争，柴荣认为最重要的军事改革，就是把募兵权牢牢控制在中央政府手中，绝不允许由地方政府募兵。同时，柴荣还制定了对宋朝历史有直接影响的禁军实卫京畿的制度，即把地方部队上的精兵全部上调中央禁军，实行"强干弱枝"。在过去，中央军和地方军的战斗力相当，所以地方军经常打败中央军，但自强禁军而弱地方军后，地方藩镇再无力对抗中央政府，这就斩断了藩镇割据的基础，为后来赵匡胤"杯酒释兵权"打下良好的基础。

"由是士卒精强，近代无比，征伐四方，所向皆捷，选练之力也。"这是司马光在《资治通鉴》对柴荣进行军事改革后的成果的经典评价。而《旧五代史·周世宗本纪》对柴荣整军的记载更为精确："帝自高平之役，睹诸军未甚严整，遂有退却，至是命令上一概简阅，选武艺超绝者，署为殿前诸班，因是有散员、散指挥使、内殿直、散都头、铁骑、控鹤之号。复命总戎者，自龙捷、虎捷以降，一一选之，老弱羸小者去之，诸军士伍，无不精当。由是兵甲之盛，近代无比，且减冗食之费焉。"

宋人经常歌颂赵匡胤罢地方兵权，为安稳社会做出了巨大贡献，实际上这是柴荣的杰作。

从时间上看，柴荣在军改之后，紧接着进行的是政改。在封建政治体制成熟运作的情况下，柴荣不可能进行触及社会根本制度的政治体制改革，只是在这个基础上有所增益。因为受篇幅限制，这里只讲柴荣对人才的重视问题。

特别是在五代乱世，一些奸猾官员把持朝政，真正的才学贤士上不来，最终损害的还是政权利益。柴荣求贤若渴，在显德二年（955年）春，柴荣就下诏求贤。历代帝王都会求贤，但有人只是在演戏，有人则是动真章，柴荣显然是后者。与其说柴荣求贤，不如说是柴荣命令省府各司官员去寻贤，而且柴荣也直接告诉大员们：这是完不成就必须受到惩罚的政治任务！

"应在朝文资官翰林学士两省官内，有曾历藩郡宾职州县官者，宜令各举堪为令录者一人，务在强明清慎，公平勤恪。其中有已曾任令录，亦许称举，并当擢用。不拘选限资叙，虽姻族近亲，亦无妨嫌，只须举状内具言。除官之日，仍署举主姓名。若在官贪浊不公，懦弱不理，或职务废阙，或处断乖违，并量事状重轻，连坐举主。"

大意是曾经在地方上任过职的中央文官们，每人至少推荐一位贤人，条件是"强明清慎，公平勤恪"，至于身世背景不限，即使是近亲也无妨。但如果这个人在当官之后，朝廷发现此人昏聩糊涂，甚至贪污腐败时，那就严厉追究举荐者的政治责任，谓之"连坐"。

除了逼官员们举贤，柴荣还颁诏内外，各级官员以后都可以随意上章，直接评论柴荣本人的为政得失，这也是政治任务。"应内外文武臣僚，今后或有所见所闻，并许上章论谏。若朕躬之有阙失，得以尽言；时政之有瑕疵，勿宜有隐。方求名实，岂尚虚华，苟或素不工文，但可直书其事。"没有山海一般的度量，是做不到这一点的。柴荣同时还要求官员们在外办事时，体访当地民情，回来后具本上奏，"臣僚有出使在外回者，苟或知黎庶之利病，闻官吏之优劣，当具敷奏，以广听闻"。这样有助于柴荣更好地施政。

柴荣不是一个自负的君主，他从来不会说自己是高大上无所不能。柴荣为人谦逊谨慎、待人真诚，他深知自己的优点与缺点，每次施政都要认真听取各方意见，权衡利弊，而不是头脑一热，自称当代佛祖，乱开药方。

说到佛祖，自然就会引入有关柴荣与宗教有关的著名事件。

佛教史上有一个著名典故，"三武一宗法难"，说的就是中国历史上有四位帝王曾经无情地打击过佛教。三武是指北魏太武帝拓跋焘、周武帝宇文邕、唐武宗李炎；一宗，指的就是周世宗柴荣。

三武反佛，主要是从政治角度考虑，这三位帝王都信奉道教，所以他们自然会排斥佛教。宇文邕和李炎行事还算温和，只拆寺庙不杀人，而拓跋焘非常干脆，把国内的和尚尼姑全都杀光了。

柴荣和佛教本无瓜葛，为什么他突然会把"改革屠刀"伸向佛教？原因很复杂，综合来说，佛教自东汉引入中国，在南北朝时就成了中国的主流宗教，进而利用自己的政治优势四处捞钱，圈点耕地，禁锢劳力，甚至用铜器建造佛像，在一定程度上导致了政府财政的困难。在柴荣当政时，周帝国境内竟然存在着三万三千零五十四座寺庙，后周有九十州，平均每州有寺庙三百多。寺庙多，必须占用大量耕地和大量劳力，而这些都是政府税收的来源。更要命的是，寺庙占有耕地和劳力，却不用向政治交税。柴荣当皇帝，那是要花钱的，没钱谁跟你玩？钱都让和尚们捞了去，不找和尚们要钱，让柴荣喝西北风？史称周朝"久不铸钱"，根本原因还是缺少铜料。

显德二年（955 年）五月，柴荣终于对佛教举起了"屠刀"。

首先，柴荣削减了寺院的数量，只保留"敕额"的寺院，凡无"敕额"者皆取缔。敕额即朝廷官方颁赐的寺院匾额，这是官方承认的合法寺院。"退寺还耕"，收回这些寺院所圈占的耕地。不过柴荣取缔了无敕额的寺庙，但还允许这些寺庙的僧尼继续住在原寺庙里，这一点非常人性化，而不是一拆了之。经过整治后，周朝的寺院只剩下二千六百九十四座，僧尼六万一千二百人。

其次，禁止有敕额的寺院在没有得到官方许可的情况下私度僧民，与政府抢夺社会劳力。与此同时，政府规定凡是想出家的年轻人，必须得到直系亲属同意其出家的书面证明。得到同意之后，必须接受严格的佛教理论考试。当时规定，和尚"念得经文一百纸，或读得经文五百纸"才能出家，尼姑必须是"念得经文七十纸，或读得经文三百纸者"。凡是没有经过考试就出家的，政府一律不承认其僧尼地位。为防止有人混入寺院，政府在每座寺院都造花名册，政府一本，祠部（属礼部）留一本，每年四月都要进行检查。册上无名的僧尼，都要强行还俗。

再次，所有寺院在五十天期限内都必须交出政府不承认的铜铸佛像器物，由政府铸钱。当然这不是政府抢劫民间财富，而会用同等价值的物品交换，不会让僧人吃亏。但如果不交者，五斤以上就要杀头。

最后，政府还禁止和尚、尼姑们进行迷信的街头表演，如"妄称变现还魂坐化、圣水圣灯妖幻"；如"舍身、烧臂、炼指、钉截手足、带铃挂灯"。柴荣向来反感这些封建迷信，一律禁止，其实这也是爱护僧尼的表现。

柴荣对佛教进行改革后，寺院逐渐回归其宗教性的本真，同时政府回收了大量土地、铜料和劳动力，在相当程度上增强了周朝的国力。

不过有些信奉佛教的大臣担心柴荣对佛不敬，会遭到佛祖现报。柴荣对大臣们说了一段非常真挚感人的话："卿等勿以毁佛兴利，而有难色。夫佛圣人也。广其善道，以化人心，心能奉道，佛则不远。存其像也，非重佛之至也。行其道乃奉佛之深也。今兴利所以济人也。济人即佛道也。况闻大圣舍头目之喻。若朕身可济民亦将不惜也。"

柴荣心中有佛，亦有百姓，而不像有些帝王，心中只有他自己。司马光对柴荣的爱佛爱民善行大加称赞："若周世宗，可谓仁矣，不爱其身而爱民；若周世宗，可谓明矣，不以无益废有益。"

虽然佛教界有些观点认为柴荣不敬佛，所以最后遭到了报应，实际上不过是一些人对柴荣收回寺院特殊利益的不满发泄，不足为信。否则，梁武帝萧衍舍身为佛奴，对佛崇拜到了无以复加的程度，又怎么会饿死于台城?

因为周世宗"毁"佛在历史上名声太大，柴荣对佛教的礼敬反而不太为人所熟知。柴荣伐北汉时，就在团柏谷的寺院里拜谒了佛像，并赐住持僧人紫衣。显德元年（954年）九月，柴荣将潜龙宫改建成皇家禅院。齐州（今山东济南）僧人义楚向柴荣进献了佛教书籍六帖三十卷，柴荣"览而嘉之"，赏赐义楚，将书籍付藏于史馆。显德四年（957年）十月，柴荣给京城汴梁新建的四座寺院题写匾额，赐名天清寺、显静寺、显宁寺以及圣寿寺。显德五年（958年）四月，柴荣从淮南前线回京，游览泗州普光王寺，赏赐给僧人帛绢。六月，柴荣从内府仓库中拿出衣服六百件、四十万钱，由僧人出面修建寺院。

世上岂有如此"毁"佛者？

三三　英雄敌不过天意
——漫谈周世宗柴荣之土地、货币、工商业改革篇

唐末五代以来，首先，天下战乱不止，农业生产遭到极大破坏，土地荒芜。其次，大地主阶级兼并土地，不向朝廷交税，这两点都导致政府财政收入的大量减少。先说第二点。

柴荣深知土地问题是政权的基石，土地问题不解决，帝国大厦没有地基，随时可能崩塌。因为五代十国的大地主多是军阀、立军功者，他们的态度直接影响到帝国安危，所以柴荣暂时没有动他们的土地所有权，但还是想办法从他们兜里掏钱。柴荣的办法是：取消所有权贵的免税特权，不管你是谁，你只要占有土地，就必须向朝廷纳税。柴荣在地方上派驻"苗使"，清查土地亩数，然后按亩收税，甚至是至圣先师孔子所在的孔庙，也要交税，一个铜子也不能少！

"历代以圣人之后，不预庸调，至周显德中遣使均田，遂抑为编户。"

敢向孔子收税，敢与暮气沉沉的旧世界彻底决裂，柴荣前无古人。

显德五年（958年）十月，柴荣派遣散骑常侍艾颖等三十四人"分行诸州，均定田租"。行前，柴荣把自己对土地的态度告诉艾颖等人："夫国以民为本，本立则国家安。朕以近代以来，赋租不等，贫者抱虚而无告；富者广植以不言。州县以旧额为规，官吏以相承为准。须行均定，用致苏舒。卿等宜正身莅事，副朕兹意。仍与逐处长吏和顺商榷。但务从长共集其事，无使朕之赤子枉罹于峻法也。"

柴荣的态度再明确不过：绝不允许让少数人牺牲多数人的利益享福，无论他们的口号多么响亮。在少数衣冠楚楚的达官权贵与衣衫褴褛的穷苦百姓间，柴荣毫不犹豫地站在穷人中间。

柴荣出身穷苦，他知道底层百姓生活不易。但要安抚百姓，其实在柴荣并不

难，因为战乱连年，导致大量土地荒废，可以让百姓种地。在柴荣的主导下，政府规定，农民可以向政府申请耕种土地，称为"请射"，政府在审查合格后，把土地使用权交给农民。

这些土地以前都是有主的，只是在战乱中或死或逃，如果旧主回来要地，怎么办？柴荣天才地想到了一个办法。

显德二年正月二十五日，柴荣下诏："应逃户庄田，并许人请射承佃，供纳税租：如三周年内本户来归者，其庄田不计荒熟，并交还一半；如五周年内归业者，三分交还一分；如五周年外归业者，其庄田除本户坟茔外，不在交付之限。其近北地诸州，应有陷蕃人户，自蕃界来归业者：五周年内来者，三分交还二分；十周年内来者，交还一半；十五周年来者，三分交还一分；十五周年外来者，不在交还之限。"大意是旧主在三年内回来，则交还一半，余者为请射者所有；五年之内回来，交还三分之一；如果五年内不回，则失去土地所有权，不过旧主的坟墓不在此例；而对于逃到境外的土地旧主，柴荣则把期限放宽至十五年内。

但这里还有可能产生一个问题，谁敢保证申请耕地的人不是在冒充旧有逃户？针对这个有可能出现的情况，柴荣特别规定，一旦有人冒充逃户诈领耕地，旧主回来，则该人无条件丧失土地使用权，没有年限限制。

更难能可贵的是，柴荣还考虑到老百姓文化水平较低，把诏书写得天花乱坠，百姓未必看得懂，会让一些官员钻空子，进而影响到土地政策的施行。所以柴荣在诏书上用的都是极为浅显的白话。南宋人洪迈称赞柴荣此举："今观周世宗显德二年射佃逃田诏敕，其旨明白，人人可晓，非若今之令式文书盈几阁，为猾吏舞文之具。"

农民有了耕地，就会生产出粮食，政府可以在夏天和秋天两次收粮，称为夏税和秋税。但有些官员经常在交税期限没到就上门收粮，百姓怨声载道，柴荣在显德三年的十月下诏："今后夏税以六月一日起征，秋税至十月一日起征，永为定制。"而有时土地歉收，柴荣还会下诏减免税粮。《册府元龟》记载，柴荣在位的五年半时间内，就先后推行十次税收减免，平均半年一次，这是非常了不起的。

接下来简单谈谈柴荣的货币改革。

因为战乱原因，五代自周之前，已经很少烧炉铸钱了。柴荣就说过："近朝已来，久绝铸造。"因为钱太少，所以市场上主要还是流通唐朝的钱币，以开元通宝钱最为通行。柴荣深知没有钱就没有活路，为了帝国能活下去，柴荣宁背千古骂名也要铸钱。

显德二年（955年）九月初一，柴荣正式颁布了《令毁铜器铸钱敕》："国家之利，泉货为先。近朝已来，久绝铸造。至于私下，不禁销熔，岁月渐深，奸弊尤甚。今采铜兴冶，立监铸钱，冀便公私，宜行条制。起今后，除朝廷法物军器官物及镜，并寺观内钟磬钹相轮火珠铃铎外，其余铜器，一切禁断。应两京诸道州府铜象器物，诸色装铰所用铜，限敕到五十日内，并须毁废送官。其私下所纳到铜，据斤两给付价钱。"

铸钱，首先得有大量铜料。柴荣除了从寺院里征收铜佛像，还规定民间除了一些生活中必不可少的铜器，如铜盆之外，不允许私存铜器，所有铜器必须在五十天之内上交朝廷，由朝廷按照铜器价值合理补偿，逾期不交者，自有国法限制。

周朝的铜禁法比较严，私藏铜料一两至一斤者，并知情者处罚两年有期徒刑，辖区官员和邻居领七十杖刑，举报人赏铜钱十贯。如果私藏铜料逾一斤而不满五斤，相关人员各徒三年，官员等打九十杖，举报人得二十贯。如果超过五斤，私藏者斩，其他有罪人员杖一百，赏举报人三十贯铜钱。

为了引导老百姓上交铜器，柴荣采取了赎买政策，绝不会动用枪杆子去抢老百姓的财富。根据相关规定，百姓如果把私藏铜器主动上交，则每斤熟铜政府补贴一百五十文钱，每斤生铜补贴一百钱。

到了显德四年，柴荣又推出收铜新政策。新政将原来的每斤二十两制，下调为每斤十六两，这样有利于百姓创收，不至于因上交铜器而吃亏。

更让人感动的是，柴荣知道百姓生活中不可能离开新的铜器，便设立了国家铸铜厂，打造铜盆铜镜，然后在京城成立铜器市场，方便百姓购买。同时政府也允许百姓在铜器市场上批发铜器，然后到地方上贩卖，赚取差价。

与此同时，柴荣也积极开展与国外的经济贸易，用中原的丝绸换取高丽国的铜料，所获甚丰，而在显德六年，高丽王王昭就送给柴荣五万斤铜。

手上有了铜料，柴荣就可以大规模烧炉铸钱。政府有了钱，就可以稳定社会、稳定军心人心，天下大定，因此，柴荣积极的货币政策是立了大功的。

接下来再讲一讲柴荣有关工商业的改革。

有一个观点深入人心，即中国历史上工商业最为繁荣发达的时代是赵匡胤建立的宋朝。这点并不否认，但宋朝工商业的发展不是从天上掉下来的，而是上承唐末五代十国工商业爆炸式发展基础之上的。换言之，无论谁在周朝之后建立新朝，工商业都会照常向前发展。

安史之乱以来，黄河流域饱受战乱之害，土地、人口流失严重，而江南地区受战乱影响较小，工商业发展更为迅猛。五代初期，因为财政紧张，政府有意搜刮天下。比如唐庄宗李存勖就任命大财迷孔谦为租庸使，在大小道路上设官方税务机构，务必雁过拔毛、人过留钱，一只蚂蚁也不能放过！

柴荣继位后，深知工商业之利弊，必须对此进行改革。柴荣非常反对官府在本属于全民资产的公路交通设卡拔毛，他在显德五年（958年）六月，就下诏规定："应有商贾兴贩牛畜者，不计黄牛、水牛，凡经过处并不得抽税。"过往牛只向来是政府抽税的大头，柴荣取消了过牛税，在很大程度上繁荣了商贸流通。如果牛商就地进行贸易，柴荣同时规定税务机构每次只能向交易双方征收百分之二的利益，"如是货卖处，只仰据卖价每一千抽税钱二十，不得别有邀难"。严厉禁止乱收费。牛只不收税，推而广之，羊、驴、狗、鸡、兔子也自然都取消了过路费。

除了过牛税，柴荣还取消了酒禁与醋禁，允许百姓自由生产买卖酒醋。五代（除后周）最为开明的朝代梁朝就曾允许百姓私下酿酒，"听诸道州府百姓自造曲，官中不禁"。但到了后唐，虽然也不反对，但却规定每亩必须交纳所谓的曲钱，与夏秋两税同时上交。柴荣对此非常不满，显德四年（957年），柴荣规定："罢先置卖曲都务，乡村人户今后并许自造米醋。"都说宋朝具有市场经济雏形，实际上唐末五代哪个也不是计划经济。

酒醋其实未必就是百姓生活中的必需品，但谁都不可能离开食盐，所以盐务改革是柴荣全面经济改革中的重中之重。

历代都对盐实行官营官卖制度，严厉打击私盐贩子。而到了五代后汉，制定了堪称历史上最为严厉残酷的盐法，即使只贩一粒盐，抓住也要砍头，百姓对此意见非常大。郭威建政后，下调了贩私盐者处死的标准，即贩五斤盐以上者才杀头。

当时的食盐其实分为两种：一种是盐池产的盐，称为"颗盐"或"监盐"；另一种是海盐、井盐或碱水煮盐，统称为"末盐"或"散盐"。末盐的重要性不如颗盐重要，原因是海盐距离内地路途遥远，交通运费成本太高，而颗盐产生就在河东的解州，运输方便。

柴荣刚继位时，就规定距离海边较近的曹州、宋州以西十余州弃末盐而用颗盐。柴荣这么做，主要还是考虑末盐的运输成本，毕竟初建国时，国家财力不丰，当时柴荣还没有收缴寺院及民间铜器并铸钱。曹宋以西改用颗盐也是无奈之举，柴荣在改革时从来都会给改革利益受损者留活路的，不像有些改革直接把人逼上绝路，还美名其曰以大局为重。曹宋以东诸州还可以继续买卖末盐，不至于让末盐产户活不下去。

除两盐之外，还有两种盐税形式：即蚕头盐与察头盐。

先说蚕头盐。蚕头盐是指政府把食盐借给农民，然后等到每年蚕丝上市，农民把之前的盐税折成丝绸再还给官府，也就是说政府借盐，收回的却是丝绸。蚕头盐因为涉及国家经济命脉，所以周朝官府对蚕头盐管控非常严，"诸州府人户所请蚕盐，不得于乡村衷私货卖，及信团头、脚户、县司、请盐节级、所由等克折粜卖，如有犯者，依诸色犯盐例科断"。换句话说，蚕盐不能在市场上流通。但柴荣在蚕头盐的改革上做得有些冒进，他规定沧、棣、滨、淄、青五州农户，无论年收入多寡，都要交相同数量的蚕头盐，即绢一匹。不过后来柴荣觉得一匹绢对收入高的农民太少，又把蚕头盐税提高到两匹，但却没有考虑收入小的农民负担更重了。但相对于宋朝的蚕头盐制度，柴荣已经对得起农民了。宋朝拒绝把盐借给老百姓，却依然强行征收蚕头盐，"自是诸州官不贮盐，而百姓蚕盐岁皆罢给，然使输钱如故"。宋朝所谓的经济繁荣、国库充盈，大抵都是从老百姓口袋里抢过来的。

还有就是察头盐。察头盐是指政府在每年秋播时把盐卖给农民。不过察头盐价格较高，无论家庭收入多少、是否有天灾人祸，每户都要收察头盐三千文钱。柴荣觉得这样做极不合理，在显德三年时，柴荣废除了这一规定，改为每石盐交一千五百文，极大地减轻了百姓负担。

三四　英雄敌不过天意
——漫谈周世宗柴荣之城建、治河篇

前面在《旰食宵夜，礼贤从谏——明君石敬瑭》中提到过，石敬瑭把国都从洛阳迁往汴梁，正式拉开了汴梁城作为中原政治中心长达二百年的序幕。但石敬瑭时期的汴梁城，非常得狭小拥挤，还不能算是国际一线大城市。而真正让汴梁城飞上枝头做凤凰、成为东方世界中心的，还是几乎无所不能的柴荣。虽然宋朝历代诸帝都曾经扩修过汴梁城，但他们只是修修补补，柴荣则真正奠定了北宋二百年繁荣汴梁城的基石。

柴荣认为他接手的汴梁城，"人物喧阗，闾巷隘狭，雨雪则有泥泞之患，风旱则多火烛之忧。每遇炎热相蒸，易生疾疹"，城市狭小拥堵，一旦发生重大灾情，后果是不可想象的。而为了避免天灾，最有效的办法就是扩建城市，把人口稀释在巨大的地理空间中。

显德二年（955年）四月十七日，柴荣对外颁布《京城别筑罗城诏》，正式拉开了扩建汴梁城的大幕。这道诏书具体讲述了扩建汴梁的原因："东京华夷臻奏，水陆会通，时向隆平，日增繁盛，而都城因旧，制度未恢，诸卫军营，或多窄隘，百司公署，无处兴修。加以坊市之中，邸店有限，工商外至，亿兆无穷，僦赁之资，添增不定，贫阙之户，供办实艰。而又屋宇交连，街衢湫隘，入夏有暑湿之苦，居常多烟火之忧。将便公私，须广都邑。"

不过当时并没有动土，原因有两点：一是此时是农忙时节，柴荣不想耽误农民务农，想等到农闲时再动土；二是城外还有很多百姓祖坟，需要给百姓时间迁坟，但条件是新坟要迁到距离新城以外七里。

特别是迁坟问题曾经遭到了很大非议，有人认为柴荣太不近人情，甚至骂柴荣无道。柴荣知道后，对大臣们感慨地说："朕岂不知修城死人、活人都要受影响，但尔等谁又能理解朕的苦衷？有些人骂朕，朕自当之，他日终为人利。"

186

显德三年（956年）正月初四，农闲时节，柴荣一打南唐之前，正式下达了扩建令，"发开封府、曹、滑、郑州之民十余万筑大梁外城"。京城都巡检韩通出任新城区建设总指挥，左龙武统军薛可信、右卫上将军史佺、右监门卫上将军盖万、右羽林将军康彦环分督四面。

十几万人的日夜辛劳没有白费，一座雄伟的汴梁新城骄傲地伫立在黄河南岸的中原大地上。

汴梁新城区的面积非常大，比旧城面积大了四倍，面积二十五平方公里，周长"新城周回四十八里二百三十三步"，即周长二十二公里，比旧城周长扩大了四倍。而且更为重要的是，这座新皇都不仅有着重要的政治意义，还有非同寻常的军事意义。根据清朝人顾祖禹在《读史方舆纪要》的记载：柴荣用虎牢关的土奠基汴梁新城，"坚密如铁"，蒙金大战中，蒙古大将速不台攻打汴梁，"用炮石昼夜击之，不能坏，乃因外壕筑城，围百五十里，昼夜攻击，竟不能拔按"。坚固的汴梁城，对后来北宋王朝的统治起到了非常大的作用，金人攻汴极为艰苦，这未始不是柴荣之功。而北宋之亡，是亡于北宋主赵佶的昏庸无道。

柴荣为后人留下了一座几乎百年不用修缮的坚固城池，而下一次大规模扩建汴梁，则是北宋大中祥符九年（1016年）。古代建筑水平较低，而一座城市建筑使用六十年没有大修，说明柴荣主建的这座开封新城是一座负责任的良心工程。

一座新城是不是良心工程，一则看它的建筑质量，二则看是否照顾到了普通百姓的利益。在第二点上，柴荣做得非常好，他从来也没有忘记百姓的利益。

在新城刚扩建时，柴荣就宣布除了官方征用的用来盖房子的土地外，其他土地任由百姓们建房，政府绝不强拆。再者，新城只是面积扩大了，但城中的街道布局并没有大的变动，依然狭窄，而且道路弯曲如盘山道，不利于百姓安居和交通出行。柴荣再出大手笔，把这些盘山道全部拆掉，改成宽阔的直道，分为二十五步、三十步、五十步三种标准的直道。街道扩宽了，但路两边却光秃秃的，影响城市美观。柴荣下令让百姓在街道两旁种树植花，甚至还可以挖水井，搭凉棚，留作夏日避暑之用。

说到汴梁城扩建工程，就不能不提宋朝以汴梁为中心繁荣至极的市民商业文化。很多观点都认为宋朝是中国市民商业文化的起点，实际并非如此，早在唐朝安史之乱后，江南等经济发达地区已经出现了市民商业文化。宋朝流行的酒肆文化、庙会游街，在唐末五代就已流行，只不过发展到宋朝集大成而已，并非宋朝一代之功。甚至宋朝酒楼流行的城面装饰，都是上承后周时的商业发展。"如酒肆门首，排设权子及栀子灯等，盖因五代时郭高祖（郭威）游幸汴京，茶楼酒肆俱如此装饰，故今店家仿效成俗也。"

说完了城建，再来说说柴荣在治理水患上的突出成就。

而历代治理河患，其实主要都是指治理黄河，黄河水患向来是困扰历届政府的大问题，柴荣也不例外。

黄河水患，主要是黄河中的积沙太多，从黄土高原东下时，卷杂着大量的泥沙，等流到河南、山东的平原地带时，河床上的积沙越积越多，最终导致黄河水位上涨而决口。

隋唐五代时期是黄河水患的爆发期，特别是五代。隋唐五代都有黄河决口四十三次，存在三十八年的隋朝决口四次，存在二百八十九年的唐朝决口二十一次，而存在仅仅五十三年的五代则决口十八次，平均三年决口一次，这个比例是非常恐怖的。而到了周朝显德元年（954年）下半年，黄河在杨刘镇（今山东东阿以北六十里）至博州一百多里河段爆发规模空前的洪灾。因为这里是平原，黄河在杨刘决口之前，卷杂着泥沙冲袭千里平原，淹没了齐、棣、淄、郓、青等州，夺路东奔入海。这场洪灾"滋坏民庐舍，占民良田，殆不可胜计"。

刚刚继位不久的柴荣在第一时间就派人去善后杨刘洪灾，但效果均不太理想。柴荣向来注视百姓安危，他派宰相李毂去灾区善后。李毂是一代横平天下的名臣，同时也是治河名吏，在李毂主持下，政府征募了六万民工，不分昼夜地固堤堵漏。用时一个月，不知道付出了多少辛勤的汗水，终于修固了黄河堤坝。

基本上稳定了黄河水患，柴荣接下来要做的，就是对汴河动大手术。

其实汴河治理和修建汴梁新城是一个配套工程。柴荣扩建汴梁城的目的是要把汴梁打造成天下最大的商贸物流中心，而当时汴河久塞不通，不利于大型船只来到汴梁进行贸易，所以欲扩建汴梁，必浚通汴河。

汴河就是那条由隋炀帝杨广修建的沟通黄河与淮河的著名人工河流，起于黄河汴口，于泗州入淮河。汴河最大的意义就是商品流通，江南货物通过汴河以最快的速度送到黄河流域的两京长安与洛阳，保证了朝廷的正常运转。但到了唐末大乱，淮南王杨行密为了阻止朱温南下，刻意堵塞了汴河，结果汴河流域都成了泥沼地，"唐末杨氏据淮甸，自埇桥（今安徽宿州埇桥）东南决汴，汇为污泽"。

从唐末到周朝，历经六十余年，汴河淤泥越积越厚，完全不利于航行。而且当时柴荣正三打南唐，如果从汴河运输物资要比陆运更快，所以浚通汴河成了当时的重中之重。

显德二年（955年）十月，柴荣命驻徐州的武宁节度使武行德发动当地民工，在汴河埇桥至泗上的旧河道上进行清淤。不过当时就有反对声音，但柴荣坚持自己的判断，他告诉反对者：给朕两三年，朕让你看到一条千帆竞发的新汴河。

显德五年三月，柴荣再次征调民工浚通汴口。"导河流达于淮，于是江、淮舟楫始通。"从这一年开始，长江流域的大型船只可以通过淮河转入汴河直抵汴梁，真正实现了南北河道大动脉的畅通。后来柴荣又在汴梁城东郊修建了一条起于汴梁，终于蔡河的人工河道，彻底打通了河南地区的漕运通道。

浚通汴河的成效如何，一贯反柴荣的北宋享受型和尚文莹在《玉壶清话》中有详细记载："周世宗显德中，遣周景大浚汴口，又自郑州导郭西濠达中牟。景心知汴口既浚，舟楫无壅，将有淮、浙巨商贸粮斛贾，万货临汴，无委泊之地，讽世宗，乞令许京城民环汴栽榆、柳，起台榭，以为都会之壮。世宗许之。景率先应诏，踞汴流中要起巨楼十二间。方运斤，世宗辇辂过，因问之，知景所造，颇喜，赐酒犒其工，不悟其规利也。景后邀巨货于楼，山积波委，岁入数万计，今（北宋仁宗时期）楼尚存。"北宋时期的东京汴梁城之所以繁荣甲天下，根本原因就是柴荣的扩建汴梁城，以及浚通汴河，这份功劳是属于柴荣的，北宋帝王只是坐收渔利。

河南地区的水运交通网建成之后，柴荣接下来要做的，就是打通河南与山东的水路运输线，降低两地贸易往来的运输成本。

显德四年五月二十七日，柴荣做出了一个惊人的决定——"疏汴水一派北入于五丈河。"其实就是挖一条人工运河，直达山东境内的黄河，而这条人工河，就是著名的五丈河。五丈河的开通，极大便利了山东与河南的贸易交往，"至是齐鲁之舟楫亦达于京师矣。万世之利，其斯之谓乎！"

至此，周朝境内的水路运输网已经基本建成，但如果没有与时俱进的航运新政，也会打击商业领域的信心。所以柴荣在通河之后，紧接着就出台了各项有利于航运的新政策。

从外地经河道运送物资抵达汴梁，不可避免地会出现物资漏损的情况，这在官方文件上称为"斗耗"。五代后汉以前，历代政府都允许"斗耗"的存在，但后汉为了搂钱，废除了"斗耗"，规定一文钱的斗耗都不允许存在，从甲地运出多少，到了汴梁就必须是多少。否则严厉处罚相关人员，以及强令甲地官府补偿所谓的斗耗漏损。"亡身破家，不可胜计。"

　　柴荣非常反感后汉政权几乎是毁灭性的经济政策，他在显德二年与大臣们议事时就提到斗耗问题。"仓廪所纳新物，尚破省耗，况水路所般，岂无损失，今后每石宜与耗一斗。"即地方上所运货物中，每一石可以有一斗的损耗率。

　　与民无争，柴荣说得出，也做得到。

三五　英雄敌不过天意
——漫谈周世宗柴荣之刑法改革及文化改革篇

这一篇讲的是柴荣的刑法改革和文化改革。

五代的刑法体系，实际上是唐朝刑法体系的延承，而五代各朝都非常重视刑法体系建设。梁有《大梁新定格式律令》一百零三卷。后唐有《同光刑律统类》十三卷，后晋有《天福编敕》三十一卷。后汉没有专门的刑法典，但后汉的刑法是五代最为严酷的，这也是后汉四年短促而亡的主要原因之一。郭威建周后，一改后汉残酷旧习，推行宽仁之政，颁布了《大周续编敕》三卷十六条，附在了晋《天福编敕》之后。柴荣即位，主要精力都放在了南征北战上，直到显德四年（957年），柴荣才开始动手对刑法进行改革。

柴荣特意研究了前朝的刑法条文，发现这些刑法条文过于繁杂，而且文意深奥，当时教育普及不广，百姓们根本看不懂，这不利于司法普及，却方便"贪猾之徒"钻法律空子。更为重要的是，当时五代用的刑法是一百多年前的唐《开成格》《大中统类》以及前四朝的刑法，已经不适用于柴荣所处的时代。"有轻重未当，便于古而不便于今。矛盾相违，可于此而不可于彼。"

柴荣下诏，让尚书省四品以上、中书省和门下省五品以上官员，以及御史台官员在尚书省参加司法改革的大讨论。显德五年（958年）七月，大臣们终于制定了一套完整的刑法系统，这就是历史上著名的《大周刑统》。

《大周刑统》对宋朝的刑法制定产生了直接影响，赵匡胤篡位后编撰的《宋刑统》三十卷，其实不过是抄袭《大周刑统》而已，并没有什么新意。

可惜的是，堪称唐五代宋法制史上大百科全书的《大周刑统》并没有留传下来，但在侥幸残存的几篇刑法条文中，依然可以看出周朝法律的先进与人性化。

比如周朝规定司法部门审讯犯人不得滥用刑讯。显德五年（958年），柴荣下敕："州县自长官以下，因公事行责情杖，量情状轻重，用不得过臀杖十五；因责情杖致死者，具事由闻奏。"谁打死了犯人，谁就要受到行政处罚。

周朝刑法最先进的一条，应该是历史上几乎没有出现过的盗窃类犯罪行为的三次改过制度。所谓三次改过，就是政府给盗窃犯三次改过自新的机会，如果"诸盗经断后仍更行盗，前后三犯，并曾经官司推问伏罪者，不问赦前后、赃少多，并决杀"。偷一次，坐牢悔过；偷两次，坐牢悔过；偷三次，哪怕只偷一文钱，杀！柴荣的逻辑非常清楚：我给了你两次改过自新的机会，你都置之不理，那么朕不会再给你第三次机会。

柴荣对犯人非常严厉吗？其实不是，柴荣有一点其实做得非常好，那就是他非常尊重犯罪分子在监狱中的人权。甚至可以说，犯罪分子在周朝监狱中的生活是幸福的，某种程度上，周朝罪犯的生活水准要强于被美化过度的宋朝百姓，至少他们不会饿肚子。

显德二年（955年）四月二十五日，周朝政府对外颁布《供给无家罪人水米敕》："应诸道见禁罪人，无家人供备吃食者，每人逐日破官米二升，不得信任狱子节级减消罪人口食。仍令不住供给水浆，扫洒狱内，每五日一度洗刷枷杻。如有病疾者，画时差人看承医疗。"

柴荣力推公文普及化，一千年后的人们也能轻松看懂其意。柴荣要求监狱必须保障家庭贫困的罪犯的饮食起居，每人每天至少要吃上官米二升，相当于现在的三斤，还有干净的饮用水。如果确定罪犯家中无人，则供养待遇更高，达到每人每天三升米。如果罪犯得了病，监狱必须无偿救治，不得推诿扯皮，一切费用均由政府开销。

犯罪分子进了监狱"享福"，苦的却是监狱管理人员。宋朝的牢头们可以吃香喝辣，打死人如踩死一只蚂蚁，如神行太保戴宗。但周朝的牢头们却叫苦连天，他们不但无法享福，反而要把犯人当大爷伺候。根据周朝的监狱管理制度，牢头们每天都要主动打扫狱舍，保持清洁卫生，防止疾病流行，甚至还要每隔五天给罪犯清理木枷一次。想当狱霸，在柴荣时代想都不能想，完全没有可能。

有时怀疑柴荣真是从现代文明社会穿越过去的，因为柴荣的很多司法措施甚至比现代司法制度还要先进，更人性化。

柴荣严厉打击犯罪，其实他更看重预防犯罪，而要预防犯罪，必须打造全社会参与的群防群治体系。因为处在小农经济社会，所以在农村打造天网体系迫在眉睫。显德五年（958年）十一月二十三日，柴荣颁诏，规定"诸道州府，令团并乡村。大率以百户为一团，每团选三大户为耆长。凡民家之有奸盗者，三大户察之；民田之有耗登者，三大户均之。仍每及三载即一如是"。大意是每一百户居民成立一个"团"，每团选出三名在当地有名望的士绅做耆长，每三年一届。政府不过问耆长的人选问题，由当地居民自行选举。

这样的举动，一则涵盖了现代民主自决制度；二则提倡群防群治，因为耆长的任务除了替政府收税，还负责"察民家之有奸盗者"，各耆长之间互通有无，一旦发现问题，立刻启用联保机制，保障了各辖区内的治安。

如此先进的司法制度，出现在一千多年前的封建时代，几乎是不可思议的。但也是能够理解的，毕竟这是柴荣做出来的决定，柴荣是罕见的天才，这一点是无可否定的。

利用最后一点篇幅，讲一讲柴荣在文化建设上的贡献。

有一种说法流行古今一千年，说五代十国的文化天空是黑色的，而宋朝的文化则空前繁荣灿烂。

宋朝的文化真的是空前繁荣吗？繁荣则有之，空前则未必。首先，宋朝文化就不可能超越奠定中华民族文化思想体系的春秋战国。再者，宋朝文化繁荣也不是宋朝一代之功，而是上承历代文化发展之集大成，比如没有唐诗，又何来宋词？

而有些宋朝人为了提高本朝的文化贡献，刻意抹黑五代十国的文化，把五代十国的文化贬得一文不值。比如那个反柴荣而吹捧宋朝的南宋人洪迈先生，他在《容斋随笔》中就攻击五代文化，"国初承五季乱离之后，所在书籍，印版至少，宜其焚荡，了无孑遗"。但洪先生只顾过了嘴瘾，却无意中自己否定了自己的观点，"太平兴国中，编次《御览》，引用一千六百九十种"，这近两千种图书是从哪里来的？还不是五代十国的文化遗存？而就是一千六百九十种图书，在号称文化空前繁荣的承祚一百六十七年的北宋王朝又是什么待遇呢？到了南宋初，这些图书居然丧失了百分之七八十，这实在是个巨大的讽刺。洪迈先生不得不尴尬地承认"则是承平百七十年，翻不若极乱之世"。

好在还有些客观对待历史的宋人，他们从来不否认五代的文化建设。比如北宋初年，撰写《唐文粹序》的姚铉就说过："况今历代坟籍，略无亡逸。"而《唐文粹序》成于真宗大中祥符四年（1011年），可以这么说，1690种图书亡于"文化空前繁荣灿烂"的仁宗至徽宗时期，这不得不说又是一个巨大的历史讽刺。

其实五代各朝对文化遗存的保护是非常有力的，即使是最为残暴的后汉政权，也对贡献图书者"计其卷帙，赐之金帛，数多者授以官秩"。郭威登基后，在广顺三年（953年），命国子监祭酒田敏印刻儒家典籍共一百三十册。而柴荣即位后，则发现官方保存图书的数量非常少，他引以为憾，并在民间"锐意求访"，只要有民间人士向官方赠送图书，都会大加赏赐，"凡献书者，悉加优赐，以诱致之"。

重赏之下必有勇夫，再加上皇帝锐意兴文，也感动了大量民间藏书者，他们把自己深藏的图书献给官府。政府官藏的图书数量激增，为了防止图书在保存传抄的过程中出现问题，柴荣专门调派三十名文化工作者，负责对民间进献图书的审稿校定。而为了让这三十人不偷奸耍滑，柴荣规定这些人员在每篇文章的最后都要署上自己的职务、姓名，一旦发现问题，立刻追究他们的责任。

宋初时人向来都承认柴荣之于文化建设的贡献，比如柴荣曾经让国子司业聂崇义编撰《三礼图》三十卷，但等到赵匡胤篡位后的北宋建隆二年（961年），聂崇义才完成工作，赵匡胤嘉奖聂崇义。当时人就将柴荣与赵匡胤一并吹捧："周世宗暨今皇帝，恢尧、舜之典则，总夏、商之礼文。"

柴荣在位时间非常短促，但仅仅用了四五年时间，等到宋初，国家图书馆就藏有图书一万多册，"宋建隆初，三馆有书万二千余卷"。这是《文献通考》的记载，《宋史》同样记载"宋初，有书万余卷"。

这些贡献，当然是柴荣以及柴荣之前的历代文化建设的成就。

宋朝文化成就突出，不代表以前的朝代什么都没做，这是不客观的，更是不公平的。

三六　英雄敌不过天意
——漫谈周世宗柴荣有关北伐契丹的话题

在五代北宋与契丹的交往史上，周世宗柴荣北伐是个绕不过去的话题。

五代北宋共有三次针对契丹的大规模北伐，即周显德六年（959年）的周世宗柴荣北伐，北宋太平兴国四年（979年）、雍熙三年（986年）由宋太宗赵匡义主导的两次北伐。赵匡义两次北伐均遭空前惨败，历史早有定论；而柴荣北伐虽然攻下三关，并震撼契丹人，但并没有遇到契丹主力，再加上柴荣突然暴病撤军，所以历史上对柴荣北伐争议非常大。

显德六年（959年）三月初一，柴荣的左膀右臂王朴在外视察水利时突然去世，柴荣痛不欲生，以玉斧击地，痛哭苍天奈何夺我良臣。而十八天后，三月十九日，周世宗柴荣非常意外地向天下宣布，王师即将北伐契丹，目标是收回被石敬瑭廉价出卖的中原天险——幽云十六州。

幽云十六州收不回来，中原就无险可守。《契丹国志》称"契丹之（于中原之）祸，始于石晋割幽、燕。天下视燕为北门，失幽、蓟而天下常不安"。柴荣志在天下，又怎能容忍中原汉地沦为契丹人的跑马场？而且在柴荣的统一计划中，也就是王朴的《平边策》中，是包括收复幽云十六州的计划。

而柴荣之所以选择在这个时候北伐，原因有很多，比如南唐宾服，后蜀已被周军打怕，南方底定。正如宋人所论："近者，周世宗西取秦、凤，南平淮甸，北收关南，三数年间，威震天下，契丹屏气不敢南牧。"除此之外，还有一个重要原因，就是此时在位的契丹皇帝耶律璟，是辽朝著名昏君。

耶律璟是辽太宗耶律德光的儿子，辽应历元年（951年）继位后，耶律璟终于可以为所欲为了。而耶律璟最大的爱好就是睡觉，"好游戏，不亲国事，每夜酣饮，达旦乃寐，日中方起，国人谓之睡王"。睡王当政，辽事可知。史称耶律璟在位期间，"荒耽于酒，畋猎无厌。赏罚无章，朝政不视，而嗜杀不已"。辽人曾经批判过耶律璟："穆宗（耶律璟）逞无厌之欲，不恤国事，天下愁怨。"曾经被契丹人劫掠北上的原后汉宰相李涛之弟李浣在给郭威的密信中也透露耶律璟"幼弱多宠，好击鞠，大臣离贰。……今王骄恣，唯好击鞠。耽于内宠，固无四方之志"。

正是考虑到这一点，柴荣才决定大举北伐。虽然北伐有冒险的成分，毕竟契丹人整体实力还在，但至少耶律璟在位，可以减弱契丹人实力。此时不北伐，一旦契丹换了明主，北伐时机就将丧失，一如赵匡义遇到的就是辽朝明君耶律贤以及他的枭雄皇后萧燕燕，结果碰得头破血流。

历代史评家对柴荣选择此时北伐无多异议，毕竟南方大致平定，唐蜀皆畏大周，南汉刘晟甚至吓得要派人来汴梁向周朝称臣。近代史学家吕思勉先生在《中国通史》中也是持这样的观点："周世宗时，正是契丹中衰之会，此时（北宋时的契丹）却又兴盛了。辽惟穆宗最昏乱。969年，被弑，景宗立，即复安。"

而提到柴荣北伐契丹，就必须拿之后的赵匡胤对契丹的态度做对比。

虽然赵匡胤武勇过人，但那是针对荆南、湖南、南唐、后蜀、南汉等风一吹就倒的孱弱诸侯，对于契丹，赵匡胤自始至终都采取守势。昏庸至极的耶律璟与赵匡胤做了九年的邻居，赵匡胤不但丝毫没有进攻契丹之意，甚至还准备花五百万贯钱和平赎买幽云十六州。至于赵匡胤所谓"务保境息民，不欲生事夷狄"，实际上不过是托词而已。

当然，真要打起来，以赵匡胤的能耐，当是不怕契丹人的，契丹人几次南下侵宋，照样被赵匡胤打得狼狈逃窜。问题其实还是出在宋朝"扬文抑武"的国策上，宋朝那位著名的胥吏名相赵普坚持反对武人上位，为了防范武人，宁可不要幽云十六州。赵匡胤是有过北伐打算的，但赵普威胁赵匡胤："孰取幽燕，孰可代之？"赵匡胤知道自己的帝位是靠武力捡的，一旦派大将收复幽燕，势必要赋予大将兵权，而赵匡胤天天做梦都会梦到石守信、曹翰这帮武夫披上黄袍的。

所以，宁可放弃幽云十六州，让十六州的汉人百姓沦为契丹人的奴隶，也绝不能威胁到自己白捡来的皇位，这是赵匡胤的底线。而赵匡胤与赵普那次著名的雪夜问对中，即对统一计划的安排，则正式放弃了收复幽燕。赵匡胤对此有些不甘心，他知道不做点惊天动地的大事，他是比不过旧主柴荣的，但历史并非没有给赵匡胤以机会，只是赵匡胤出于各种考虑，没有勇气去尝试。

赵匡胤因为畏惧契丹而不敢北伐，自然少不了一些观点替赵匡胤的畏惧之举辩护，说什么契丹兵力甲天下，和契丹人作战等于送死。其实大量的五代史料早已将这种观点驳得千疮百孔。从李存勖占据河东开始，中原政权就与契丹常年厮杀，虽然各有胜负，但也不至于怕契丹人。

后唐天祐十四年（917年）杀契丹万余人；天祐十八年（921年）杀契丹兵数千；后唐天成三年（928年）杀契丹数千人；后晋开运元年（944年）在马家口杀契丹数千人，同年混战中，契丹人死伤惨重；以及著名的白团卫之战将契丹人杀得鬼哭狼嚎，险些生擒耶律德光。至于契丹灭后晋，完全是杜重威、张彦泽这些民族败类的闹剧，并非契丹多么厉害，这一点也是得到契丹人承认的。契丹人曾经告诉随同石重贵北上的晋同州郃阳县令胡峤："夷狄之人岂能胜中国？然晋所以败者，主暗而臣不忠。"所以，综合来看，北伐契丹，不是能不能的问题，而是敢不敢的问题。再加上幽燕汉人入辽不久，契丹人苦虐汉人，幽燕汉人心还向汉，这一点也是有利于柴荣北伐的。

当然，契丹人并非软柿子，但正如钱穆先生在《国史大纲·贫穷的新中央》中所论："周世宗用兵欲先取幽州，则吴蜀不足平。"契丹人是不好打，但至少柴荣还有一半的胜率，赵匡胤守死不战，白白浪费了昏君耶律璟在位这个千载难逢的机会，"宋则以赵普谋，先南后北为持重。兵力已疲，而贻难艰于后人，则太祖（赵匡胤）之失也"。

至于柴荣为什么放弃北汉而进攻北汉的干爹契丹，这就更好解释：北汉虽小而势强，擅长攻坚战，正如宋人秦观所论："刘氏虽据河东十州之地，与中国为境。然左有常山之险，右有大河之固，北有契丹之援，其人剽悍强忍，精勇高气，乐斗而轻死。虽号为小国，实坚敌也。"即使周军使尽力气灭掉北汉，也会元气大伤，再进攻契丹时已是强弩之末，赵匡义就是这么惨败的。而如果打败契丹，契丹元气大伤，必不敢再下，北汉失去契丹支持，自然撑不了多久。

打"狗"不如打"狗"的主人。

柴荣决定的事情，不会轻易改变。

周显德六年（959年）三月二十九日，周朝正式北伐契丹，收复幽云十六州。柴荣亲率大军北上，开始了他人生中最后一次轰轰烈烈的戎马生涯。

柴荣留下一些文官留守汴梁，如宣徽南院使吴承祚留守东京，三司使张美为大内都部署，总管皇宫事务；而武将中的精英基本都随柴荣北上，大半年后突然捡到天大便宜的赵匡胤业以都部署的身份随驾。

四月十六日，柴荣率大军乘舟抵达沧州，而沧州以北数十里就是契丹地界。柴荣没有留在沧州，当天就继续北上。第二天，周军就抵达契丹人控制的乾宁军（今河北青县）城下。乾宁军规模比较小，守城的契丹宁州刺史王洪见柴荣来势汹汹，他根本没有以卵击石的必死勇气，非常明智地开门投降。

乾宁军以北，盘布着很多被契丹人控制的军镇城池，计有瓦桥关（今河北雄县西南）、益津关（今河北霸州）、莫州（今河北任丘）、瀛州（今河北河间）、易州（今河北易县）、涿州（今河北省涿州市）。在这些军州中，瀛州无疑是最大的城市，但瀛州城高粮足，非一朝一夕能攻下，柴荣不想把时间浪费在这上面，绕开瀛州继续北上。在柴荣的军事计划中，他只准备打一场艰苦的城市攻坚战，那就是强攻幽州，当时已是契丹的南京析津府。

在休整了五天之后，四月二十二日，柴荣把部队分为水陆两部，同时北上。陆路由韩通任都部署，水路由赵匡胤任都部署。而柴荣本人则高坐于龙头大舰之上，其余战舰皆随龙头大舰之后，沿永济渠浩荡北上。"船只头尾相接长达数十里"。

两天后，周军舰队冲到了乾宁军以北一百二十里的独流口，这里是滹沱河和永济渠的汇合处，独流口以西分别是益津关、瓦桥关，偏北处是易州与涿州，偏南处是莫州与瀛州。益津关距离独流口最近，所以柴荣首先要拿下益津关。

四月二十六日，周军水师冲到益津关下，契丹守将终廷晖是个聪明人，打了等于送死，开门投降了事。

接下来要打的是瓦桥关，不过因为这里水道狭窄，所以周军弃舟船而从陆路上进取。二十七日，立功心切的柴荣亲率五百名精锐的侍卫骑兵充当先锋营，纵马疾行，却在不经意间把主力部队甩在身后。

而就是这时，柴荣面前突然出现一股人数不详的契丹骑兵，这些契丹骑兵举着火把，围在柴荣身边不远处来回兜圈子，但没有人敢上前吃掉这股汉人。因为契丹人可能知道了这支汉人骑兵的指挥者，就是那个威震天下、契丹人谈之色变的郭家养子。《资治通鉴》记载："从官皆恐惧。胡骑连群出其（柴荣）左右，不敢逼。"

契丹人最终还是灰溜溜地跑了，虽然他们人数远多于周军，但柴荣是个疯子，没有人敢招惹这个疯子。

天亮之后，赵匡胤率领的周军向瓦桥关发起进攻，轻松逼迫守关的契丹马仔姚内赟投降，随后，柴荣风一般卷入瓦桥关。

周军轻松拿下益津、瓦桥二关，等于堵死了契丹控制的莫州和瀛州与契丹本部的通道。在周军强大的压力下，四月二十九日，契丹鄚州刺史刘楚信以城降周；五月初一，契丹瀛州高彦晖举城投降。柴荣没有和契丹人交手，就轻松得到了三州十七县，这些地方在辽朝史书中被称为"关南"，而柴荣拿下关南州县，一直被契丹人视为奇耻大辱。

三关入周后，柴荣将益津关升格为霸州，割鄚州文安县、瀛州大城县归霸州。将瓦桥关升格为雄州，割涿州归义县、容城县归雄州。霸州和雄州就是现在河北省著名的霸州市和雄县。

周朝拿下这两座小关，战略意义非常重大，二关是契丹拱卫南京析津府的南面门户，益津关"倚神京（明清时北京）之重，控瀛海之阻，作固作屏，东西联络"。而瓦桥关"地控扼幽、蓟"。

换言之，幽州就在柴荣眼前。

但是否立刻攻打幽州城，却在五月二日举行的最高军事会议上引起争议。柴荣自然主张强攻，而大多数将领则反对强攻，理由是"今虏骑皆聚幽州之北，未宜深入"。因为据说契丹主力骑兵部队已经云集幽州附近，一战未必能下。不过柴荣既然来了，他不可能退缩，那不是柴荣的性格。众将反对无效，柴荣还是下达了准备强攻幽州的命令。

周军已经做好了充足的准备，甚至在拒马河边搭建浮桥，供大军过河攻城。同时，先锋都指挥使刘重进奉柴荣之命，攻下幽州城南一百二十里的固安。

也许是天意，在周军即将发动对幽州的强攻时，柴荣却突然病倒了，《旧五代史·周世宗纪六》记载："是夜，帝不豫。"至于是什么病，《历代佛祖通载》幸灾乐祸地说柴荣因为用斧子劈了镇定大佛，所以"病背痈糜溃"，不过是既得利益者受到打击之后的宣泄罢了。

皇帝生病，六神无主，所以这场必将青史留名的战役无法再打下去了，柴荣只能下令撤军。五月三十日，柴荣率军回到汴梁休养。

柴荣北伐，实际上并没有与契丹人真正打起来，而这也是后世轻视柴荣北伐成就的主要论据。这种观点认为投降柴荣的都是契丹汉人将领，之后赵匡义北伐失败，碰上的则是契丹最精锐的王牌部队。换言之，如果柴荣遇上契丹主力，必败无疑。

果真如此吗？

契丹皇帝耶律璟真有要与柴荣鱼死网破的斗志？答案是否定的。史料明确记载：周军北伐，耶律璟表现惊恐，"契丹闻其亲征，君臣恐惧"。他根本没有勇气迎接柴荣的挑战。甚至是周军取三关之后，耶律璟还说什么"三关本汉地，今以还汉，何失之有？"虽然耶律璟大言要御驾亲征，可那也是在柴荣退兵之后做出的政治姿态而已。

这只是耶律璟的表现，再来看幽州统帅萧思温的表现。萧思温在历史上籍籍无名，但他的女儿却尽人皆知，就是杨家将中那位不可一世大辽萧太后。萧思温见周军北上，吓得"不知计所出"，束手无策。有些契丹将领愿与周军作战，但萧思温不许。这是《辽史》上的记载，可信度极高。

萧思温吓得六神无主，幽燕地区的普通契丹人更是被柴荣声势浩大的北伐吓破了胆。根据《五代史补》记载，周军刚进入幽州地界，"凡蕃部（契丹人）之在幽州者，亦连宵遁去"。不仅是契丹人，幽燕汉人也震惊于柴荣的胆量，"京畿人皆震骇，往往遁入西山"。

连人带马都吓傻了，这样的战斗力，只要柴荣强攻幽州，破城是十拿九稳的。

其次，周军北上主要是走水路，体力消耗较少，周军有足够的体力完成对幽州的强攻。而二十年后赵匡义在高梁河惨败，是因为宋军刚苦战消灭顽强的北汉，体力消耗严重，赵匡义强行已无战意的军队进攻幽州，被以逸待劳的契丹军迎头暴打，失败是必然的。

事实上，北宋帝王也基本认为若周世宗不病，则必能攻克幽州。北宋景德四年（1007年）七月，赵恒对大臣们谈到柴荣，为柴荣意外得病而可惜。"（柴荣）性虽严急，而智算雄武。当时亲征，下瀛、莫，非遇疾班师，则克复幽蓟矣。"更不用说宋神宗认为柴荣假以天年，必能成为汉高祖刘邦一类的千古大帝。

诚然，周军北伐并没有遇到契丹主力，但实际上周军是与契丹人交过手的，而且还是周朝的地方军。

五月初四，义武军节度使孙行友率所部攻克契丹重镇易州，生擒契丹的易州刺史李在钦。这是一场实实在在的攻坚战，只不过这场战役不太知名罢了。第二天，周先锋指挥使张藏英在瓦桥关以北大破契丹骑兵，杀伤数百。再加上防守西路的李重进把企图浑水摸鱼的北汉军打得找不到北，在井陉口斩首两千级。以当时周军的整体实力和旺盛斗志，一旦与契丹主力决战，胜算是极大的。

只可惜天不佑汉，夫复何言？

三百多年后，元朝人郝经写过一首《白沟行》，以五代宋辽为背景，其中提到了柴荣北伐。

"世宗恰得关南死，点检陈桥作天子。汉儿不复见中原，当日祸基元在此。"

三七　英雄敌不过天意
——漫谈周世宗柴荣之总评英雄

当柴荣生病撤军之时，他本人对早日康复是非常乐观的，还在打算等病愈之后再兴师北伐，必使幽云入汉家。

但让柴荣没有想到的是，上苍再也不会给他机会继续书写伟大的征服史了。回到汴梁后，柴荣病情不断加重，在自己沉重的哀叹声中，柴荣痛苦地承认，留给自己的时间真的不多了。

周显德六年（959年）六月十九日，柴荣病情严重恶化，在拼尽了最后一口气后，由七岁的儿子柴宗训承接帝位，并安排范质、王溥、魏仁浦为顾命大臣，赵匡胤取代张永德出任殿前都点检。柴荣有些怀疑张永德的忠诚度，他相信赵匡胤一定会保护好自己的几个幼子。但柴荣万万没有想到，自己刚咽气，赵匡胤就要屠杀自己的几个儿子。换成张永德，必不忍这么做。

而正是由于柴荣对张永德的怀疑，直接改变了中国历史近一千年来的格局，甚至也影响到了世界历史的大格局。

同日，灯枯油尽的柴荣在东京万寿殿离开了人世，时年三十九岁。

柴荣的死，不仅让中原汉人在近四百年内再也没有机会收复幽云故地，而且直接便宜了他最信任的赵匡胤，让赵匡胤几乎不费吹灰之力白捡了一个帝国。

周显德七年（960年）正月初一，赵匡胤在策划了半年之后，终于在陈桥驿宣布与曾经待他恩重如山、亲若兄弟的柴荣彻底决裂，建立了宋朝。而如果不是柴荣并没有厚待的大将潘美的苦苦相劝，柴荣的几个幼子已死在赵匡胤刀下。

属于柴荣的英雄时代结束了，历史翻开了新的一页，但有关柴荣的话题，在宋朝存在的三百多年内并没有中止。

关于柴荣最大的争议，是柴荣杀人太多。有些宋人经常指责柴荣残暴。比如大贪官李昌龄就指责柴荣"酷烈，果于杀戮"。可李昌龄是绝口不会提他所侍奉的赵匡胤杀人数量远在柴荣之上。同样杀人的赵匡胤成了仁君，柴荣倒成了暴君，原因只是赵匡胤厚待文人而已。雇主给了钱，哪还有不吹喇叭抬轿子的道理？至于百姓受苦受难，他们哪里管得着！洪迈就说过周世宗杀人太多，是以国亡。别的且不论，汉武帝杀人无数，明成祖朱棣杀人以十万计，清军入关屠杀千万，结果都是国祚二百年，这又如何解释？手无缚鸡之力且抹杀一人的南朝齐少帝萧昭文、齐和帝萧宝融、梁敬帝萧方智、陈少帝陈伯宗、隋恭帝杨侑、唐哀帝李柷不照样人头落地？

不过，就整体来看，否定柴荣的只是极少数观点，主流还是对柴荣持肯定态度的，包括占了柴荣便宜的宋朝。

曾经做过柴荣臣子的薛居正等人，在《旧五代史·周世宗纪论》中就高度评价柴荣："及天命有属，嗣守鸿业，不日破高平之阵，逾年复秦、凤之封，江北、燕南，取之如拾芥，神武雄略，乃一代之英主也。加以留心政事，朝夕不倦，摘伏辩奸，多得其理。臣下有过，必面折之，常言太祖养成二王之恶，以致君臣之义，不保其终，故帝驾驭豪杰，失则明言之，功则厚赏之，文武参用，莫不服其明而怀其恩也。所以仙去之日，远近号慕。"虽然旧史也承认柴荣性格过刚、用刑太严，但整体上瑕不掩瑜。

向来对柴荣吹毛求疵的欧阳修，在《新五代史》中也对柴荣推崇备至："世宗区区五六年间，取秦陇，平淮右，复三关，威武之声震慑夷夏，而方内延儒学文章之士，考制度、修《通礼》、定《正乐》、议《刑统》，其制作之法皆可施于后世。其为人明达英果，论议伟然。其英武之材可谓雄杰，及其虚心听纳，用人不疑，岂非所谓贤主哉！"

司马光给后人的印象是比较古板教条，实际上司马光是个非常明大体的人，他著史虽然也受北宋政治时局约束，但他对柴荣却几乎是不顾一切地给予好评，根本不管赵官家吃醋。柴荣对佛教进行改革，司马光极为欣赏柴荣的魄力，称赞柴荣"周世宗可谓仁矣！不爱其身而爱民；周世宗可谓明矣！不以无益废有益"。而在《资治通鉴》的末尾，司马光把五代史武功最为显赫的两大帝王——唐庄宗李存勖与周世宗柴荣进行对比，不过司马光有些瞧不上李存勖，反而对柴荣无比推崇，"江南（南唐）未服，则亲犯矢石，期于必克，既服，则爱之如子，推诚尽言，为之远虑。其宏规大度，岂得与庄宗同日语哉！《书》曰：'无偏无党，王道荡荡。'又曰：'大邦畏其力，小邦怀其德。'世宗近之矣"。而写到柴荣驾崩后，司马光继续吹捧柴荣，"及即位，破高平之寇，人始服其英武。其御军，号令严明，人莫敢犯，攻城对敌，矢石落其左右，人皆失色，而上略不动容。应机决策，出人意表。又勤于为治，百司簿籍，过目无所忘。发奸摘伏，聪察如神。闲暇则召儒者读前史，商榷大义。性不好丝竹珍玩之物。人无不畏其明而怀其惠，故能破敌广地，所向无前"。

宋朝官方对柴荣的评价向来是宁高不低，有褒无贬。虽然宋朝是捡了柴荣便宜，但宋朝史官们多数还是就事论事，毕竟柴荣的伟大是客观存在的。宋神宗赵顼就非常尊崇柴荣，他在朝会中吹捧柴荣，"使（周世宗）天假之年，其功业可比汉高祖"。并称柴荣"诚创业造功英主也"。甚至还曾经与批判柴荣的大臣斗嘴，在维护柴荣时半点也不客气。参知政事冯京曾经指责柴荣为人酷暴，赵顼马上反驳说："闻世宗上仙，人皆恸哭。"老百姓听说周世宗驾崩，无不痛哭，若柴荣酷暴，百姓早就恨之入骨了。

在经历了南宋孝宗时对柴荣的整体性贬损后，除了朱弁、陆游、洪迈三大忠臣对柴荣疯狂贬低外，官场上对柴荣的评价日益升高。南宋理宗时，著名"奸臣"马天骥与宋理宗赵昀议事时，就称赞柴荣"周世宗当天下四分五裂之余，一念振刷，犹能转弱为强"。而大儒朱熹同样对柴荣有着极高的评价，他在《朱子语类》中毫不掩饰对柴荣的崇拜，"五代时甚么样！周世宗一出便振"。而有人问世宗是否为贤主，朱熹说：看来也是好。并称赞柴荣"周世宗天资高，于人才中寻得个王朴来用"。对于当时社会上有人说柴荣心胸不广时，朱熹反驳道：世宗胸怀又较大。朱熹甚至不避嫌疑，公开宣称本朝太祖赵匡胤的成功是站在柴荣肩膀上的，"世宗却得太祖接续他做将去。虽不是一家人，以公天下言之，毕竟是得人接续，所做许多规模不枉却"。

南宋遗民陈栎对柴荣同样极为推崇，他在《历代通略·后周》中评价五代明君："五代之君，世宗第一，唐明宗次之，周太祖又次之。"陈栎认为柴荣"五代诸君，多刻其民而骄其军。世宗独能严军而恤民，治律历与礼乐，正刑统，禁私度僧尼。毁佛像铸钱，注意元元，留心本邦。于五代十二君中，独称为最美。行善政，史不绝书"。还有一位南宋遗民俞德邻在《佩韦斋辑闻》中也是持相同的观点："先儒谓五代之君，周世宗为上，唐明宗次之。"

而在评论柴荣时，有一部书是绕不过去的，就是北宋真宗时期编撰的大型类书《册府元龟》。该书上距五代较近，保留了大量的五代珍贵史料，史料价值极高。在《册府元龟》中，有关柴荣的史料相当多，但值得注意的是，但凡书中称赞帝王美政的篇章，无一例外都是有柴荣的史料，而抨击帝王恶政的篇章中，无一例外找不到有关柴荣的半个字。

《帝德》《诫励》《革弊》《招怀》《却贡献》《明罚》《慎罚夫》《念良臣》《愍征役》《褒功》《惠民》《纳谏》《讲善·礼贤》《礼大臣·褒贤》《务农》《英断·明察》《文学》《仁慈》《节俭》《神武》《悔过》《崇儒术》《宽恕》《孝德》《功业》《兴教化》《审官》《立制度》《赦宥》《访问》《选将》《修武备》《明赏》《延赏》，这些都是歌颂帝王美政的，均有柴荣的正面事迹。

《恶直》《猜忌》《无断》《失政滥赏》《姑息》，这些都是写帝王恶政的，但与柴荣毫无关系。由此观之，完全可以说，这个世界上没有圣人，但柴荣是最接近圣人的那几个人之一。

而在宋朝之后，历代官方对周世宗柴荣也非常推崇。明太祖朱元璋曾经在洪武四年（1371年）三月，"遣使祭历代帝王陵寝，祀帝王三十五"。而在这些帝王，名义上身处乱世时代的（其实赵匡胤也是乱世君主），只有周世宗柴荣一人。清朝入关后，于顺治八年（1651年），清廷举行了"定帝王陵寝祀典"，从汉朝之后共有二十三位帝王入围，而名义上身处乱世的还是只有柴荣一人。四十多年后，康熙三十五年（1696年）正月，清廷再次祭祀前朝帝王，名义上身处乱世的还是柴荣一人。

历史没有给予柴荣足够的时间，让他去完成曾经立下的"十年开拓天下，十年养百姓，十年致太平"的雄图壮志，中道崩殂，致使中原汉业毁于一旦，但历史又是公正的，除了一些私心作祟的所谓大文豪、当代苏武外，大多数人还是给了柴荣很高的评价。

以北宋大儒石介在其《感事诗》柴荣部分作为柴荣篇的定笔。

"桓桓周世宗，三十篡尧历。一岁破河东，刘崇丧精魄。再岁复秦凤，不庭自柔格。三岁出南狩，王师拯焚溺。江北十四州，取之如卷席。四岁征关南，曾不发一镝。三州相继降，德声畅蛮貊。李昇（李璟）请臣妾，钱镠（钱弘俶）修贡职。帝欲因兵锋，乘胜务深击。直取幽州城，拓土开疆场。重收虎北口，复关毙寇贼。是时战屡捷，六军气吞敌。平吴如破竹，成功在顷刻。惜哉志不就，暴疾生中夕。"

三八　但教方寸无诸恶，狼虎丛中也立身
——冯道生存之"道"（一）

五代十国兴亡百余年，史事庞杂，再加上五代十国历史不甚著名，需要讲清五代十国兴亡始末，即使写百万字也未必能详说其细。因为篇幅实在有限，所以只能择其主要帝王事迹来写，次要帝王以及相关大臣需要写的，都附在帝王篇中，不单独作传，但那位被世人骂了一千多年的"奸臣"冯道显然是个例外。甚至可以这么讲，不写冯道，不算写五代。五代少了冯道，也就不是五代了。

说到冯道，最著名的事迹就是以一身侍四朝五代，早上是唐臣，上午是晋臣，中午摇身一变成了契丹大臣，下午为汉臣，到了晚上又成了周太师。在一些道德家看来，不忠是冯道永远摘不掉的标签。自宋以来，对冯道不忠的批判连篇累牍，大骂者有之，嘲讽者亦有之。

"衣冠禽兽""恶浮于纣、祸烈于跖""名妓转世""冯道可谓不知人间有羞耻事者矣"。更不要说欧阳修、司马光两位大佬那两篇针对冯道的著名评语，而孤独的王安石称赞冯道的那句"菩萨，再来人也"反而觉得非常刺眼。

实际上，被当成道德靶子乱箭穿心的，并不是冯道本人，那只是一具名为冯道的道德尸体，成为后世政权号召人臣效忠的工具。真实的冯道，根本不是宋朝道德家们所谓的贰臣、佞臣、奸臣，如果按他们的逻辑，同样做过唐晋辽汉周大臣的宋初名臣张昭、名将符彦卿岂不都是"恶浮于纣、祸烈于跖"！更何况张昭、符彦卿等人比冯道还多侍奉一个朝代——北宋，从未见宋人骂过他们不忠，公平何在？

五代十国名流如云，但从某种意义上讲，五代十国只是三个人的风云时代：柴荣、李煜、冯道。柴荣和李煜都是帝王，虽然李煜的南唐帝国早被柴荣砸得稀巴烂，而冯道作为大臣，他身上的故事实在太多了，所以用比较长的篇幅来讲一讲这个有趣的冯道。

冯道，字可道，河间景城人（今河北河间与沧州之间），生于唐僖宗中和二年（882年）。父亲冯良建，曾在唐朝末年出任秘书少监，相当于国家图书馆副馆长，后来退休还乡家居。冯家虽然寒素，但却是唐中叶以来的儒门清流名家，家中藏有不少图书。靠山吃山，靠书吃书，冯道生长在这样的知识分子家庭，从小就接受了正统的儒家教育，肚子里灌了不少墨水。

冯良建对这个儿子非常看重，希望他能光大冯家的儒门之业，从《道德经》中给儿子取了个名字——冯道。

冯道读书非常用功，无论风吹沙尘，还是大雪压庐，冯道都端坐于房中，手捧书本，如饥似渴地诵读先王治政之道。冯道家庭背景一般，要想出人头地，不读书还有活路吗？但冯道成年时，天下大乱，枭雄遍地，去长安考取功名的路是行不通了。冯道唯一能做的，就是依附军阀做幕僚，一步步往上爬。而当时控制景城的，是横跨幽州、横海（今北京、天津、河北北部与东部）的燕王刘守光，所以冯道出道后的第一个老板，注定是刘守光。

刘守光为人残暴荒悖，而且仇恨士人，"刘守光为燕帅，性惨酷，不喜儒士"，杀士人是家常便饭，"名儒宿将，多无辜被戮"。冯道投奔刘守光，也是硬着头皮去的。道德家攻击冯道靠阿谀奉承混日子，其实冯道在官场上的第一谏就是针对刘守光的，险些被刘守光杀掉。时任幽州参军的冯道可以选择避退，装哑巴谁不会？但即使看到同僚孙鹤在劝谏刘守光时被酷刑处死，年轻热血的冯道依然没有退缩，当众劝刘守光不要做昏君，激怒了刘守光，把冯道送进大狱。只因为冯道人缘好，为了拯救冯道，幽州文官们想办法捞出冯道。这次劝谏险些丧命，对冯道后来的人生观难免会产生一些不太积极的影响，胡三省就说："冯道自此历事唐、晋、汉、周，位极人臣，不闻谏争，岂惩谏守光之祸邪？"但冯道并非没有再谏过君主，李存勖和柴荣两大英主都领教过冯道的强硬，只不过胡三省向来瞧不上冯道，对有利于冯道形象的，胡先生都装作看不见。

刘守光不能用冯道，冯道干脆炒了刘守光的鱿鱼，来到了与燕国相邻的河东晋国，继续追逐着他致君尧舜的理想。

晋王李存勖当时处在人生的鼎盛时期，是典型的明君做派，刘守光不用的人才，李存勖自然要重用。有个叫周玄豹的江湖术士横竖看冯道不顺眼，没少在河东大总管张承业面前说冯道天庭晦暗，不能当官，但张承业素来"重其文章履行"，告诉周玄豹，他推荐冯道的原因只有一个，"惟其有才"。

随着河东晋国开疆扩土，事职繁重，所以李存勖急需一名主掌晋国文翰的掌书记，而张承业郑重向李存勖推荐了冯道。掌书记，相当于办公厅主任，而河东掌书记则相当于最高党政机会的办公厅主任，地位之高可以想见。而正因为如此，盯上这块肥肉的大有人在，比如士族出身的河东推官卢程。但卢程是个饭桶，百无一用，而且"为人褊浅"，嫉贤妒能。

其实李存勖曾经给过卢程机会，让卢程写篇文章，可卢程却一个字也写不出来，李存勖怎么可能用这样的饭桶？为了能让冯道上位，李存勖纡尊降贵，在一次特意安排的酒会上，李存勖站在冯道的座前，微笑着告诉冯道："此樽酒，赏卿！自今日后，卿便为吾书记。一应文翰辞章事宜，奚付卿处置。"

傻子都知道，冯道将成为新一任河东节度使掌书记的人选，但又出乎所有人意外的是，冯道竟然拒绝了晋王的任命。

冯道当然有些"油滑"，他初来河东，人生地不熟，他知道这个位置有很多人在争，他不想得罪人，特别是那个乌眼鸡似的卢程。面对这个足以使自己青史留名的位置，说不动心，冯道自己也不相信。冯道虽然以自己地位卑下为由婉拒，但他自始至终也没说过自己才不如人。

李存勖当然明白冯道的小算盘，在李存勖强硬坚持下，冯道最终还是接下了这个让人无比眼热的职务。得罪人的事让李存勖去做，反正李存勖也不怕得罪卢程。冯道很聪明，老板想用我可以，你先摆平公司里那些对我羡慕嫉妒恨的人。

冯道有些孤傲，但他出色的工作能力是绝对对得起李存勖给他开的工钱的。但冯道更是谨慎的，他不会在工作中出现重大失误，让政敌如卢程等人抓住反击自己的机会。同时与同僚和睦相处，不会把自己骨子里的清高外现，平白得罪别人。至于卢程等人攻击冯道相貌粗陋，是个乡巴佬，"士人多窃笑之（冯道长相）"，这也不过是格调不高者的无聊攻击罢了。

冯道很会做人，但他绝对不会拿自己的做人底线做交易，在工作上，即使你是晋王，你做错了，我照样当面顶撞你，半点面子也不给你。

李存勖有一次和河东军界头号人物郭崇韬发生了严重冲突。事情的起因是李存勖经常和将士们在大殿上喝酒吃肉，拍桌子骂娘，郭崇韬非常反感李存勖的江湖土匪习气。郭崇韬"以诸校伴食数多，主者不办，请少罢减"，结果激怒了李存勖。李存勖认为自己如果不这样做，弟兄们谁还肯给自己卖命？咱们就缺这几个饭钱？盛怒之下的李存勖赌气地说自己回太原养老，让郭大帅在军前掌兵权。实际上李存勖怎么可能把兵权交给外人，李存勖想到了冯道，便叫来冯道，让冯道写一篇攻击郭崇韬的文章，务必把郭崇韬抹黑成贪得无厌的政治小丑。

后世道德家经常攻击冯道不敢谏君王，但冯道刚来河东不久，就给李存勖一个不硬不软的钉子，这是非常需要勇气的。冯道要是奸臣，他会接过这个烫手山芋？听李存勖的话就是了，至于严重后果，关冯道何事？

冯道知道一旦君主与主将闹别扭，将会加重国内的政治生态，甚至引发军心动荡，岂不是外敌之福？河东江山是李存勖的，但同时也是冯道的事业。李存勖是明主，只要他不倒，冯道的未来就有了保障。就凭这一点，冯道也不会置郭崇韬于不顾。

李存勖让冯道写文章，冯道虽然提了笔，却一直没有落笔，任凭墨汁滴在纸上，洇成一个个大黑点。李存勖有些生气，而冯道却语气平缓地告诉李存勖：郭崇韬是国之重臣，大王自毁长城，是朱友贞之福。

一句话就足够了，李存勖再盛怒，也不会砸自己的衣食饭碗，李存勖逐渐冷静下来，他知道冯道这句话的分量。而且郭崇韬也主动向李存勖道歉，给足了李存勖面子，李存勖自然就坡打滚，大家和好如初。

不要认为冯道这次劝谏是和风细雨式的，在性格古怪的李存勖头上拔毛，那是极需勇气的。《旧五代史·周书·冯道传》说得清楚："郭崇韬入谢，因道为之解焉，人始重其胆量。"可见这次劝谏如果弄砸了，很可能波及冯道的仕途，甚至是人身安全。

奸臣佞臣乌足有此！

冯道这次劝谏，深深打动了李存勖，彼时的李存勖英果贤明，他看中了冯道的治才，更欣赏冯道的胆量，这才是致君尧舜的公忠大臣。虽然当时冯道的资历还有所欠缺，但李存勖已经开始把冯道当成宰相培养了。后唐同光元年（923年）十月，李存勖百战灭梁，称霸中原，开始大封文武。宰相方面，李存勖用的是礼部侍郎韦说、尚书左丞赵光胤，外加之前的宰相豆卢革。而时任翰林学士赐紫（三品紫袍）的冯道，则被晋升为正四品下的户部侍郎，相当于财政部副部长。时人都知道，户部侍郎不过是冯道进入内阁的一个跳板，谁不知李存勖的用意？

正在冯道书写锦绣前程的时候，他的家乡突然传来噩耗——父亲冯良建病故。哀痛之下的冯道必须按官场规矩，回家丁忧守孝二十七个月，这一年应该是923年。其实冯道并不担心自己的前程，他知道李存勖是一定会给自己在内阁留出一个位置的，三年很快就会过去。

冯道没有想到，他这次回乡丁忧，反而是因"祸"得福。冯道在家乡做了两年农民，每天除了守在坟前，平时多在地里耕种，或者砍柴烧饭，与农夫无二。而在相同的两年里，曾经无比欣赏冯道的当代汉光武却以光的速度从天上坠落凡间，这位扬起十指自称"李天下"的圣明天子昏庸无道，天下怨愤，直到魏兵叛起，李存勖死在洛阳城门之上，一片冲天大火结束了一段伟大的传奇。李家天下，不出意外地落在了河北相公李嗣源手上。

可以想见，如果冯道这两年间一直留在李存勖身边，刀兵之下，谁敢保证冯道毫发无损？甚至变质的李存勖在恼怒之下，很有可能一刀杀掉冯道。

而贤明的李嗣源继位，改变了后唐政权的荒谬乱象，诚为百姓之福，亦是冯道之福。

三九　但教方寸无诸恶，狼虎丛中也立身
——冯道生存之"道"（二）

其实冯道和李嗣源也算是老交情了，早在河东时期，二人就有过来往，李嗣源非常敬重掌河东文翰的冯书记，深服其才。李嗣源继位后，先任命了太子宾客郑钰与工部尚书、判三司事任圜为宰相，但李嗣源却一直没有忘记冯道，先把冯道与赵凤塞进端明殿当学士，慢慢再俟机提拔为相。关于李嗣源用冯道为相，在前面《李嗣源用冯道为相的窍门》篇中已经详细述及，今略过。

天成二年（927年）正月十一，李嗣源下诏，以户部侍郎冯道与安重诲的马腿、太常卿崔协为同中书门下平章事。这一天，意味着冯道正式进入官场一线，可以书写属于自己的历史了。

奸臣最大的特点就是嫉贤妒能，赵高如此，卢杞如此，秦桧更是如此。宋世道德家没完没了地指责冯道不忠，却很少提及冯道从不嫉贤妒能。冯道当宰相，经常为国荐贤，从不考虑私利。当然，出于"阶级感情"，冯道对豪门出身的士人多少有一些偏见，他更着重提拔寒门士人，这其实应该可以理解。毕竟寒士的社会资源太少，如果没有贵人相助，是很难爬上去的。而且对于豪门士子，冯道也没有一棍子打死，只是反对类似卢程那样"履行浮躁"之徒，经常"镇而抑之"。

曹操唯才是举，冯道也是。

冯道重寒人轻士族，自然得罪了豪门子弟，这些人便对冯道进行人身攻击。冯道小时在农村读书时，经常习读一本农村儿童教育读物《兔园策》。其实这本书是唐朝名儒汇编成集，只因为这本书在乡村太过普及，所以城里的士大夫们都瞧不起读《兔园策》的人。这伙高贵的士大夫便嘲笑冯道经常读《兔园策》，实际上是挖苦冯道是农村泥腿子出身。

赵匡胤心胸狭窄，当年他未得志时，王彦超、董遵诲都瞧不起他。后来赵匡胤利用柴荣托孤之恩，篡位建宋后，立刻敲打王、董，逼二人请表谢罪。而冯道

当众被嘲笑，按理讲也应该报复挖苦他的工部侍郎任赞和吏部侍郎刘岳。但冯道却没有这么做。后来任赞犯了事，冯道完全可以痛打落水狗，而冯道却极力救下任赞。欧阳修说冯道对刘岳非常恼火，但实际上冯道也是用温和的语气抨击了这伙士大夫的浅薄："《兔园策》皆名儒所集，道能讽之，中朝士子止看文场秀句，便为举业，皆窃取公聊，何浅狭之甚耶！"

可见冯道的度量！

作为天下佐贰的宰相，不能没有度量，像赵普那样嫉贤妒能的胥吏能当上开国宰相，实在是历史的天大误会。李嗣源立志做明君，又兼性格温和，自然与性情相近又同兼怀天下的冯道走得更近，所以李嗣源非常器重冯道。而冯道自然也对得起李嗣源的这份器重，只要有接近李嗣源的机会，冯道都会和李嗣源聊天，给李嗣源上政治课，希望这位武夫出身的皇帝能造"斯民福祉"，而不是学李存勖那样自取灭亡。

最有名的一个故事。天成四年（929年）九月，时值"天下屡稔，朝廷无事"，李嗣源与冯道闲聊天，李嗣源问冯道百姓生活生产如何，"天下虽熟，百姓得济否？"冯道回答得非常得体，"农家岁凶则死于流殍，岁丰则伤于谷贱，丰凶皆病者，惟农家为然"。为了让李嗣源加深印象，冯道念起了晚唐进士聂夷中那首著名的《伤田家》："二月卖新丝，五月粜新谷……医得眼前疮，剜却心头肉……我愿君王心，化作光明烛。不照绮罗筵，只照逃亡屋。"其实冯道并不是无聊地发什么诗癖，而是想通过念这首诗来敲打李嗣源要时常注意百姓疾苦，而李嗣源自然也体会到了这一层。

还有一件事，右仆射王建立献给李嗣源一只玉杯，这只杯上刻着讨人喜欢的六个字"传国宝万岁杯"，李嗣源爱不释手。冯道知道这是一只王建立做过手脚的"马屁杯"，一旦李嗣源沉溺其中，将来遭殃的必是百姓。冯道见李嗣源，说他有一件无形之宝，李嗣源问何宝，冯道说他的这件宝贝，叫作"仁义"。冯道进而言之，"人主治天下，靠的不是金杯玉杯，而是仁义。心中有仁义，心中就有百姓，古之明君莫不行仁政"。虽然李嗣源当时并不太高兴，不软不硬地把冯道请了出去，但实际上他听进去了冯道的劝谏，只不过当时当着众侍臣，冯道半点面子不给，李嗣源脸上有些挂不住而已。可以讲，李嗣源在位期间，天下无事，百姓小康，其中有很大一部分功劳是冯道的。

如果不作特别说明，李嗣源与冯道的交往可以称为后唐官场的二人转，君明臣贤，岂不美哉！实际上，与李嗣源唱官场二人转的，是时任枢密使、李嗣源的热血兄弟安重诲，冯道虽是宰相，在当时也不过是个配角。

在军权大于相权的五代，军职大员枢密使往往才是真正的宰相，可以与皇帝单独讨论军国大事，可谓一人之下，万人之上，而宰相不可以。而且安重诲又跟着李嗣源杀伐天下数十年，功劳甚著，当枢密使为众望所归。安重诲为枢密使，四五年间，独揽大任，臧否自若。是当仁不让的二皇帝。宰相冯道在官场上的角色，实际上更接近于翰林学士，手上并没有多少实权。

如何与大公司的二老板相处，其实是一门大学问。冯道知道只要和安重诲搞好关系，自己在官场上就有大靠山，但冯道从来没有这么做。安重诲现在春风得意，只是安某为人蛮霸，不擅长人际关系，得罪人太多，"中外恶之者众"，甚至要搞掉李嗣源的养子李从珂。这样的二老板，不知道哪天就被人干掉了，冯道绝对不会把自己的未来搭在不靠谱的安重诲身上。

虽然冯道曾经在安重诲的授意下与赵同联名上表，请治李从珂之罪，表面上看冯道屈从于安重诲的淫威，但冯道一出场，李嗣源就知道冯道是被安重诲逼出来的。换个角度看，冯道给安重诲当枪使，实际上在洗白自己没有党从安重诲，等于换回了一张保命符。至少在安重诲倒台之后，安重诲的敌人，如花见羞王德妃、秦王李从荣、老太监孟汉琼从来没有对冯道有过一丝不敬。

冯道继续做他的太平宰相。非大聪明者，是做不到这一点的。

所谓太平宰相，即使是承平时代，官场上也是暗箭密伏，何况乱世时代。安重诲是倒了，但接下来的问题对冯道来说更为棘手，最有资格承继大统的秦王李从荣和视宋王李从厚如亲生儿子的花见羞王德妃之间已闹得水火不容，二人之间必有一场血战。

冯道的选择很简单，谁赢了他就给谁打工，不管你是张三李四。既然李从荣受宠，那他就支持李从荣，但李从荣性格乖戾，冯道支持他，他照样怀疑冯道有二心。"执政欲以吾为太子，是欲夺我兵柄，幽之东宫耳。"这个"执政"就是冯道。

冯道成为李从荣的"敌人"，自然也就成了花见羞、孟汉琼等人的"朋友"，至少后宫集团不会把冯道当成敌人。在李从荣愚蠢地自毁前程的情况下，冯道反而得到了安全保障，虽然冯道从来不和花见羞等人掺和。史料没有记载，但可以揣测出冯道是不希望李从荣即位的，毕竟李从荣脾气太过乖戾，很难伺候，而宋王李从厚性格温柔，倒是很符合冯道的胃口。

结果很快出来。李从荣在李嗣源病重却还没有断气的情况下，误以为父亲死了，即时发动兵变，没想到李嗣源并没有死，反而拼了最后一口气，拿掉了李从荣。李从荣兵败身死，李从厚继位。

冯道的态度非常明确，他绝不参与家族公司内部的权力竞争，两边都不下注，两边都不会把他当朋友，但也不会把他当敌人。

李从荣倒了，李从厚上位，冯道还是冯道。

李从厚倒了，李从珂上位，冯道依然还是冯道。

李从珂从河中杀到洛阳，冯宰相带着百官们对着李从珂舞蹈，近乎奴颜婢膝地请李从珂即皇帝位。

冯道"节操不如妓女"，引起了北宋著名道德家唐介先生的愤怒，他大骂冯道"一妻十嫁"，为人臣不忠，坐视旧主李从厚被杀。诚然，李从厚从来没有伤害过别人，却在失势时被石敬瑭干掉，冯道未发一语，似有薄情之嫌。但宋儒们从来也没有谴责过他们的太祖赵匡胤是如何忘恩负义背叛周朝的，又何必独责于冯道？

冯道虽然侍奉的帝王较多，但他瞧不上的也懒得搭理。李从珂为人愚暴，他的继位并没有改变混乱的局势，天下依然大乱。冯道知道李从珂也坐不长久，不想陪着他见阎王，脚底抹油溜了。唐清泰元年（934年）四月，冯道出任匡国军节度使，治所在同州（今陕西大荔）。

冯道在同州"无为而治"，但同州治安却非常好，史称"为政闲澹，狱市无挠"，百姓安足。至于李从珂与石敬瑭的大战，冯道从来不关心。

不过，虽然李从珂正与石敬瑭钩心斗角，但也没忘记监视冯道。冯道的副手、同州节度副使胡饶就极有可能是李从珂安插在冯道身边的耳目。

胡饶为人凶暴，常因小事而暴怒。所以冯道不想招惹这样的人物，常常避而不见，"道以重臣，稀于接洽（胡饶）"。胡饶脾气暴怒，忍不下这口窝囊气，"（胡）饶忿之"。

胡饶借着酒劲，坐在节度使衙门前的地上，大骂冯道祖宗八代。副使当街骂正使，这成了同州城的重大政治花边新闻。冯道也听人说了，不但不生气，反而让人准备好酒菜，请胡副使进府来吃。

冯道接见了胡饶，并春风满面地给胡饶敬酒谈笑，弄得胡饶很不自在。没喝几杯，胡饶就红着脸溜了。从史料记载来看，"（冯道）致敬而退（胡饶）"，说明冯道的官场修养是极高的。否则被人当众骂娘，还低三下四地请对方喝酒，心中没点宰相度量，是做不到这一点的。

当然，冯道这样做还有一个可能，就是做给李从珂看的。冯道应该是怀疑过胡饶是李从珂的耳目，甚至胡饶这次找事也有可能是李从珂安排的，所以冯道宁折勿直。如果冯道暴怒，反而有可能被李从珂抓住把柄。

不久后，李从珂又把冯道调回洛阳，出任并无实权的司空，形同软禁。冯道虽然还没有忘记自己致君尧舜的梦想，但现在他只能等待，等待那个人出现。

如果说李从珂时代是冯道仕途中的低谷，那么等到河东节度使石敬瑭把李从珂干掉之后，冯道又迎来了自己人生中的一个高峰。

石敬瑭新得天下，要迅速稳定局面，就必须有合适的首席宰相人选。而这个合适人选，除了冯道，实在想不到还有谁可以胜任，虽然石敬瑭的第一心腹是桑维翰。至于冯道的亲家刘昫，因为脾气太过暴烈，官场得罪人太多，所以暂时不宜重用。

其实，冯道在官场也有很多敌人，谁让冯道占尽了官场风光，别人只能站在墙角喝西北风。《旧五代史·马胤孙传》记载："群情（百官）不悦冯道。"只不过冯道身上没有污点，堪称道德完人，他们根本无从下口而已。冯道也知道这一点，但他不会像赵匡胤那样，极其幸运地捡了大便宜之后，对仇家大肆打击报复，必欲泄愤而后快。冯道做官有个窍门，就是专门帮助曾与他有过节的官员，前面提到的任赞、刘岳是这样，前贝州刺史史圭也是这样。

史圭擅长盐务管理，但之前曾经因为官员选择问题与冯道大闹一场，好脾气的冯道都对史圭怨气冲天。七年后，刑部侍郎兼盐铁副使空缺，冯道立刻推荐了史圭接手这个职务。

冯道推荐史圭自然是聪明之举。一、这么做，可以彰显冯道的宽宏大量，有利于冯道经营自己的政治形象。二、推荐史圭，不会影响到冯道的首辅地位。三、给其他观望的官员吃定心丸，史圭与我有过节，我还推荐他高升，其他人自然不会再担心冯道对他们打击报复，降低了冯道被人暗算的可能性。当然，冯道这么做，首先是他人品好。

四十 但教方寸无诸恶，狼虎丛中也立身
——冯道生存之"道"（三）

冯道是帮了石敬瑭大忙的。石敬瑭为了稳住不太老实的契丹干爹耶律德光，于天福三年（938 年）七月，派冯道北上契丹，给干祖母述律氏上尊号，成功地维持了晋辽二国之好，石敬瑭在世一天，耶律德光不会放马南侵。可以说，冯道几乎是拼了老命保住了石敬瑭的饭碗，石敬瑭自然对冯道感恩戴德。

冯道回来后，石敬瑭几乎把除帝位之外所有的一切都给了冯道。为了冯道，石敬瑭竟然废除了枢密使的职务，让冯道成为名副其实的政府首脑，一人之下，万人之上。"（废枢密使，职权）并归中书，其院印付（冯）道，事无巨细，悉以归之。"石敬瑭甚至还让冯道参与军事事务，君主向来把军权视为私物，但石敬瑭却让冯道摸枪杆子，可见石敬瑭对冯道器重到了何种程度。

当然，石敬瑭这么做是有私心的，石敬瑭已经做出决定，等他驾崩之后，由冯道辅佐幼子石重睿当皇帝。不过冯道还是出于天下公器的考虑，把帝位交给了石敬瑭的侄子石重贵，这让冯道挨了南宋大儒胡安国好一顿痛骂。

胡安国认为冯道既然同意托孤石重睿，结果一转脸又立了石重贵，冯道此举有违臣节。而胡安国先生一定不会指责他们的太祖赵匡胤是如何跪在柴荣面前痛哭流涕死保幼主，柴荣死后立刻翻脸，甚至要杀掉柴荣幼子的。

其实冯道并没有明确答应石敬瑭托孤，只不过是含糊应对，而赵匡胤是亲受托孤之重的，不然柴荣能让赵匡胤主掌兵权？赵匡胤要杀旧主幼子全成了圣德巍巍，冯道舍石家幼子而立石家长君倒成了大逆不道，一碗水端不平，何能服众。

而对石重贵的态度，冯道几乎是把这位正值壮年的国君当成李从珂第二了。事实上，石重贵对冯道也几乎是李从珂态度的翻版。虽然冯道于他有拥立之功，但石重贵很不喜欢这个糟老头子，他最信任的是景延广。

石重贵对冯道不冷不热，立刻激起朝中那些对冯道羡慕嫉妒恨的官员们的强

烈共鸣，他们强烈要求石重贵恢复枢密院建置，实际上就是为了分冯道之权。冯道当然明白，石重贵骄傲自负，估计也难逃李从珂的下场，冯道自然不想陪他胡闹。冯道非常知趣地上表，请求恢复枢密使，理由是"臣老矣，厌其事繁"。

大家面上都好看。

看准了石重贵将来必蹈李从珂覆辙，冯道开始抽身撤退。石重贵决定向契丹称孙不称臣，引发了朝野的极大争议，主战派和主和派在朝堂上唾沫横飞，互相问候老祖宗。冯道却一言不发，你们聊你们的，我眼花耳聋，听不清你们在说什么。

…………

"依违两可，无所操决"，冯道就等着暴怒的石重贵把自己赶出朝廷了。不知道是谁在石重贵面前说了冯道的坏话，说冯道只能做太平宰相，不能做乱世宣力之臣。石重贵早就想搬掉冯道这块臭石头，很快就下诏，让冯道出任同州节度使。

时过九年，冯道再一次来到同州"避难"，实则是黄鹤楼上看翻船，你们玩你们的。

…………

石重贵面缚出降，耶律德光入汴，而冯道此时已在威胜军节度使的任上，威胜军治邓州（河南邓州市）。开运三年（946年），百忙之中的石重贵没有忘记老冯道，把冯道从同州调到了邓州，然后又投入与耶律德光的祖孙决战中。

冯道在同州保持沉默，在邓州依然保持着近乎可怕的沉默，至少在史料中没有找到冯道在邓州活动的一字记载。

大象无形，这才是冯道。

道德家一直在攻击冯道为人臣不忠，晋朝有难，冯道不置一词。而在耶律德光借助杜重威、张彦泽等小丑的力量灭掉石重贵、入主中原后，冯道突然不请自来，主动北上汴梁，求见大契丹皇帝，并对耶律德光三跪九叩。冯道此举，更坚定了道德家对冯道的批判。胡三省将冯道骂得一文不值，"（冯道）历唐、晋，位极臣，国亡不能死，视其如路人，何足重哉"。胡三省认为冯道应该在晋国亡后自杀，但胡三省是不会要求张昭、符彦卿等人在周亡后自杀殉周的。

冯道北上见耶律德光，并不是胡三省所谓的求官发财，而是为了救人。救什么？普天下的蝼蚁百姓！

契丹人入主中原，只做了一件事情，那就是惨无人道的大屠杀！仅举一例，《资治通鉴》第二百八十四卷记载，（因为杜重威不作为，契丹人）"无所忌惮，属城多为所屠。千里之间，暴骨如莽，村落殆尽"。

这也只不过是契丹人大屠杀中很小的一部分。

冯道北上，其实正如宋人彭乘所说，冯道为人"性仁厚"，不忍中原百姓受难。而因为耶律德光与冯道的特殊关系，耶律德光对冯道非常礼敬，而冯道说了一句违心的话：天崩地裂之际，佛出也救不得百姓，唯有皇帝陛下（耶律德光）能救得。而冯道知道耶律德光信奉佛法。

冯道一言，救了无数百姓，契丹人再没有进行大屠杀，中原汉人最大限度保存了元气。《旧五代史·冯道传》称赞冯道善举，"其后衣冠不至伤夷，皆道与赵延寿阴护之所至也"。

欧阳修向来对冯道横挑鼻子竖挑眼，但在《新五代史·冯道传》中却很客观地赞冯道的善行，"人皆以谓契丹不夷灭中国之人者，赖道一言之善也"。至于司马光把冯道对耶律德光的劝谏放在契丹人屠杀之后，也不过是刻意为了丑化冯道而已。

耶律德光何等残暴，但对冯道却待之如父，这在中原汉大臣中是独一无二的。耶律德光礼敬冯道，原因很多，但正如向来看冯道不顺眼的胡三省所持公正之论，"（冯道）持身谨净"，所以才能赢得当时社会主流的普遍称赞。

后世道德家攻击冯道，已经理屈词穷了。

…………

接下来，轮到刘知远出场了。

早在天福朝，冯道就奉石敬瑭密旨，上书要求罢免刘知远而立大贪官杜重威，此举严重得罪了心胸狭窄的刘知远。刘知远建国后，对仇家大肆打击报复，宰相李崧甚至被灭族。只是因为冯道政治地位太高，刘知远投鼠忌器，只是没收冯道家产泄愤。冯道也知道刘知远还忌恨自己，且后汉政权太过残暴，冯道轻易也不理事，虽然他此时的身份还是太师。

如果按有些人指责冯道靠阿谀谄媚混日子，那么冯道完全没有必要在刘知远得势的情况下还去冲撞刘知远，他大可以明哲保身，一言不发。

冯道还是冒着生命危险入宫去拔刘知远的虎须，他此次是为了救一个人，就是昭义军节度判官张灿。

事情的起因是为后汉制定了严厉的牛皮法，严禁民间的牛皮贸易，甚至百姓家的牛死了，牛皮也要被官府强行没收，一文钱补偿都没有。不久后，昭义军官方抓获二十多名牛皮贩子，按当时法律，这些人将被处以死刑。昭义判官张灿知道后，认为这些人根本不够死刑，张灿冒着得罪史弘肇、苏逢吉这帮杀人狂的风险，上书反对牛皮法，并希望刘知远释放二十多人。

汉朝执政集团都是些不可理喻的疯子，根本不可能听进去张灿的逆耳忠言，他们开始攻击张灿妄言议政，罪当斩首。而以太师身份参加会议的冯道则打定主意要救张灿和那二十多名牛皮贩子。

杨邠、史弘肇、苏逢吉等人带着张灿的上书来找抱病的刘知远说理，而刘知远看到张书后，更是雷霆大怒。在史苏等人的挑唆下，刘知远下令将张灿与牛皮贩子们一并斩首。

面对一群杀人不眨眼的疯子，冯道还是知难而上，微笑着站在了刘知远的面前。

冯道并不讳言自己是来救张灿等人的。刘知远还坚持认为张灿以低微身份妄议朝政，罪当斩首。而冯道却说张灿越级上书，正说明张灿对刘知远是无比忠诚的。否则张灿明知上书必死，还越级上书，张灿要是怕死，他根本不会参与此事。

刘知远此时似乎有些动摇，而冯道趁热打铁，说自己未能治理好天下，有失职之罪，请刘知远把自己和张灿等人一并斩首。

刘知远在政治上并不糊涂。冯道的背后是中原官僚集团，杀了冯道，等于彻底得罪了中原官僚集团，刘知远虽然想杀冯道，但他也知道根本没有杀冯道的机会。最终刘知远还是选择了妥协，释放了张灿和二十多名牛皮贩子。

顺便说一句，此事记载于宋初名臣张齐贤所著的《洛阳缙绅旧闻记》中，而张齐贤在书中但凡涉及冯道的，从来不直呼冯道其名，而一律尊称为瀛王冯令公。

四一 但教方寸无诸恶，狼虎丛中也立身
——冯道生存之"道"（四）

刘知远死后，刘承祐即位，后汉朝局陷入一片混乱，而年近七十的冯道正在家中撰写一篇自传体文章，这就是历史上鼎鼎有名的《长乐老自叙》。

有赖这篇《长乐老自叙》，后人才可以了解冯道家族的背景以及冯道个人的家庭情况，因为冯道几乎把自己的八辈祖宗都写进来了，祖名甚，宗名甚，娶过几房老婆，生过几个儿女，甚至还不嫌笔墨，把自己出道以来所历任的官位、爵禄都写了进来，拉拉杂杂一千三百字，而《旧五代史·周书·冯道传》，总共也不过三千八百字。最让后世道德家不能接受的是，冯道把自己所侍奉过的君主一个不落地写出来，计有刘守光、李存勖、李嗣源、李从厚、李从珂、石敬瑭、石重贵、耶律德光、刘知远，以及"今上"刘承祐。而在道德家们看来，冯道这么做，就等于一个淫荡的女人满世界宣称自己睡过多少个男人……

司马光、欧阳修、王夫之、赵翼都对冯道大加鞭挞，痛骂冯道毫无廉耻。清人赵翼最讨厌冯道，他在《廿二史札记》中大骂冯道："冯道历事四姓十君，视丧君亡国，未尝屑意，方自称长乐老，叙己所得阶勋官爵以为荣。（冯道）可谓不知人间有羞耻事者矣。"赵翼可从来没骂过张昭、符彦卿，原因也仅仅是因为张、符二人最终侍奉的是赵翼极端热爱的宋朝罢了。

后世对冯道有个误解，多以为冯道在乱世百姓流离之际而自称"长乐老"，其实冯道自称"长乐老"，是因为冯家祖上的郡望是北朝时的长乐郡而已，并无其他含义。

冯道在《长乐老自叙》中自夸官声，被道德家们痛骂，而冯道在文中最后对人生的思考，却是非常让人感动的。冯道认为做人要"在孝于家，在忠于国，口无不道之言，门无不义之货。所愿者下不欺于地，中不欺于人，上不欺于天，以三不欺为素。贱如是，贵如是，长如是，老如是，事亲、事君、事长、临人之

道，旷蒙天恕"。

"口无不道之言，门无不义之货。""下不欺于地，中不欺于人，上不欺于天"，自盘古开天辟地以来，从来没有这样的奸佞之臣。

冯道侍奉的帝王较多，但这是客观的历史发展，不是冯道所能左右的。冯道所能做的，就是在自己力所能及的范围内匡谏君主，下及福惠于百姓，不愧于天地良心。正如明朝狂人李贽所说："百姓卒免锋镝之苦者，（冯）道务安养之力也。"

李嗣源走了，还有石敬瑭可以上承小康之世。石敬瑭之后，后汉政权残暴违于天，所幸后汉四年后就被郭威推翻了。

郭威性格有些接近于李嗣源、石敬瑭，而冯道的性格则最适合侍奉这样的老板，为人稳重，喜怒不常于形色。其实冯道在一定程度上来说，也是郭威在官场上的贵人。郭威西征三叛前，特意来请教冯道，冯道给他出了一个世纪绝招——花公款收买人心。郭威用了冯道开的这个方子，果然把军权牢牢攥在手中，为将来废汉建周打下最坚实的基础。

在乾祐之变后，郭威流泪起兵南下讨说法，虽然没有冯道暗通郭威的记载，但冯道显然是希望郭威代汉称帝的。原因并不复杂：冯道心中还残存着"致君尧舜"的梦想，而最有可能帮助自己实现这个梦想的，现在看来也只有性善且多能的郭威。

应该是从这一点考虑，当郭威准备谋杀湘阴公刘赟时，年已七十的冯道不辞辛苦，车马劳顿前往徐州，帮助郭威诈骗刘赟。刘赟虽然身单力薄，但毕竟身边还有不少带刀侍卫，冯道孤身深入，那是要冒杀头危险的。而刘赟身边多是年轻人，他们把被郭威欺骗的怒火都撒在冯道身上，徐州节度推官、年仅二十岁的郭忠恕当众大骂冯道："令公（冯道）累朝大臣，诚信着于天下，四方谈士，无贤不肖，皆以为长者。今一旦返作脱空汉，前功业并弃，令公之心安乎！"而只要刘赟一声令下，早已抽剑在手的贾贞、董裔等人会立刻上前，将冯道砍成肉泥。

冯道要是贪图富贵，他完全可以不参与郭威的事情，反正以他的江湖资历，郭威上位，他还可以继续当他的天下文臣之首，又何必冒这个风险？

郭威是个好皇帝，他建国之后，推行了很多符合百姓利益的好政策。而从《旧五代史·冯道传》"太祖（郭威）甚重之（冯道）"的记载来看，冯道应该在很大程度上参与了郭威的新政，至少郭威会向冯道咨询有关治政经验，毕竟冯道的资历与能力摆在那儿。

风吹过，雨飘过，冯道还是那个冯道。

不过有一点，冯道和郭威是不太相同的。郭威虽身处旧时代末期，但他却是一个新时代的开创性人物，宋朝的繁荣，其源头就是郭威的改革。而冯道身处新时代的开端，却是一个再标准不过的旧时代代表人物。而当郭威驾崩，养子柴荣即位后，锐意进取开拓天下时，冯道就显得非常"不合时宜"。

柴荣继位后最重要的事情，无疑是应对北汉刘崇联合契丹兵马大举南下。刘崇南犯，实际上给了柴荣在江湖上扬名立万的机会，锐意正盛的大周皇帝决定亲征刘崇。但柴荣没有想到，他亲征的决定却遭到了所有官员的反对，高坐殿上的大周皇帝成了孤家寡人。

七十三岁的冯道站了出来，他有话要说。

柴荣还在坚持亲征，冯道问其理由。柴荣认为"刘旻少（轻视）我，谓我新立而国有大丧，必不能出兵以战。且善用兵者出其不意，吾当自将击之"。

冯道笑了，他明确表示自己坚持反对皇帝亲征，理由是刘崇势大，不可轻敌。

柴荣面色不悦。

但冯道还在喋喋不休地劝柴荣，把刘崇说得凶神恶煞一般，柴荣脸上已经十分难看。而欧阳修对冯道突然发神经似的劝谏柴荣非常不解，"前事九君，未尝谏诤，而世宗……道乃切谏，以为不可"。

柴荣尊冯道是五朝老宰相，还是忍住怒火，但他的态度依然强硬——朕必亲征。而冯道的态度同样强硬到底，"冯道固争之"，言外之意是：就凭你？

柴荣俯视众人，言语如刀，"当年唐太宗打天下，一人一马一剑，身先士卒，横扫天下。王世充、窦建德非无不授意，遂壹天！唐太宗能亲征天下，朕也能！"柴荣眼里满是骄傲。

冯道又笑了，"唐太宗自是唐太宗，陛下自是陛下。"

柴荣还在反击冯道："刘崇据十州手掌之地，妄建尊号。而朕率百州锋锐健儿，苟遇刘崇老儿一众乌合，如泰山压卵，刘崇老儿死如齑粉！"

柴荣从来不能容忍别人对他的轻视。

而冯道却继续践踏着柴荣脆弱的自尊心，"泰山自是泰山，陛下自是陛下。泰山不是陛下，陛下也不是泰山"。

柴荣彻底怒了，他站起来，几乎是怒吼着告诉冯道以及那些骨子里瞧不起自己的大臣："你们把朕当成石重贵第二，可朕偏要证明给你看，石重贵自是石重贵，柴荣自是柴荣！——你们怕死，都留下来，朕亲征河东，一剑直取刘崇颈上那颗苍头！"

冯道并不想迎合柴荣的自信，还想再给柴荣泼冷水，好在宰相王溥出来打圆场，柴荣才勉强按下怒火，拂袖而去。

关于冯道为什么会在行将就木之时突然向柴荣发难，史评家们多有不解，王夫之甚至认为柴荣此时对冯道已起了杀心。史料并没有留下冯道此举的真实用意，只能妄自猜测。而最流行的观点则认为冯道当众羞辱柴荣，实际上是做给刘崇看的。

北汉与周朝有杀子之恨，刘崇一旦灭周，他是绝对不会放过柴荣的，毕竟柴荣养父郭威杀死了自己的亲生儿子刘赟。而刘崇同样不会忘记，正是冯道给郭威做狗腿子帮凶，刘赟才死于非命。若灭周，刘崇也难保不会羞辱冯道。冯道羞辱柴荣，等于在刘崇面前给自己画了一张保命符——自己并不是郭家走狗。

不过，冯道并不相信柴荣就一定败于刘崇，至少柴荣亲征掌握了兵权，而石重贵之所以灭亡，恰恰是因为兵权旁落杜重威之手。而且，刘崇百无一能，和他兄长刘知远好不了多少，一旦再次统治中原，既是中原百姓之难，也是冯道本人之难。从这个角度讲，冯道是希望柴荣打败刘崇的，毕竟柴荣的天才能力，冯道是看在眼里的。

冯道老了，他知道自己没几天活头了，柴荣和刘崇的战争，他再也管不着了。

而柴荣在亲征之后，几乎是报复性地让重病缠身的冯道奉太祖皇帝灵柩去二百里外的郑州嵩陵下葬。

车马劳顿，黄尘扑面，柴荣应该是有意折腾冯道，赶紧把这个老家伙累死，省得以后在自己面前聒噪。

冯道知道柴荣用意，淡然一笑，一路咳着赶赴郑州嵩陵，拼尽最后一口力气，把身体早已冰冷的郭威遗体送进黑暗的墓道中。

冯道知道，不久后，他冰冷的遗体也同样会被埋葬在无尽的黑暗中。

冯道回到汴梁家中，已经奄奄一息，命不久矣。而此时的柴荣，正在与刘崇决一死战。也许冯道已经得到了消息，他的嘴角闪过一丝微笑，他知道，他的时代已经过去了，柴荣将会开启一个与自己无关的崭新时代。

周显德元年（954年）四月十七日，周太师、中书令冯道在睡梦中安然离世，享年七十三岁，与孔子同寿。

附冯道富有人生哲理的诗作两首。

《天道》

穷达皆由命，何劳发叹声。

但知行好事，莫要问前程。

冬去冰须泮，春来草自生。

请君观此理，天道甚分明。

《偶作》

莫为危时便怆神，前程往往有期因。

须知海岳归明主，未必乾坤陷吉人。

道德几时曾去世，舟车何处不通津。

但教方寸无诸恶，虎狼丛中也立身。

"但教方寸无诸恶，虎狼丛中也立身。"

冯道是这么说的，也是这么做的。

十　国

一 心狠手辣才能成大事
——偷驴贼王建的发迹史（上）

梁太祖朱温小时候历经灰暗，长大后偷鸡摸狗，人多厌之，但因为为人雄强，在乱世纷扰之际终能一飞冲天，建立一方霸业，堪称五代第一"无赖枭雄"。

那么十国的第一"无赖枭雄"是谁？答案基本没有争议——前蜀高祖王建，一个几乎是十国版朱温的一代枭雄。

要说出身，王建和朱温略相似。朱温是乡村清贫知识分子的儿子，王建则是一个地道的乡间土棍。但有一点朱温要比王建好，就是朱温偷东西。众所周知，朱温偷锅，但那是因为钱都赌光了，为了筹集赌资才不得不当回扒手，还犯罪未遂。而王建则是职业扒窃分子，他完全就是靠偷靠摸维持生计，一天不偷，就得饿死。朱温也不是所有人都讨厌，至少刘崇母亲非常疼爱朱温；而王建则遭到了乡邻所有人的痛恨，因为王建是在绝别人家的活口。农村生产力低下，老百姓种地全靠牛和驴，牛耕地，驴拉货，可王建专砸百姓饭碗，"少无赖，以屠牛、盗驴为事"，还经常贩卖私盐，家境自然要远比连口锅都没偷成的朱温殷实。这样的缺德钱，王建赚得越多，挨骂越狠，老百姓恨恨地给王建送了一个名震古今的雅号——贼王八。

因为偷牛偷驴得罪了乡里乡亲，王建在家乡许州舞阳（今河南舞阳）混不下去了，干脆放弃了这行好买卖，就地参加了忠武军的武装编制，当起了大头兵，吃起了军饷。因为王建身强体壮，"隆眉广颡，状貌伟然"，形象比猥琐的朱温惹人顺眼，再加上稍有功绩，很快就做了队将，成为一名小头目。

王建为什么要参军，史无明载，但其本意应该与朱温差不多。朱温虽然"无赖"，但善骑射，身壮如牛，又逢乱世，最适合参军，然而杀人如麻，官至诸道节度使。这是最适合朱温走的道路，王建同样如此。王建虽然有点钱，但毕竟名声不好，再加上老百姓看管牛驴较严，王建"生意"做不下去，不如参军杀人，捞军功至富贵，还有尊贵的社会身份，何乐而不为？

因为朱温出道后跟着"反贼"黄巢大杀江湖，所以朱温后来洗白了身份，依然逃不掉"黄巢余孽"的骂名。而王建则一开始就是官军身份，从来没做过"反贼"，这一点要比朱温"干净"。虽然当时的忠武军老大秦宗权后来也当了"反贼"，但那时王建早就脱离秦宗权了。

朱温发迹是因为后来反叛黄巢，王建发迹则是一开始就与黄巢作对，虽然王建只不过是个不起眼的小角色。881年，黄巢攻陷长安，唐僖宗李儇逃窜到成都避难，时任忠武军节度使的秦宗权在忠义老太监杨复光的劝说下，发兵三千，派大将王淑助杨复光讨伐黄巢。杨复光在杀了"逗留不进"的王淑后，把前后所得的八千名忠武兵分成八部，又从忠武军中选拔八名牙将每人各领一部，号称忠武八都，其中一都就是王建，另外还有鹿晏弘、晋晖、韩建等著名人物。

说来非常有意思，王建和朱温的相似度极高，但二人其实是见过面的，甚至交过手。中和元年（881年）四月，杨复光带着八都与黄巢手下的头牌大将朱温在邓州大战，把朱温暴打一顿。也许彼时的朱温和王建都没有想到，二十多年后，他们会成为各霸一方的雄主。

不过王建的起点远高于朱温，朱温本是"反贼"，幸亏认了河中节度使王重荣当干娘舅才飞黄腾达；而王建的贵人则是当时行政级别最高的那个人——唐僖宗李儇。

在八都中，势力最大的是鹿晏弘，鹿某野心太大，后来扯旗单干，在河南一带烧杀抢掠。王建等人根本不服鹿晏弘，你自己玩去吧。八都中的五都——王建、韩建、晋晖、张造、李师泰各率本部人马"西奔于蜀"，投奔了李儇。李儇"得之大喜"，封五人为随驾五都，恩宠有加，甚至让大太监田令孜收下五人为养子。等到李儇返回长安时，王建恰巧跟随在李儇身边，因为汉中山路难走，半夜在荒郊野外，王建眼头非常活泛，他见皇帝没有睡的地方，直接献出自己的大腿，让小皇帝枕在自己的腿上入睡。等到李儇醒后，见王建如此忠君，备受感动，把自己平时穿的御衣穿在王建身上。

这是何等的荣耀！

后来大太监杨复恭主掌内政，而杨复恭又与田令孜不和，而王建又是田令孜的干儿子，但考虑到僖宗皇帝非常欣赏王建，不得不卖给皇帝一个面子，让王建去利州（今四川广元）当刺史。

当时的刺史权力非常大，而且手握重兵，仅次于节度使。如果不是王建巴结上了唐僖宗，是不可能得到这个肥差的。

因为西川只有两大藩镇，即剑南西川和剑南东川，所以王建得到的利州，其实就相当于朱温得到的宣武军之于中原一样。如果把蜀中等同于天下的话，利州的地位和宣武军相差无几。这个时候，王建才算真正混出头来，成为蜀中有较强实力的地方大员。利州北近汉中，南近成都，南可攻成都，北可攻汉中，是蜀中著名的战略重镇，王建得利州，对于他日后得蜀中天下的重要性是不言而喻的。

当时对王建来说，面临着两大选择：一是北上汉中进取关中，而且守汉中的山南西道节度使杨守亮邀请王建去汉中，王建不敢去。二是南下成都进取两川。关中是唐王朝所在地，加上多年战乱，地瘠民贫，没有多少油水。而两川天府之资，地丰民富，是天然的割据之地。王建手下谋士周庠劝王建"唐祚将终，藩镇互相吞噬，皆无雄才远略，不能戡济多难。公勇而有谋，得士卒心，立大功者非公而谁！然葭萌四战之地，难以久安。阆州地僻人富，杨茂实，陈（西川节度使陈敬瑄）、田（田令孜，陈敬瑄之兄）之腹心，不修职贡，若表其罪，兴兵讨之，可一战而擒也"。

王建善之，这是唐光启三年（887年）三月。

其实王建已做出入蜀争天下的选择，去抢烫手山芋一样的关中，只有傻子才会去做。

王建争夺蜀中的最关键一步是南下袭取阆州。阆州进可取成都，退可守利州，战略地位非常重要。王建凑了八千人马，甚至还有当地的"溪洞酋豪"，沿嘉陵江南下，没费什么力气就拿下了要塞阆州。

王建是有政治野心的，部将张虔裕认为"宜遣使奉表天子，仗大义以行师，蔑不济矣"。欲成大事，必须有政治上的合法名分，否则事必不成。虽然史料并无记载王建接受张虔裕建议后的效果如何，但从王建日后的成功来看，政治上的收益是非常大的。王建同时还接受了部将綦毋谏"养士爱民"的建议，为王建争取蜀中人心起到了非常关键的作用。

王建在战略上的能力非同寻常。蜀中分为西川和东川，东川为王建曾经的战友顾彦朗占据。顾彦朗善抚将士，王建如果与顾彦朗苦争，一则实力较弱未必能拿下；二则即使拿下东川也大伤元气，白白便宜了其他人。西川陈敬瑄是个草包，百无一用，类似于刘璋。所以王建舍东川不攻，直接去取西川。等到拿下西川，有了固定的根据地后，再与顾彦朗争蜀中天下。

利、阆二州皆在山南西道，王建欲得西川，必须借路东川。王建先与东川搞好关系，甚至还经常给东川送钱粮，稳住了顾彦朗，算是得到了顾彦朗的借路许可。当然，王建自然不会对顾彦朗说我先取西川再来取你项上人头，而是说我要回趟成都，去看望我"年迈多病"的"父亲"田太监，然后给陈敬瑄打长工，打消了顾彦朗的顾虑。

当得知已在蜀中打出名号的王建欲图西川，陈敬瑄吓得快尿了裤子，而陈敬瑄的亲兄长、大太监田令孜则信心满满地告诉弟弟："王八，吾子也，彼无他肠，作贼山南，实进退无归也。吾驰咫尺之书，可以坐置麾下。"但现实很快就嘲弄了这位曾经威赫喧天的十军阿父兼王建的干爹。

陈敬瑄拒绝王建来成都"省亲"后，王建失去了在成都通过政变夺权的机会，那就武力强占西川。王建率三千精锐穿过了东川辖境，攻克了西川境内的汉州（今四川绵竹），而绵竹正是成都的北面门户。

成都是西南名城重镇，城高粮多，易守难攻，当年刘璋如果死守成都一年，刘备进退失据，后果难以预料。王建的实力还不足以立刻拿下成都，"设梯冲攻成都"，攻了三天，大牙崩掉几颗，成都纹丝不动。王建并没有死咬住成都，而是极富战略性地先扫清西川其他州郡，让陈敬瑄在成都城中消耗粮食和士气，等拿下西川，再攻成都孤城，一战可下。但王建有一点和朱温不同，朱温用兵，多少还顾及百姓利益，而王建简直就是土匪再世，"（建）纵兵大掠（蜀中），十一州皆被其毒，民不聊生"。

王建是个乱世军阀，乱中取胜其实本没有多少值得称道之处，但王建的战略头脑在唐末五代确实值得大书特书。王建攻占西川的企图蜀人皆知，东川的顾彦朗会怎么想？他会坐视能力远强于陈敬瑄的王建据西川再攻东川？虽然顾彦朗与陈敬瑄久有积怨，但面对共同利益，顾、陈联手，西川东川共同用力，在两川之间来回折腾的游军王建立时就能挤成压缩饼干。王建早就考虑到这一点，早在他借路东川时，就向顾彦朗提出来顾王两家合伙攻成都然后中分西川，《新唐书·陈敬瑄传》记载："（王建）因请兵于彦朗。"顾彦朗自然愿意，"以其弟顾彦晖为汉州刺史，发兵助建，急攻成都"，甚至还暗中向王建提供大量军资钱财。如果王建不做出这样的承诺，以他现在的实力，绝对承担不起顾、陈两家合兵的后果。

顾彦朗得到了王建给他画的半分西川的诱人大饼，自然要为王建做点什么。王建非常有政治头脑，在军事上暂时占不到陈敬瑄便宜的情况下，那就在政治上抹黑陈敬瑄。王建上表长安，"请讨敬瑄以赎（王建抄掠蜀中之）罪"；而顾彦朗也跟着起哄，"顾彦朗亦表请赦（王建）罪"，同时又请求朝廷将陈敬瑄调离西川，另择大臣主政西川，但并没有提名王建。新即位的唐昭宗李晔派宰相韦昭度入蜀取代陈敬瑄，同时又"诏东川顾彦朗与王建合势讨之（陈敬瑄）"，等于给了王建取成都的合法理由，这为王建未来的爆炸式发展打下了坚实的基础。李晔和陈敬瑄没有私怨，但却恨透了陈敬瑄的兄长田令孜，李晔宁可让王建主政西川，也要借王建之手除掉田令孜。

不过王建也知道顾彦朗是靠不住的，他一方面要攻下成都；另一方面还要提防顾彦朗下黑手。不过王建为人强枭，是蜀中人人愿意押宝的潜力股，王建驻新都时，当地大富豪何义阳等人不但把自己的私家武装交给王建，还"给其资粮"，此时已有些狼狈不堪的王建"军复振"。

王建对陈敬瑄的威胁，主要还是在政治上，王建在政治上几乎搞掉了陈敬瑄。文德元年（888年）十二月，李晔设置了永平节度使，王建任刺史，同时"削陈敬瑄官爵"，王建再次在政治上取得完胜。至于在军事上，王建几乎将陈敬瑄玩得团团转，几乎是没有什么浪费笔墨的。

王建的目标非常清楚，就是先占据西川再取东川，但顾彦朗急切不可下，新来的韦昭度又有皇帝支持。王建偷惯了牛，也当惯了孙子，在实力较弱的情况下，装孙子是唯一的选择。有些人失败，就是放不下所谓的面子，强充英雄好汉，结果吃了鬼头刀。王建"事昭度甚谨"，就差在韦昭度面前跳脱衣舞了。

但因为陈敬瑄善守，韦昭度打了三年，依然没有拿下成都。李晔有些沉不住气，下诏"复陈敬瑄官爵"，意欲与陈敬瑄和好，并要求王建罢兵。王建距离统治西川一步之遥，皇帝的圣旨他也可以不听！

王建当着韦昭度的面，活剐了韦昭度的亲信骆保，韦昭度知道王建是项庄舞剑，意在沛公，吓得立刻把军权交给王建，并让王建署理西川节度使，自己称病回朝。

当然，黑锅是由顾彦朗来背的，"建阴令东川将唐友通等擒昭度亲吏骆保于行府门，脔食之"。王建应该是暗中用重金收买了唐友通，顾彦朗并不知情。王建的戏还没有演完，韦昭度逃跑之前，王建"跪觞马前，泣拜而别"。

恶人你来做，好人我来当。

韦昭度指挥的数万大军转眼之间就成了王建的私人武装，但依然打着代天子讨伐"反贼"的旗号，政治名分最正。为了防止朝廷变脸，王建派兵扼守剑门雄关，割据朝廷方面与陈敬瑄的联系，王建就可以轻松地收拾陈敬瑄了。

王建势力在蜀中坐大，明眼人都能看出来，无论陈敬瑄，还是杨守亮，以及东川的顾彦晖都不是王建的对手，想升官发财的都倒戈归降了王建。成都的陈敬瑄虽然还在死撑，但成都城内虚实已尽为王建所侦知，所有人都知道，王建进成都只是时间问题。

大顺二年（891 年）四月，王建下达了对成都的总攻令。

陈敬瑄还在死守，而王建的干爹田令孜此时也放低了身段，不叫王建"王八吾儿"了，改称"八哥"。只是王建暂时还可以利用老太监，还以父子相称，把田令孜骗到自己营中。应该是田令孜让人捎信给城中的陈敬瑄，次日，陈敬瑄非常干脆地出城投降王建。

王建此时已对陈氏兄弟动了杀机，但为了稳定成都，王建指天画地地发誓："太师（陈敬瑄）初心太过，致有今日相戾。即此推心，一切如旧。"王建当然不会自己动手杀人，但皇帝可以呀！

在王建彻底控制住了西川之后，二陈的人生也走到了尽头。景福二年（893年）二月，王建多次上表请李晔下诏杀陈敬瑄和田令孜。还是恶人你来做，好人我来当。

李晔没上当，他希望能留下二陈牵制王建。李晔不配合，王建也有办法杀二陈。王建再上表指责陈敬瑄谋反，还没等李晔回信，王建已经杀掉了被软禁在新津的陈敬瑄。至于田太监，"（王建）又告令孜通凤翔（割据凤翔的李茂贞）书"，把老干爹锁在牢里，孝敬三尺白绫，给老干爹送了终。还有一种说法认为田令孜不是自尽，而是被扔在牢里活活饿死的。

而此时王建的政治身份是检校太傅、成都尹、西川节度副大使知节度事、管内观察处置、云南八国招抚使等。

此时蜀中还有东川顾彦晖割据，不过王建从来也没把顾彦晖当盘菜。顾彦朗已经病死，王建心里很清楚，吃掉顾彦晖必然会费一些力气，但也不过是早上吃掉或者是晚上吃掉的区别。唐乾宁四年（897年）十月，被王建用了近五年时间折磨得精疲力竭的顾彦晖再也撑不下去了。东川治所梓州城内，绝望的顾彦晖在醉酒后杀掉一桌子酒友，悲愤自杀，东川自然是王建的战利品。

蜀中尽为王建所得，但王建有时还是睡不踏实，因为蜀中的北面门户汉中要塞还在李茂贞手上。王建现在应该能体会到刘备无法容忍曹操控制汉中的心情，一旦有兵从汉中涉险进入两川平地，后果将不堪设想，看看刘阿斗的结局就知道了。

李茂贞实力很强，硬吃未必能啃得动，唯一的办法就是智取。唐天复二年（902年）五月，控制中原的梁王朱温与控制唐昭宗李晔的李茂贞大打出手，而李茂贞实力弱于朱温，鉴于他与王建良好的合作关系，便请王建出兵帮他打退梁兵的进攻。

王建爽快地答应了。

可还没等李茂贞夸王建够哥儿们的时候，他发现蜀军的目标根本不是梁军，而是他的汉中。等李茂贞明白过来，五万蜀军在王宗涤的率领下已攻下汉中，生擒李茂贞的山南节度使李继密。同年九月，见王建势大，李茂贞的武定节度使拓跋思恭献洋州（陕西洋县），做了王建的马仔。

几乎是转眼之间，李茂贞赖以生存的南面要塞变成了王建的北面门户。因为凤翔就在汉中北面，只要王建一捅刀子，李茂贞如坐针毡。

李茂贞大骂王建无耻下作，为了达到目的不惜出卖朋友。可李茂贞所不明白的是，利益场上哪有朋友？王建这么做，确实缺德带冒烟，但王建为人天下皆知，李茂贞并非不知道，在这种情况下他还主动引狼入室，又能怪谁呢？

王建是靠出卖朋友获得利益的，固然让人不齿，但在乱世中生存，但凡讲仁义礼智信的，往往都没有好下场。像王建这样缺德带冒烟的，往往能成就大事。

心狠手辣，王建觉得理所应当。

薛居正评价王建"雄猜多机略、意常难测"。想在乱世中谋生存，就得有点手段。你不吃人，人必吃你。

二　心狠手辣才能成大事
——偷驴贼王建的发迹史（下）

唐天复三年（903年）八月，毫无人身自由的唐昭宗李晔下诏，封西平王王建为蜀王，正式承认了王建对蜀中的统治。

王建控制的地盘，北至汉中，西至川藏边界，南至云贵高原，东至白帝城，疆域横幅数千里。论整体实力，是与中原朱温、河东李克用、淮南杨行密齐名的晚唐四大枭雄。

而实力雄厚的王建，却从来没有进取中原的计划，他已满足于对蜀中的控制。倒不是王建不思进取，问题还是进取中原的难度要远大于守蜀的难度。让王建逐一吃掉李茂贞、朱温、杨行密、李克用、钱镠、马殷、刘岩、王审知，在当时的历史背景下，谁也做不到这一点。王建据蜀后，开始偃武修文，蜀中很少再见刀兵。虽然王建据蜀初期也是个敲剥百姓的民贼，"王建赋敛重"，但随后就在冯涓的劝说下，减轻了百姓负担，"自是赋敛稍损"，蜀中百姓可以安心从事生产。从这一点看，王建的保守也是百姓的福气。像国不正的北宋那样"国朝削平僭伪，救民水火之中"，其实都是百姓的晦气。

虽然王建为人有时过于耍宝，但他在政治上是不糊涂的。砸了老百姓的锅，老百姓被逼得没饭吃，就会群起而砸掉他王家的锅。让老百姓有口热饭吃，老百姓是断然不会造反的，古往今来莫不如此。

王建的军事能力其实一般，比当世两大军事强人朱温、杨行密稍逊一筹，所以王建更注重在政治上的经营。只要政治上不出问题，完全可以弥补自己在军事上的短板。比如唐天复四年（904年）八月，苦兮兮的唐昭宗李晔被朱温杀掉，消息传来，举世震惊，而王建则迅速从此事件中发现了"商机"。李晔的苦难人生多为天下人同情，王建自然要给自己在政治上捞分。王建接受了西川掌书记韦庄的建议，派人告诉朝廷的发哀使司马卿："蜀之将士，世受唐恩，去岁闻舆东迁,凡上二十表,皆不报。寻有亡卒自汴来,闻先帝已罹朱全忠弑逆。蜀之将士方日夕枕戈,思为先帝报仇。"后来王建又率众东向舞蹈,"号恸"(昭宗被杀)。王建说得义正词严,做得堂堂正正,实际上他根本不可能为一个死去的傀儡皇帝去和强大的朱温开战,但王建这么做,至少把自己打造成了忠于唐朝的正义形象,对他巩固在蜀中的统治大有好处。

王建做事,特别是在做坏事的时候有个特点,就是跟风。有人先做了坏事,王建才会做同类坏事。反正有人指责王建,王建就会说我也是跟别人学的……

唐天祐四年(907年)四月,形同死缓囚徒的唐朝小皇帝李柷终于"顺天应人",把江山传给了爬灰的老光棍朱三,至此,二百八十九年的大唐帝国就此烟消云散。

朱温废唐称帝,严重刺激了久有此意的王建。但王建不傻,他绝对不会抢在朱温之前称帝,那样在政治上等于自杀。所以王建天天掰手指头算日子,希望朱温早点称帝,自己再跟上,就不怕被人骂。

王建是个天生的影帝,即使到了这一步,他还没有忘记自己的演员身份。蜀中文武以"大王虽忠于唐,唐已亡矣,此所谓'天与不取'者也",请蜀王称帝。王建还想再利用一把唐朝的政治僵尸,假惺惺地"不从"。后来在大家的"苦劝"下,王建终于同意称帝。但在称帝前,王建非常搞笑地带着蜀中官员百姓东向"哭三日",算是给已经完蛋的大唐王朝尽了孝。把他的唐朝干爹埋进土里后,王建开始嬉皮笑脸地享受他的美妙人生。

梁开平元年(907年)九月二十五日,六十岁的江湖老滑头王建做了皇帝,国号蜀。

再把王建和朱温比较一下。二人出身相近、经历相近、年龄相近、手段相近,但为什么朱温被骂了一千多年,而很少有王建的负面丑闻?原因非常简单——朱温讨厌读书人,而王建则有意识地拉拢读书人。这也是柴荣不受读书人待见,而读书人特别喜欢赵匡胤的原因。朱温、柴荣爱百姓不爱士人,所以士人对他们非常反感,王建、赵匡胤则相反。士人从来只考虑自己的私人利益,让他们去为百姓利益说话,十万人里最多能找出十个人。

王建其实是个文盲,但文盲并不等于傻子。王建头脑很活泛,会来事。他知道自己经常过河拆桥,有些不太地道,所以他有意识地拉拢读书人,至少王建知道读书人会写史。

史载，王建"虽目不知书，好与书生谈论，粗晓其理"。其实历史上文盲帝王尊重读书人的不在少数，比如十六国的后赵皇帝石勒，以及王建的江湖晚辈李嗣源。但当时王建尊重读书人与石勒、李嗣源还有所不同，毕竟石、李都是中原皇帝，而王建偏安蜀中。蜀中距离唐朝国都长安只隔着一座秦岭，而唐末大乱，长安城中的衣冠贵族多入蜀避难。所以，唐末以来，收留唐旧贵族最多的就是王建的蜀国，《新五代史·前蜀世家》载："（王建建国后）所用皆唐名世族。"王建意识到这些人入蜀，是一笔价值无可估量的财富，王建对这些出身高贵的读书人非常尊重，"礼而用之，使修举故事（唐朝典故）"。王建此举不仅赢得了当时读书人的好感，也让后世读书人对王建的印象非常好。但从保存唐朝文章典籍的角度来看，五代十国中最有唐朝风味的政权，无疑就是前蜀，史称"故其（前蜀）典章文物有唐之遗风"。甚至可以说前蜀就是个小唐朝，唐风之正，远胜于自称唐朝正统的后唐与南唐。

王建演戏上了瘾，他对群臣说他之所以厚待读书人，是因为"吾为神策军将时，宿卫禁中，见天子夜召学士，出入无间，恩礼亲厚如寮友，非将相可比也"。

唐朝皇帝都死了多少年了，王建仍没忘记把他们从坟墓里揪出来给他当配角。

做人如此诡诈，这是真性情的朱温无论如何都不及的。

在江湖四大佬中，李克用和杨行密已经去世，只剩下王建和朱温。朱温自知王建的能耐不在自己之下，所以对王建客气，每次派使入蜀，都要尊称王建一声老兄。因为朱温知道，在他有生之年，是别想打王建的主意了。

王建当然也知道这一点，所以王建接下来要做的，就是为自己的蜀国公司选一个将来继承家业的少东家。

都说王建和朱温很像，其实还有一点相似之处，就是他们都有一堆乱七八糟的干儿子。不过朱温的干儿子们都处在权力外围，很少有带兵并能竞争皇位的，比如李让、高季昌等人，除了朱友文。而王建的干儿子们和李克用的干儿子们的相似点，就在于二人的干儿子们都是跟着干爹血里火里拼杀出来的大将，手握重兵，自然都盯上了那尊诱人的皇冠。

王建的子嗣非常多，大致分为三类：第一类是王宗仁、王宗懿、王元膺、王宗辂、王宗杰、王宗衍等十一个亲生子。

第二类是王建的晚辈养子，如王家侄子王宗裕、王宗寿，以及王建的外甥王宗翰（本姓孟）。

第三类是王建那伙强悍的干儿子们，如有王宗佶（本姓甘）、王宗侃（田师）、王宗弼（魏弘夫）、王宗涤（华洪）、王宗瑶（姜郅）、王宗播（许存）、王宗鐬（李武）。

虽然王建的干儿子们个个骁勇善战，为王建的江山立下汗马功劳，但在有亲生儿子的情况下，王建是不可能把江山传给外姓的。干儿子中功劳最大的王宗佶为了当上皇太子几乎使尽了所有手段，最终惹恼了王建，被乱刀剁为肉泥。而王建之所以下狠手杀王宗佶，其实还是要借王宗佶的死，震慑诸假子们，让他们都收起野心，他的江山，只能由自己的骨血来继承。效果也非常明显，至少在王建在世时，假子们都老老实实地给干爹卖命，再不敢有非分之想。

可此时王建才发现，他的这些亲儿子们个个都不是什么好鸟，特别是他的次子王宗懿。因为王建的长子王宗仁腿部有残疾，所以立了次子王宗懿。

王建对王宗懿并不满意，此子轻佻无方，做事毛躁。王建信任枢密使唐袭，可王宗懿看不上唐袭，经常在背后说唐袭坏话。王建警告过王宗懿不要乱嚼舌头，王宗懿照样在外摇唇鼓舌，让王建大为不满。唐袭自然不会坐以待毙，诬告王宗懿要谋逆篡位。王建信以为真，让唐袭带甲兵入宫护驾，没想到这个举动让王宗懿以为唐袭要对自己动手，抢先一步杀掉唐袭。王宗懿只想杀唐袭，但王建却认为儿子这是要弑父，立刻派人收了王宗懿的兵权，王宗懿趁乱逃到民间避难，成了落难太子，不久莫名其妙地被人杀死，凶手不详。

虽然史料没有记载，但根据利害关系猜测，最有可能干掉王宗懿的是一对姐妹，就是王建最宠爱的两个妃子——大徐妃和小徐妃，其中大徐妃生了一个儿子，就是王建最小的儿子王衍（即王宗衍，以后皆称王衍）。徐氏姐妹现在受宠，但如果王宗懿即位，她们就得被打入冷宫。所以为了能长久富贵，最好的办法就是做掉王宗懿，立王衍为太子。凭着王建对她们的宠爱，立王衍不算难事，虽然王建非常喜欢"诸子中最材贤"的王宗杰。只是王宗懿不死，一切都是白费蜡。所以从这个角度来讲，徐氏姐妹是最有动力除掉王宗懿的。

王建的儿子没有一个是嫡长子，所以王宗懿死后，在徐氏姐妹的指使下，宫里太监、紫贵大臣、江湖算命先生一哄而上，把王衍夸成了一朵花。此时的王建早已"老昏耄"，还以为王衍得人心，糊里糊涂地就立了王衍为太子。这一年是蜀永平二年（912年）。

徐氏姐妹的兴奋可想而知，但她们不会想到，正是自己这个宝贝儿子（外甥），不仅断送了她们老公的江山，也断送了她们姐妹的性命。

王建同样不会知道，他历经艰苦三十年才打拼下来的蜀中天下，在他死后仅仅八年，就被他这个宝贝儿子王衍断送得一干二净，连骨头渣子都不剩。

而王建，死于蜀光天元年（918年）六月初一，纵横两川近四十年的一世枭雄王建死于成都，时年七十二岁。

王衍的亡国怪不得别人，只能怪徐氏姐妹和王衍自己。为了赚钱，徐氏姐妹公开卖官，就像开油条铺子一样，蜀中有钱的主都像嗅到鱼腥的猫一样，纷至沓来，挥舞着银票要当公仆。"太后、太妃以教令卖官，自刺史以下，每一官阙，必数人并争，而入钱多者得之；通都大邑起邸店，以夺民利。"这样的官，是不可能为老百姓服务的，只能横征暴敛，最终丢掉民心。前蜀灭亡的另一个原因，就是王衍宠用太监，"衍年少荒淫，委其政于宦者宋光嗣、光葆、景润澄、王承休、欧阳晃、田鲁俦等；以韩昭、潘在迎、顾在珣、严旭等为狎客"。太监干政，除了误国，别无一用。这伙太监得志后，蛊惑王衍，疏远贤臣，亲近小人，朝中全是一帮饭桶。指望这样的人来对抗李存勖的铁血河东军，显然是以卵击石。前蜀不亡，反而没有天理了。

三 一代军事战略大师孟知祥

五代宋初的创业帝王，大致分以下几种：

一、从最底层一路血拼上来，如朱温、杨行密、王建。

二、同样是底层出身，但多少有点资源，如吴越钱镠、楚马殷、闽王审知。

三、从父辈手上传来基业，如南唐李昪（徐知诰）、南汉刘龑。

四、凭空捡个天大便宜，如赵匡胤，什么都没做，只是运气极好，就赢尽本该属于柴荣的一切。

五、江湖起点非常高，出手阔绰，如李克用。

六、手上掌握一定资源，但面临强大对手的竞争，最终干掉对手一统江湖（所在区域），如孟知祥。其实钱镠、杨行密也属此类，但这里只讲孟知祥。

在五代十国宋初的开基帝王中，出身高的不多，李克用无疑是最高的。而李克用之后出身好的，就是李克用的侄女婿孟知祥。

据《旧五代史》记载，孟知祥字保胤，邢州龙冈人。没错，孟知祥与郭威、柴荣是如假包换的老乡。孟知祥的父亲孟道只是邢州将校，无足称道，但孟知祥却有一个了不起的伯父——控制邢、洺、磁三州的保义军节度使孟方立。

孟方立能力一般，在与强大的邻居河东李克用的竞争中很快就败下阵来。唐龙纪元年（889年）五月，李克用大举进攻邢、洺州。因为孟方立为人悭吝，不得人心，"诸将多怨，至是皆不为方立用"。孟方立知道大势已去，服毒自杀。接掌兵权的弟弟孟迁根本不是李克用的对手，干脆投降了事。邢州孟氏举家迁往太原，时年十六岁的孟知祥来到了陌生的太原城，开始了他奇特的命运。

不知道是出于什么原因，李克用把弟弟李克让的女儿许配给了孟知祥，而作为晋王的侄女婿，又是名家孟氏之子，所以孟知祥在河东的仕途异常顺利。更重要的是，孟知祥和后来的晋王李存勖、河东二掌柜郭崇韬私交都非常好，与李嗣源也能称兄道弟，人脉非常广泛。

由于孟知祥人缘好，唐同光三年（925年），郭崇韬率唐军进攻前蜀前，就向李存勖推荐了孟知祥为战后的西川节度使，主政成都善后，李存勖同意了。李存勖和孟知祥既是亲戚又是好友，自然愿意让孟知祥出任这个肥缺。临行前，李存勖还给孟知祥办了一场送行宴，二人先是聊人生故旧，随后喝得烂醉的李存勖告诉他的堂姐夫："吾闻蜀土之富，无异于此，以卿亲贤，故以相付。"

其实，孟知祥入蜀，还有另外一项秘密任务，就是应李存勖的要求，去成都诛杀让李存勖早就怀疑有不臣之心的郭崇韬。李存勖密令孟知祥"闻郭崇韬有异志，卿到，为朕诛之"。而孟知祥与郭崇韬亲如兄弟，他并不相信这种传闻，也只是含糊答应。可李存勖是铁了心要杀郭崇韬，李存勖派人去成都杀郭崇韬，同时催促在路上软磨硬泡的孟知祥早点到成都上任。孟知祥磨蹭，是想给郭崇韬一点灵活机动的时间。而现在的情势也让孟知祥看透了时局，天下未定便要杀首功之臣。

"乱将作矣！"孟知祥感叹道。

史料没有记载，不过孟知祥现在应该有了借西川之地避开朝廷权力斗争的想法。毕竟坐镇成都的太子李继岌不会在成都迁延太久，等自己稳定蜀中局势，可以朝着世袭西川的方向发展，然后再视朝廷局势进一步打算。至于好友郭崇韬，孟知祥已经救不了他了，李继岌在收到父亲密信后，向左右使个眼色，郭崇韬人头便被大锤击得粉碎。

郭崇韬如果不死，或者坐镇成都，以郭崇韬之才，他可以把蜀中治理得条条井然。但郭崇韬的死，其实是给了孟知祥一个难得显现自己治政之才的机会。孟知祥在任太原市长期间，积累了大量的地方治政经验。

郭崇韬的死给刚平定的蜀中带来了极大的不安定因素，蜀中人士都不知道自己的未来在哪里。而作为西川行政主官的孟知祥在"人情未安"之际，"慰抚吏民，犒享将卒，去留帖然"。成都形势很快就安定下来。蜀中军民都认可孟知祥的治才，这也为孟知祥后来霸蜀打下了强力基础。

因为前蜀王建积三十年之功经营两川，蜀中军事资源丰富，在发生了灭蜀名将李绍琛（即康延孝）叛乱后，孟知祥轻松派出四万人，联合入蜀的唐军行军司马任圜与同样对蜀中虎视眈眈的东川节度使董璋，共同剿灭李绍琛。三方合力，很快就把欲据蜀称王的李绍琛送进了囚车，临行前，孟知祥还学着朱温的样子，给像极了秦宗权的李绍琛敬了一杯酒，"公已拥节旄，又有平蜀之功，何患不富贵，而求入此槛车邪！"表面上，孟知祥是在奚落李绍琛，其实是做给任圜看的，任圜是文职，早晚要回朝廷当宰相，孟知祥调戏李绍琛，无非是让任圜回去给李存勖传个话：自己绝不会做李绍琛第二。否则李存勖一纸调令让孟知祥离开西川，他接旨还是不接旨？

《资治通鉴》说孟知祥在李存勖死后"阴有据蜀之志"，李存勖花样作死，命不久矣。所以孟知祥必须提早做割据西川的准备，至少在这个时候，孟知祥已经有了据蜀之志。

要控制蜀中，必须巩固自己手中的西川基本盘，一步步向外扩张，而最重要的一步就是政权建设。所谓政权建设，无非减轻百姓经济负担，刷新吏治，让老百姓有口热饭吃。孟知祥是外来户，蜀人对他并不熟悉，所以李绍琛振臂一呼，三日内竟有五万人相从。孟知祥深知这一点，他必须利用自己手上的政治资源及早赢得蜀人的好感。史载，孟知祥"择廉吏使治州县，蠲除横赋，安集流散，下宽大之令，与民更始"。蜀中百姓最怕的是土匪强盗横行，这个好办，孟知祥派大将赵廷隐与张业"将兵分讨群众盗，悉诛之"。

这个"悉诛之"，一则讨好了蜀中百姓；二则震慑了部下官兵，敢不听话，同样"悉诛之"。孟知祥深知两手抓、两手都要硬的道理，一面给你胡萝卜吃，一面举着大棒子。百姓心服，将吏畏服，孟知祥在蜀中人气大涨，朝着自己的梦想前进了一大步。

而当李存勖被杀的噩耗传到成都，孟知祥知道自己的机会终于来了。

李存勖在一天，孟知祥畏其雄武而不敢轻动。现在堂妹夫死了，再没人能管得住这位西川节度使了。

孟知祥有据蜀之志，但这并不意味着他会立即称帝，毕竟那等于政治自杀。凭自己对老友李嗣源的了解，李嗣源坐稳中原后，一定会向两川下手，绝不会让两川成为政治军事上的特区。

如果是李存勖，一纸调令就能让孟知祥离开西川，但李嗣源没有这个震慑力，他知道孟知祥根本不会听他的。李嗣源很有意思，他要掏空孟知祥的钱袋子，让老孟没钱收买人心。因为听任圜说孟知祥在成都搜刮了富户六百万贯钱，其中四百万发了军饷，孟知祥还私扣了二百万。李嗣源立刻派太仆卿赵季良去成都，让孟知祥把这二百万上缴国家财政。同时赵季良还兼任制置转军使，任务是收缴蜀中郡县的税赋上交中央。

李嗣源伸手要钱，孟知祥本来是不想给的，蜀人"欲皆不与"，但孟知祥暂时还不想与李嗣源彻底翻脸，只是同意交出府库中的钱，而各郡县的税赋一个子儿也不允许上缴。"府库他人所聚，输之可也。州县租税，以赡镇兵十万，决不可得。"

孟知祥为什么会爽快地把二百万贯巨款送给李嗣源？与其说这二百万是上缴国家财政的，不如说是让李嗣源释放人质的赎金。

孟知祥有据蜀之志，但他的家小都在洛阳，被李嗣源扣作人质。一旦李嗣源以福庆长公主和几个儿子的性命做要挟，孟知祥将会非常被动。虽然史料没有记载，但孟知祥与李嗣源暗中达成交易，二百万贯钱给你，你把家小送入蜀中，则是完全符合情理人性的。李嗣源何尝不知控制人质的重要性，但他此刻为了犒军急需用钱，所以答应了放公主与孟昶等人入蜀。

孟知祥用二百万的代价换来了老婆与孩子的一家团聚，看上去代价很大，实际上是花这笔钱买掉自己的后顾之忧，可以和李嗣源抗衡到底，不再受人质困扰。李嗣源再派曾经在唐军灭蜀中立下大功的客省使李严入蜀任西川兵马都监，监视孟知祥，孟知祥已经不再有什么顾忌了，李严一到，孟知祥就用李严人头祭了旗，间接告诉李嗣源：中原姓李，西川姓孟。

西川姓孟，东川则姓董。

东川节度使董璋是枢密使安重诲好友，而孟知祥与安重诲不和，所以孟知祥始终觉得董璋在卧榻之侧，自己睡不安稳。孟知祥要成蜀中霸业，必须除掉同样有野心的董璋。孟知祥和董璋在经济战线上乱打王八拳，董璋让东川的盐贩子到西川贩盐，换取西川的铜钱。孟知祥搞掉这些人太容易了，你想赚我的铜钱？我先把你身上的铜钱搜刮干净？孟知祥下令，对入西川的盐贩子课以难以承受的重税，自然吓跑了东川盐贩子。

后唐天成四年（929年），李嗣源听说孟知祥又搜刮一笔横财，下旨让孟知祥拿出一百万，孟知祥照例哭穷，软磨硬泡之下，只给了五十万。另一路的董璋更绝，李嗣源向他要五十万，董璋一哭二闹才给了十万。

两川之富，冠绝后唐各藩镇，所以李嗣源一直想直接控制两川，见蘑菇战术实在刮不到多少油水，那就来硬的。李嗣源决定先解决东川的董璋，进一步压缩孟知祥的生存空间，最后再总攻孟知祥。

而董璋已经嗅到了危险，立刻向他的邻居孟知祥求救。孟知祥的战略眼光有点问题，他竟然没有看透李嗣源的深意，还是赵季良提醒他：李嗣源此举是项庄舞剑，意在沛公。孟知祥这才回过味来，很快就与董璋结成了攻守同盟，甚至把自己的女儿嫁给了董璋的儿子。

董璋没有多少能耐，让董璋守东川，远比雄才大略的李嗣源控制东川更符合孟知祥的利益。

董璋主动向朝廷方面发起进攻，天成九月，东川兵进攻遂州、阆中，而孟知祥根据双方事先的谈判交易，派都指挥使李仁罕、汉州刺史赵廷隐、简州刺史张业等人与东川兵合攻遂州，都指挥使侯弘实等人攻阆州。

东西川联手，互为唇齿，朝廷方面则孤军深入，根本不是两川联军的对手，阆州刺史李仁矩被董璋击溃。但董璋做事毛躁，没与孟知祥商量就杀了李仁矩全家，彻底激怒了李嗣源。以牙还牙，李嗣源杀了董璋留在洛阳的全家老小，但等李嗣源想杀孟知祥的老小时，孟家老宅里连个鬼影也没有了。

孟知祥和李嗣源彻底闹翻，他只能硬着头皮联合董璋对抗朝廷。孟知祥现在唯一能做的，就是不惜代价保住董璋在东川的统治，绝不能让东川落进李嗣源手里。只是让孟知祥没有想到的是，董璋根本没有合作的诚意，董大人一方面抗拒中央军，另一方面还提防着孟知祥。董璋军北上进攻利州，因为天降大雨，董璋退回阆州。孟知祥听说后，立刻写信告诉董璋利州的重要性，并愿意用西川兵守住剑门关，防止中央军南下。董璋不可能让西川兵控制剑门要塞，自然拒绝。

在朝廷军队的强大压力下，孟知祥现在根本不敢有趁乱拆董璋后台的想法，以孟知祥的智商，他不会这么做。虽然孟知祥也知道董璋要算计他，但他从大局考虑，还是坚持对董璋的援助。如果孟知祥见识短浅，为泄一时之愤和董璋火并，只能白白便宜了李嗣源。

但从整体实力和军事能力看，董璋之于联盟的作用，有些类似于"二战"时意大利军之于纳粹德军的作用，除了拖后腿，没起到什么作用。董璋不让西川军碰剑门，结果剑门在唐长兴元年（930年）十一月就被朝廷军队给夺了回去，朝廷军队驻守剑门，同时对东西两川造成了空前的生存压力，气得孟知祥大骂董璋是大饭桶。

不过董璋向孟知祥求救，倒给了孟知祥深入东川腹地的机会，孟知祥自然不会客气。在赵廷隐的激励下，西川将士死守剑门以南的剑州（今四川剑阁），一则能抵御朝廷军队南下，危及孟知祥在西川的统治；二则扼住了东川驻所梓州的北面门户，孟知祥等于手握悬在董璋头上的一把利剑。幸亏孟知祥下手快，如果朝廷方面的石敬瑭早一步南下，董璋根本不是石敬瑭的对手。一旦剑州落入朝廷手上，什么董璋、孟知祥，全都得完蛋。

孟知祥的战略应对能力非常强悍，他知道朝廷军队拿不下剑州，一定会另辟蹊径入蜀，而龙州则是朝廷军队最有可能的入蜀通道。孟知祥提前布置，派重兵守住龙州。朝廷军队果然要从龙州入川，结果被西川兵一通暴打，狼狈逃回剑门。换言之，孟知祥已经堵住了自己的战略漏洞，只要董璋那边不出问题，西川固若金汤。

朝廷军队没有别的路径入川，只能死攻剑州一条线，极大缓解了孟知祥所面临的军事压力。朝廷军队很快就尝到了单线进攻的苦果，西川兵在山路上布置了五百弓手，就把强行进攻的朝廷军队射成了刺猬，朝廷军队根本无法进攻，真正诠释了"一夫当关，万夫莫开"。一代名将石敬瑭知道他根本不可能占干表姑父孟知祥的半点便宜，于唐长兴二年（931年）二月狼狈撤军，回朝待罪去了。

朝廷军队被打退后，董璋前往利州犒军，赵廷隐曾密信建议孟知祥趁机会杀掉董璋，吞并东川，不过孟知祥没有同意。赵廷隐只能眼睁睁看着董璋在利州吃了几顿饱饭，拍拍肚皮回到了东川。

表面上看，孟知祥失去了一次极为难得的杀董机会，日后再除董璋必然要费心力，但孟知祥出色的大局观决定了他不会做如此浅短之举。

孟知祥选择放走董璋，有以下两点考虑：

其一，朝廷军队虽然撤退，但谁也不保证朝廷军队不会再来。在朝廷军队确定不再来蜀中之前，绝不能动董璋。

其二，如果孟知祥选择杀董，他也未必能立时占领东川。毕竟他在东川没有任何人脉，东川将吏未必服他。一旦东川投降朝廷，朝廷军队就能轻易地杀到成都城下，到时孟知祥半点活路也没有了。

"两害相权从其轻"，孟知祥可以接受董璋控制东川，但绝对承受不起李嗣源控制东川的代价。

孟知祥在五代十国史上并非著名人物，但他的全局战略布控能力却是第一流的，远在那些白捡便宜者之上。

在确定李嗣源不会再对两川用兵之后，孟知祥知道他与董璋的决战即将到来。但孟知祥并没有直接与董璋开战，而是派李仁罕率水师沿长江东下，顺江拿下忠州（今重庆忠县）、万州（今重庆万县）、夔州（今四川奉节）。孟知祥的用意再清楚不过了，一旦东川投降朝廷，朝廷军队最有可能从忠、万、夔一线沿江入川。孟知祥扼守三州要塞，彻底堵死了东川被朝廷控制的可能，他认为现在可以对董璋开刀了。

孟知祥攻董璋，类似于渔民在河里捕鱼。欲捕大鱼，必须垒起土围，把鱼困在一个想定狭小的固定范围内，等四面土围垒起时，鱼的末日也就到了。孟知祥已经把董璋有可能突围的活口全部堵死，以孟知祥之才，对付董璋这样的庸才，过程已经无足轻重了。

唐长兴三年（932年）五月，孟知祥率领下的西川兵在汉州鸡踪桥（今四川广汉北）大败董璋率领的东川兵，东川兵死伤惨重，董璋狼狈逃回梓州。不久就被部下潘稠杀死在城头上，潘稠随后把董璋的人头送到了孟知祥的脚下，东川正式成为孟知祥的地盘。

孟知祥俯身欣赏着地上那颗血淋淋的人头，笑了。他知道，两川之内，再无人敢犯其虎威，孟氏统治两川的时间即将来临。

唐长兴四年（933年）二月，对孟知祥毫无办法的李嗣源下诏封孟知祥为蜀王。

虽然孟知祥距离大蜀皇帝只有一步之遥，但孟知祥非常聪明，他不想在政治上做仁君李嗣源治下的反贼。反正李嗣源已经病入膏肓，没几天活头了。等李嗣源一死，他就可以……

同年十一月，李嗣源被宝贝儿子李从荣活活气死，即位的是庸弱的宋王李从厚。孟知祥觉得时机成熟了，次年正月，六十一岁的孟知祥在成都正式称帝，国号大蜀，改元明德。因为王建建蜀在前，所以历史上称孟知祥建立的蜀国为后蜀。

不过因为长年精力劳累，孟知祥身体不太好，仅仅做了六个月的皇帝就病倒了。在安排了儿子孟昶继位以及赵季良等为顾命大臣后，孟知祥就驾崩了。

在五代十国的开国帝王中，在位时间最短的，就是孟知祥的半年皇帝，后汉的刘知远好歹也在汴梁城中坐了八个月的龙廷。

孟知祥虽然没享受多少做皇帝的滋味就甩手走了，但毕竟他为孟家打下了一方江山，他相信自己拼杀多年积攒下来的家底，足够儿子们挥霍的。但孟知祥始终没有忘记多年以来他和一个人的对话，他心中总有一股不祥的预感，孟家治蜀不会超过两代人。

《五代史补》记载了这个著名的故事："孟知祥之入蜀，视其险固，阴有割据之志。泊抵成都，值晚，且憩于郊外。有推小车子过者，其物皆以袋盛，知祥见，问曰：'汝车所胜几袋？'答曰：'尽力不过两袋。'知祥恶之，其后果两世而国灭。"

尽力不过两袋，孟知祥听成了尽力不过两代（人治蜀）。

四 仁者
——三十二年太平天子话孟昶（上）

蜀汉后主刘禅亡于西晋，前蜀后主王衍亡于后唐，后蜀后主孟昶亡于北宋。自古便被认为三大亡蜀昏君，实际上三人之间是有很大区别的。刘禅昏昏呆呆，自不必说。论艺术天分，王衍最高，音乐诗词样样拿手。孟昶艺术上并不逊色于王衍，但孟昶在政治上的能力却远胜王衍，能做三十二年太平天子，足以说明孟昶的能力。只不过执政晚年稍显昏庸，再加上遇到了如日中天的周宋王朝，灭亡也是不可避免的。如果把孟昶和北宋仁宗赵祯互换一下，孟昶的成就当在赵祯之上。赵祯一味仁柔，而孟昶柔中带刚，该杀人时毫不手软。甚至还存在一种可能，如果中原不出现柴荣这样的绝世天才，孟昶的天下传上百年也不是问题。

梁贞明五年（919年）十一月，孟昶生于河东首府太原，而其父孟知祥时任河东中门使（相当于枢密使）。孟氏父子都没有想到，他们的人生之花会在数千里之外的天府蜀中盛开。

关于孟昶生母李氏的身份，历史上有两种说法：第一种说法是李氏本是唐庄宗李存勖的低等嫔妃，后来被孟知祥得到。第二种说法出自宋人张唐英《蜀梼杌》，李氏本是孟知祥原配福庆大长公主的使唤丫头，福庆公主对孟知祥说："此婢有福相，当生贵子。"命令孟知祥和李氏发生关系，遂生孟昶。

其实孟昶是孟知祥第三个儿子，但因为面相大师周元豹一句"此儿骨法非常，宜爱之。……将来可为四十年偏安主"，迷信的孟知祥便深信不疑，孟昶的继承人身份很早就被确定。孟知祥病重后，正式立本名孟仁赞的孟昶为太子，监国事。蜀明德元年（934年）七月二十九日，十六岁的孟昶在父亲灵前继皇帝位，拉开了繁华似锦的蜀中太平盛世的大幕。

自孟知祥据蜀至孟昶亡蜀，蜀中近四十年得享太平，但百姓太平并不意味着官场同样太平。自古官场便是杀人场，从来就没有太平过。孟昶在位初期所面临的险恶局面，是后人无法想象的。换言之，孟昶稍有不慎，便有可能人头落地。

孟昶的威胁来自他的父辈，即跟随高祖孟知祥百战打天下的老臣宿将。孟知祥强枭雄武，这伙强人在孟知祥面前服服帖帖，但这不意味着他们会瞧得上孟昶这个半大毛孩子。其中有人认为蜀国是兄弟们打下来的，孟知祥死了，皇位应该让他们兄弟轮流做，凭什么私传给孟昶。

孟蜀的重臣，计有宰相赵季良、保宁节度使赵廷隐、枢密使王处回、武信节度使李仁罕、控鹤指挥使张公铎、奉銮指挥副使侯弘实，这些人也是孟知祥钦定的辅政大臣。此外，还有侍中李肇，以及李仁罕的外甥、武信节度使张业。

赵季良是文臣，与孟知祥有备、亮之交，他对孟昶还是非常礼敬的。赵廷隐是蜀中武将之首，但赵廷隐是孟知祥的铁杆心腹，对孟家忠贞不贰。真正的刺头，是李仁罕。

李仁罕自认是开国功臣，但政治地位却在二赵之下，自然不满。他以"宿将有功，复受顾托"，要求孟昶把六军兵权交给他掌管。李仁罕让自己的马仔们四处制造舆论，孟昶此时羽翼未丰，和官场大佬普遍不太熟悉，所以不敢轻举妄动，先让李仁罕过过瘾。不过孟昶在"不得已"加李仁罕为中书令，判六军事之后，又给李仁罕掺了沙子，让地位更高，而且与李仁罕积怨极深的赵廷隐做六军副使，就中监视钳制李仁罕。李仁罕吃独食，也得罪了孟昶身边的玩伴，如医官使韩继勋、丰德库使韩保贞、茶酒使安思谦。这些人经常在孟昶耳边煽风点火，说李仁罕"有异志"，孟昶更是恨透了李仁罕。

不过北宋人路振《九国志》却认为李仁罕忠恪为国，"（仁罕）奉幼主无隐情"，只是因为说话太直，"自以先朝旧老，遇事必谏"，这才得罪了韩继勋等人。但综合来看，李仁罕没有异志，但太过飞扬跋扈，官场上没人喜欢这样的人。鳌拜没有废康熙之意，但专权太横，康熙也要拿掉鳌拜，道理与孟昶拿掉李仁罕是一样的。

如果按《资治通鉴》的说法，李仁罕有异志，蜀中二赵自然不可能让李仁罕得逞，你要当皇帝，我们给你磕头？凭什么！孟昶暗中联系二赵，制订了秘密的诛杀计划。

动手则非常简单，等李仁罕上朝时，高坐殿上的孟皇帝一声令下，从两边拥出数十名武士，"执（李仁罕）而杀之"，随后杀掉李仁罕的亲属数人。

· 四　仁者——三十二年太平天子话孟昶（上）·

247

李仁罕是本朝开国重臣，孟昶竟然有本事一朝诛杀，官场中人这才明白孟昶并不是庸弱之主，耍起狠来那也是一狠主。孟昶杀李仁罕，极大地震撼了蜀中官场，此后，再没有老臣敢在孟昶面前充大爷了。孟昶装孙子时，李肇觉得此子可欺，上朝时竟然不对孟昶行君臣大礼，理由是臣腿疼，拄杖跪不了，孟昶"怒"。李仁罕被杀后，李肇知道该自己装孙子了，上朝后，李肇把拐杖扔在地上，老老实实地给孟昶行大礼。

可以讲，明德二年（935年）九月的这场杀李仁罕事件，从根本上改变了蜀中的政治生态，孟昶树立了绝对权威。从935年到965年这三十年，蜀中政坛除了广政九年（946年）张业跋扈被杀，再无官场风波。

康熙废鳌拜亲政，才开始轰轰烈烈的帝王生涯，孟昶也是如此。孟昶亲政时还不到二十岁，喜欢玩，他最大的爱好就是打球跑马，还在国内采选美女入宫享受，但韩保贞一纸上书劝谏，孟昶立刻改正错误，放美女回家，并赏赐韩保贞黄金，以奖他直言之功。如果换成赵匡胤，他会拿大斧头把韩保贞打得满脸是血，御史雷德骧是领教过赵匡胤厉害的。

对孟昶成为明君有利的是，他眼前就有一个活生生的反面例子，就是他的"前任"——前蜀后主王衍。虽然孟昶和王衍没有交集，王衍亡蜀时，孟昶还是太原城中玩泥巴的六岁娃娃。但后蜀和前蜀在同一地区建国，王衍亡国的教训自然会成为孟昶的前车之鉴。

孟昶是非常讨厌王衍的，毕竟王衍是亡国之君，如果有人把赵匡胤比作石重贵，赵匡胤的大斧头是会杀人的。广政元年（938年）的上巳节，孟昶游成都大慈寺，然后与大臣们饮宴赋诗，有个戏子不知道发什么神经，竟然在孟昶面前扮演王衍。孟昶大怒，"命斩之"。孟昶告诉宰相李昊等人："王衍浮薄而好轻艳之辞，朕不为也。"

孟昶在执政前期是这么说的，也是这么做的。孟昶同样是诗词高手，北宋词豪苏轼那首著名的《玉楼春》"冰肌玉骨清无汗，水殿风来暗香满"，被学术界普遍认为是孟昶所作。不过孟昶还是把主要精力放在了改善蜀中的政治生态上，而且成就非常突出。

后世形容官员俸禄与百姓财产的关系，有一个著名的八字成语——尔俸尔禄，民膏民脂。一般认为这个成语出自北宋太宗赵匡义作的《戒石铭》，实际上这是赵匡义全盘抄袭孟昶的《官箴》，时间是蜀广政四年（942年）五月。原文如下：

"朕念赤子，旰食宵衣。托之令长，抚养安绥。政在三异，道在七丝。驱鸡为理，留犊为规。宽猛得所，风俗可移。无令侵削，毋使疮痍。下民易虐，上天难欺。赋舆是切，军国是资。朕之爵赏，固不逾时，尔俸尔禄，民膏民脂。为人父母，罔不仁慈。特为尔戒，体朕深思。"

毛泽东说过：治国就是治吏，吏治清明，百姓必然安居乐业，吏治腐败也必然导致百姓困苦，贪官们会肆无忌惮地从百姓兜里抢钱，扒房牵牛，无恶不作。

孟昶建立了严格的百姓财产保护制度，不让官员们把贪婪之手伸向百姓，自然刺激了蜀中的经济发展。虽然十国中最著名的朝代是南唐，但南唐百姓在李璟、李煜父子治下困苦不堪，其他诸侯国更是百姓的地狱，唯独后蜀百姓，幸福指数是十国百姓中最高的，堪称沙漠中的一片绿洲。

有关后蜀孟昶实行仁善之政的成就，宋人虽不承认后蜀政权的合法性，斥之为"伪蜀"，但还是有客观记载。张唐英在《蜀梼杌》中记载："蜀中久安，赋役俱省，斗米三钱。……屯落闾巷之间，弦管歌诵，合筵社会，昼夜相接。府库之积，无一丝一粒入于中原，所以财币充实。"《续资治通鉴》也记载："蜀土富饶，孟氏割据，府库益充溢。"

百姓富裕才是真正的富裕，少数人的富裕建立在多数人的贫穷之上，精英阶层花天酒地，底层百姓穷困潦倒，这是被美化到无极限的宋朝，而后蜀则真正做到了藏富于民。虽然张唐英在书中痛斥孟昶"穷极奢侈"，但前提是后蜀国殷民富，百姓富足，统治者奢侈一些又有何罪，至少孟昶从来没要求过自己死后，身缠金腰带，口含夜明珠。

另有记载："（后蜀）十年不见烽火，不闻干戈，五谷丰登，斗米三钱，都下仕女，不辨菽麦，士民采兰赠芬，买笑寻乐。"北宋号称盛世，其实也不过是权贵士大夫的盛世，宋朝百姓受压迫敲诈之重，史所仅见。如果宋朝百姓知道孟昶如此爱民，他们一定会希望自己身处孟昶治下。

张唐英没有必要替亡国之君孟昶吹嘘，他如实记载："昶戒王衍荒淫骄逸之失，孜孜求治，与民休息，虽刑罚稍峻，而不至酷虐，人颇安之。"而后来北宋灭后蜀，孟昶北上，百姓听说后，"万民拥道，哭声动地"。"自二江至眉州，沿路百姓恸绝者数百人。"可见孟昶之得人心。

老百姓不是傻子，谁对他们好，他们就会对谁表达最真挚的情感，对柴荣如此，对孟昶也是如此。

不是好皇帝，老百姓根本不会把他当盘菜，只有心中有百姓，百姓才会如此爱戴。孟昶若是残暴昏君，他北上时，百姓恨不得以砖瓦投之才能泄愤。孟昶能得到蜀人的拥戴，自然是因为他对百姓仁爱。北宋仁宗赵祯死时，百姓罢市号，赵祯被谥为仁宗，其实如果后蜀不亡，孟昶死后同样可以被谥为仁宗。

孟昶之仁，远胜于那些被无聊文人美化出来的所谓仁厚之主。

五　仁者
——三十二年太平天子话孟昶（下）

一个富足的时代，必然会成就一代文学，这是历史文学的客观规律，孟蜀也不例外。

提及五代十国文学的巅峰，世人多论及南唐。诚然南唐的文化成就非常高，但在五代十国时期只能称为双峰并峙，而五代十国另一座文学高峰，就是孟昶治下的后蜀。

孟昶在文学上的成就并不逊于南唐李后主，只不过李后主名气更大而已。因为孟昶名气较小，所以李煜亡于宋后，大周后被赵匡义霸占并毒死李煜，千年来李煜赢得了无数同情。可同样是亡于宋，花蕊夫人被赵匡胤霸占后毒死孟昶，千年来，孟昶却几乎默默无闻。赵匡义霸占人妻并杀人夫成了千古丑闻，赵匡胤霸占人妻并杀人夫倒成了千古佳话。

历史很残酷，但这并不能改变孟昶堪称一代词史的成就。

说到孟昶的词作，最有名的应该就是那首《玉楼春》（也称《洞仙歌》），原词如下：

"冰肌玉骨清无汗，水殿风来暗香满。绣帘一明月窥人，敧枕钗横云鬓乱。起来琼尸启无声，时见疏星度河汉。屈指西风几时来？只恐流年暗中换。"

关于这首词的作者，词评家们打了近一千年的笔墨官司，词作者，除了孟昶，还有苏东坡。

不过苏轼本人在《洞仙歌》自序中承认这首词的开头两句，即"冰肌玉骨清无汗，水殿风来暗香满"是孟昶的原词，苏轼在七岁时遇到一个自称在孟昶宫中待过的眉山朱姓老尼。九十多岁的老尼告诉苏轼，这首词是孟昶与花蕊夫人在夏夜避暑于摩诃池上所作。可惜苏轼已经忘记孟昶原词，只记得开头两句，便"暇日寻味（孟昶原词），岂《洞仙歌》乎！乃为足之（续写）"。

另外还有一种说法认为此词是孟昶的最爱花蕊夫人所作，明朝人李日华《味水轩日记》说："'冰肌玉骨清无汗，水殿风来暗香满'，旧传蜀花蕊夫人之句。"清人吴任臣所著《十国春秋》也记载此二句为花蕊夫人所作。

　　虽然后人已无从知晓这首名词背后到底有着怎样的创作历程，但"冰肌玉骨清无汗，水殿风来暗香满"作为千古名句，则出自孟昶无疑。而苏轼能记得前两句，在续作时应该也有可能模糊记起孟昶原词。种种考虑，把这首词的作者定为孟昶，并不为过。清朝词评家沈祥龙在《论词随笔》中称赞苏轼"冰肌玉骨清无汗，水殿风来暗香满"两句"口吻俱香"，实际上这是对孟昶的赞美。而清同、光时人谭莹对苏轼续写孟词不满，作诗讥云："摩诃避暑有全词，花蕊风流恐愿师。伺俟洞仙歌隐括，点金成铁使人疑。"

　　除了这首有孟昶一半著作权的《玉楼春》，孟昶还有另外一首词，而这首词同样和另一位名人打起了笔墨官司，这一次，孟昶的"对手"变成了李煜。这首词就是名气远在《玉楼春》之上的《乌夜啼》：

　　无言独上西楼，月如钩。寂寞梧桐深院锁清秋。剪不断，理还乱，是离愁。别是一般滋味在心头。

　　《乌夜啼》，有些词书也称为《相见欢》，如《词林纪事》。

　　南宋人杨湜在《古今词话》中认为此词是孟后主所作，而非李后主。近代词评家赵万里在重新校理《词话》时认为："南词本《南唐二主词》无之（此词），杨湜谓为孟昶作，殆必有据。"吴任臣在《十国春秋》称赞孟昶"昶亦工声曲，有《相见欢》词"。学术界普遍认为这首词是李煜所作，但也没有完全排除作者是孟昶的可能性。

　　如果要论才情，孟昶稍不如李煜心思灵透，但也是一代"可人"，明人杨慎认为孟昶"小词尤工"。李煜词作千古流芳，孟昶自不能及，但有一点，李煜是比不上孟昶的，就是南唐词的整体创作不如孟昶治下的后蜀。

　　南唐词能称雄者，只有冯延巳与李璟、李煜父子三人，而后蜀除了冒出欧阳炯、毛文锡、毛熙震、鹿虔扆、阎选、顾琼等优秀词人，还编撰了中国词史上的开山集作——大名鼎鼎的《花间集》。

花间词派是一个文学史的空间概念，并非一地一时所作。因为这一派词作多婉雅可爱，多述及爱恨离愁，故称为"花间派"。花间词最早可上溯到多由社会下层创作的敦煌曲子词，传至花间派大鼻祖温庭筠始发扬光大，而到了韦庄后，花间词派则相对成了一个地域概念，即多集中在西蜀。而《花间集》中不属蜀地词人的，只有五代和凝与荆南孙光宪。

《花间集》是后蜀赵崇祚编撰，共十卷，收录了从唐文宗开成元年（836年）至晋高祖天福五年（940年）一百年间，以温庭筠为首的十八位词作家的共五百首倚声之作。《花间集》的问世，意味着词这一新颖的艺术形式正式走向宏大的历史文学舞台，后人尊《花间集》为"长短句（词）之宗"。

词，往往被称为宋词，其实这只是因为词在宋朝达到极盛，但词的源头却是在晚唐，在五代十国快速发展，这才有了宋朝的极盛。而溯其本源，孟昶在中国词史上的重要性是不能抹杀的，因为《花间集》的编撰，是在孟昶支持下完成的。而赵崇祚，则是孟昶"恩叔"赵廷隐的长子。

作为词祖的《花间集》永远无法摆脱明显的后蜀印迹，甚至《花间集》序，也是后蜀大臣欧阳炯所写，时间是后蜀广政三年（940年）四月。作为回报，赵崇祚在《花间集》中也收录了欧阳炯的十三首词。完全可以说，没有孟昶，《花间集》的问世并流广千年是不可想象的。不仅《花间集》有孟昶的开拓之功，甚至中国人传统的春联，其实也是孟昶首创。张唐英在《蜀梼杌》中记载了这副春联，即著名的"新年纳余庆，嘉节号长春"。

除了诗词对联，孟昶还曾在广政四年（941年），下诏编《古今韵会》五百卷，只可惜这部书在清朝时就已散佚无存了。

后蜀定都成都，而成都别称锦城，以盛产蜀锦而闻名天下，但成都还有一个别称——蓉城，则完全是孟昶之功。

孟昶喜爱芙蓉花，广政十三年（950年）九月，孟昶下令在成都城墙中尽栽芙蓉花，然后用锦帛搭成棚，护住芙蓉花。等到芙蓉花灿烂盛开时，"望之皆如锦绣"。孟昶骄傲地告诉群臣："自古以蜀为锦城，今日观之，真锦城也。"

孟昶拥着他心爱的花蕊夫人，站在成都城头上的芙蓉丛中，含笑看着城下欢呼的百姓。其实也是从这一刻起，孟昶的人生开始发生逆转。

早期的孟昶完全是一副明君做派，治国有功，百姓爱戴。但到了中年后，因为天下太平无事，蜀中安居富贵，孟昶也慢慢失去了早年的励精图治，学会了享受人生，孟昶甚至用金银珠宝来装饰自己的尿盆。皇帝成了臭鸡蛋，小人立刻像绿头苍蝇一样死死叮，孟昶身边多了一些马屁精，最有名的就是那个自称诸葛亮再世的王昭远。

其实不仅是王昭远自比诸葛亮，连孟昶也认为王昭远是诸葛亮再世，甚至还打算让王昭远北伐中原，完成诸葛亮未竟的北伐事业。

正在孟昶天花乱坠胡闹的时候，中原已经发生了翻天覆地的变化，一代圣主柴荣横空出世，志在平定八荒，雄纳四海。柴荣决定亲征淮南，向同样糊涂混日子的李璟发起挑战，但柴荣的第一刀却砍向了孟昶。

柴荣之所以进攻后蜀，主要是因为后蜀控制着汉中、秦凤等战略要地，一旦孟昶在柴荣南征之际突然越秦岭而入关中，后果不堪设想。再加上孟昶晚年昏庸，汉中及秦凤百姓"怨蜀之苛政，相次诣阙（请求柴荣出兵伐蜀）"，所以柴荣需要先打掉后蜀的进攻能力。周显德二年（955 年），周朝大将向训与王景奉柴荣之命，向后蜀发起了猛烈进攻。

因为蜀中太平多年，蜀军战斗力早不复当年孟知祥时代之盛景，面对"近代无比"的周军，几乎一触即溃。黄花谷一战，蜀军遭到惨败，蜀梁院使王峦准备在黄花谷断掉周军粮道，结果被周军一通暴打，三千多蜀军被俘，"马岭、白涧（蜀）兵皆溃"孟昶的发小儿、雄武节度使韩继勋连夜逃回成都。周军几乎没费多少周章就拿下秦、凤、阶、成四州，完成了对后蜀的战略"监控"。

至于张唐英所谓"周世宗先欲平蜀而不果，至太祖（赵匡胤）始克之"，其实柴荣统一天下的顺序是先东南，次北，最后才是西南。只不过赵匡胤篡位建北宋后，忙于扑灭各地起义及巩固内政，所以也没有拿孟昶开刀。如果柴荣当时以主力攻蜀的话，以孟昶之兵，根本不可能是周军的对手，早在十年前孟昶就玩完了。

世人皆知后蜀亡于北宋。北宋乾德三年（后蜀广政二十八年），赵匡胤命大将王全斌率兵入川，仅用了六十六天便击溃蜀军主力，迫使三十二年的太平天子孟昶狼狈出降。实际上，早在黄花谷之战，周军就已消灭蜀军主力，赵匡胤能顺利灭蜀，主要功劳应该与柴荣平分。《宋史·赵玭传》记载，后蜀秦州观察判官赵玭投降周朝时就说："今中朝兵甲无敌于天下，自用师西征，战无不胜。蜀中所遣，将皆武勇者，卒皆骁锐者，然杀戮遁逃之外，几无孑遗。"

与其说孟昶亡于赵匡胤，不如说孟昶亡于柴荣。赵匡胤所做的，只是替柴荣摘掉由柴荣种下的果子而已。换成张永德或李重进做皇帝伐蜀，孟昶同样难逃亡国之运。

当初柴荣英年早逝时，也许孟昶幸灾乐祸过，也庆幸自己可以免遭亡国。可等到赵匡胤把孟昶强行押解到汴梁城，以俘虏的身份接受赵匡胤的羞辱时，孟昶才知道自己已身处险境，他看到赵匡胤死死盯着陪同他的那个女人——花蕊夫人。

孟昶来到汴梁的第七天后，突然暴病身亡，而花蕊夫人随后就被赵匡胤接进宫里，成就了一段能气死赵匡义的千古"佳话"。

孟昶的亡国，对孟昶本人是场天大的灾难，因为赵匡胤看中花蕊夫人，下毒把孟昶毒死。如果是柴荣俘虏孟昶，以柴荣的为人，他断不会如此。司马光说柴荣"王道荡荡"，诚哉其言。而后蜀的灭亡，对蜀中百姓来说同样是场塌天灾难。

宋军灭蜀后，在主帅王全斌的纵容下，宋军开始对百姓进行疯狂的洗劫和屠杀，堪称蜀中"浩劫"。宋军的残暴引爆了蜀人愤怒，爆发了著名的全师雄之乱，将在蜀宋军打得狼狈不堪，如果不是全师雄病死，蜀中乱局根本不可收拾。

而宋灭蜀后，因为实行了残酷的经济压迫政策，蜀人生活困苦。

赵匡胤灭蜀后，下令把蜀中所有财富全部运往汴梁，"及王师平蜀，孟氏所储，悉归内府"。蜀中百姓财富被席卷一空，但还要承担沉重的税赋，一文钱都不能少。更有甚者，北宋不允许蜀中百姓进行民间贸易布帛，必须在官市上购买，而价格又是私市的数倍，"由是小民贫困"。

蜀中百姓在北宋治下的生活水平一落千丈，远不如孟昶治下的后蜀。南宋人洪迈义正词严地说："国朝削并僭伪（北宋灭蜀），救民水火之中。"真亏得洪景庐先生好意思说出这句话来，一点都不脸红吗？

经过近三十年的残酷压迫，蜀人再也忍受不住北宋暴政，最终爆发了轰轰烈烈的王小波、李顺大起义。王小波流着泪向蜀人宣称：今贫富不均，我为尔等均之！

对于李顺，蜀人皆谓是仁君孟昶的遗腹子，所以蜀人感孟昶之仁，纷纷投李顺麾下，反抗北宋暴政。

由此可见孟昶之得人心。

六 铁血东吴
——说说江东枭雄杨行密

说一说吴王杨行密。

不要说整个中国历史，就放在本就冷门的五代十国史，杨行密都算是一个比较冷门的人物，甚至还没有以他名字命名的"行密贡鹅"有名。

如果要评选五代十国的头号枭雄，朱温当选毫无争议。朱温天不怕地不怕，皇帝老子他都敢杀，但朱三唯独怕一个人，就是杨行密。甚至可以说，如果不是杨行密称霸淮南，朱温早就一统江东了。换言之，如果没有杨行密，凭钱镠、马殷、王审知、刘龑的军事能力，早就被朱温打包吃掉了。更让人敬佩的是，在五代十国共十五个政权的开创过程中，创业最为艰险，几乎是百场血战得天下的，除了朱温，就是杨行密。

杨行密和朱温、王建一样，都出身社会最底层，在兵荒马乱的岁月里，从小养成了小偷小摸的习惯。但在三人中，王建是唯一的成功案例，朱温和杨行密连东西都不会偷，朱温被东家刘崇现场捉赃，赏了一顿棍棒，杨行密则被押送到了庐州（今安徽合肥）郑棨那里听候发落。郑棨见杨行密身材魁梧，力大如牛，当个小偷给罚了太可惜，便把杨行密给放了，不久后郑棨在庐州征兵，杨行密当起了丘八大爷。

杨行密、王建、朱温这样的人物是典型吃乱世饭的，都是有点江湖本事的。朱温箭术好；杨行密的本事则比较特殊——健步如飞，日行三百里，怀疑《水浒传》里日行八百里的神行太保戴宗的原型就是杨行密。因为杨行密有这个能耐，所以就当上了庐州与成都（唐僖宗李儇避难成都）联系的交通员，经常往来于两地，但始终没有混出头，又在朔方（宁夏）喝了两年的西北风，不过是个下层军官罢了。

杨行密野心勃勃，志向通天，他当然不会满足于现状。杨行密曾经短暂回过家乡庐州探亲，但上边又催促杨行密赶快回朔方当差。杨行密不想再回贫瘠的朔漠，即使在朔方当了老大，那里太穷了，显然不足以支撑杨行密志在江东的雄大野心。杨行密为人非常刚狠，二话不说就砍掉了这位倒霉老爷的脑袋，自称八营都知兵马使，手下聚一票江湖弟兄，扯旗单干。

时任庐州刺史的郎幼不敢得罪杨行密，同时郎刺史也知道杨行密下一个目标一定是重镇庐州。所以，识时务的郎刺史立刻给他的上级、淮南节度使高骈，请求给自己挪个窝，把庐州让给杨行密。高骈是见过杨行密的，很想把有本事的杨行密拢入自己袖中，便上奏朝廷，封杨行密为庐州刺史，这一年是唐中和三年（883 年）三月，此时杨行密三十二岁。赵匡胤在篡位建宋之前至少立过一些战功，所以柴荣才让赵匡胤掌握兵权，而杨行密几乎是没立过一次军功，就平白得到了庐州这样的重镇，幸运程度要超过几乎是白捡便宜的赵匡胤。

不过赵匡胤篡位时，天下已被柴荣打平，赵匡胤直接坐享其成，而杨行密得到了庐州，依然不能改变他身处其中的险恶形势。淮南地区相对富庶肥沃，各路野心家早就盯上了这块肥肉，稍有不慎，杨行密就会死无葬身之地。

淮南虽然有名将高骈坐镇，但晚年的高骈早已看破红尘，迷信道教，不问军政，淮南事务都交给了江湖术士吕用之打理。高骈每天的任务就是穿着道袍，披头散发骑个木头鹤，舞着剑在院里飞来飞去。

高骈疯成这样，其实杨行密心里是高兴的，等高骈死后，至少他可以成为争夺淮南的有力竞争者。不知道出于什么考虑，杨行密和吕用之走得比较近，二人互相勾结，吕用之倚杨行密为外援，杨行密则通过吕用之，全面掌握高骈的动态。

但还没等杨行密对扬州动手，扬州部将毕师铎已提前一步浑水摸鱼了。唐光启三年（887 年）四月，毕师铎联合高邮将张雄，以及秦彦等人起兵，很快就攻下了扬州。而吕用之派人去向杨行密求救，但为时已晚，高骈被毕师铎完全控制。毕师铎下手够狠，经常给高骈断炊，把高骈饿得头晕眼花。

高骈的落难，正给了杨行密进兵扬州最好的借口。而且吕用之已逃到庐州，给杨行密乱七八糟灌了一通迷魂汤。杨行密自然是不服毕师铎的，扬州繁华之城，与其你来占，不如我来占。

谋士袁袭给杨行密出谋划策，"方今天下大乱，淮南凭河临江，是割土为王的好地方。高骈已经失了势，毕师铎非成大事者。此时扬州无主，将军不可错过天赐良机，乘乱取淮南！"其实大道理不用袁袭讲，杨行密也知道扬州是淮南中枢，拿下扬州，才有资格逐鹿淮南。更重要的是，吕用之来的时候还带有近万人马，加上杨行密的庐州兵，足有两万人，足够对付毕师铎的。

因为毕军实力较强，所以杨行密采取以退为进的战略，带着部队诈败，撤出大营，任凭毕军入营。没想到毕师铎早上没让弟兄们吃饭就出来作战，毕军饿得眼冒金星，在杨军大营里四处找东西吃。

杨行密微笑着下令反击。

毕军士兵手上端着碗，嘴里嚼着肉，目瞪口呆地看着大队杨军风卷残云向自己杀过来。想跑是来不及了，毕军被杨军一通削瓜剁菜，死伤惨重，毕大帅本人光棍般逃回了扬州城。

毕师铎惨败，觉得很没面子，为了泄愤，他竟然杀掉了被软禁的淮南节度使高骈。被杀时，饥饿的高将军正蹲在院子用小锅煮皮带吃。

高骈无兵无权，但政治影响还在，如果毕师铎能在高骈身上做文章，可以起到在政治上"挟天子以令诸侯"的作用。毕师铎丢掉一块金元宝，却立刻被杨行密捡起来，杨行密知道这块金子价值连城。

杨行密下令，三军尽戴重孝，由杨行密带头，冲着扬州城痛哭三天三夜。

杨行密这么做，有一私一公两个原因。为私，高骈是杨行密的贵人，不是高骈提拔他，杨行密就没有今天。为公，杨行密哭高骈，可以在外界给自己打造一个有情有义、不忘旧主的正面形象，有利于招兵买马。同时，还可以感化扬州城中同情高骈遭遇的军队，毕竟他们都是高骈带出来的。

杨行密飙足了演技，接下来要做的就是把毕师铎从扬州城中请出去。

但毕军实力雄厚，如果强攻，家底本就一般的杨行密是支撑不起巨大伤亡的。办法很简单——围城。打不过毕师铎，那就饿死他。

扬州城中固然粮食充足，但毕竟是孤城，而杨行密在城外，可以源源不断地调运粮食到城下，与毕师铎进行一场史所罕见的粮食大战。

这招绝户计非常阴损，毕竟扬州中还有几十万百姓，他们同样会没有饭吃。杨行密并不在乎百姓死活，他只在乎自己的利益。

他会为自己狡辩：你不为自己的利益而活？

围城半年，毕师铎是彻底撑不下去了。城中的粮食早被吃光，军队为了充饥，做起了人肉买卖，把死人的肉割下来吃。死人肉吃完了，那就把活人杀了，继续吃肉。

但问题是，活人的肉也快吃光了。

唐光启三年（887年）十月，杨行密下令攻城。

不过杨行密万万没想到，已经饿到皮包骨头的扬州军竟然能顶住了杨军的进攻，把杨行密打得灰头土脸。好在当天下起了大雨，杨行密派三百勇士乘大雨滂沱之机爬上城墙，然后打开城门，而毕师铎和秦彦早已拔腿溜之了。

扬州城已经残破不堪，侥幸活下来的百姓也不过几百人，而且饿得都跟鬼一样。杨行密得到的几乎是一座"鬼城"，但扬州城却是淮南以及江东的中心之城，地缘战略意义是不言而喻的，虽然杨行密曾打算退守更加富裕的庐州。

扬州相当于汉献帝，杨行密得到扬州，自称淮南留后，就等于曹操挟天子以令诸侯，周边军阀个个眼红。当时还在河南腹地称王的秦宗权距离淮南较近，他把自己贪婪的手伸到了杨行密的餐桌前……

秦宗权的弟弟秦宗衡带头，麾下一票铁血悍将：孙儒、刘建峰、马殷、许德勋等，而孙儒更以杀人如麻而闻名江湖。对杨行密来说更要命的是，对扬州知根知底的毕师铎、秦彦这两个祸害也混进了秦宗衡的队伍里。

此时的杨行密早用粮食喂饱了扬州城，死守一年都不是问题，再加上还有庐州外援，杨行密有足够的资本和外来户秦宗衡拼粮食。

七　决战孙儒
——杨行密差点没迈过来的那道坎

秦宗衡没什么本事，根本啃不动杨行密。再加上秦宗权全力对付朱温，兵力吃紧，便调秦宗衡回蔡州。秦宗衡想回去，但大将孙儒却不愿意，他早就有称霸淮南的野心。

孙儒手上无兵，这个很好办，一道寒光闪过，秦宗衡人头落地，同时丧命的还有毕师铎与秦彦。

孙儒会带兵，弟兄们都服他，孙老大带着自己新起名的"土团白条军"，开始了与杨行密这场五代十国史上最为艰苦的双雄拉锯战。

不过由于孙儒军团实力过于强大，杨行密觉得自己还没有足够的实力与孙儒决战，便以退为进，先撤出扬州，扫荡周边郡县。

杨行密的目标是更加富庶的宣州（今安徽宣城），因为这里守军实力较弱，相对好啃一些。唐文德元年（888年）八月，杨行密很快就攻下了宣州，斩杀守将赵锽。

孙儒军团是百姓的灾难，其实杨行密的部队也不是什么百姓的救星，杨军所到之处，也基本像蝗虫过境一样。杨行密刚破城，他手下的弟兄们就到处哄抢百姓财物，百姓死伤无数。

杨行密占领宣州的用意，是步步为营向扬州逼近。但让杨行密万万没想到的是，孙儒比他还油滑，趁杨行密不在的时候，直接端了杨行密的庐州老巢。

杨行密无家可归，只能暂时放弃回江北的打算，在江南建立自己的根据地，再图后举。江东虽然同样是军阀混战，但没有特别强硬的对手，即使是钱镠这样的浙西土豪，杨行密也没放在眼里。在唐龙纪元年（889年）十一月，杨行密派大将田頵、李神福非常轻松地就拿下由钱镠控制的常州。

不过让杨行密沮丧的是，他的老对手孙儒同样看上了江东这块肥肉。还没等李神福等人在常州坐热屁股，仅仅一个月后，就被强悍的土团白条军赶了出来。

孙儒在江东诸军阀中是实力最强大的，杨行密应对孙儒非常吃力，钱镠更不是孙儒的对手。一阵风过后，钱镠发现自己之前控制的润州（今江苏镇江）、常州（今市）、苏州（今市）都落入了孙儒的口袋里。

但对杨行密有利的是，孙儒的注意力始终放在江北对付意图南下的朱温，江东兵力有限。唐大顺元年（890年）二月，杨行密趁孙儒集中主力和朱温大将庞师古死缠烂打之际，派大将马敬言攻下润州，随后安仁义等人又拿下常州。

获得了润、常二州，极大地扭转了之前杨行密在战略上的被动挨打的局面。此时的杨行密北可过江攻扬州，南可去占钱镠的便宜，实在不行还可以死守宣州。

不过杨行密显然还是低估了孙儒。

孙儒之前用主力应付庞师古，所以才让杨行密钻了空子。等庞师古被打跑之后，孙儒可以腾出手来对付被视为心腹之患的杨行密。

唐大顺二年（891年）正月，孙儒几乎掏空家底，亲自带着这帮吃人的弟兄们过江来砸杨行密的场子。

虽然杨行密的大将李神福趁孙儒不备进行偷袭，占了点便宜，但孙儒很快就调整好状态，进行犀利的反击，杨军的两大王牌田頵和刘威被孙儒的小弟马殷打得找不到北。

还没等杨行密反应过来，孙儒的利爪已经伸到了宣州——杨行密安身立命的所在。这才是孙儒的风格，做事干脆利索，直捣黄龙府，半点不给你战略回旋余地。

杨行密知道这回自己已经没有退路，只能硬着头皮和孙儒进行这场轮盘赌，一旦失败，只有死路一条。

孙儒军远道而行，最害怕什么？粮草被人断掉。很好，杨行密就专干这个劫道买卖，由李神福出面，专门给孙儒的粮草运输队捣乱。孙军缺乏粮食，军心开始出现波动，杨行密认为动手的时机到了。杨行密以为孙军是一群饿肚子的乌合之众，但等交上手后，杨行密就后悔了自己的鲁莽决定，因为杨军根本打不过孙军！

孙军人数太多，很快就淹没了杨行密的那点虾米兵，如果不是大将李简冒死相救，杨行密即使不在阵中被孙军砍死，也得活活累死。

杨行密总算能认清形势，凭自己的力量是很难抗衡孙儒的。怎么办？很好办，曹操下江南，刘备拉孙权来当垫背的，杨行密把控制浙江的钱镠拉了过来，两方势力共同对抗孙儒，这才勉强维持住了江东"三足鼎立"的局面。孙儒暂时不能得手，先撤兵回到江北。

可能孙儒本人并没有意识到，他的撤兵，其实是有利于杨钱两家分化瓦解的。大敌当前，孙刘可以联合抗曹，但曹军一撤，孙刘两家的矛盾立刻凸显。如果孙儒能暂缓过江，让杨行密和钱镠互相厮杀，他坐山观虎斗，等二虎相伤之际，再出来收拾残局，江东大局可定。

但孙儒不但没有意识到这一点，反而做出了一个愚蠢至极的决定，他竟然放弃了战略根据地扬州，把所有部队全部过江，与杨行密决一死战。唐景福元年（892年）秋，孙儒火烧扬州城，号称大军五十万，蝗虫一般直扑宣州。说孙儒军是蝗虫恰如其分，孙军所过之处烧杀抢掠，甚至杀老弱百姓割肉充作军粮。

孙儒想学项羽在巨鹿一战破釜沉舟，但杨行密在江南立足已稳，又有钱镠出于自身考虑的全力支持，孙儒并没有可能在短期内消灭杨行密。而一旦朱温乘虚占领淮南，孙儒进退失据，将死无葬身之地。

孙儒看不上残破的扬州，但杨行密始终没有忘记扬州，他一直看重扬州的战略价值。现在自己远在江东，正和孙儒进行生死决战，但杨行密的战略眼光却远胜于目光短浅的孙儒。

孙儒军人多，但他们多是扬州人，家人都在扬州，并不愿意过江作战。杨行密极为聪明地抓住了这一心理特点，派人运粮到扬州，分发给饥饿的扬州百姓，老百姓对杨行密感恩戴德。其实这些粮食也不是从杨行密的账户中划走的，而是劫了孙儒的军粮。换言之，杨行密几乎没掏一分钱，就做了一票空手套白狼的漂亮买卖。

杨行密收买扬州人心是长远规划，但眼下他还需要同孙儒进行近乎疯狂的决战，能不能撑得过去，杨行密自己心里都没有底。

景福元年（892年）五月，杨行密和孙儒开始了二选一的超级轮盘赌。孙儒下营陵阳（今安徽青阳附近），杨行密先来挑战，两军大战，没有分出胜负，形势一度僵持。

无法理解孙儒是如何带兵的，上一次被杨行密劫了粮草，没想到这次又被杨行密劫了一次，结果全军将士集体饿肚子。

形势朝着有利于杨行密的方向发展，杨军粮草充足，士气旺盛，所以杨行密有资本破釜沉舟，把所有精锐都拉到城门，关上城门，以示绝无退路。杨行密军队多由扬州人组成，战斗力没有问题，而孙儒军也多是思乡的扬州人，而且还饿着肚子，根本无心恋战。

对孙儒来说更加雪上加霜的是，他突然患上了严重的疟疾，无力再指挥战斗。杨行密是不会和孙儒客气的，"行密闻儒疾疟，纵兵击之。会大雨晦冥，儒军大败，安仁义破儒五十余寨，田頵擒儒于陈，斩之，传首京师。"

孙儒的死，意味着杨行密可以活下去了。而杨行密赢了这场赌局，获利颇丰，孙儒的筹码全被杨行密划了过来，"儒众多降于行密"。只有刘建峰、马殷等人因奉孙儒之命到外地掠地，才没有被杨行密俘虏。而马殷则是将来可以与杨行密平起平坐的人物，因为马殷创建了十国之一的楚国。

在杨行密创业的过程，孙儒是杨行密遇到的最难逾越的一道坎，杨行密几次都险些被孙儒吃掉。但现在雨过天晴，杨行密曾经无比灰暗的人生顿时明亮起来。

吃掉孙儒，意味着杨行密可以回扬州了。

"（景福元年五月）丁酉，杨行密率众归扬州。"

八　扫荡江东
——杨行密的称霸之路

孙儒的失败与杨行密的成功，比较类似于黄巢的失败与朱温的成功。黄巢败在奉行没有战略根据地的流寇主义，朱温则据宣武而蚕食天下。孙儒是小一号的黄巢，而杨行密则死守宣州，进而图王于淮南，退而守宣州，同时面向江南腹地，进退自如。杨行密占据扬州后，战略生存空间进一步扩张，这是孙儒至死都没有明白的道理。

为了巩固在扬州的统治，杨行密因事制宜，做了以下几件事情：

一、恢复扬州的经济。连年战乱之后，扬州经济几近崩溃，杨行密手上也没有多少钱。不过杨行密手上囤积着大量茶叶和盐，在掌书记高勖的建议下，杨行密与周边郡县做起了茶盐生意，获益颇丰，一举扭转被动的经济形势。

二、鼓励逃荒的百姓回来种地。农业社会没有粮食，空有茶盐也是活不下去的。杨行密招抚流亡百姓，对百姓进行妥善的安排，保证人人有地种、有饭吃。杨行密及时调整了各项政策，百姓们尝到甜头，归附杨行密的百姓非常多，这就保证了有粮吃，以及有兵可征。

三、杨行密必须拥有一支绝对忠诚于自己，又极具战斗力的精锐武装，否则早晚会被人吃掉。孙儒灭亡后，杨行密接收了数万名河南士兵，并从中挑出五千精壮汉子，穿上黑甲黑袍，这就是历史上鼎鼎大名的"黑云都"，由杨行密直接控制，这是杨行密开山立命的本钱。同时，杨行密又组成了一支战斗力同样强悍的"黄头军"，相当于战略机动部队，由心腹李神福统领。

四、有了军队，还必须抓住军心。士兵们出来混江湖，一是要挣军饷吃饭；二是要得到雇主最起码的尊重。像刘守光那样视人命如草芥，没人愿意给他卖命。杨行密本人是大头兵出身，他理解士兵们的这种感情需要。杨行密治军没有半点架子，经常深入基层，和普通士兵称兄道弟，打成一片。

杨行密这么做，其实还有一层深意，就是通过直接控制基层士兵，断绝了中高层将官甩开自己控制基层的可能。如果只控制中上层，而任由中上层军官直接控制下层，一旦他们发动兵变，杨行密半点还手的可能都没有。

杨行密在扬州得了势，长安城中的空头皇帝昭宗李晔自然要所有表示。景福元年（892年）八月，封杨行密为同平章事（宰相）兼淮南节度使，正式确立了杨行密在淮南最高统治者的身份。当时天下大镇的统治者多领同平章事衔，称为使相，比如李克用、朱温，这也意味着杨行密正式挤入顶级军阀俱乐部。

虽然杨行密此时的地盘并不大，但他毕竟控制着扬州中枢之地，战略优势十分明显。就如同赵匡胤如果被派到偏远地区当节度使，他就算有天大的本事，他也别想篡位，根本没机会。

杨行密的第一个目标，是他的老家庐州。

杨行密当然不是只出于思乡情绪才打算收复庐州。合肥南控长江，北襟淮河，是淮南地区仅次于扬州的军事重镇。控制合肥，才能对扬州进行有效的战略保护。如果合肥被敌人控制，杨行密在淮南是绝对待不下去的。

控制合肥的是孙儒的部下蔡俦。蔡俦是个籍籍无名的小角色，但杨行密这辈子都忘不了蔡俦，因为蔡俦刨了杨行密在合肥的祖坟。像蔡俦这等小虾是不需要杨行密亲自动手的，李神通带着黄头军很轻松地就把蔡俦给收拾了。

经典的一幕出现在杨行密收复合肥之后。有人劝杨行密，蔡俦把你家祖坟给刨了，你应该刨掉蔡俦家的祖坟进行报复。杨行密现在收买人心上了瘾，自然不会做这等自毁形象的蠢事，虽然要刨蔡家祖坟不过他一句话而已。

控制住庐州，杨行密等于得到了打开淮南地区的钥匙，北可取濠州，南可得舒州，西可取光州，东可守卫扬州。

现在的杨行密基本上不用再考虑自己的生存问题。

淮南地区最可怕的军阀就是孙儒，而孙儒被杨行密搞掉之后，淮南地区不过是控制一州的零星小军阀，根本不是杨行密的对手。杨行密在淮南到处敲打，那些识相的官员也知道和杨行密扛到底必是死路一条，没人愿意当傻子，能跑的都跑了。歙州（今安徽歙县）、舒州（今安徽舒城）、濠州（今安徽凤阳）很快都成了杨行密的地盘。

对这些州县的占领，在混乱的唐末战争上毫无亮点，并没有值得特别说道的地方。唯一值得一提的是，杨行密在濠州遇到一个年仅八岁的流浪儿，这个男孩眉宇间有股英气，杨行密非常喜欢这个孩子，想收为义子。但杨行密的亲生子杨渥担心这个流浪儿将来会对自己的继位产生威胁，所以极力反对，杨行密只好把这个孩子交给心腹重臣徐温抚养，取名徐知诰，时间是唐乾宁二年（895年）。

这个来自徐州的流浪儿，就是开创一代南唐盛世的南唐先主李昪，杨行密家族的毁灭者。

杨行密控制了淮河以南，长江中下游的广大地区，包括重镇苏州，成为名副其实的淮南王兼江东王。识趣的空壳皇帝李晔封杨行密为弘阴郡王，意图拉拢杨行密对抗人嫌狗憎的朱三。插一句闲话，杨行密发达后，自称是汉魏以来世族高门弘农杨氏的后代，实际上杨行密往上追溯祖宗八代都是泥腿子，和弘农杨氏根本不沾边，不过是自抬身价的无聊之举。

不用李晔拉拢，杨行密这辈子都注定是朱温的死敌，他们之间有点积怨。朱温曾经为了贪图小便宜，私吞了杨行密运到中原准备做大买卖的一万多斤茶砖，气得杨行密上表揭发朱温的累累罪行，从此二人势同水火。

此时的朱温已经基本控制了中原地区，李克用也被打成了孙子，所以朱温的目光就投向了杨行密的江东。朱温想学曹操，大起雄兵八十三万，水陆并进，与孙权会猎于江夏。

唐乾宁四年（897年）正月，朱温正式向杨行密宣战。

朱温出手非常阔绰，大将庞师古率徐、宿、宋、滑诸州人马七万人南下清口（今江苏清江），葛从周率兖、郓、曹、濮人马攻寿州，而朱温本人则坐镇宿州督战。

梁军声势浩大，"淮南震恐"。而杨行密自灭掉孙儒之后，自信心得到了极大提升，他并不怕朱三。杨行密派郓州降将朱瑾北上对付庞师古，自己率淮南军主力在后接应。

胜负很快就有了分晓。梁军惨败，庞师古阵亡，葛从周紧急后撤，被朱延寿一通暴打，狼狈逃回。

至于汴军为什么溃败，说来非常好笑。庞师古进据清口，这里是淮河要冲，却地势低洼，庞师古把部队扎在清口，犯了兵家大忌。有人曾经提醒过庞师古，但骄傲的庞师古根本听不进去，反而一门心思和他人下棋，几乎到了废寝忘食的地步。淮南军利用自己善水的优势，准备掘开淮河放水水淹"七"（万）军。又有人提醒庞师古，但竟然被下棋入了迷的庞师古杀了。

庞师古的愚蠢，自然就是"淮寇"的机会。朱瑾怀着对朱温极大的仇恨，带着五千士兵强渡淮河，直接抄了庞师古的大营。与此同时，淮南军掘开了淮河大堤，"淮水大至，汴军骇乱"。一直在旁边观战的杨行密该出手时就出手，"引大军济淮"，与朱瑾前后夹击，斩庞师古及汴军万人，"余众皆溃"。而另一路的葛从周还没等攻寿州，就被杨行密的小舅子朱延寿连敲带打，死伤惨重。再加上当时天寒地冻，汴军又被冻死数万，朱温见到南征的士兵只有几百人……

这是朱温的枭雄战史上史无前例的惨败（不算后来的柏乡之战），朱温本来旺热的南征梦，被杨行密一盆冰凉的洗脚水彻底浇醒。朱温总算明白，在他有生之年是不可能统一江东了，因为有比他更强悍的杨行密在。杨行密却得理不饶人，写信挖苦朱三："庞师古、葛从周之流对俺来说一根毛都算不上，朱三，你要有种，过淮与俺决战。"

朱温哪还有胆量去？

除了朱温，江东地区的军阀都视杨行密如强枭，轻易不敢撄其锋，除了吴越王钱镠。杨行密在江东纵横杀伐，人皆丧胆，唯独钱镠不怕杨行密。而杨行密在与钱镠进行的苏州争夺战，彻底败给了钱镠，本来在杨行密手上已经焐热的苏州城，被钱镠大将顾全武硬生生夺了过去，杨行密半点办法也没有。

唐光化元年（898年）九月，吴越军占领苏州，从此这座繁华的江东首善之都彻底与江东政权绝缘。虽然杨行密不甘心，打算夺回苏州，但一代枭雄钱镠根本不可能给杨行密这样的机会。

论江湖级别，杨行密和钱镠同档次，钱镠从来没怕过杨行密，就如同杨行密从来没怕过朱温。其实以钱镠的江湖级别，杨行密输给他并不影响自己的江湖地位，曹操输给孙权、刘备，照样是千古一雄。当然，反过来钱镠同样没有能力吞掉杨行密，甚至他都没有能力主动攻击杨行密，只不过善于自守罢了。

以钱镠的实力，即使他占据了苏州，也不可能对杨行密控制的淮南及长江中下游地区产生实质性的威胁，杨行密依然可以做他的江东王。

唐天复二年（902年）三月，绝望的唐朝皇帝李晔封杨行密为吴王，正式确认了淮南及江东是杨行密的私产。虽然李晔还幻想通过加封杨行密，让杨行密进攻朱温，自己好有机会虎牢翻身，但杨行密岂会做替人火中取栗的蠢事？

杨行密知道自己不可能推翻朱温，能做江东王，已对得起自己这些年在血雨腥风中的闯荡。杨行密为人强枭，长于智计，又善抚士兵，所以他在江东的统治基础非常牢固。即使有功勋大将田頵、朱延寿、安仁义相继反叛，但也只不过是小打小闹，很快就被杨行密镇压下去。田頵是在兵败后投奔朱温的路上被杀的，安仁义在润州死守一年被破城，押到扬州砍头。只有朱延寿死法比较特别，小舅子是被姐夫乱锤砸死的。

　　杨行密的演技非常出色，他以自己快要双目失明、托孤给小舅子的名义，把朱延寿骗到扬州。等朱延寿满心欢喜地等待杨行密托孤的时候，杨行密胡说什么太阳是方的，狗有五条腿，趁朱延寿听得稀里糊涂之际，一把小锤子就把小舅子送了终，乱锤砸死。

　　时间已经到了唐天祐二年（905 年）二月。杨行密派大将刘存攻下了战略重镇鄂州（今湖北武汉）。鄂州北近中原，南襟湘赣，战略意义有多重要，看看荆州之于东吴孙权，就知道刘存此次战役对杨吴政权巩固西线防御有多么重要了。

　　而这一年，也是铁血枭雄杨行密人生中的最后一年。由于连年征战，杨行密积劳成疾，终于一病不起，于当年十一月病逝，时年五十四岁。

　　对于杨行密，欧阳修的评价很高：“仁恕善御众，治身节俭，无大过失，可谓贤矣。”杨行密的一生，和北齐创建者高欢非常相似。他们都在江湖上拼杀半生，却都没有称帝，而是把江山传给了子孙，让他们去折腾。不过有一点，杨行密是不如高欢的，那就是高欢生了一堆极为强悍的儿子，高澄、高洋、高演、高湛、高涣，这也保证了北齐江山的强硬存在。而杨行密的四个儿子，杨渥、杨隆演、杨濛、杨溥，个个不成器，特别是继位的长子杨渥，简直就是杨家的灾星。

　　在五代十国十五个政权中，杨吴是唯一在唐朝灭亡之前就丢掉对本地区控制权的家族。虽然杨氏政权在名义上存在了三十年，但都是俯仰受制于人的傀儡头子，毫无实权。

　　而把杨行密积三十年之功打下的东吴江山据为己有的，是杨行密手下的文臣之首徐温。

九　权相
——有实无名的枭雄徐温

　　徐温，在五代十国历史上是一个相当诡异的存在。说他诡异，是因为徐温从来没有建立自己的政权，五代十国史上找不到徐氏政权。当然，徐温是有心把他篡夺来的杨氏江山传给自己儿子的，结果阴差阳错，江山落到了他的养子徐知诰之手，徐知诰建立了历史上赫赫有名的南唐，徐温辛苦一场，什么也没捞到。

　　不过，徐温控制杨吴政权的时间长达二十年，他的存在给当时的杨吴以及后来的南唐留下了难以抹掉的烙印。换言之，讨论杨吴史和南唐史，徐温这个名字无论如何都是绕不过去的。

　　没有徐温，就没有南唐，这是历史的公论。

　　来聊一聊南唐的实际建立者徐温。

　　徐温字敦美，东海（今江苏连云港）人。虽然东海徐氏在南朝时是著名的豪门大族，但徐温即使是南朝东海徐氏的后代，也证明不了什么，因为徐温出身实在太低微了。

　　当然，徐温的情况比偷锅不成反遭毒打的朱温要好很多，他贩过私盐，吃饭是没问题的。后来杨行密在合肥起兵，不知道通过什么渠道，徐温入了伙，成了"三十六英雄"中的一员。杨行密手下这伙人多是赳赳武夫，唯独徐温不会打仗，地位相当于《水浒传》中的智多星吴用。

　　徐温不会功夫，但他有智谋，这是文人在乱世中安身立命的根本。当杨行密灭掉孙儒回到扬州时，诸将都抢财富，只有徐温抢粮食，然后分给饥饿的百姓。此举为杨行密赚足了民心，同时也为徐温自己赚足了杨行密的好感。

　　杨行密一路杀伐，田頵、李神福、安仁义、刘威、刘存等大将虎视鹰扬，很少有人注意到徐温在杨行密身边的存在，而杨行密很多的战略决策都是徐温制定的。比如上一篇提到的杨行密以托孤之名骗朱延寿来扬州被乱锤砸死，其实就是徐温与自己的门客严可求的妙招。而正因为这件事，杨行密决定把徐温提到官场一线，"始预谋议"，成为杨吴政权的大当家。

徐温后来控制杨吴政权，实际上并不是徐温有野心，而是被逼出来的。这要从杨行密的继承人杨渥说起。

杨行密之所以立杨渥，不是因为杨渥有才，仅仅因为其他三个儿子太小，而杨渥已经成年。杨渥为人豪奢无德，杨行密一直不看好这个儿子，说此子"非保家主"。

杨渥是富二代，自然要享受美妙的人生。杨渥最大的爱好是晚上打球。古代没有电灯，所以必须要用蜡烛，而杨渥用的蜡烛都是上乘货。质量好，价钱自然也高，每支蜡烛甚至价值上万钱。

少爷们花老爹辛辛苦苦挣来的钱，从来没有心疼的道理。

此时的杨渥掌握军政大权，杨家的江山看上去固若金汤。宣州观察使王茂章因为不愿意给杨渥上贡财物，被杨渥派大将李简带着五千人打跑。而杨渥人生中最高光的时刻，无疑是唐天祐三年（906年）五月，吴军在秦裴的率领下，攻占了洪州（今江西南昌），江西数千里锦绣河山都成了杨渥的私产。

其实占领江西的首功是秦裴和一票兄弟，但杨渥却把功劳都算在自己头上，在大臣们面前骄横无比，这就引起了老臣徐温和张颢的严重不满。徐温曾经劝过杨渥自重，没想到杨渥却说："汝谓我不才，何不杀我自为之。"

二人在"惧"的时候，也对杨渥起了杀心，准备废杨渥，立杨隆演。

唐天祐四年（907年）二月，徐温和张颢发动政变，率兵闯进内府，捕杀了杨渥身边的小人，对杨渥实行软禁。一年后，徐、张二人担心杨渥东山再起，找一伙江湖侠士，在一个夜黑风高夜，勒死了木偶一般的杨渥。

徐温其实和张颢并不对付，就如同孙权忍着恶心和刘备联合对抗曹操一样，等杨渥死了，徐温和张颢的所谓同盟关系自然就变成了敌对关系。

张颢的野心要大于徐温，而且更加外露。杨渥被杀后，张颢召开文武会议，按他的意思，杨氏无主，你们何不立我为主？而当时的形势是，张颢大陈甲兵，如果众人不同意立他为主，张颢很可能就会大开杀戒。幸亏徐温的谋士严可求突然拿出吴国史太夫人的手令，说当立杨隆演，吴国文武官员立刻造成既定事实，跪拜山呼，才压住了野心勃勃的张颢。

毕竟张颢控制着杨吴军权，而他要除掉徐温，只是一句话的事，形势对徐温是非常不利的。徐温一方面与严可求演双簧，稳住了有头无脑的张颢；另一方面加紧了对张颢的偷袭准备。

又是一个月黑风高夜，徐温收买了左监门将军钟泰章，带着三十个壮汉闯入军府，趁张颢不备，砍下其人头。

张颢被淘汰，胜利者自然就只剩下徐温一个人。"隆演以温为左、右牙都指挥使，军府事咸取决焉。"

徐温现在终于尝到做曹操是何等快活的滋味了。

之所以是徐温胜而张颢败，是因为徐温"性沈毅"，张颢"形罚酷滥，纵亲兵剽夺市里"，一正一反，民心都倒向了徐温。其实徐温也知道，如果自己像张颢一样酷暴，等自己丢了民心，自然会有人出来收拾自己。所以徐温及时总结了张颢失败的教训，"立法度，禁强暴，举大纲"，力行改革，之前包括张颢以及杨渥施行的弊政全部废除。徐温让心腹严可求参知军政，相当于总参谋长，而善于理财的支计官骆知祥出任财政部部长，"可求善筹画，知祥长于财利"，时人称为"严骆"。

在徐温的精心治理下，吴国形势很快就稳定下来，百姓富足，天下太平，"军民安之"。而江东百姓并不在乎主子是谁，谁让老百姓过得好，他们就跟谁走。

何况徐温也会演戏，徐温的母亲周氏病故，官场中人送了一个高数尺的木偶人，上面披着锦缎，准备烧掉。徐温从中看到了"商机"，徐温告诉众人："此皆出民力，奈何施于此而焚之，宜解以衣贫者。"徐温这句话其实是说给百姓们听的，所以徐温"尤得吴人之心"。

历代治政安抚人心，都要"两条腿"走路，一条腿是得百姓之心；另一条腿是得官员之心，两条腿缺一不可。徐温在安抚百姓的时候也对原来吴国的功勋老将极尽拉拢，"温虽奸诈多疑，而善用将吏"，杨吴大将也基本都愿意接受徐温的统治，老主子杨行密早被他们抛到脑后了。虽然江西抚州刺史危全讽不服朱温，于梁开平三年（909年）六月，联合袁州彭彦章、吉州彭玕、信州危仔倡等人作乱，但这些人都是杨吴官场的边缘人物，杨吴大将周本一出马，危全讽等人被打得烟消云散。而平定这场叛乱，极大地提高了徐温在官场上的声望，统治更加稳固。

徐温是杨吴实际上的最高统治者，但有一点可以肯定，徐温从来没有想过要篡位。因为就当时的形势而言，这么做在政治上等于自杀，至少短期内徐温不会考虑篡位。

徐温不篡位，并不是他对杨吴忠心，而是时机远不成熟。大致说起来，有两点：一、杨吴旧臣尚在，他们可以接受徐温当终身宰相，但他们肯定不会同意徐温当皇帝，他们从来没打算要给徐温下跪磕头。二、扬州是杨家及功勋大将的大本营，徐温在扬州根基较浅。

第一点，徐温的办法是杀人立威。宣州观察使李遇是杨行密的旧臣，他是不愿意看到徐温执政的。徐温为了搞掉李遇，先是抓来李遇最疼爱的小儿子，要求李遇停止反抗回扬州议事。等李遇手无寸铁来到扬州，徐温连李遇带其子并一家老少全部砍头，极大震慑了刘威、陶雅等老臣，"于是诸将始畏温，莫敢违其命"。

第二点，徐温的办法是建立自己在政治军事上的战略根据地。徐温看中了升州，就是现在的江苏南京。升州北带长江，南控江东，地势险要，是非常理想的建都所在地。梁乾化元年（911年），徐温让杨隆演封自己为升州刺史，并在升州建造水师，由养子徐知诰率领。徐温此举，和曹操在许昌建立自己的政治中心有异曲同工之妙。

说来很有意思，在五代十国一票枭雄中，最像曹操的恰恰就是徐温，或者说徐温是有意识地学曹操。曹操虽然独断朝纲，但对汉献帝在礼节上绝不冒犯，徐温在这一点上学得有模有样。

曹操对汉献帝明尊暗防，徐温同样如此。徐温对杨隆演向来恭敬如仪，但负责宫廷保卫的阁门、宫城、武备使翟虔却是徐温的铁杆心腹，翟虔的任务就是严密监视杨隆演的一举一动。翟虔"制王甚急"，非常出色地完成了主子交给他的任务。

吴人皆知真正的国王是徐温，杨隆演只是个傀儡。徐温已完全掌控大局，他已经有条件提高自己的政治级别，为将来篡位做准备。梁贞明五年（919年），徐温率文武劝杨隆演称帝，杨隆演之前拒绝过一次，但这次杨隆演很快就同意了。四月，杨隆演即皇帝位，改元武义，而总导演徐温得到了东海郡王、大丞相、都督中外诸军事、诸道统及镇海、宁国节度使。

徐温有了政治名分，特别是东海郡县的爵位之后，就可以公开地为篡位做准备了。杨隆演自然知道这一点，而他同意称帝，也有利于提高自己的名分，将来好与徐温争天下的政治资本。实际上，这种设想是完全不切实际的。同情杨吴宗室的功勋大臣死的死、散的散，现在朝中掌握军权的那批人基本上都是徐温的人马，杨隆演想翻天，怎么可能！

贞明六年（920 年）五月，在徐温的阴影中做了十二年傀儡的吴宣王杨隆演去世，弟弟杨溥即位。但杨溥上位，所能做的只是配合徐温演戏。至于徐温能给他多少片酬，一则看他的演技；二则看徐温的心情。

只不过现在对徐温来说，篡位的时机还不成熟。有人曾经劝徐温废杨氏自立，徐温"正色"曰："吾果有意取之，当在诛张颢之初，岂至今日邪！使杨氏无男，有女亦当立之，再敢妄言者斩！"

话说得冠冕堂皇，其实傻子都不会相信徐温的鬼话。其一，杀张颢时，徐温要敢篡位，刘威、陶雅那些人能答应？其二，立杨氏男当傀儡，自己专掌生杀，视杨家宗室如小儿，这算对得起杨行密？

徐温此时已经六十多岁，再冒着一世骂名篡位是极不划算的，所以徐温抱定了学曹操到底，把篡位的事情交给儿子去做，自己做周文王。

当徐温开始择嗣时，他才深深体会到老主子杨行密当年的无奈。徐温有六个亲生儿子：徐知训、徐知询、徐知海、徐知谏、徐知证、徐知谔。可这六个不成气的儿子，加在一起都不及养子徐知诰的十分之一，不过长子徐知训在几年内因为给大将朱瑾扣绿帽子，为朱瑾所杀。徐温疼爱养子徐知诰，但毕竟不是亲生的，徐温一开始就没打算把江山交给徐知诰。徐温已经在几个儿子中选择了相对好一点的徐知询，但还没等徐温传位给徐知询，唐天成二年（927 年）十月，徐温病逝，时年六十六岁。

也许徐温在死前就已经意识到，他死后，再无人能压制住人中龙凤的养子徐知诰。

天下将是徐知诰的。

徐温算计辛苦二十年，全是白忙。

十 借鸡生蛋
——南唐开国皇帝李昪诡异的人生路

徐知诰这个名字，对现代人来说相当陌生，即使他后来改名为李昪，也籍籍无名。但世人皆知宋词之祖《虞美人》的作者、著名的南唐后主李煜。

徐知诰，正是李煜的祖父。李煜的父亲李璟，是徐知诰的长子。

为行文方便，建南唐前称为徐知诰，建南唐后称为李昪。

关于这个在濠州被杨行密捡到的流浪儿姓什么，各史记载不一。徐知诰后来出于政治需要，称帝时编了一套家谱，自称唐宗室之后，可信度和郭威自称舜帝之后有一拼。而《吴越备史》则称徐知诰并不是徐州人，而是浙江湖州安吉人，本来姓潘，后来冒姓李。因为吴越国与南唐是敌国关系，吴越国史出于政治上的需要抹黑徐知诰也属正常，所以也不可信。

管他姓什么呢，徐知诰在被徐温收养之后，开始了一段辉煌的创业之路。当然，如果当初杨行密真要收下徐知诰，也许历史上就不出现歌舞风流的南唐帝国了。

徐知诰在少年时代就已经显示出与众不同的英伟，"喜书善射，识度英伟"，完全不同于杨行密那几个窝囊废儿子，以及徐温那些不成器的纨绔之子，是吴国官场第二代中出乎其类，拔乎其萃者。

徐知训等人只知道吃喝玩乐，而徐知诰却是诸子中对徐温最孝顺的一个。为了表达对养父的忠诚，徐知诰写过两句诗："主人若也勤调拨，敢向尊前不尽心。"

徐温有疾，徐知诰和妻子王氏衣不解带，伺候在徐温床前，让徐温大受感动，经常对徐知训等人说：若论孝道，你们这伙饭桶加在一起也不如知诰。

虽然很得养父徐温的喜爱，但徐知诰始终牢记自己的养子身份，自己再好，毕竟也不是徐家的骨肉。再加上有些人对徐知诰的闲言碎语，在险恶的政治环境中，徐知诰养成了静默的性格。

任泰山崩于前，我自神色不变。

世人皆知，江东江山久后必是徐温传其子嗣，至于传谁，长子徐知训最有希望。徐知诰知道自己希望渺茫，但徐知诰的心里始终保持着那一份微弱的希望。

要保持竞争力，对一个身份敏感的人来说，与其高调做人，不如低调做事。在徐知训等兄弟花天酒地的时候，徐知诰却成了徐家的大总管，徐府上下大小事务皆由徐知诰过手。徐知诰尽心尽力，把实际上的江东第一家庭打理得内外安顺，再苛刻的人也挑不出一根骨头来。这时徐知诰只有二十多岁，却少年老成，这段难得的治家经历，对日后徐知诰开创一代盛世带来了宝贵的经验。

而徐温对徐知诰的态度，应该说和以前没有太大的变化，他不打算把江山传给知诰，但希望知诰能成为徐家的柱石之臣。徐温确定把金陵作为自己的政治根据地时，徐温首先想的就是由徐知诰打理金陵。

金陵是徐温的根据地，其实在徐知诰看来，又何尝不是自己的根据地呢？一旦自己在金陵打下根基，即使以后养父来了，也难以撼动自己。徐知诰治理金陵是极为用心的，《钓矶立谈》称赞徐知诰的治政之功："以军功牧昇州，初以文艺自好，招徕儒俊，共论政体，总督廉吏，勤恤民隐。"

徐知诰在执政金陵时，其实就做了两件事情：一是抚恤百姓，争取民心；二是极力拉拢下层文人，打造自己直接控制的幕僚团队。徐温的钱，徐知诰花起来一点也不心疼，"求遗书，招延四方士大夫。倾身下之，虽以节俭自励，而轻财好施，无所爱吝"。

肯花钱，自然就有人来入伙。"（徐知诰）以宋齐丘，王令谋，王翃主论议，曾禹、张洽、孙饬、徐融为宾客。马仁裕、周宗、曹悰为亲吏"，形成了徐知诰自己的政治团队。在这些人的倾心辅佐下，徐知诰距离那个位置越来越近。"温虽遥秉大政，而吴人颇归知诰。"

可定都金陵的徐温还是选择了留守扬州的徐知训。徐知诰心中有无限希望，但面上依然谈笑自若。

徐温也很无奈，徐知诰如果是自己的亲生骨肉，那什么问题都不存在了，可他偏偏不是。家天下时代，有自己的亲生儿子而传位给外姓，那是傻子，虽然徐温知道徐知训不成器。

好在徐知训自寻死路，得罪了大将朱瑾，朱瑾极痛快地手起刀落，送徐知训上西天当皇太子去了。徐知训的死，据现有史料，无法证明其中有徐知诰的暗中参与，徐知诰也不敢。但徐知训自己作死，白白给徐知诰腾出了位置。

至于徐知询等人，已经不可能威胁到徐知诰的存在了。

光明就在眼前，但陷阱还在脚下。

对自己威胁最大的徐知训死了，但徐温手下那帮老臣横竖都看徐知诰不顺眼，而一旦稍有大意，徐知诰依然有马失前蹄的可能。

徐知诰现在的处境，和明穆宗朱载垕当裕王的情形非常相似。当时对朱载垕威胁最大的景王朱载圳去世，朱载垕是唯一的皇子，继位铁板钉钉。但当时大奸臣严嵩还在，没少给朱载垕穿小鞋，朱载垕并非没有可能变成朱栽垿。徐知诰同样如此。

徐温手下两大重臣严可求和陈彦谦都坚决要求徐温将徐知诰踢出竞争圈子，虽然严可求和徐知诰是儿女亲家，但老严的态度是即使徐知询浑蛋，那也是徐温生的浑蛋，徐知诰哪怕是秦皇汉武转世，和你徐温一毛钱关系没有。而陈彦谦的态度更为坚决，在陈彦谦临死前，老家伙拼尽全力，上书徐温十余次，要徐温千万不要立徐知诰，外姓的天才不如本家的浑蛋。

徐温真的动心了，徐知询虽然远不如徐知诰，但多加培养，做个中人之主还是可以的。而就在徐温将动未动之际，唐天成二年，徐温病死于金陵。

如果徐温晚死一两个月，徐知诰一点机会都没有了。徐温死得其时，徐知诰虽然难免会念及养父的鞠养之恩，可毕竟最大的一块绊脚石被搬开了。

杨吴天下，铁定是徐知诰的了。

徐知询还在做着帝王梦，而等到徐家二少爷被吴主杨溥的诏书从金陵召到扬州时，一切都结束了。徐知诰把徐知询强扣在扬州，名义上做镇海军节度使，但同时派自己的心腹柯厚率金陵兵驻守扬州，就近监视徐知询，"知诰自是专吴政"。

严格来说，徐知诰虽然是南唐开国之主，但从整个江东割据历史来看，江东真正的开国之主是杨行密。没有杨行密，断没有江东割据称雄。而徐温更是上启杨吴、下开南唐的关键人物。至于徐知诰，名为开创，实为守成，其军事能力非常一般。就如同赵匡胤名为开国之主，实则是守成之主，让赵匡胤处在柴荣的位置上，是什么也做不出来的。徐知诰在杨行密、徐温治政基础上，所需要做的，只是搞好农业生产，安定民心，巩固自己的统治而已。而这一点，徐知诰做得相当不错。

徐知诰出身民间，自知百姓疾苦，他执政之后，对一些不合理的税赋政策进行了大刀阔斧的改革。首先是改革了丁口钱。

所谓丁口钱，其实就是人口税，每家按人口多少收税，却不管这家有地多少。这是一种非常不公平的税收政策，大地主和贫下中农如果家中人口相等，则要交相同的税，所以"（吴）民甚病之"。在宋齐丘的建议下，徐知诰宣布废除早就该淘汰的人口税，吴人大悦，"旷土尽辟，国以富强"。

更难能可贵的是，徐知诰尽可能地出台符合百姓利益的政策，再比如"差官兴版簿"，这是什么意思呢？其实就是根据土地的不同质量，把土地分成上、中、下三个等级，然后按不同等级收税。官府规定上等田每顷收两贯加一百文，中等田一贯八百文，下等田一贯半。此举极大减轻了拥有劣质土地的下层农户的负担，毕竟这类农民占江东农户的大多数。徐知诰固然是从政治上的考量才这么做的，但至少多数百姓从徐知诰的政策中受益。

徐知诰的经济政策，用现代眼光来看，有些重农抑商，不太符合市场经济规律。但要知道，古代的封建小农经济结构的根基还是农业，以及附属在农业基础上的手工业以及第三产业。比如徐知诰有意抬高丝织品的收购价格，每匹绢市价达到了一贯七百文，这伤害到了一些收购商的利益，却让百姓赚足了银子。有人提出反对意见，徐知诰让重臣宋齐丘反驳他们："安有民富而国家贫者邪！"

徐知诰当然是出于私心才邀买人心，但当统治者的私利符合大多数百姓的利益时，私利自然也就变成了公利。

一切都是水到渠成的。晋天福二年（937年）十月，已经改名为李昪的齐王正式接受吴主杨溥的"禅让"，改元昪元，在群臣的欢呼声中，正式拉开了历史上声名显赫的南唐帝国的盛大帷幕。

李昪的演技并不入流，都到这一步了，他还在演戏。面对杨溥的让位，李昪自称什么"老臣不敢"，尊傀儡一般的杨溥为"高尚思玄弘古让皇帝"，不过是做给外人看的。一年后，杨溥就不明不白地死在了扬州。

因为徐温在世时受封齐王，所以南唐建国时的国号其实是"齐"，而不是唐。至于李昪为什么要易齐为唐，自然是从家谱上做的文章。东海徐氏在唐末早已不是名门大族，而唐朝虽然也灭亡久矣，但李氏毕竟还是当时的名门，所以从政治上考虑，李昪有一万个理由自称是李唐宗室之后。

南唐昪元三年（939年），演技越发成熟的李昪正式改姓李，易名为昪。其实也难为了李昪，为了给自己找一个光鲜的好祖宗，李昪和大臣们绞尽脑汁，从浩如烟海的唐朝宗室档案中找到了唐代宗第十子建王李恪当了祖宗，李昪自称是李恪的子孙，然后编造了一通所谓"恪生超，超生志，志生皇考荣，荣生今上"天花乱坠的历史泡沫。

至于养父徐温，得志之后的李昪早就把养父弃之如敝屣，仅仅尊追为"义祖"，其实就是干爹。言下之意，干爹再亲，也不是亲爹，这无疑是对当初徐温不立李昪为嗣的报复。

李昪不仅报复了现任干爹，呼唤徐家兄弟如小儿，甚至对李昪恩重如山的杨行密后代，李昪也进行毫无人性的报复。李昪把杨家子孙全部迁到海陵（今江苏泰州），严加看管，除了给吃的，禁止任何人进出，让杨家子孙自生自灭。杨家男女因为没有配偶，只能近亲结为夫妇，结果生出一大堆智障儿童。更恶毒的还在后面，周世宗柴荣下淮南，继位的李璟担心杨家人被周世宗利用，将杨家人尽数斩杀，杨行密的子孙一个都没传下来。再后来，李煜被俘入宋，赵匡义霸占小周后，并毒杀了李煜。（李煜因悲惨人生而赢得了后世的普遍同情。）

当然，不能因为李昪父子行事残忍就否定他们对发展江东做出的贡献，私德不能站在客观事实的面前。老百姓不管你杨家李家，只要对他们好，你们之间的私怨没人关心。

李昪特别重视恢复生产，即位前执政如此，即位后同样如此。昪元三年（939年）四月，李昪下诏鼓励农民开拓荒地，每个劳力开荒达到八十亩，政府将奖励每人两万钱，五年免收租税。这一政策极大地刺激了江东百姓的生产热情，在政府与百姓的共同努力下，再加上先天地理优势，南唐成为十国中国力最为强大，也是对中原政权威胁最大的政权。而这一切，首功当然是李昪的。

李昪还有一点非常值得称赞，就是他有着难得的自知之明，知道自己的木桶短板在哪里，那就是军事。当然，这也是李昪在军事失败后得到的教训。昪元四年（940年）六月，晋朝安州（今湖北安陆）节度使李金全因拒绝接受调令，背叛石敬瑭而降南唐。李昪想摸摸石敬瑭的底细，结果被石敬瑭劈头盖脸一通暴打，南唐军惨败。李昪领教了石敬瑭的厉害，也就不再对开疆扩土抱有幻想了。

李昪和他的"同宗"李嗣源非常相似，进取不足，自守有余。李昪能统治江东三十州，已是心满意足了，统一大业遥不可及，李昪不做此等幻想。

昪元五年（941年）七月，吴越国都杭州发生大火，烧毁无数财宝，大伤元气，吴越王钱元瓘也受到惊吓，精神失常。南唐大臣劝李昪出兵灭吴越，李昪不但拒绝出兵，反而派人赠送吴越大批财物，帮助吴越渡过难关。

其实李昪不是傻子，吴越国实力雄厚，真要开战，很可能陷入战争泥沼里无法自拔，那时自然会有人到李昪的浑水池子里摸他的鱼。李昪的保守，让那些激进的大臣们非常不满，掌书记冯延巳就在背后骂李昪田舍翁不能成大事。实际上冯延巳这是在难为李昪，他根本不具备统一的能力，勉为其难只能两败俱伤。

做人最难的是知道自己几斤几两，有些人自不量力，兵败身死，成为笑柄。李昪也知道自己的儿孙早晚会被人灭掉，但未来的事情他已经看不到了。

南唐昪元七年（943年）二月二十二日，因服用铅药中毒的李昪驾崩于昪元殿，时年五十六岁。

皇太子李璟在一片哀哭声中即位。

十一　志大才疏，败家帝王
——说说才子皇帝李璟

在五代十国多如牛毛的帝王中，没有一个帝王像李璟这样品尝到人生从最高峰突然坠落到谷底的惨痛人生。

李璟本来有机会逐鹿中原，成为天下共主，即使不出兵，也能称霸江东。可因为一位强者的出现，李璟被逼得几乎走投无路，曾经那么骄傲的一位帝王，俯首下心地给强者当奴才，最终抑郁而死。

他死后，他从父亲手里接过那座强大的江山也如残阳般摇摇欲坠，最终在他儿子李煜的手上彻底摔了个粉碎。

来讲一讲李璟。

因为李璟有个千古词帝的儿子李煜，其本人又是著名的词家，所以李璟在历史上有些知名度。

先说一说李璟的名字。

在李昇由徐姓改李姓之前，李璟的名字叫徐景通，李昇易姓，徐景通改名李璟，字伯玉。其实李璟这个名字在历史上应该是不存在的，李璟的本名，根据20世纪50年代出土的南唐中主陵的考古发现，南唐中主本名应该是李瑶。有一种说法是因为"瑶"字太常用，民间不易避讳，所以用了相对冷僻的"璟"字。为了行文方便，以下皆称李璟。

都说有其父必有其子，李璟厌烦政治斗争，喜欢寄情山水，作诗填词和书法，这些都是李璟最喜欢玩的。如果他不是李昇的长子，必须继承家族的江山，以李璟的性格，他更愿意做个隐士。李煜后来的诗酒人生，有很大一部分是遗传了父亲淡泊名利的基因。同样的道理，如果不是李煜是实际上的嫡长子，李煜是断然不会当皇帝的。

李昇死后，按正常程序，皇太子李璟应该在灵前即皇帝位。但李璟却"泣让诸弟"，所谓的诸弟，是指李璟的同母弟李景遂和李景达。李璟让位于弟弟，是出于虚情假意吗？结合李璟的性格和当时的政局来看，李璟让位出自真诚，并没有演戏的成分。北宋有个所谓的"金匮之盟"，即赵匡胤传位赵匡义，赵匡义传位赵匡美，赵匡美再传位给赵匡胤之子赵德昭。实际上这个"金匮之盟"是赵匡义捏造出来的，而南唐却有一个真正的"金匮之盟"，李璟约定兄弟传国，即位之初就立弟弟李景遂为皇太弟。虽然李景遂拼命辞掉皇太弟的位置，但这也说明李璟对弟弟们的友爱是出自真挚，而不是赵宋的职业篡位家那样互相阴谋算计。

李璟友爱诸弟，这是李昪把皇位传给李璟的重要原因之一，至少兄弟友爱不会在内部制造政治混乱，可以巩固政权。但李昪对李璟过于阴柔的性格一直不太满意，毕竟在乱世虎狼群中，这种偏软的性格一旦遇到强者，是很容易被人打爆的。李昪传递到李璟手中的，是一个近代以来极为强盛的江南大国。疆域广大，"其地东暨衢、婺，南及五岭，西至湖湘，北据长淮，凡三十余州，广袤数千里，尽为其所有，近代僭窃之地，最为强盛"。财税充足，"是时江淮无事，累岁丰稔，兵食盈积"，仅宫中就有七百万的财物，是足够李璟花销的。只要不遇到强者，李璟守住家业是不成问题的。

李昪执政时，制定了不对外扩张的政策，谨小慎微。就当时的格局来看，李昪这种相对保守的对外政策无疑是符合南唐利益的。但李璟似乎并不太认同父亲的对外政策，而冯延巳那句讽刺李昪的"烈祖戢兵，龌龊无大略。此田舍翁，安能成天下事"，实际上是得到李璟认同的。

李璟即位之初，就已经决定推翻父亲的保守对外政策，开始积极对外扩张。而李璟这么做，一则是那伙无聊群臣的无聊鼓噪；二则是李璟性格中潜伏的不安定因素在起作用；三则是李璟认为如果要超越先父在治理内政上的历史功绩，那就只能走对武力扩张这一条路。要拼内政成绩，李璟是不可能超越父亲的。

有志于天下，这并非坏事，但李璟所追求的明显超出他的能力，闹剧最终只能变成悲剧。

李璟最先看上南唐东南方向的闽国。闽国自王审知去世之后，王氏兄弟为争大位互相残杀，政局持续动荡。闽国王位传到王延羲时，形势已不可为。王延羲是个酒鬼，所爱者酒与美人也。弟弟王延政多次劝谏王延羲，兄弟最终翻脸，大打出手，王延政另立门户，在建州（今福建建瓯）自称大殷皇帝，原来地盘就非常小的闽国正式分裂。

好大喜功的李璟已经想到了灭闽之后，自己的名望将会如日中天，但他却忘记了自己已站在一块烂泥潭中，身体在慢慢地下坠。

南唐之所以最后以不可思议的速度从江南第一大国迅速变成中原附庸，根本原因还是出在内政不明上，其实这也是所有政权由盛而衰的主要原因。李璟手下有个著名的五鬼集团，这些人专权乱政，像一群贪婪的蝼蚁一样啃食着堤坝，最终咬坏了南唐的堤坝，来自中原的洪水彻底淹没了这个繁华一时的江南盛国。所谓五鬼，是指聚拢在李璟身边的五个大臣，即冯延巳、冯延鲁、陈觉、魏岑、查文徽，人称"五鬼"。其实这五个人都不是大奸大恶之人，而且都是文学家，只是盛名之下其实难副，治政能力太差，却经常冒充政治家，把南唐政治搞得乌烟瘴气，污浊不堪。

李璟本人就有些心浮气躁，再加这伙政治家的鼓噪，李璟决定对闽国动手。南唐保大二年（944年）五月，热火烧心的李璟派查文徽和边镐攻打福建，随后又增派何敬洙、姚凤、祖全恩部前去支援。

以当时南唐如日中天的国力，对付一个分裂的小国似乎不成问题，可现实很快就给了李璟一记响亮的耳光。而这所有的羞辱，完全是李璟几乎烂成渣的军事指挥和用人水准导致的。

南唐军进入福建时，闽主王延羲已死，福州三易其主，落到了狡兔三窟的李仁达手里。而大殷皇帝王延政则被南唐军活捉，送到金陵城。福建全境，除了福州，基本为南唐所有，但如果得不到福州，李璟在福建是混不下去的，可李璟偏偏在李仁达身上栽了跟头。

其实李璟是花了很多代价想拉拢李仁达的，甚至把李仁达编入南唐宗室属籍，李仁达的老娘、老婆都封为夫人，但李仁达坚决不咬毒饵，任你说破天，福州寸土不让。不过李仁达并没有完全拒绝李璟，至少李仁达向南唐称臣，还同意把自己的名字改为由李璟钦定的李弘义。现在对李璟来说，最重要的不是通过武力征服李仁达，而是通过政治手段稳住李仁达，不能让李仁达与把触角伸向福州的吴越国王钱弘佐勾搭上。

可惜李璟沉不住气，派陈觉威逼李仁达交出福州不成，便开始动粗。如果动粗能拿下李仁达，虽然要付出一些代价，但也可以接受。可此时李仁达感受到来自李璟的压力，干脆把福州重镇打包送给了吴越。

五鬼党的军事家们集体出动，准备把攻克福州的大功据为己有，但他们哪里会打仗，而吴越军的实力又不在南唐之下。一场硬仗下来，南唐军败相极为难堪，"吴越兵既登岸，大呼奋击，延鲁不能御，弃众而走，孟坚战死。吴越兵乘胜而进，城中兵亦出，夹击唐兵，大破之，唐城南诸军皆遁"。那几位军事家差点被活捉，气得李璟差点当场昏厥。

南唐出兵灭闽，最终的结局却是吴越控制富裕的福州，留从效等人控制富裕的泉、漳二州，李璟得到的，仅仅是相对贫瘠的建、汀二州而已。

一场辛苦，都为他人做了嫁衣。

李璟在福州栽了面子，觉得心有不甘，听说楚国马氏兄弟又开始闹内讧，李璟又盯上了湖南这块沃土。

希腊哲人说，人不可能同时踩进两条相同的河流，可天才的李璟偏偏就同时栽进两条相同的臭水沟里。

南唐保大九年（951年）八月，人称"边菩萨"的名将边镐再次摇摇尾巴，替李璟收湖南去了。

楚国内乱已经不可收拾，马氏兄弟反目成仇，而马希萼自称楚王后就向李璟称臣，可以引导南唐军入楚，形势对李璟是比较有利的。虽然马希萼很快就被拿下，弟弟马希崇在乱中上位，但南唐军已经杀进了长沙城。

南唐军在楚国叛将彭师暠的帮助下，很快就灭掉走投无路的马希崇，送马大王到金陵喝茶去了。但楚人万万没想到，南唐军刚进长沙，就变成了无恶不作的土匪。南唐军在长沙城中挖地三尺，搜刮地皮。更可笑的是，李璟竟下令把湖南地面所有的有形财产，包括金银财宝、楼台亭阁，甚至是瓜果梨桃都搬到金陵。同时，李璟还派都官郎中杨继勋在湖南到处搜刮。杨继勋为了完成李璟交给他的任务，几乎是上天入地地搜刮，甚至还克扣了已经投降的楚军的军饷。而那位菩萨，在得志之后，诸事不问，只是在长沙城拜佛求平安，搞得湖南乌烟瘴气。

李璟的倒行逆施激怒了楚人，楚国的旧军官开始密谋将南唐势力踢出湖南。最先发难的是楚军指挥使孙朗和曹进，但他们放火烧死边镐的计划失败，逃到了朗州，投靠了虽然名义上降唐但实际上割据的刘言。刘言看到李璟莫名其妙地失楚人之心，自然不会放弃重建楚国的梦想。刘言几乎掏空家底，数路兵齐发，直进长沙城。

一切都非常顺利，周广顺二年（952年）十月，朗州军攻下益阳，斩杀南唐军两千多人。边镐本来是向李璟求救的，但李璟没有丝毫反应，边镐丢掉了菩萨，狼狈逃回金陵。

李璟拼命才拿下的楚国，又重新伫立在江南腹地，只不过统治湖南的不姓马罢了，但这和李璟半点关系也没有。

之前灭闽，李璟虽然惨败，但至少还拿下建、汀二州，而灭楚之后，极端错误的搜刮政策导致李璟在湖南彻头彻尾地惨败，一根毛也没捞到。

一场辛苦，又为别人做了嫁衣。

这两场惨败，彻底葬送了李璟在江湖上的名望，而且最要命的是，各国都看穿了李璟的外强中干，此人诚可欺也。

吴越国从来没把李璟放在眼里，轻蔑地称其为"金陵李璟"，南汉大帝刘晟占了李璟伐楚的便宜，拿下楚国数十州，并把南唐军打得落花流水，更瞧不上这位词人。而柴荣业已缓缓地把刀举起，冲着金陵李璟的方向狠狠地劈了下去。

南唐保大十四年（956年）十一月初一，志在八荒的大周皇帝柴荣对天下颁布《伐淮南诏》，正式向李璟宣战。周朝军队水陆并进，马队无数，战舰无数，旌旗猎猎，铺天盖地，南唐震怖，但李璟似乎并没有把柴荣当盘菜。

李璟当初面对柴荣时的底气，源自南唐强大的综合国力。伐闽、伐楚，因用人、指挥不当，弄得满地鸡毛，但这并没有严重影响到南唐的国力。只要李璟吸取前两次惨败的教训，近贤远佞，再加上南唐三军用命，御柴荣于淮河之北是完全有可能的。

可惜，李璟还是那个李璟，该填词时照样填词，该搜刮百姓时照样搜刮百姓，该重用佞臣时照样重用佞臣。

但柴荣既不是王延政，也不是马希崇。

李璟派来的那些冒牌军事家，没有一个是千古一帝柴荣的对手。刘彦贞去救刘仁赡死守的寿州，结果被李重进全歼，刘彦贞也战死阵中，白白浪费了李璟的三万精锐和数十万副上等铠甲。刘彦贞是什么人？贪官！"素骄贵，无才略，不习兵。所历藩镇，专为贪暴，积财巨亿，以赂权要"。而李重进是五代十国顶级名将。还有就是李景达为主帅、陈觉为监军的这支南唐精锐部队，也在六合被周军赵匡胤部彻底打残，"唐之精卒尽矣"！赵匡胤是周朝新晋名将，而李景达是个饭桶，陈觉更是个只会溜须拍马钻营的佞臣。

换言之，李璟在淮南战场上的惨败，不是败于军事，而是败于政治。

柴荣敢伐南唐，一个重要的原因就是李璟在南唐失尽民心。

还是那个刘彦贞，他在主政寿州的时候，就以修建水利为名放水淹了民田，然后让税官强迫百姓交税。百姓无钱可交，只能卖地，刘彦贞替朝廷狠赚了一大笔，但老百姓心里早已视李璟为魔鬼。

更可恨的还在后头，李璟为了搜刮百姓，下令征收百姓养的牛，特别以江西地区和淮东地区为甚。老百姓没有了牛，就没法种地，那是要饿死人的。各地百姓上告无门，痛哭流涕。还是徐铉出于政权稳定的考虑，劝李璟给百姓留条活路。李璟怎么说？"朕养雄兵数十万，不让老百姓出钱养军，朕拿什么守边？"

还有更可恨的吗？有！李璟不恤百姓，淮南百姓困苦，没有饭吃。当时在位的郭威下诏允许南唐的淮南百姓可以过河与周朝进行粮食交易。这本是李璟争取民心的好机会，李璟又是怎么做的？"悉夺之（百姓粮食）"，然后作为军粮，这也是后来柴荣下《伐淮南诏》时李璟的罪状之一。

丧心病狂到了这种程度，李璟不亡，天理也不容他。

南唐在政治上的失败，还有就是用人不当。

在五代十国的政权中，南唐是上层党争最为激烈的。

南唐有两大派系：一派系是以开国大魔头宋齐丘为首，冯延巳、陈觉、李征古、冯延鲁、魏岑、查文徽为骨干。很显然，这一派都是佞臣。另一派系则是清流党人，有孙晟、常梦锡、萧俨、江文蔚、韩熙载、李德明、钟谟等人。

宋党成员都处在权力最高层，很容易利用权力大发其财，李璟除了对宋齐丘本人多有戒心，基本上对这伙人的腐败不闻不问。而清流党自然不满宋党的贪腐，经常上章弹劾宋党，二党水火不相容。清流党表现得更为激烈，江文蔚和韩熙载多次上章弹劾冯延巳、魏岑等人，但李璟不但不听，反而贬二人，并重用宋党。而成为历史笑柄的南唐灭闽一战，实际上就是陈觉和查文徽弄出来的。

南唐落日残阳，周朝如日中天，胜负虽然用了三年时间才分出来，但没有人会意外这个结果，李璟能在柴荣的霸道之下硬撑了三年，已是大不容易。李璟还想咸鱼翻生，但柴荣根本不可能给他任何机会。当奄奄一息的刘仁赡被士兵抬出寿州城时，南唐帝国的败局已不可避免，淮南十四州从此再不属于李璟。

李璟真的被柴荣打服了，这位曾经不可一世的大皇帝，心甘情愿地跪在柴荣使者的脚下，接受柴荣的征服。南唐帝国在这一刻已不存在，却多出一个沾满屈辱血泪的江南国。南唐的年号也没有了，奉周朝的显德正朔，更让李璟感觉到耻辱的是，为了避周朝的祖讳"璟"字，李璟必须改名。

李璟也不存在了，却多出一个同样沾满屈辱血泪的李景。

"王字旁"没有了，也预示着金陵王气黯然失色。

三年后，心情无比压抑的李璟病死于南都洪州（今江西南昌），时年四十六岁。

十二 一江春水向东流
——李煜的悲喜人生之继位篇

《虞美人》

春花秋月何时了，往事知多少。

小楼昨夜又东风，故国不堪回首月明中。

雕栏玉砌应犹在，只是朱颜改。

问君能有几多愁，恰是一江春水向东流。

提到这阕著名到不能再著名的《虞美人》，几乎所有人都能说出这阕词的作者——李煜。

说到五代十国最著名的政权，南唐是当之无愧的第一，开创北宋盛世的后周远不如南唐有名。如果说到五代十国最著名的人物，南唐后主李煜同样是当之无愧的第一，开创北宋盛世的千古大帝柴荣名气远在李煜之下。

从某种意义上讲，五代十国人物众多，但实际上只有三个人物：帝王中柴荣，大臣中冯道，文艺中李煜（虽然李煜也是帝王）。因为这个原因，《柴荣篇》和《冯道篇》的篇幅都比较长，李煜作为五代十国故事最为奇特的扛大鼎的主角，篇幅同样比较长，不过这些都是李煜应该得到的。

其实历史上存在过两个李煜：一个是政治上的李煜，这个李煜昏庸无道，残害忠良，穷奢极侈，以致亡国被俘，最终被赵匡义毒死，命运和他的"同行"孟昶一模一样。另一个是文学史上的李煜，这个李煜则是一座让后人高山仰止的丰碑！特别是中国词史上，李煜堪称一代词祖，词界的千古一帝！把任何肉麻的称赞送给李煜，李煜都当之无愧。与李煜同时代的后蜀虽然有《花间词》，但花间词多承唐诗遗风，格局较小，正是李煜的出现，才把作为小令的词推向了一个几乎不可企及的高峰。正如近人王国维在《人间词话》所论："词至李后主而眼界始大，感慨遂深，遂变伶工之词而为士大夫之词。"

政治世界的亡国奴，文艺世界的千古一帝，两个极端的身份集于一人。放眼古今，只有北宋的亡国之君宋徽宗赵佶可以与李煜相提并论。

有一种传闻流传至今：宋神宗赵顼在皇后生赵佶前夕，曾经在梦里遇到李煜，然后就是赵佶的降生。换言之，赵佶是李煜的后世投胎，李煜是赵佶的前世孽缘。不过赵佶的覆亡是自己花样作死，北宋灭亡完全是赵佶作出来的。而李煜的悲剧人生，其实早在他父亲李璟时就已经不可逆转……

先来讲讲政治史上的那个著名昏君李煜。

李煜，字重光，是南唐中主李璟的第六个儿子，本名李从嘉。李璟共有十个儿子，但有资格竞争皇位的只有四个，即李弘冀、李煜、李从善、李从谦，因为他们都是正宫钟皇后所生，其余六子"自（李）弘茂以下，皆不知其母"。

也因为母亲这层关系，再加上李煜从小就喜欢文学，天赋极高，李璟非常喜欢这个儿子。只不过因为李弘冀是嫡长子，早就立为太子，李璟并不能给予老六什么。而李煜向来对政治不太感兴趣，他更愿意一头扎进书堆里，快乐地徜徉在艺术的世界里。而且由于李弘冀向来怀疑六弟会与自己争太子之位，对李煜横挑鼻子竖挑眼，李煜"避祸，惟覃思经籍"，几乎是两耳不闻窗外事，一心只读圣贤书。

这个时候的李煜是快乐而自由的，因为他远离了本就不喜欢的险恶官场，在万顷碧波中听涛观澜，在青葱秀山里抚松戏鹤，这才是李煜最想要的生活。当是在这个时期，二十岁出头的李煜创作了两首著名的《渔父》词。

其一："浪花有意千重雪，桃李无言一队春。一壶酒，一竿身，世上如侬有几人？"

其二："一棹春风一叶舟，一纶茧缕一轻钩。花满渚，酒满瓯，万顷波中得自由。"

这两首词其实都是李煜题在《春江钓叟图》上的，但从两首词的立意和用词来看，两首词应该不是同时落笔的，第一首当比第二首创作要早许多。细品第二首中的"酒满瓯，万顷波中得自由"，能发现此时的李煜已经被人盯梢了，最有可能的自然是太子李弘冀，所以李煜借此词向李弘冀表明自己绝无意夺嫡。而第一首则相对更自由快乐，特别是名句"浪花有意千重雪，桃李无言一队春"让人爱不释手。当然这两句对联也是向李弘冀表明自己的态度，但此时李弘冀对李煜的猜忌还没有后来那么严重，所以李煜能快乐地唱道："一壶酒，一竿身，世上如侬（我）有几人？"

李煜希望这样美好惬意的山水生活能陪伴他走到人生的尽头，功名利禄于他不过是过眼云烟，但残酷的现实却根本不可能给予李煜这样的人生。

李煜的父亲李璟突然碰上了一个他们父子以前从来没有听说过名字的强硬对手，这个对手志在统一天下，而李氏父子统治的南唐，则早就上了这个江湖无名之辈的菜单，他就是震古烁今的一代圣主柴荣。

南唐保大十三年，周显德二年（955 年）十一月，周世宗柴荣正式对南唐发起了声势浩大的战争，而柴荣的首要目的是占领由南唐控制的淮南十四州。

这场战争其实和李煜本来没有直接关系，他对军事几乎一窍不通，也毫无兴趣，但毕竟淮南之战涉及了南唐李家父子的饭碗问题，所以李煜也被动地卷进了这场让他刻骨铭心的战争中。

战争开始后，不知道李璟是出于什么考虑，封根本不懂军事的安定郡公李煜（当时还叫李从嘉为神武军都虞侯，"（带兵）沿江巡抚"，属于南唐的机动部队。以李煜的军事能力，他是不可能主动寻找周军主力决战的，他最有可能做的，应该是在淮南南岸附近游弋。北宋人龙衮在《江南野史》记载了一个不太可信的故事：有一次柴荣准备渡过长江进攻南唐国都金陵，但柴荣发现江南突然"白气贯空"，派细作打探，原来是南唐六皇子李煜在打猎。柴荣惊叹："彼有人焉，未可图也。"停止对了南唐的军事计划。李璟听说后，立刻立李煜为太子。

这个故事荒诞不经，不足为信。但柴荣与李煜同时在淮南，二人在某个特定场合隔水相望。李煜叹服于柴荣的英武霸气，而柴荣同样对李煜的优雅赞叹不已。从逻辑上来看，这个倒是有可能发生的。

虽然李璟知道李煜在军事上没有天赋，也知道李煜志在山水悠游，但因为一个偶发事件，李璟也只能赶鸭子上架，强行让李煜更多地承担国事，因为南唐太子李弘冀在交泰二年（959 年）九月初四病故。

此时的南唐早不复当年的盛况，被柴荣打得七零八落，淮南彻底丧失，周军水师骄傲地游弋在长江上。李璟被柴荣彻底打服，去帝号，自称江南国主，向周称臣，每年岁贡不绝。不过至少李璟还保有江南半壁，再加上自己身体每况愈下，必须解决继承人的问题。

这一切本来与李煜依然没有关系，毕竟他排行第六，可要命的是，除了大哥李弘冀，李煜前面的四个兄长都已过世。李煜这才发现，行六的他此刻已是南唐实际上的嫡长子。

江南国主的位置，李煜已经躲不过去了。

一年后，周殿前都点检赵匡胤发动陈桥兵变篡位，建立北宋。因为南唐失去了淮南防线，金陵已不安全，所以李璟把国都迁到了洪州。北宋建隆二年（961年）六月，心力交瘁的李璟在洪州撒手人寰，二十五岁的皇太子李煜继位，成为南唐历史上最后一位皇帝。

李煜有些惶恐地坐在金殿之上，接受文武百官的山呼万岁。同时，李从嘉改名李煜。

中原政权在柴荣的打理之下如日中天，虽然赵匡胤篡位建北宋，但中原政权的统一形势不可逆转，李煜根本不知道他的未来在哪里。

十三　一江春水向东流
——李煜的悲喜人生之奢侈篇

李璟有十个儿子，其实严格来说，他只有两个儿子：一个是活在政治里的李弘冀；另一个是活在文艺世界里的李煜。李弘冀为人虽然奸枭，甚至为了皇位毒死了自己的亲叔父李景遂，但这种性格在乱世里反而能吃得开。以李弘冀之能，守住江南半壁当然不是问题。可没到他继位就死掉了，而说到继位的李煜，相信南唐上下都有些忐忑不安，这个并不太懂政治的艺术天才会把南唐的残山剩水带到哪里？

李煜对政治没有多少兴趣，但不代表他对政治一窍不通，毕竟浸淫于帝王家，搞政治是他们家的饭碗，于政治多少还有些无师自通吧。李煜知道赵匡胤是个野心不逊于柴荣的帝王，他根本无法保证赵匡胤会不会立刻发动侵略战争，所以现在对李煜来说，最重要的就是稳住赵匡胤，给南唐也给自己一个喘息的空间。

《即位上宋太祖表》与其说这是一道藩臣李煜给宗主国统治者赵匡胤的上表，不如说是李煜和赵匡胤的公开谈心。

在表中，李煜首先谈到了自己本无意于政治，更愿意悠游山水，是因为长兄（李弘冀）之死，自己才能勉撑其难。"臣本于诸子，实愧非才。……思追巢、许之余尘，远慕夷、齐之高义。"

李煜这么写，虽然是向赵匡胤表明自己绝无对抗天朝上国的野心和胆量，但同时也是他内心世界的真实流露——如果他四个哥哥有一个活着，即使对方是庶出，李煜也绝不会去争位。当然，现在最重要的是稳住赵匡胤。

赵匡胤为人雄猜多疑，李煜不敢招惹这个连旧主托孤给他的幼子都要动刀的篡位者。李煜即位时，曾经"宫门立金鸡竿，降赦如天子礼"。因为金鸡只有皇帝才能用，所以李煜此举引起了赵匡胤的不满，当面责骂南唐"驻京办主任"

陆昭符。还是陆昭符糊弄赵匡胤说这不是金鸡，而是一只怪鸟，赵匡胤才一笑而罢。

李煜知道赵匡胤喜欢让人拍他的马屁，所以在上表中拍足了赵匡胤的马屁，"陛下怀柔义广，煦妪日深，必假清光，更逾曩日。远凭帝力，下抚旧邦。克获宴安，得从康泰"。因为在李璟时代，南唐就已用子礼对中原政权，李煜同样视赵匡胤如"父"，把因篡位而心虚的赵匡胤拍得舒舒服服。而且赵匡胤篡位不久，刚镇压了李筠、李重进的起义，急需稳定内部局势，暂时没有精力去打李煜的主意。

李煜稳住了北宋，可以关起门来做他的无忧天子了。李煜的级别只是臣属于中原大国的江南国主，但在"江南国"内部，李煜依然是主宰南唐臣民生死的最高统治者，南唐大臣依然要尊称李煜为陛下。

因为李煜在即位之前口碑甚好，所以他初继位时，南唐大臣都对李煜抱以极高的期望，认为李煜有能力带领残山破水的南唐重兴唐朝。李煜拍完赵匡胤马屁一个月后，江宁府句容县尉张泌给李煜上了治国万言书，谈论治国之道。张泌提出自己的政治主张，如行君道、正臣职、明赏罚、纳谏诤、远奸邪、节用度。张泌希望李煜能效法汉文帝，"愿陛下勉强行之，无俾文帝专美西汉"。

此时的李煜俨然是一副明君做派，他在御批中郑重许下了自己的承诺："朕必善始而思终。"李煜言出必行，他在控制权力之后，矫正了李璟时代的一些弊政，还起用了被李璟罢黜的有见识的大臣，如曾经劝李璟趁后晋灭亡之际北伐收复中原的名臣韩熙载。

李煜奋发有为，南唐臣民无不欣欣望中兴之治，因为李璟扔给南唐的这个摊子，实在太烂了。

因为在与柴荣争夺淮南的战争中彻底失败，南唐不仅失去了十四州的土地人口财税，同时还要从所控制的江南本土向周朝贡献大量财货。北宋建立后，李煜为了不让赵匡胤进攻南唐，不计成本给赵匡胤塞银子，导致南唐财政出现严重困难，"数贡奉，帑藏空竭"，情况也只比几乎成了经济光棍的北汉稍好一些。有时为了筹集上贡北宋的钱财，李煜打起了富商的主意。"驻京办主任"陆昭符奉李煜之命，强行与金陵富商石守信（非北宋大将石守信）"做生意"，强行"得绢十万"，李煜非常高兴。

李煜从中尝到了甜头，似乎也忘记了当初对张泌做出的承诺，摇身一变成了刮地皮能手，南唐地面上的财富几乎被蝗虫一般的李煜扫荡得底朝天。

刚开始，李煜还打算铸钱来解决经济困难，本意是想用铁钱来换取老百姓手中的铜钱。铁钱币值太轻，老百姓当然不愿意以铜易铁，都用铁钱结算，不上李煜的当。而且更要命的是民间私铸铁钱，导致铁钱面值一降再降，严重搞乱了南唐的物价平衡。

李煜实在是收不上钱了，干脆实行无赖的加税政策。所谓加税，就是在政府规定的税赋之外，打着各种名义强行向百姓征税。老百姓生活所必需的酒、鸡鸭鹅，甚至是莲藕、螺蚌、鱼虾都成了李煜的钱袋子，凡是进行这些物品交易的，都要交钱。更可笑的是，老百姓家里的鹅生了双黄蛋，家里种的柳树结了柳絮，也要交钱，可谓挖地三尺，无所不用其极。除此之外，李煜还提高了政府规定税赋的征收标准，李煜的逻辑是：只要你还活着，朕就有办法能从你身上搜刮最后一滴油水。因为李煜对百姓搜刮太狠，给江南百姓留下了极为恶劣的印象，甚至一百多年后，江南百姓还清楚地记得李煜带给他们的伤痛。据宋人曾敏行《独醒杂志》记载："故老相传云：李煜在位时纵侈无度，故增赋若是。"

正如这些父老所言，李煜挖地三尺得到的财货，并非都送给了赵匡胤，而是留下其中很大一部分给自己享受美妙人生。

李煜是个艺术家，而且还是帝王，他认为自己当然有资格用老百姓的血汗钱来追逐自己的艺术梦想。李煜"尚奢侈"，为了经营自己的艺术天地，李煜不惜重金，在宫中打造了让人眼晕目眩的豪华家装，"以销金红罗幂其壁，以白银钉玳瑁而押之；又以绿钿刷隔眼，糊以红罗，种梅花于其外"。反正这些钱都是从老百姓身上搜刮出来的，李煜花别人的钱怎么会心疼？

同时，李煜和赵匡胤一样，都是虔诚的佛教徒。赵匡胤信佛是为了掩饰篡位带来的心虚与不自信；而李煜信佛主要是打发无聊的时光。但帝王信佛，那都是要掏真金白银的。和尚们非常势利，不给钱谁陪你玩？赵匡胤承后周经济大发展之惠，有闲钱信佛；而李煜则在已尽精穷的财政状况下拿出大笔钱财供养僧尼。李煜经常掏钱收买百姓或者道士改信佛教，而金陵城中的和尚很快就增至万人，这些僧人所有的花费"悉取于县官"。后来北宋有个间谍小长老来到南唐执行任务，说服李煜出重金建佛寺塔像，几乎耗尽了南唐国库。而南唐国库的每一文钱都是老百姓省吃俭用的血汗钱。

其实李煜并非不懂得"羊毛出在羊身上的道理",他把羊剃成大秃瓢,自然也就没羊毛可用。李煜曾经在卫尉卿李平的建议下清查户口,打造牛籍(牛的户口簿),在政策上扶持农业生产,但后来也不了了之。

不过李煜并不在乎百姓的死活,他相信一个逻辑:只要赵匡胤不打过江,凭尚能一战的南唐军队,镇压百姓造反不成问题。

在性情浪漫的李煜看来,与其说他在经营李家江山,不如说在经营他自己的人生。更准确地说,是在经营自己浪漫的爱情。

十四　一江春水向东流
——李煜的悲喜人生之爱情篇

政治史上的李煜，诗词史上的李煜，爱情史上的李煜，后世的人们最熟悉的无疑是后两者。李煜的诗词与他的爱情同样风流千古。

说到李煜的爱情，人们甚至会下意识地说出两个名字：周娥皇、周女英，就是历史上鼎鼎大名的大周后、小周后。

其实大周后的真名确实叫娥皇，但小周后名字不详，之所以叫周女英，是后人根据舜帝有两女，一娥皇一女英，给小周后强加上的。二周的父亲是南唐开国元勋周宗，又是南唐先主李昪的患难之交，李昪篡吴建唐，就与周宗的鼓动有很大关系。因为周家与李家这层特殊的关系，李煜和周娥皇从小就青梅竹马在一起玩，很自然地就对彼此有了好感。南唐保大十二年（954年），十九岁的周娥皇嫁给了十八岁的六皇子李从嘉，一段轰轰烈烈的惊世爱情就此拉开大幕。

周家是南唐顶级权贵，为了家族地位，家里的女孩子必须从小接受严格的艺术训练，将来要与权贵甚至是帝王结亲，形成稳固的政治联盟。周娥皇从小就"通书史，善歌舞"，加上貌美如花，舞起来仿佛神仙中人。除了跳舞，周娥皇还特别擅长弹琵琶，李璟曾经过寿，周娥皇就给未来的公公弹起了琵琶。李璟大赞其妙，把一把绝世罕见的东汉蔡邕传下来的烧槽琵琶赐给了周娥皇。而这把烧槽琵琶，实际上是李璟代儿子从嘉送给周娥皇的定情之物。周娥皇不擅长诗词创作，这一点不如李清照，但周娥皇在艺术上很全面则是李清照所不及的。至于下棋这些小戏，周娥皇更是"靡不妙绝"。

周娥皇在舞蹈上最大的贡献，就是她修改并整理中国舞蹈史上不朽丰碑大唐《霓裳羽衣曲》的谱子。大唐《霓裳羽衣曲》在安史之乱后散佚不传，到李煜时已有二百多年。李煜本来是让乐工曹生整理此曲的，然后由周娥皇抚琵琶弹唱，但娥皇对曹生的修改不太满意，干脆自己动手。"变易讹谬，繁手新音"，最终让经过曹生修改的《霓裳羽衣曲》"清越可听"。在周娥皇经手修改的过程中，对琵琶极为精通的李煜也参与其中，与心爱的皇后一起"去彼淫繁，定其缺坠"，鸳鸯交颈，四目含情，实在羡煞后人。

等曲子改定后，就成了南唐政府官方的舞曲，达官显贵们也在家中演奏《霓裳羽衣曲》，灯红酒绿间，欢笑不绝，歌舞曼妙，琵琶声声，这是南唐在艺术上留给后人的传世遗响。

李煜曾经兴致所至，填写了一首著名的词，就是《玉楼春·晚妆初了明肌雪》，词如下：

晚妆初了明肌雪，春殿嫔娥鱼贯列。笙箫吹断水云间，重按霓裳歌遍彻。
临风谁更飘香屑，醉拍阑干情味切。归时休放烛花红，待踏马蹄清夜月。

在李煜的词作中，这首不如《虞美人》《浪淘沙》《破阵子》《相见欢》更有名，而这首《玉楼春》所反映的社会现实，却被近代著名词评家俞陛云称为"此（词）在南唐全盛时所作"，虽然此时的南唐早已只剩下残山剩水，但在李煜的世界里，他拥有臣民的拥戴、爱妻的陪伴，还奢求什么呢。正如明朝大诗人杨慎评此词："何等富丽奢纵，观此哪得不失江山。"

李煜与周娥皇之间的爱情是真挚而浓烈的，而周娥皇也非常珍惜她与李煜的这段人间美妙爱情。夫妻结合以来，玉人一般的周娥皇给同样碧玉可爱的李煜生过两个儿子：李仲寓、李仲宣。李仲寓活了三十七岁，入宋后曾经任过郢州刺史，为政宽简，"吏民安之"。而幼子李仲宣却在四岁的时候，因为一只猫碰碎了佛像前的琉璃灯，受惊而死。

最疼爱的幼子突然夭折，作为母亲的周娥皇悲痛可想而知，因为思念儿子，当时身患重病的周娥皇"悲哀更遽"，几天后便香消玉殒了，年仅二十九岁。

周娥皇的死是受了儿子夭折的刺激，但周娥皇的病是怎么得的？很简单——被丈夫李煜气出来的，因为周娥皇发现在自己病重期间，李煜却和一个人暗中往来密切。这个人，周娥皇再熟悉不过了，就是她的小妹周女英（为行文方便，以下皆称小周后为周女英）。

周女英想见姐夫非常容易，可以打着进宫探望姐姐的旗号公开进宫，而不会有人对此产生什么联想。因为当时的周女英只有十五岁，还是个半大孩子。李煜是深爱着周娥皇，但他毕竟是一国主宰，古代帝王三妻四妾寻常可见，李煜也不是什么圣人，一生只与周娥皇一个女人鱼水相戏。李煜应该是很早就看上了周女英，但当时周娥皇身体康泰，一直没有机会下手。而周娥皇病重后卧床不起，李煜就可以在适当的时候，在花前月下拥抱着美丽可爱的小姨子，承诺一定会给她一个甜蜜的未来……

纸里终究包不住火，李煜和周女英的事情到底还是让周娥皇知道了。周娥皇问小妹什么时候进宫的，结果周女英没有心机，一顺嘴就说我来宫里好几天了，一直没出去。宫里只有李煜一个男人，而小妹却在宫里鬼混，傻子都知道他们之间是怎么回事。《续资治通鉴·开宝元年条》明确记载"（周女英）以姻戚往来，先得幸于唐主（李煜）"，可见二人私通久矣。

周娥皇曾经质问过李煜，李煜终究还是爱周娥皇的，推脱说让小妹进宫是教她填词的，绝对没有别的意思。但对李煜知根知底的周娥皇已经懒得再和丈夫理论了，只能生着闷气，身体每况愈下。而小儿子李仲宣的夭折，则直接加剧了周娥皇的病情。周娥皇含泪怀抱公公李璟赐给她的那把烧槽琵琶，口含温玉，抱恨终天。

李煜虽然贪恋小姨子的美色，但他对发妻的感情是非常真挚的。周娥皇的死对李煜的刺激非常大，李煜坐在发妻的灵前号啕痛哭，形容憔悴，目光呆滞，甚至还精神错乱地自称鳏夫。为了表达对亡妻的哀思与自责，李煜穷通天之才，写就一篇感人至深的祭文，其中有一诗写得非常感人，云："又见桐花发旧枝，一楼烟雨暮凄凄。凭阑惆怅人谁会，不觉潸然泪眼低。层城无复见娇姿，佳节缠哀不自持。空有当年旧烟月，芙蓉城上哭蛾眉。"李煜以词名垂青史，但李煜的诗同样是大家手笔，深得中唐元稹、白居易之妙手。

李煜确实"芙蓉城上哭蛾眉"，但女英还在，足以填补娥皇离去后的空缺。李煜的爱，必须要分一半给他心爱的女英。不过因为李煜不想背上过早续弦的骂名，周娥皇死于965年，而三年后，宋开宝元年（968年）十一月，李煜才给周女英补办了"婚礼"，正式册封周女英为国后。

册封国后的仪式极为隆重。由中书舍人徐铉、知制诰潘佑和礼部官员共同参考古今婚仪，制定了一套繁杂的仪式。

虽然周女英同样色艺双绝，但在性格上远不如姐姐贤惠端庄，倒有几分妖冶之气。周娥皇与李煜看上去就是一对名正言顺的夫妻，而周女英与李煜看上去更像是一对露水情人……

南唐大臣普遍不喜欢周女英的妖冶做派，以韩熙载为首"赋诗以讽"。大臣们公然干预国主的婚事，李煜当然不高兴，但他天性仁厚，也当成耳旁风。你们骂你们的，我过我的甜蜜日子。

其实李煜的甜蜜日子，就是和周女英花前月下、沉醉歌舞。李煜最喜欢的是和周女英坐在一个花间小亭子里饮酒调情取乐。这个小亭子非常小，仅仅能容纳两个人，但却是用重金打造的，"雕镂华丽"，这就是李煜的二人世界。监察御史张宪上疏指责李煜不理国务，每天只是诗海中畅游，而且"宫苑多方奇巧"，浪费有限的国库资金，暗中直指周女英是红颜祸水。李煜赏了张宪三十段锦帛，但照样我行我素。

李煜深爱周娥皇，但同时和周小妹暗中勾结。同理，李煜和周女英沉醉在爱河中，也没忘记还有其他女人需要他的雨露布施。

除了大小周后，李煜还有很多宠爱的女人，比如黄保仪。黄保仪本是楚人，楚国灭亡后入南唐宫里，成了李煜的保仪。李氏父子俱善书法，李璟学南朝宋的羊欣，李璟学唐朝的柳公权，几乎与真迹无二，而且李氏父子收藏了大家钟繇、王羲之的真迹甚多。

虽然李煜的书法名气不如宋徽宗，但也自成一家。李煜性格文弱，可书法却气势不凡，风骨嶙峋，人称"倔强丈夫"。他的书法名作《春草赋》《八师经》《智藏道师真赞》等二十多件在北宋灭亡之前都是书法极品。

这些无价珍宝是李家的命根子。李煜把这些国宝交给黄保仪掌管，可见李煜对黄保仪的信任与器重。不过因为周家姐妹对李煜看管甚严，李煜很有少机会与黄保仪亲热，"保仪虽见赏识，终不得数御幸也"。

除了黄保仪，李煜最宠爱的女人无疑就是杳娘了。杳娘在历史上籍籍无名，但她却给中国历史留下了一个著名的成语——饱含封建时代妇女血泪的"三寸金莲"，即缠足裹小脚。

当然，李煜的本意并不是要迫害妇女，而仅仅是为了享乐的需要。因为杳娘舞蹈跳得好，李煜便用纯金打成了一朵六尺高的莲花台，让宫女杳娘用锦帛裹起小脚在金莲花上跷起脚尖起舞，相当于现代的芭蕾舞。芭蕾是西方艺术的精华，但其实早在一千多年前，天才的艺术家李煜就发明了中国的芭蕾舞。杳娘舞姿翩翩，仿佛神仙中人，李煜看得如痴如醉……

李煜在金陵城中酒地花天，对于外界发生的翻天覆地的变化，李煜似乎毫无反应。仿佛自己身处绝世的桃花源中，"不知有汉，无论魏晋"。

李煜与周女英小亭调情，观杳娘曼妙舞蹈，与黄保仪讨论书法，而他的宗主国帝王赵匡胤则开始了对历史并无太大影响的中原小一统进程。

北宋乾德元年（963年）二月，宋军灭荆南高继冲。

同年三月，宋军灭湖南，擒湖南主周保权。

乾德四年（966年）正月，宋军攻入成都，蜀主孟昶出降。

此时的赵匡胤除了控制柴荣原先的中原地盘，还占领了湖南与四川，赵匡胤的统一进程已经不可逆转。而此时赵匡胤还没有征服的，只剩下南唐李煜、南汉刘铱、吴越钱椒、泉漳二州的陈洪进，以及最难啃的硬骨头北汉刘承钧。

接下来，赵匡胤就要对李煜动手了。

十五　一江春水向东流
——李煜的悲喜人生之亡国篇

赵匡胤志在中原地区的统一，他虽然暂时不攻南唐，也只是缓兵之计。等占领湖南与四川后，北宋已从北面与西面与南唐接壤，再加上北宋同样拥有长江之利。以赵匡胤的性格，他是不可能放过李煜的。

此时的李煜已经嗅到了危险，他似乎感觉到了赵匡胤要对他下手了。为了打消赵匡胤对江南的野心，李煜几乎奴颜婢膝地侍奉赵匡胤。

在赵匡胤的统一计划中，南汉是要先于南唐被消灭的，所以赵匡胤暂时还不动李煜，重点是刘铥。李煜为了拍赵匡胤的马屁，派给事中龚慎仪去广州，劝刘铥向北宋称臣纳贡，可惜刘铥根本不听李煜的，赵匡胤也没有因为这事而高看李煜一眼。

北宋开宝四年（971年），北宋灭南汉。同年底，赵匡胤在汉阳（今湖北武汉）大造战舰，准备顺江东下，目的直指李煜的安乐窝。

李煜这次是真怕了，他不惜一切代价也要讨好赵匡胤，保住江南半壁江山。李煜主动下调江南国制度，正式舍弃大唐国号，改称"江南国主"，所有皇家制度一律自贬，中书门下二省为左右内史府，尚书省为司会府，御史台为司宪府，翰林院为文馆，枢密院为光政院，大理寺为详刑院。

李煜给赵匡胤当孝子，大臣们非常不满，你当孙子，别把我们扯进去。南都（洪州）留守林仁肇曾经向李煜提出一个非常大胆的主张，就是趁宋军主力多集中在湘川一带，淮南相对空虚，请李煜拨给他一路精锐，乘机过江收复淮南。林仁肇同时告诉李煜，事成功劳是陛下的，事败罪孽我一人承担。不过李煜哪有主动挑战赵匡胤的胆量，当然拒绝了林仁肇的建议。

李煜不敢得罪赵匡胤，但这并不影响赵匡胤下决心除掉南唐第一虎将林仁肇的决心。赵匡胤用一个极为普通的反间计，就让李煜心甘情愿地毒死了林仁肇了事。反间计非常简单，不过是赵匡胤画了一张林仁肇的画像，然后告诉身在汴梁的李煜九弟李从善，说林仁肇已经暗中归宋。李从善不知是计，立刻暗中通知李煜，李煜更是个白痴，真以为林仁肇背叛了自己，下毒害死了林仁肇。

林仁肇是南唐的擎天一柱，他的死意味着南唐在军事上已不可为。而且更重要的是，李煜毒死林仁肇，就等于告诉赵匡胤：为了保住南唐江山，李煜可以不顾一切，这反而坚定了赵匡胤不再对南唐实行怀柔外交的决心。

李煜的末日很快就要到来。

李煜自毁长城的蠢事，其实还不只是杀林仁肇，对忠于南唐的文臣，李煜也是横加猜忌。本来是李煜心腹的内史舍人潘佑看不惯李煜对北宋的奴颜婢膝以及宫里的花天酒地，上书痛陈时事，语词激切："古有桀纣孙皓者，破国亡家，自己而作，尚为千古所笑，今陛下取则奸回，败乱国家，不及桀纣孙皓远矣，臣终不能与奸臣杂处，事亡国之主。"潘佑甚至要求李煜处死他，他不想做亡国奴。

执政后期的李煜越来越独断专行，根本听不进逆耳之言，你想死？那就成全你！李煜派人去捕拿潘佑问罪，而潘佑自知不免，早一步服毒自杀。

李煜的愚事还没有做完。因为潘佑在这道奏疏中问候了包括李煜在内的南唐文武群臣的八辈祖宗，唯独认为司农卿李平有力挽狂澜之才，希望李平能出任尚书令。潘佑以为这是在帮李平，实际上是害了李平，众人被潘佑骂成了龟孙，自然要把怒火撒向潘佑的"同党"李平。这些权贵在李煜面前乱嚼老婆舌头，诬陷李平与潘佑结党营私。李煜也老早就看李平不顺眼，扔进大牢里，不久便死在牢中。

李煜还不到四十岁，在政治上却远不如他即位之初成熟，一连串的愚蠢之举是不应该发生在李煜身上的。更不可理解的是，李煜已做好与赵匡胤翻脸的准备，但竟然同意宋臣卢多逊到南唐境内画十九州的山川地形图，赵匡胤得以全面掌握南唐的军事布局。

宋军在长江一线大兵压境，南唐上下都知道李煜已没几天蹦跶了，各色人等都要给自己找退路。南唐书生樊若水私自在长江沿岸观察，画一幅《长江沿岸水势图》，过江交给了赵匡胤。赵匡胤虽然据长江天险，但北方人并不太了解长江南岸的水文情况，而有了樊若水的这张地图，赵匡胤知道他可以对李煜动手了，此时是北宋开宝七年（974 年）七月。

赵匡胤懂得政治要优先于军事的道理，他没有直接出兵，而是派知制诰李穆到金陵，宣江南国主入京觐见宗主国大宋皇帝。如果李煜来了，直接软禁，不费一兵下南唐。如果李煜不来，则宋军师出有名。

赵匡胤的算盘，李煜再清楚不过，他哪里敢去！去了就别想回来了。李煜推三阻四，说自己得了重病，不能远行。而赵匡胤见骗不来李煜，那就武力解决南唐问题。

开宝七年九月，赵匡胤下诏，山南东道节度使潘美、颍州团练使曹翰、侍卫马步军都虞侯刘遇从江陵出水师沿江东下，义成军节度使曹彬、侍卫马军都虞侯李汉琼等人挥师南进。同时，诏命与南唐不和的吴越国主钱俶出兵攻打南唐的常州、润州，牵扯南唐主力。

李煜知道这次赵匡胤是来真的，但他还对和平抱有不切实际的幻想，他对赵匡胤表示愿献白金二十万两、锦帛二十万匹，求赵匡胤罢手。赵匡胤平定江南，能得到的又何止这些区区财物？当然不予理睬，继续进兵。

更要命的是，宋军已经顺利地渡过长江，拿下金陵西南的重镇池州，进一步威胁到金陵。李煜见赵匡胤不给面子，也怒火中烧，甚至废除了开宝年号，四处调兵准备作战。李煜慷慨激昂地说："赵匡胤久有吞并江南之志，但朕也不怕他！等宋人来战，朕自披甲执刃，督奖三军，与赵匡胤决一死战。"

傻子都知道，李煜这个手无缚鸡之力的弱书生，面对从腥风血雨中杀出来的一代枭雄赵匡胤，他根本没有胜算。

宋军长趋直入，在采石矶（今安徽马鞍山）把南唐军打得流水落花春去也，南唐主力两万人被全歼，赵匡胤之前送给李煜的三百万战马被宋人悉数夺回。曹彬渡江后，立刻在长江南岸搭建浮桥，准备接应大部队过江。

搭建浮桥，最怕的是风向，而敌军一旦顺风纵火，宋军将死伤惨重。南唐的洪州节度使朱令赟率兵放火烧宋军浮桥，本来一切顺利，但万万没想到火刚点着，风向突然大变，反向烧死了无数南唐士兵，朱令赟也葬身火海。

无数宋军呐喊着冲过了浮桥，开始准备向金陵孤城中的李煜发起最后的总攻。

李煜一直活在梦里，他竟然认为现在还有可能说服赵匡胤退兵。吏部尚书徐铉奉李煜之命，北上汴梁，去完成这个根本不可能完成的任务。

面对徐铉的苦苦哀求，赵匡胤只说了一句冰冷的话："卧榻之侧，岂容他人鼾睡乎！"

徐铉无语。

而李煜已经知道了徐铉此行的结果，对未来已完全绝望，但又不甘心出城投降，只是龟守在城中，坐等灾难的到来。李煜现在唯一能做的，就是每天跪在佛像前吃斋念佛，乞求佛祖保佑。

曹彬等人已经做好了向金陵城发起总攻的一切准备，但曹彬还是先礼后兵，派人给李煜下最后通牒：早降早安生，否则后果自负。慌乱中的李煜已完全失去主心骨，对宋使说要派长子李仲寓代他去汴梁献降表，可曹彬等了几天，也没见城中有人出来，派人催问李仲寓何在。李煜在中书舍人张洎的劝说下，决定死守金陵。面对曹彬的质问，李煜胡言乱语什么还没给李仲寓挑好合身的衣服……

曹彬已经懒得再搭理几乎精神分裂的李煜，下达了攻城令。虽然南唐军负隅顽抗，但面对战斗力强悍的宋军，一天不到金陵城就全面失守，宋军潮水般涌进这座繁华锦绣的城池。

局势到了这一步，南唐的覆亡无可挽回，但李煜还有一个选择，就是自杀殉国，像当年的朱友贞那样。

成堆的木柴就堆在宫里，木柴上浇着猪油，李煜站在木柴前若有所思。只要李煜把手上的那支松明香扔进木柴堆里，一切都将化为灰烬，包括他的南唐帝国。但李煜骨子里是个缺少刚烈的男人，他并没有勇气结束自己的生命，而是放弃自杀，决定降宋。不过李煜却一把火烧毁了南唐宫中交给黄保仪看管的无价的书法真迹，这是李煜对中国文化史犯下的最严重暴行。李世民还知道死后把王羲之的《兰亭序》带进坟墓，而李煜的一把火，烧掉了王羲之在历史上的宝贵遗存。

北宋开宝八年（975年）十一月，江南国主李煜率群臣开门素服出降，南唐帝国在金陵城中如花似锦般的存在彻底终结。

曹彬身贯甲胄，接受了李煜的下拜，明确告诉李煜："归朝后俸赐有限，费用至广，当厚自赍装。"以后朝廷给你的俸禄不足以支撑你的奢侈生活，你多带些私房钱吧。曹彬给了李煜一天时间，让李煜回宫打理财物。有人劝曹彬别放回李煜，万一李煜自杀，如何向皇上交代？曹彬笑曰："煜素无断，今已降，必不能自引决，可无虑也。"

在曹彬看来，李煜不过是个贪生怕死之徒罢了。

转眼到了开宝九年（976 年）正月，曹彬要求李煜带着一家老少北上入汴，开始亡国奴的新生活。

李煜不舍生他养他的故土，以及草长莺飞的三月春绿，但上命难违，李煜只好含泪拜辞了宗庙，乘船沿汴河北上，以亡国奴的身份接受胜利者赵匡胤对他的命运审判。

行前，李煜作了一阕《破阵子》：

四十年来家国，三千里地山河。

凤阁龙楼连霄汉，玉树琼枝作烟萝。几曾识干戈。

一旦归为臣虏，沉腰潘鬓消磨。

最是仓皇辞庙日，教坊犹奏离别歌。垂泪对宫娥。

十六　一江春水向东流
——李煜的悲喜人生之降虏篇

出于政治上的考虑，赵匡胤一开始就没有要杀李煜的打算，就如同他善待南汉后主刘铱一样。当然，从另一种角度来看，赵匡胤不杀刘铱和李煜，也因为二人身边没有像花蕊夫人那样让赵匡胤心动的女人，否则，孟昶的下场，就是刘铱和李煜的下场。至于赵匡胤要布仁义于江南，演戏而已。

宋将曹翰在江州屠城，一城尽是尸骨。

周女英虽然绝色播于江南，但赵匡胤对周女英并没有太大的兴趣。而在赵匡胤接见南唐降主李煜家小的过程中，时任晋王兼开封尹的赵匡义则死死盯住了周女英，眼中已露杀机。

舟上的李煜看着溢满春意的滚滚汴水，他知道自己有生之年也不可能回到江南，李煜哭了，提笔赋诗一首：

江南江北旧家乡，三十年来梦一场。
吴苑宫门今冷落，广陵台殿已荒凉。
云笼远岫愁千片，雨打孤舟泪万行。
兄弟四人三百口，不堪闲坐细思量。

在抵达汴梁后，李煜突然发现汴河口岸有一座普光寺，李煜想登临望远，再做最后一次东南远望。有人劝李煜这是宋朝的地界，不要招惹是非，李煜不听，执意上了普光寺最高处，只见远处千帆竞发，却始终望不见家乡的宫殿，听不到那醉人的吴侬软语。

李煜泪流满面。

赵匡胤在汴梁宫中举行了盛大的受降仪式。赵匡胤大陈甲兵，亲临明德门接受李煜的请罪。李煜白衣素服，跪在空旷而坚硬的地面上，接受着赵匡胤对自己的审判。

这位天才的艺术家，对自己的命运已经无能为力。

赵匡胤举行完受降仪式，封失魂落魄的李煜为右千牛卫上将军、违命侯。所谓的千牛卫大将军是个虚职，而违命侯则是赵匡胤赏赐给李煜的无情羞辱。

不过李煜能从赵匡胤对自己的态度中感觉出来，赵匡胤并没有对自己起杀心，而且他久闻赵匡胤善待降王，除了拥有花蕊夫人的孟昶。李煜应该暗自庆幸自己的女人没有被赵匡胤看上的，多活几年应该不是问题。

人生如飘萍，飘到哪儿算哪儿吧，李煜把神情漠然的周女英揽在怀里，仰望那一轮足以勾起李煜思乡之情的明月。

但阴云很快就笼罩住了李煜心中那轮纯净的明月。

宋开宝九年（976年）十月癸丑，从皇宫里突然传一个爆炸性消息——北宋太祖赵匡胤突然驾崩，皇弟、晋王赵匡义继位，改元太平兴国。赵匡义即位后，立刻把赵匡胤的小皇后宋氏和幼子赵德芳赶出了皇宫。后世有人指责赵匡义得位不正，欺负兄长的孤儿寡母，可赵匡胤的皇位又是怎么得到的？不也是欺负旧主孤儿寡母得到的吗？

赵匡胤的死，是千古一大谜案。

烛影斧声，迷雾重重，但这也意味着李煜的人生即将走向一个看不清方向的未来。

赵匡义和他的兄长赵匡胤喜欢的人妻类型不一样，赵匡胤喜欢花蕊夫人这样偏贤淑型的，而赵匡义则喜欢妖冶妩媚型的。

赵匡义始终无法忘记第一次在大殿上见到周女英的那一幕。

至于如何弄到周女英，有赵匡胤的成功经验在前，照搬就是。赵匡义以皇后的名义，让周女英等南唐宫眷进宫朝见皇后。命妇给皇后请安，在宫廷活动中寻常可见，周女英平时也没少以国后的身份接见大臣家眷。

没有人会想到发生什么事情，周女英面色坦然地进了宫。可周女英在宫中始终没等到皇后的出现，反倒看见只有皇帝赵匡义一个人在场。

周女英似乎明白了什么，想要逃跑，但赵匡义怎么可能让自己心仪的猎物逃脱！一声令下，突然拥出数名强壮的宫女，上前控制住周女英，并扒掉周女英的衣物，让违命侯夫人"坦坦荡荡"地站在皇帝面前，接受皇帝的欣赏……

赵匡义除了喜欢人妻，还有一个与他兄长不一样的癖好，就是他喜欢让画师当场把他奸污周女英的场面画下来，这就是野史上著名的《熙陵幸小周后图》。

周女英无疑是不愿意被赵匡义如此糟蹋的，但她和李煜，以及她与李煜家族的性命都掌握在赵匡义手里。即使她受了污辱，也不敢对赵匡义有所不满，只是含泪回到违命侯的府上。面对李煜的冷眼相对，周女英唯一能做的，就是对李煜破口大骂，骂这个无能的丈夫，早知有今日，老娘当初何必嫁给你！

其实李煜已经知道发生了什么，因为周女英入宫好几天才出来，傻子都知道是怎么回事。

李煜陷入沉默，任凭妻子发泄她心中的痛苦。

而此时的李煜，心中早已翻江倒海。艺术家的感情是细腻而敏感的，妻子被人强奸，而自己被扣上了绿帽子，却无力报仇，对一个男人来说是无法洗刷的奇耻大辱。

酒罢灯阑珊，李煜醉生梦死。

而赵匡义尝到了腥荤，隔三岔五就打着皇后的幌子让周女英进宫，周女英不敢拒绝，只能回到府上，继续骂窝囊的丈夫。

骂累了，周女英和李煜就抱头痛哭，泪水止不住地往下流。

这一对苦命鸳鸯，在他们甜蜜结合的时候，绝没有想到，他们的人生会是这个样子。

李煜开始怀念江南的三月春色。

年幼的李煜在青青麦田中任性地奔跑，咯咯笑着。

李煜在为起舞的周娥皇弹琵琶；

与周小妹在小亭中相偎饮酒；

然后就是明德门的伏拜投降。

一幕幕发黄的记忆涌进李煜的脑海，李煜再也无法忍受这种非人的折磨，忍了又忍，他还是写了那首著名的《浪淘沙》，词如下：

帘外雨潺潺，春意阑珊。

罗衾不耐五更寒。梦里不知身是客，一晌贪欢。

独自莫凭栏！无限江山，别时容易见时难。

流水落花春去也，天上人间。

根据宋人蔡绦在《西清诗话》的记载，这首词是李煜在周女英屡次被赵匡义强奸的情况下，怀着愤怒的心情写下的。"南朝李后主归（宋）朝后，每怀江山，且念嫔妾散落，郁郁不自聊，尝做长短句。"

是个男人，都无法容忍这一切。

每天都生活在痛苦中无法自拔的李煜，再一次没有忍住，在故国歌伎凄怆的舞蹈幻影中，凭着三分酒力，泪流满面地写下了那首让人肝肠寸断的《虞美人》：

春花秋月何时了，往事知多少。小楼昨夜又东风，故国不堪回首月明中。雕栏玉砌应犹在，只是朱颜改。问君能有几多愁，恰似一江春水向东流。

法国诗人缪塞说："最美丽的诗歌，是最绝望的诗歌。"

李煜无比怀念早已逝去的那个自由的时代。

因为这首词的名气实在太大，历代词评家对《虞美人》的评价堪称汗牛充栋，多不胜数，但要说评价最到位的，当属清朝人陈廷焯在《云韶集》的十六字评语："一声恸歌，如闻哀猿，呜咽缠绵，满纸血泪。"陈廷焯同时还称赞李煜词"情词婉凄，独步一时"，而后世的情词名家晏殊、欧阳修，其实严格来说他们都是李煜词派的传人，李煜是"晏、欧之祖也"。

清朝人王闿运似乎瞧不上此词，评价说，这首词用的全是寻常语，之所以出名，是因为这是李煜在历史上第一次使用，"以初见故佳，再学便滥矣"。但问题是，为什么是李煜第一个用这些寻常语作词，一作便扬名千古？

宝剑，在壮士手中方是宝剑，在屠夫手中只是一把杀猪刀。

在十国词史上咏亡国之声的词，除了李煜的《虞美人》，其实还有一首前蜀名臣鹿虔扆著名的《临江仙》：

金锁重门荒苑静，绮窗愁对秋空。翠华一去寂无踪。玉楼歌吹，声断已随风。烟月不知人事改，夜阑还照深宫。藕花相向野塘中，暗伤亡国，清露泣香红。

没有史料证明李煜不知道鹿词的存在，而从两首词的意象与结构来看，《虞美人》与《临江仙》是高度重合的，甚至是"雕栏玉砌应犹在，只是朱颜改"明显抄袭了"烟月不知人事改，夜阑还照深宫"。

不过，即使李煜明显借用了鹿词，也不会有损于《虞美人》在词史上的丰碑地位。鹿虔扆是前蜀大臣，对前蜀非常有感情，但毕竟前蜀政权不是他的。前蜀亡了，但他很快就成了后蜀的大臣，照样吃香喝辣。而南唐是李煜私产，南唐亡后，李煜成了失去人身自由的亡国奴，所以南唐的灭亡对李煜造成的心理打击，要远胜于鹿虔扆。从这个角度讲，李煜的亡国之痛更为深刻。

还有一点，鹿虔扆写的是蜀都成都的宫苑，因为成都附近没有大江大河，鹿词整体就显得比较秀气精巧。南唐国都金陵临大江，朝大海，襟带南北，从文学视野角度相对来说要更为开阔一些。所以李词给人的视觉就更有冲击力，显得大开大合，气势雄浑，特别是结尾的"一江春水向东流"，其意象之宏大，能与之相比的，也许只有苏轼的那句"大江东去，浪淘尽，千古风流人物"。

简单评略此词。

李煜是最害怕看到春花与秋月的，因为这是命运对李煜最大的嘲讽。汴梁的春花与秋月再美好，也不是李煜的，反而见证了李煜的凄楚与悲凉，让李煜沉溺于对往事的痛思中不能自拔。此词作于七夕前后，春花零落，秋月还在，而李煜写这两句时，一定在痛苦地吟诵着白居易的名句："春江花朝秋月夜，往往取酒还独倾。"

李煜希望时间能够停止，不要再让恼人的春月秋花增添他作为亡国奴寄人篱下的哀痛，而他快乐的往事早已烟花散尽。

"小楼昨夜又东风，故国不堪回首月明中。雕栏玉砌应犹在，只是朱颜改。"众多词史都认为这两句是赵匡义决定对李煜痛下杀手的主要原因。

这个"又"字，被现代词评大家唐圭璋先生评为"惨甚"，这是李煜点明了自己在汴梁已经度过了两年让人不堪回忆的亡国奴生涯。

伤心的人最怕见到明月，那会勾起一段段不想回忆却又永远无法忘掉的美好，李煜自然也不例外。特别是多情的李煜见到汴梁的明月，会立刻想起沉沦在明月夜色中的金陵故城，那里有他的祖宗陵寝，有他的刻骨铭心的爱情，还有在他的授意下，黄保仪惨笑着点燃了绝望的火焰。

离开金陵两年了，但在李煜的脑海中，那殿的雕栏玉砌依然是那么清晰、明翠，只是金陵城中再无往日的喧闹与欢笑，有的只是守卫的宋兵，以及让人绝望的凄冷。刘禹锡有诗写寂寞的金陵城："山围故国周遭在，潮打空城寂寞回。淮水东边旧时月，夜深还过女墙来。"而李煜写两句时，应该是受到了刘诗的启发。虽然李煜身在汴梁，汴梁城的宫殿比金陵更为雄伟，但这里却是李煜终生逃不掉的牢笼。

而"只是朱颜改"，彻底触怒了敏感多疑的赵匡义。

"问君能有几多愁，恰似一江春水向东流。"晚清词评家冯煦有诗："梦编罗衾夜未央，秦淮一碧照兴亡。落花流水春归去，一种销魂是李郎。"

所有的爱恨情仇、亡国家恨，都被滚滚长江浩荡裹挟而去，消失在天水一色的尽头。大江奔腾，每时每刻都在冲击着李煜敏感而绝望的存在，而李煜是多么希望还有机会站在采石矶前，临风酒一杯，祭奠他无忧的青春岁月。

李煜也知道这是不可能的，而且李煜有预感，赵匡义要对他下手了。

李煜在自己的府第里痛哭流涕，而早有人把李煜的一举一动都上报给了赵匡义。

作为一个亡国之君，在战胜国的土地怀念故国，这是犯大忌的。如果从明哲保身的角度看，李煜远不如蜀后主刘禅"聪明"。刘禅欣赏着蜀舞，笑曰："此间乐，不思蜀。"李煜锦心绣口，多愁善感，远非刘禅这个呆子可比，但赵匡义却和司马昭一样雄猜多疑。

赵匡义得位不正，又强奸了周女英，有点做贼心虚，他一直怀疑李煜有不臣之心，想除李煜以绝后患，但又没有直接的证据。而当赵匡义拿到《虞美人》的手稿时，笑了。

赵匡义派南唐旧臣徐铉去李煜府上走一趟，观察李煜的动向。徐铉在南唐时是李煜的心腹之交，所以李煜见到徐铉，旧情大发，痛哭流涕，号啕不止。徐铉也流着泪对李煜行了旧君臣之礼，但他们很快就陷入了可怕的沉默中。

事到如今，还能说什么呢？

良久，李煜才说了句："后悔当年杀了潘佑和李平。"

徐铉沉默退出。

赵匡义问徐铉，徐铉不敢有所保留，把自己的所见所闻都告诉了赵匡义，结果激怒了赵匡义。"悔杀潘、李",这就意味着李煜是不甘心当亡国奴的,如果他当年不杀潘、李,也许北宋现在还不能过江一统,这是赵匡义绝对不能容忍的。

"太宗(赵匡义)闻之(悔杀潘李以及作《虞美人》)大怒。"

他决定不再给李煜活下去的机会。

北宋太平兴国三年(978年)七月初七,李煜在府中正过着四十二岁的生日,突然接到了赵匡义送来的生日礼物,是一瓶美酒。李煜此时的心情应该是不错的,他斟满美酒,饮了一杯,正准备搜肠刮肚,构思着下一首传世词作。

突然,李煜突然感到腹中剧痛,头部和手脚开始剧烈抽搐,来回做牵机状,李煜拼命挣扎了一会儿,便不再动弹。李煜死状极为惨烈,头和脚并在了一起,佝偻成一团。葬送李煜的这瓶酒,就是历史上著名的牵机毒药,中药俗称马钱子。

李煜死了,赵匡义猫哭耗子假慈悲,辍朝三日,追赠李煜太师、吴王,葬在洛阳北邙山。而与李煜患难与共的周女英看到丈夫惨死,痛不欲生,在丈夫灵前痛哭数日,含泪自尽。

清朝人郭麟有诗云:

我思昧昧最神伤,予季归来更断肠。做个才人真绝代,可怜薄命做帝王。

十七 陌上花开，可缓缓归矣
——聊一聊有趣的钱婆留（上）

五代十国距今过去了一千多年，烟华早尽，无论是大国帝王，还是偏霸之主，君子之泽两代便斩，当年的繁华还剩几何？不过一抔黄土、一挂残阳罢了。

但却有一个例外。

这个五代时期的小国在灭亡之后，不但福泽未衰，泯于尘土，反而逆势高唱，一曲绵延千载的家族盛歌，雄隆不衰。

这就是百家姓排在第二位的钱姓，在唐末五代时期建立了著名的吴越国。

吴越钱氏入宋之后，就一直名家辈出，如钱惟演、钱易等名臣，明朝有"两朝领袖"钱谦益，清朝有考据大师钱大昕，到了近现代更是不得了！钱玄同、钱三强、钱学森、钱伟长、钱锺书，这些振聋发聩的名字，都是吴越国的后人。

而开创钱氏吴越之盛者，就是本篇主人公钱镠，因小字婆留，所以世称钱婆留。

钱镠，字具美，唐大中六年二月十六日，杭州临安人。

虽然钱镠后来开创一代霸业，但钱镠差点就被亲生父亲给扔到井里，原因是钱镠生的时候，"红光满室"，其父钱宽以为不祥，"将弃于井"。还是钱宽的母亲水丘夫人（复姓水丘）觉得此孙面相不俗，将来必能成大事，"固不许"，钱镠才侥幸活下来，这也是"婆留"小名的来历。

水丘夫人果然见识不凡，她这个宝贝孙子在长大后确实与众不同。钱镠是个有名的孩子王，经常有一堆小孩供他驱使，很多帝王在少儿时期都这么过，他们的成功不是没有原因的。

钱镠成年之后，天下已乱，枭雄并起。钱镠早就学得一本好本事，善使一条大槊，"骁勇绝伦"，所以就近投靠了石镜镇军主董昌，做了小大王。这年五月，钱镠打败了在浙西狼山镇（今江苏南通狼山）的遏使王郢，后来又剿灭了土匪曹师雄。凭着功劳，钱镠当上了石镜镇的衙内都知兵马使，虽然地盘不大、士兵不多，但毕竟钱镠也拉起了一票三百多人的队伍，足够钱婆留安身立命的。在乱世混饭吃，没有枪杆子，迟早是死路一条。

上面说的两场小仗在历史上籍籍无名，但钱镠用计吓退枭雄黄巢的故事却久传不衰。

乾符六年（879 年），私盐贩子黄巢率数十万大军进入浙江，准备借石湖镜去福建发财。黄巢并不知道钱镠是何方神圣，但钱镠知道即使黄巢在石镜镇只待上三五天，大象踩老鼠，踩也能把自己踩死。

为了吓退黄巢，钱镠带着二十多个好汉埋伏在路边的草丛里，俟黄巢军过来，钱镠等人对着黄军一通乱射，并大作鼓角之鸣。黄巢不知彼军底细，仓皇逃窜。

钱镠已经在黄巢的必经之路上又做了第二个局，一位在路边卖货物的老太太成了钱镠的线人。钱镠早一步来到八百里镇，告诉老太太，说一会儿有大队人马过来，他们要问您这是哪里，您就说这里叫屯兵八百里。

随后，钱镠在八百里埋下伏兵，等着黄巢来钻口袋。黄巢果然向老太太问路，老太太按钱镠所说，此地有八百里伏兵。黄巢听说有八百里伏兵，至少有雄兵数十万，那还了得，吓得当天就向南逃窜。钱镠在黄巢军队后面又当了回热情的东道主，七七八八，占了黄巢不少便宜。

大象从来不会是小蚂蚁的敌人，而小蚂蚁的敌人则是大蚂蚁。以当时钱镠的地位，不可能成为黄巢的对手，黄巢哪里看上这盘小菜。而钱镠要在浙江生存，当地那些军阀头子才是钱镠的敌人。

对钱镠生存威胁最大的，无疑是他那位有野心的上司董昌。董昌和钱镠的关系，非常类似于东汉末年大军阀袁术和小牛犊孙策。孙策羽翼未丰，有求于袁术，袁术同样需要孙策给他卖命，双方都暂时不会翻脸。钱镠是小一号的孙策，董昌则是盗版的袁术。董昌和钱镠是上下级关系，钱镠能力又强，是董昌在浙江打江山可堪大用的将才，而钱镠的实力还不足以单飞，所以钱镠暂时还给董昌打工，但心思已经放在自立门户上。

此时的董昌发了一笔小财，攻下杭州自称刺史，钱镠跟着董大哥混，当上了都指挥使。

董昌成为一方诸侯，引起了淮南节度使高骈的注意，高骈想收编董昌，董昌派钱镠去扬州摸摸高骈的底细。高骈可能是近视眼，钱镠来的时候，高骈几乎是贴在钱镠脸上观察，大叫说此人不简单，将来必成大事。钱镠没兴趣和高骈扯闲篇，忍着高骈呼出的臭气，回到杭州告诉董昌："窃窥高公无讨贼之志，苟从其行，功效不立，是同坐罪，宜以捍卫乡里为辞。"董昌视钱镠为二大王，就听钱镠的建议，拒绝了高骈。

钱镠劝董昌拒绝高骈，表面上是为董昌计划，实际上是在为自己留后路。高骈再昏庸，一旦控制杭州，自己再要扳倒高骈，难如上青天。而董昌，翻版袁术而已，钱镠对付董昌，要远比对付高骈更容易。

从这个角度来看，钱镠说高骈不能成大事，是在拿董昌当傻子耍。

只要高骈不来，钱镠有足够的信心对付董昌，以及控制越州的浙东观察使刘汉宏这些江湖滑头。

刘汉宏知道欲取董昌，必先取钱镠，刘汉宏的弟弟刘汉宥带着两万大军，奉命来取钱镠的脑袋。不好意思，被冒充越州兵的钱镠在西陵（今浙江萧山西）一通胖揍，连滚带爬回家了。紧接着，刘汉宏派来的四位马仔，一拨儿一拨儿全被钱镠灭了。

刘汉宏不服，带着惊人的十几万军队从越州出发，来杭州找钱镠算总账。但结果并不意外，刘汉宏所谓的十几万大军，其实多是被强拉来的雇佣军，根本不是钱镠正规军的对手。一战下来，刘汉宏被暴打成了猪头。

好在刘汉宏灵敏机变，面对杭州兵时，哭诉自己是个火头军，被挨千刀的刘汉宏强拉来做大锅饭的，上有八十老娘，下有八岁小儿。杭州兵不耐烦，一脚把刘汉宏踹回了越州。

刘汉宏不服，纠集一伙兄弟再来找钱镠的麻烦，名义是来找董昌算账的。钱镠知道刘汉宏是冲自己来的，但钱镠从来不怕什么刘汉宏，而且自己立功越多，就越有可能取代董昌……

董昌对钱镠虽有一定戒心，但他也知道自己离不开钱镠。为了拉拢钱镠，董昌承诺，只要灭掉刘汉宏，他就把杭州让给钱镠，自己去越州。当时的越州远比杭州富庶，董昌吃上肥肉，就想把骨头扔给钱镠。但对钱镠来说，得到杭州，就意味有战略根据地，重要意义不言而喻。

人在有动力的情况下会拼命做事，钱镠也不例外。唐光启二年（886年）十月，钱镠率杭州军去和刘汉宏分个高下，钱镠和部将成及率军南下诸暨，绕过山路折头向北，抄近路偷袭曹娥埭（浙江绍兴东），大败越州军韩公玟部。随后钱镠发水师以雷霆之势攻击越州军朱褒部，双方在上虞江中大战，杭州军射火箭，借着风势，尽烧敌舰，越州水军都去水晶宫挂号了。不久，刘汉宏就被人拿住交给钱镠，被钱镠斩于越州城外，其家眷亲将悉数被杀。

胜者为王败者为贼，这不能怪钱镠心狠，如果钱镠落在刘汉宏手里，同样没有活路。

钱镠其实是想得到越州的，自己拼了老命换来的城池，却要一分不少地交给老板。不过钱镠并不会在此时就和董昌翻脸，一则名不正言不顺；二则杭州还在越州手上。杭州虽不如越州富裕，但处在江南要冲，进退自如，而越州一隅之地，往北往东都是大海。从这个角度讲，钱镠自然会选择先杭州后越州的战略。

董昌比袁术更为守信，他兑现了自己的承诺，自己东迁越州，做了浙西观察使，把杭州让给功劳最大的钱镠。唐光启三年（887年）春，李儇下诏封钱镠为杭州刺史、领左卫大将军。

刺史在当时不算一线职务，但这次任命，意味着钱镠不再是董昌的小跟班，而是和董昌平起平坐的地方实力派军阀。

吴越国的奠基，实际上就源于这次任命。

钱镠在血海江湖上拼杀十几年，终于有了自己的地盘，但身边强人太多，仅有杭州是不足以支撑钱镠生存的，他必须扩大生产规模。

乱世江湖，不存在谁吃谁事关道义的问题，只存在如何下嘴的问题。当然，如宋襄公者可以选择以仁义说服对手，但对手一定会吃掉你的。

因为董昌在西边的越州，钱镠暂时不能动他，只能向北发展。而润、常二州没有强势的军阀，钱镠趁着淮南高骈无暇顾及苏南的机会，光启三年（887年）三月，常州成了钱镠口袋里的巧克力糖，出力者是大将杜棱、阮结、成及。八个月后，驻守润州的薛朗也成了钱镠的刀下鬼。

无聊的战役没有什么值得说的，但有一件却反映了钱镠在政治上的成熟。原先守润州的是镇海节度使周宝，而周宝就是被薛朗等人赶出润州的。周宝被钱镠抓获之后，因为其在江湖上颇有名望，钱镠不会给自己在政治上抹黑。周宝不久去世，钱镠给无亲无故的周宝风光发葬，赢得了很多人的好感。而抓到薛朗之后，钱镠把薛朗挖心剖肝，祭奠周宝灵前，更进一步争取到了苏南民心，为自己将来控制苏南打下了人心基础。

十八　陌上花开，可缓缓归矣
——聊一聊有趣的钱婆留（下）

接下来，钱镠的目标是苏州。

苏州是当时的繁华之都，各路军阀早就对苏州垂涎三尺，而当时占据苏州的是前六合镇守使徐约。

徐约是个江湖小虾，根本不是做大事的，他能占领苏州，但他却守不住苏州。道理很简单，一则他的对手是钱镠；二则他丧尽了苏州人心。

徐约为人可笑到什么程度，他为了能让苏州人为他卖命对抗钱镠，徐约下令苏州百姓脸上都要刺字——我愿意死战钱镠。

百姓根本不会打仗，脸上贴金也帮不了徐约，而钱镠的部队都是久经沙场的精兵，胜负早定。唐龙纪元年（889年）三月，杭州军几乎是度假一般就拿下了苏州，徐约想驾船入海寻找徐福，结果被杭州军一通乱射，浮尸海上。

而这次，钱镠根本没有出面，带队的是他的弟弟钱铢。

钱镠不出面，是因为徐约的虾米等级不够。当然，遇到自己强的大龙虾，钱镠也没办法，比如孙儒和杨行密。钱镠的军事能力在两浙一带算一线，但和孙儒、杨行密这样的铁血强枭没法比，几个回合下来，润州被孙儒给夺了，常州也飞走了。而孙儒死后，杨行密的强悍，让钱镠只能自认倒霉。

还好，苏州一直牢牢控制在钱镠手上。有了苏州，杭州的北线就有了安全保证，没人喜欢外人堵在自己的家门口。

控制天堂一般的苏、杭二州，已做了镇海节度使的钱镠无疑成为浙江最有实力的军阀。这一年是唐景福二年（893年），而这一年，也被认为是吴越国创建的年份。

吃了一块蛋糕，还想把下一块蛋糕据为己有，而钱镠的下一块蛋糕，自然就是他的前上司董昌。

其实以钱镠现在的实力，足可以和董昌掰掰腕子。只是与董昌作战，则面临一个没有名分的问题，最多是江湖黑帮的内部火并，虽然董昌在越州杀人如麻。而董昌似乎特别"配合"他的前小弟，钱镠需要什么，他就做什么。

唐乾宁二年（895年）二月，董昌摇身一变，已不再是什么唐朝的浙东观察使了，而是大越罗平国的皇帝了，年号顺天。

钱镠笑了，师出有名矣。

董昌当了皇帝，还没忘拉小兄弟钱镠一把，写信给钱镠，让钱镠和他一起造反。

钱镠又笑了。

钱镠先是给董昌写信，劝董昌迷途知返，不要自毁前程。其实钱镠希望董昌千万不要听他的劝。同时，钱镠密信快递长安，把董昌称帝的事告诉了皇帝李晔。

李晔怒了，下诏拜钱镠为彭城郡王，浙东招讨使，讨伐逆臣董昌 钱镠名利双收。董昌在军事上根本不是钱镠的对手，其至钱镠都没有出手，大将顾全武出面，就把大越皇帝董昌给收拾了。董昌认为只要出钱收买杭州军，杭州军就可以给自己留条生路，哪知道钱镠比他还油滑，早就出重金喂饱了弟兄们，根本没人在乎董昌那俩糟钱。虽然钱都收了，但没有一个人愿意给董昌当内奸。

董昌很快就成了钱镠的阶下囚。

钱镠对外宣称他绝对不会把老上司怎么样。但要清楚一点，董昌是皇帝下诏捉拿的反贼，将来是必须要送往长安听候皇帝发落的。所有人都知道，董昌到了长安只有一个死，而钱镠却非常聪明地白赚一个空头人情。而钱镠对老上司确实是有感情的，在舟行半道时，钱镠的部将吴璋逼董昌跳进江里做了水仙。董昌的三百多家小，悉数为钱镠所杀。

不够狠，不足以成大事，钱镠一定这样为自己辩解。

浙东、浙西都落到了钱镠的口袋里，诏下，拜钱镠为镇东、镇海节度使。而到了唐天复二年（902年）五月，早就成为吴越之主的钱镠正式转了正，朝廷封他为吴越王。

钱镠为人非常有意思，他做了大王，要做的第一件事就是回到家乡炫耀。项羽说过：富贵不还乡，等于锦衣夜行，没人看得见。钱镠风风光光地回到生养自己的古老村落，享受着小时候的玩伴们给自己磕头，大会宾客，"山林树木皆覆以锦幄"，钱镠还非常搞笑地把小时候玩的那棵大树封为衣锦将军，石镜山也改名衣锦山，大官山改成了功臣山。

正在钱镠天花乱坠地自我炫耀时，突然从杭州传来一个噩耗——左右都指挥使许再思和徐绾突然发动兵变。二人觉得钱镠不在杭州，正是他们发财的好机会。叛军狂攻内城，同时拉来宣州的田頵一起发财。钱镠的儿子钱传瓘死守，同时派人突围到衣锦城向钱镠报信。

钱大王差点没昏厥过去，杭州要丢了，自己的衣锦大王也就当不成了。

手足无措的钱镠想到一个昏招，想逃到越州，做勾践第二，还是顾全武劝他不要犯傻，最好向杨行密求救。被逼无奈的钱镠只好把自己的七儿子钱元璙送给杨行密当人质，杨行密强令田頵撤兵。剩下的许再思和徐绾，等钱镠缓过劲时，已经不再能成为威胁了，叛乱很快就被平定。

钱镠继续在吴越做他的衣锦大王。

而听说强悍的淮南王杨行密病死了，钱镠非常开心，他知道，再不可能有人能威胁到他在吴越的统治了。

吴越国其实不大，总共十二州，除了现在浙江省的全境，再加上苏州和上海两市。虽然人口四五百万，但战略回旋余地实在有限，所以吴越不算大国，特别是北面和西面还盘桓着一个强大到让人窒息的杨吴，钱镠虽不至于为杨吴所灭，但生存压力也是非常大的。

这个问题很好解决，拉来朱温就行了。

钱镠的外交政策非常明确：绝不称帝，做中原大国的外藩，扩展自己的战略生存空间。钱镠给朱温磕头称臣，算是交了保护费，朱温自然不会希望杨吴灭掉吴越。所以一旦杨吴进攻吴越，朱温是必须出面保护钱小弟的。

钱镠给朱温当小弟，惹怒了钱镠手下的一位大才子，就是晚唐文坛的大宗师、人称丑才子的江东罗昭谏——罗隐。罗隐虽然在唐朝没有取得功名，但他对唐朝有感情，特别痛恨篡位的无耻朱三。朱温称帝后，罗隐劝钱镠发兵，为唐朝讨伐朱温，不负唐朝对钱镠的栽培。

钱镠当然不会傻到和自己的救命稻草朱温翻脸，至于唐朝厚封钱镠，钱镠会认为，这些功劳是自己立的，唐朝当然要封自己，这又不是自己骗来的。

事实就摆在这里：唐朝封不封，钱镠都是吴越之王。

钱镠之所以和朱温称兄道弟，除了各自政权的利益之外，二人的性格有些相似，都是外向型的，特别会玩。当然，钱镠没有朱温那么无耻，到处泡女人，还玩弄儿媳妇爬灰，钱镠的私德是非常好的。

钱镠是个非常有趣的人，他喜欢到处模仿古人。之前学习项羽，富贵不还乡如锦衣夜行。钱镠再次回到衣锦乡，他又学起了刘邦。钱镠效仿刘邦的《大风歌》，写了一曲《还乡歌》，辞云："三节还乡兮挂锦衣，父老远来相追随。牛斗无孛人无欺，吴越一王驷马归。"

说到钱镠的文才，就不得不提本篇的标题《陌上花开，可缓缓归矣》。

钱镠的《还乡歌》，除了吴越史官，很少有人记住。但钱镠随意写的这两句"陌上花开，可缓缓归矣"却成了感动千古的名句，这也许是钱镠没有想到的。

其实是一封浪漫的情书。

钱镠的王妃戴夫人，与钱镠从小患难与共二十多年。为戴夫人思乡，所以钱镠统一浙江后，戴夫人每隔一段时间都要回到家乡住一阵子。钱镠自然不能陪夫人回娘家，必须留在杭州处理军政大事。等钱镠忙完了大事后，推开窗，看外面春花烂漫，红绿妖媚，钱镠猛地意识到，他的夫人已经回娘家好久了。

钱镠思念发妻，立刻提笔给戴夫人写了一封信，劝夫人赶紧回来，他想老婆了。信中就一句话：陌上花开，可缓缓归矣。

清人王士稹对这句话的评价是"艳绝千古"。

岂止是钱镠的文才艳绝千古，钱镠的浙江同样艳绝千古。现在的浙江是中国最发达省份之一，而浙江富甲天下，其实就是从钱镠治理浙江开始的，再经过南宋的发展，浙江一富而天下足。浙江受唐末战乱的影响相对较小，再加钱镠治政清明，政情稳定，浙江历史上出现了难得的大发展的机遇。

浙江靠近东海，海患不断，钱镠发动民夫在钱塘江修建海塘，疏通河运，把海患的影响降到最低。而根据浙江蚕桑多的优势，钱镠大力发展养蚕业，五代十国时，吴越出产的丝织品冠绝天下，这也是吴越和各国进行贸易的大宗，赚足了银子。钱镠不仅和内地各国进行贸易，还扩展海外市场，和北方的契丹、日本等国有商业往来。

五代十国最有钱的政权是哪个？自然是富甲天下的吴越国。

而这一切，自然离不开钱婆留对浙江的再造之功。

后唐长兴三年（932年）三月的一个雪夜里，八十一岁的钱镠在杭州寿终正寝。唐明宗李嗣源闻知消息，辍朝七日，并谥钱镠为吴越武肃王。

钱镠不是皇帝，他也不稀罕做皇帝，与其做闭门小天子，不如做开门大节度。前蜀王建和南汉刘龑等人都劝钱镠称帝，钱镠拿着他们的书信，学着曹操那样，扬书语众人曰：此儿辈自坐炉炭之上，而又置吾于上耶？吾以去伪平贼，承天子畴庸之命，至于封建车服之制，悉有所由，岂图一时之利，乃随波于尔辈也！

吴越国世系

君主	姓名	在位年（用五代年号）	生卒年	备　　注
武肃王	钱 镠	893—932年	852—932年	893年，唐昭宗封钱镠为镇海节度使
文穆王	钱元瓘	932—941年	887—941年	钱镠第五子。为人"好儒学"，能作诗，但生活奢侈，花钱如流水。941年，杭州发生大火灾，烧掉吴越国库，钱元瓘受到惊吓，精神失常，不久病逝
忠献王	钱弘佐	941—947年	928—947年	即位时十三岁，诸将皆不服，钱弘佐杀诸将不服者，或迁于外地，诸将震恐。闽国内乱，钱弘佐力排众议，发兵南下，破南唐兵夺下重镇福州，扩展了吴越国的生存空间
忠逊王	钱弘倧	947—948年	929—975年	被内衙统军使胡进思废黜并软禁，975年病死
忠懿王	钱弘俶	948—978年	929—988年	978年，畏北宋进攻，主动向宋太宗赵光义举国投降

吴越文穆王钱元瓘（887—941年），在位十年，字明宝，初名传瓘，即位后改名元瓘，钱镠第五子，临安人。乾宁元年，授盐铁发运巡官，迁金部郎中。天复元年，授礼部尚书。曾被宣歙观察使田頵拘为人质，几被杀，后得还。天祐二年，为检校右仆射。吴越武肃王钱镠天宝四年，进授司徒，守湖州刺史。八年，授镇海军节度使。十三年，充清海军节度使。宝大元年，充两浙节度使。宝正元年，受命监国。长兴三年春，嗣吴越王位，去国仪，用藩镇法遵中朝年号。在位十年，善事后唐、后晋政权，保土安民。先后被封为吴王、越王、吴越国王、天下兵马大元帅。天福六年八月卒，年五十五。后晋赐谥文穆。

吴越忠献王钱弘佐（928—947年），在位六年，字元祐，为钱元瓘第六子。后晋天福六年（941年），钱元瓘去世，钱弘佐继位，后晋仍封以吴越国国王。后晋开运二年（945年），派军与南唐瓜分闽国，占领福州。

钱弘佐喜好读书，性情温顺，很会作诗。即位后，因尚年幼，无力控制下属的骄横，又曾宠信谄媚之人，然而终能摘奸发伏，亦不失果断。后汉天福十二年，辽国会同十年（947年），钱弘佐去世，谥忠献王，庙号成宗。因其子尚年幼，故由其弟钱倧继位。

吴越忠逊王钱弘倧（929—971年），初名弘倧，字隆道，临安人。吴越王钱元瓘第七子，钱弘佐的弟弟。忠献王钱弘佐于后晋开运四年（947年）六月病死，钱弘倧继承王位，为忠逊王，在位不足一年，被三朝宿将胡进思废黜，后病死。

吴越忠懿王钱弘俶（929—988年），在位三十年，初名弘俶，小字虎子，改字文德，钱镠孙，钱元瓘第九子。是五代十国时期吴越的最后一位国王。后晋开元中，为台州刺史，众臣拥护他为吴越国王。宋太祖平定江南，他出兵策应有功，授天下兵马大元帅。后入朝，仍为吴越国王。太平兴国三年（978年），献所据两浙十三州之地归宋。

十九 开山福建，一代明王
——福建历史上绕不过去的王审知（上）

五代十国时期的闽国，就是现在的福建省。

秦汉以前，中国经济的重心始终在黄河流域，土地肥沃的长江流域及以南区域则是人烟稀少的蛮荒之地。而东晋衣冠南渡，江南的开发有一个缓慢的增进趋势。到了唐朝，特别是安史之乱后的中晚唐，江南地区实现了跨时代的大飞跃，曾经是落后地区的广东、湖南、福建都一跃成为发达省份。

先说福建。

在福建由"丑小鸭"变成"天鹅"的美丽过程中，有一个人注定是绕不过去的。可以说，无此人，便没有现在经济发达的福建省。

他的名字叫王审知，闽人皆尊称他是"开闽大王"。

王审知与福建，是上天注定的缘分。

王审知在出生的时候，完全不会想到，他的人生之花会在福建绚烂绽放，因为王审知出生在光州固始（河南固始），固始与福建有数千里之遥。

王审知是光州固始人，唐懿宗李漼咸通三年（862年），王审知出生在一户姓王的农户家中。王审知的老祖宗曾经做过一任固始县令，但到了王审知这一代完全成了农民。

王审知的命运，在他出生的时候就已经注定，面朝黄土背朝天，耕地播种，娶个五大三粗的婆姨，生一堆儿子，这辈子也就这么过来了。好在王审知的大哥王潮在固始县里当个捕头，还有点工资，多少能接济一下贫穷的兄弟们。

王氏三兄弟，老大王潮，老二王审邽，老三王审知。三兄弟不甘心接受贫穷的命运，他们渴望能改变自己的人生。

机会很快就来了，唐僖宗中和元年（881年）八月，寿州（今安徽寿县）的杀猪贩子王绪和妹夫刘行全带着五百乡亲造反，做了草头王。王绪早听说王潮三兄弟不是常人，便给三兄弟在军中安排了职务，王潮做了粮草官。

这里才是王氏兄弟的广阔天地，雄鹰们可以自由自在地翱翔了。王氏兄弟因为会做人，善待部卒，在军中威信甚高，人称"王氏三龙"。

王绪在光州一带横行，被大军阀秦宗权盯上了。秦宗权此时正和朱温死战，想调动王绪地盘的粮草，王绪当然不愿意，但又得罪不起秦宗权。

怎么办？南下。

至于目的地是哪里，已经不重要了。王绪带着五千弟兄，浩浩荡荡渡过长江，一直向南，再向南。这支难民部队先是进入江西，到处抢东西吃，然后穿洪州、虔州，翻过武夷山，来到了他们所有人都从来没有到过的地方——福建漳州。

王氏三兄弟带着老母亲站在人生地不熟的福建，他们深知，现在脚下这片陌生的土地，将是他们人生新的开始。

不过，三兄弟也意识到，他们所侍奉的主人王绪，根本就不是乱世能成大事的明主。王绪为人残忍，在艰难的行军过程中，王绪下令抛弃所有老弱病残，而三兄弟的母亲也在被抛弃的名单上。甚至，王绪要提剑亲手杀了三兄弟的母亲，以绝他们的念想。

这怎么可能做到！还是三兄弟以死护母，才让母亲免遭毒手。不过他们的母亲很快就忧病交加去世了，三兄弟怕王绪忌恨，连夜找个地方埋了老娘。

王绪要整三兄弟，其实还有一个重要原因，就是三兄弟为人英武，将来难以控制，这也是所谓的算命大师劝王绪的。

不过，王绪已经没有机会了。王绪为人凶暴，专杀有功将士，最终逼反了与他共患难的弟兄们。在刘行全的指挥下，众人拿下王绪，解除了一场随时可能置大家于死的危机。

至于谁当新领导，王潮本来是要推举刘行全的。但刘行全胸怀宽大，他认为现在再没有比王潮更合适当老大的人选。在刘行全的强烈要求下，王潮略显惶恐地坐在了第一把金交椅上。

王潮成了这支军队的主宰者，他的弟弟王审知成了副统帅，而大度让贤的刘行全则做了先锋，心甘情愿地听王潮调遣。

这对这支从河南逃到福建的流亡军队来说，这无疑是改变他们所有人命运的正确决定。

王潮同样做出了一个正确的决定，就是这支流亡军队的目标不是回到中原，而是在陌生的福建寻找属于他们的世界。

本来，他们是要回光州老家的，但他们从漳州路过泉州时，听说泉州刺史廖彦若贪鄙无能，才觉得与其北上和一堆枭雄拼杀，不如就在创业难度相对较小的福建安家。

泉州在当时已经是国际上知名的交通大港，经济发达，特别是海外贸易非常繁荣。如果能占据泉州，一则大家都有钱花；二则万一有变，泉州可以作为通往海外的跳板。

来自河南的流亡军队开始攻打泉州。时间过得很快，一年的老皇历就这么翻过去了，但王潮他们最终还是攻克泉州，斩廖彦若，时间是唐光启二年（886年）八月。

拿下泉州，王潮他们终于有了自己的战略根据地，这意味着他们可以撕掉"流亡者"的标签了。

王潮在政治上是很有一套的。他虽然得到泉州，但毕竟是杀了朝廷命官，终究脱不掉一个贼名。王潮央求时任福建观察使的陈岩，求他在朝廷那里给自己讨个泉州刺史的赏。陈岩没理由得罪王潮，上书请任王潮为泉州刺史。这时王潮才成了正果。

王潮有了正式名分，就可以公开施展自己在固始时根本没机会施展的理想抱负了。

王潮主政泉州以来，安抚流散百姓，各居旧业，所有将士均以兄弟之礼相待。对泉州人来说，之前的廖彦若是个大贪官，而对固始旧人来说，之前的王绪则是个大暴君。所以王潮的仁政很快就感动了他们，军民对王潮心悦诚服。

治人，其实就是治人心。

当然，王潮不会满足于只霸占泉州之地，他早就盯上了整个福建五州，而控制五州（除了泉州）的还是陈岩。

其实，陈岩也早就盯上了王潮。陈岩对王潮有着非同寻常的好感，在他病重时，他决定派人到泉州请王潮来福州，全面主持福建军政。

天上掉下一块大肉饼，王潮自然口水流得滴答。可还没等王潮的口水流完，陈岩的女婿范晖就把这块肉饼横空夺了去。范晖骂已经浑身冰凉的陈岩：肥水不流外人田，老不死的东西却要把福州送给外人。

王潮空欢喜一场，但这个意外并不会影响王潮必须拿下福州的决心，既然白拿拿不到，那就去抢。

乱世江湖，拳头硬的就是真理的化身。

二十　开山福建，一代明王
——福建历史上绕不过去的王审知（下）

景福元年（892年）二月，王潮派堂弟王彦复和三弟王审知出兵取福州。王审知骑白马一路向前，风行洒脱，三军呼为"白马将军"。

因为福州城高粮多，王审知再是一代风流，一时也没能啃下范晖这块硬骨头。范晖之所以能撑这么久，是因为他有一个亲属发来援兵。他的这个亲戚前面提过，就是钱镠的前老大董昌。

王审知是人不是神，他打起了退堂鼓。王审知想让大哥王潮亲自来收拾，王潮却怒了。王潮写信告诉三弟："你缺兵，我发兵；你缺将，我可以增将，如果弟兄们都死光了，我会亲提三军为你们报仇。"

话说到这个份儿上，王审知咬咬牙，为自己的名誉身家计，带着弟兄们几乎是玩命似的攻城。

王审知其实是在为自己攻城。王潮虽有四个儿子，但多不成器。二哥王审邦又谦退有礼，将来最有可能成为福建之主的，还是自己。多立军功，弟兄们才能服你，将来也好服人。

城上箭飞如雨，也没有吓退王审知。最终，范晖撑下去了，出城逃亡，结果被泉州军追上，一刀了断，浮尸海上。董昌的军队见福建已失，也没必要和王氏兄弟为敌，潇洒回家。

福州是福建的中心，福州一下，建州（福建建瓯）、汀州（福建长汀）的长官们非常识时务地献了城。

唐景福二年（893年）六月，王潮入主福州，福建五州尽数为王潮所有。按江湖规矩，王潮被朝廷任命为福建观察使，王审知为副使，实际上确定了王审知的接班人地位。

福建官场所有人都知道这一点。

王潮对王审知是极为严厉的，甚至王审知偶有小过，王潮也要拿棍子伺候三弟。而王潮这么做，自然也是希望泥腿子出身的三弟不要迷失在富贵乡中，将来好接他的班。

王潮有儿子，但四子皆不成器，为了王家在福建的基业，就必须舍子立弟。否则立了饭桶儿子，将来肯定要被外人一锅端掉的。

王潮死于唐乾宁四年（897年）十二月，而继位的，自然是众望所归的王审知，老二王审邽守泉州。

论武功，王审知可能不及与他相似度颇高的钱镠，但在政治上，王审知与钱镠一样清醒务实。唐朝已经完了，让王审知这个与唐王朝完全没有瓜葛的外人去为唐朝效忠，凭什么？王审知凭什么要这么做？

朱温控制着中原，那就和朱温打交道，为了王氏和福建的利益，王审知选择了与朱温交好，这并没有什么可指责的。王审知结交朱温的战略意图和钱镠是一样的，都面临着杨吴强大的压力。认了朱温当老大，交了保护费，老大就会出手保护自己。

换了谁，不会这么做？

吴越和闽国欲通中原，只能走海路，闽国使者往往从福州出船，北上越海到山东半岛，然后从陆上去汴梁。海路风险非常大，翻船是常有的事，很多闽国使者死于海难。但至少王审知和朱温保持着臣属关系，闽国生存的问题已完全解决。

等到朱温建立梁朝后，封王审知为闽王，正式确认了王审知在福建独一无二的统治地位。

王审知和钱镠的人生轨迹比较相似，但有一点是王审知不如钱镠的，就是钱镠所建之吴越是天下富庶之地，而闽国则地瘠人少，经济相对落后。这种客观的存在，决定了王审知的治闽政策是相对保守的，也就是西汉初年实行的黄老无为而治，不折腾。不像其他诸侯闹得天翻地覆，王审知以静默应对人事，埋头发展经济，延揽人才，只做事，不说话。

王审知是农民出身，从小就在黄土地上吃苦受罪，所以他富贵之后，依然保持着农民的淳朴作风。王审知在生活上没什么要求，有吃有喝就行，何必大摆排场给人看。至于纵情声色，更和王审知不沾边，那是他的几个宝贝儿孙干的事情。王审知在福建是有名的铁公鸡，不要说别人想从他身上拔毛，就是别人劝王审知给自己提高点待遇都难于上青天。

比如穿衣服，王审知是从来不讲究的，他穿的裤子破了个大洞，也只是从酒库里的麻布上撕下一块，补上去。换成一般的中产家庭，换条新裤子又能花多少钱？有人劝王审知不必这么寒酸过日子，王审知摇头不理。其实，王审知穿破裤子并不会减弱他在福建的统治，何必在这方面一争短长？

还有一次，不知道是谁送给王审知一个当时极为罕见的玻璃瓶子，那可是天价的玩意儿。而王审知呢，当场就把玻璃瓶子摔在地上，粉身碎骨。王审知告诉侍从，这些东西以后不要再送给他，治国安民用不着这些东西，只能增长奢靡之风。

以王审知的身家，做一百条裤子，摔一百个玻璃瓶，也玩得起。但王审知考虑的却是一旦开此风，那么上行下效，福建人人比富，区区五州之地，又有多少财富可供挥霍？

福建经济相对落后，如何发展经济是王审知的当务之急。节流是一方面，但开源更重要，否则总共只有十块钱，省来省去还是那几枚硬币。王审知做生意是有一套的，梁贞明二年（916 年），王审知下令造铁钱和铅钱，和铜钱一样，在福建境内通行。王审知造铅钱、铁钱，主要目的就是不让福建境内的铜钱向外流出，毕竟铜钱在当时第一等货币，相当于现在的黄金储备。同时，王审知根据福建的地缘特点，大力发展海外贸易，洋人的钱不赚是傻子。

因为王审知开明的对外贸易政策，吸引着很多海外商人来福建进行贸易，阿拉伯以及波斯的商船穿梭于福建沿海，双方进行贸易。

福建最重要的对外通商口岸无疑是泉州，从唐中期以来，泉州就已经是东南沿海最大的对外通商口岸，和广州同等级。

福建土地相对贫瘠，人口又少，但福建的经济实力在当时的五代十国中却是第一流的，原因就是王审知积极开展对外贸易。

古往今来，兜里有了钱，腰板才能挺得直，没钱一切都是空谈。王审知有了钱，就可以有足够的财政来招徕人才，更好地为福建发展服务。

福建在当时远离战乱，是著名的乱世桃源，所以有很多中原士大夫南逃福建，为王审知效命。比如有唐朝宰相王溥之子王惔、杨沂、徐寅、韩偓、归传懿、杨赞图、郑戬等人。而其中的韩偓又是晚唐五代著名诗人。这些人成为王审知的智囊团，倾心效命。韩偓最有名的一句诗是"谋身拙为安蛇足，报国危曾捋虎须"。

王审知几乎是个大字不识的文盲，但他和王建一样，都非常重视人才建设，拉拢知识分子，让这些人为自己的政权卖力。可以说，王审知的人才政策，决定了福建在乱世逆势中的存亡，没有这些人才，王审知拿什么和周边的大国对抗？

福建周边有三国，北有吴越，西有杨吴，南有南汉，其中以杨吴对闽国的威胁最大。梁贞明四年（918 年）七月，吴国大举进攻虔州（今江西赣州）军阀谭全播，霸占江西。谭全播立刻向吴越钱镠、湖南马殷、岭南刘岩和王审知求救，这四国都知道虔州一旦落入杨吴之手，后果不堪设想，都派重兵来救。可惜都晚了一步，谭全播很快就被杨吴灭掉。因为虔州是福建走陆路北上中原的必经要道，虔州的丢失，逼迫王审知只能走海路与中原交通，但王审知从来没有被杨吴的势力所威服，他认为他该做的，克服千险万难也要做。

其实徐温也没有能力消灭王审知，双方隔着一条险峻的武夷山脉，各怀心思地相处。

王审知开拓能力的短缺是显而易见的，但是王审知的守成能力是毫无疑问的。以现在的形势格局，无论是徐温还是钱镠，或者是神经病的刘龑，都不可能撼动王审知在福建的地位。

王审知稳定了自己的地位，接下来考虑的，就是如何把铁板一块的福建传给谁。

以封建社会的家天下而论，福建天下，王审知自然要传自己的嫡长子王延翰，这是福建官场人所尽知的。虽然王审知二哥王审珪的儿子、泉州刺史王延彬异想天开地希望自己能继续福建王位，甚至外通梁朝，想当泉州节度使。王审知为人宽厚，但对于这种私相授受的事情，是断不可能给外人的。王审知冷笑着，罢免了王延彬的官位，王审知是铁了心要把江山传给自己的亲生儿子。

虽然王审知要传位于亲生儿子，但福建的外交政策始终没有任何改变——不管中原如何风云变幻，福建一如既往地称臣磕头。923 年，朱友贞完了，李存勖统一中原，那就拜李存勖为老大，继续维持福建对中原的臣属地位。

有人对王审知向中原政权称臣的做法不理解，认为福建与中原相隔千里，即使王审知做了皇帝，李存勖又能奈之何，何必给外人低三下四地磕头？王审知笑了，他给臣僚说了一句贴心窝子的话：只要我想当皇帝，李存勖又能奈我何？像刘龑那样的地方恶霸都能当皇帝，我为什么不能？只是，你们想过没有，福建只有区区五州之地，户口不到百万，当了关门皇帝，又有什么意思？王审知斩钉截铁地告诉大家：他宁可当开门节度使，也绝不当关门天子。

王审知年龄也大了，不想再折腾了。毕竟闽国是个小国，实在没有折腾的本钱，而且王审知性格相对比较谨慎，他不想为了一个虚名而把自己好不容易控制的福建弄得伤筋动骨。万一如此，则上对不起兄长王潮，下对不起儿孙与福建百姓。

其实王审知也知道自己的儿孙是不争气的，自己出身农民，反倒养出了一窝只知道吃喝玩乐的公子哥，除了会败家，百无一用。王审知想管，但他实在没有多少时间再劳力伤神了。

后唐同光三年（925 年）十二月，割据福建近三十年的闽王王审知在福州病逝，时年六十四岁。

王审知作为福建史上首位闽王，对福建的影响非常深远。王审知割据福建三十年间，发展经济，勤俭节约，在王审知主政期间，福建基本上没有发生重大战事，是五代十国时的世外桃源，史称"轻徭薄敛，与民休息。三十年间，一境晏然"。

五代十国是一个让人心动的时代，十国对历史的贡献尤为特殊，现在南方几个发达省份都在十国时建立了自己的独立政权，对中国南方地区经济发展起到了巨大的推动作用。马殷开发了湖南，钱镠开发了浙江，刘岩开发了广东，王审知开发了福建。王审知不是福建人，但福建人民是永远都不会忘记王审知的。

闽国世系年表

君主	姓名	在位年（用五代年号）	生卒年	备 注
太祖	王审知	无		
	王延翰	无	926—927 年	王审知长子。王延翰暗示群臣拥戴他为闽王，奉后唐年号。王延翰个头高，容貌美，却是"妻管严"，老婆崔氏"陋而淫"。崔氏专杀美女多达八十四人，后为雷劈死。王审知养子王延禀不服王延翰，勾结王延钧推翻王延翰，杀之
太宗	王延钧	无	927—934 年	王审知次子，改名王鏻。王鏻继位后，杀王延禀，上书李嗣源，要求朝廷封他为尚书令，被拒绝，王鏻怒而断绝对后唐的朝贡。王鏻喜欢道术，装神弄鬼，宠信道士。在道士陈守元蛊惑下，王鏻称帝，令国计使薛文杰专抄富人家产，以为私用。王鏻喜欢奴婢陈金凤，立为皇后，又宠男宠归守明。归守明趁王鏻得病时，与陈金凤私通。皇子王继鹏发动兵变，斩杀王鏻
		永和	934—935 年	
康宗	王继鹏	永和	935—936 年	王鏻长子，继位后改名王昶。王昶狂妄自大，向晋称臣，又羞辱晋朝使节。石敬瑭"怒其不逊"，下诏大骂王昶昏狂，并拒绝接受闽国贡品。王昶信鬼神，宠信道士陈守元和妖人林兴，大兴土木建道观，建道像。王昶重自己嫡系部队而疏远其他部队，引起不满，控鹤都将连重遇和拱宸都将朱文进起兵谋反，王昶出逃，连、朱二人迎立王延羲。王昶在路上被王延羲之子王继业所杀，妻子皆死。谥为康宗
		通文	936—939 年	
景宗	王延羲	永隆	939—944 年	本名王延义，又改名王曦。王曦同样狂妄自大，昏庸无道。大臣犯法，只要花钱都可以赦免无罪。王曦爱钱如命，王曦嫁女儿，大臣不掏彩礼钱，王曦大怒，要人弹劾百官。王曦自称唐太宗再世，丑态百出。王曦好男色，和外甥李仁遇鬼混在一起，甚至让外甥当起宰相。王曦还好饮酒，常在国中牛饮。王曦怀疑连重遇对自己不忠，连重遇畏惧，联合朱文进发动叛乱，趁王曦醉酒，在马上杀之。谥为景宗
恭宗	王延政	天德	943—945 年	王审知之子。王曦昏暴，王延政上书劝谏，王曦不听，反恨王延政。王延政控制建州，自称大殷国皇帝，与王曦互相攻杀。后连文遇推立朱文进为帝，闽人不服，王延政趁机攻下福州。随后南唐军灭闽，王延政力尽而降，迁往金陵

332

二一　木匠传奇
——楚王马殷并不算波澜壮阔的人生路（上）

说到马殷以及他所创建的楚国，人们可能不太熟悉，但在湖南长沙东郊有一座陵墓，想必人们一定如雷贯耳——出土了汉代辛追夫人遗体的马王堆汉墓。这个马王堆，就是马殷家族的楚王墓葬群，因此而得名马王堆。

马殷和朱温、王建、杨行密一样，都是乱世枭雄，生逢其时得成大事。但有一点，马殷和上面三位相比要干净许多，那三位都当过小偷，而马殷却有一个正经职业——木匠。历史上帝王当过木匠的，一个是著名的明朝天启皇帝朱由校，另一个就是马殷。

马殷出身贫苦，没奈何做了木匠，但生于乱世，当木匠也混不到饭吃。马殷为了活命，在唐中和四年（884年）投奔了蔡州刺史秦宗权，马殷被分到大魔头孙儒手下做偏将。

唐光启三年（887年）十月，秦宗权决定进攻群魔乱舞的淮南道，派弟弟秦宗衡率孙儒等人南下抢地盘，马殷和他的两个兄弟张佶、刘建锋同行。

孙儒是个野心家，自然不甘心白白替秦宗权卖命，孙儒砍了秦宗衡，自称老大。马殷等人无所谓，跟谁混不是穿衣吃饭？只要不克扣工资就行。

在淮南，地头蛇杨行密遇到了他此生最危险的对手——孙儒。杨行密被孙儒的土条白团军打得灰头土脸，几次险些丧命。好在景福元年（892年）五月，杨行密在宣州打败了孙儒，孙儒战死阵前，数万士兵降杨，杨行密获得淮南的统治权。

但在这些投降杨行密的土条白团军中，并没有刘建锋、张佶、马殷的身影。他们不愿跟着杨行密，在空中哭拜了孙儒亡灵后，带着七千多残兵往江西流窜。

大家需要立一个新主帅。刘建锋是孙儒手下头号大将，头把交椅非刘建锋莫属，张佶则相当于水泊梁山军师吴用的地位，马殷成了先锋官。

此时的马殷不显山露水，一切凭老大是从，再说马殷也没有什么野心，跟着老大走就是了。

这支流浪的队伍并没有明确的目的地，而是在江南胡走乱闯，最终在乾宁元年（894年）五月，来到了湖南醴陵，准备在湖南立足。武安军节度使邓处讷派指挥使蒋勋守住龙回关（长沙东四十里），不允许放进刘建锋部队的一兵一卒。

刘建锋如果强攻回龙关，不知道要死多少弟兄，还是马殷适时站出来，去游说蒋勋。马殷对刘建锋一通无聊的吹捧，将其夸成了当代周武王，并许诺蒋勋若投降，将来必以开国元勋相待。蒋勋跟谁不是打工，一个转身就把邓处讷给卖了。

刘建锋轻易得到湖南，并在次年四月得到了朝廷的诏命，刘建锋为武安军节度使，马殷为内外马步军都指挥使。在这个时期，马殷依然恭敬地奉刘建锋为老大，没有任何野心。至于蒋勋，因为刘建锋并没有兑现承诺，在邵州作乱，被马殷给收拾掉了。

如果不是刘建锋胡来，将来的十国之一的楚国，必是他刘家的天下。可惜刘建锋稍稍得志，便沉迷酒色，军政大事一体交给张佶打理。刘建锋给校卫陈赡扣上一顶绿帽子，和陈赡老婆混在一起。陈赡身为男人，哪有不恨刘建锋的道理？乾宁三年（896年）四月，陈赡闯进帅府，趁人不备，用锤子砸死了本可以开创一代王朝的刘建锋。

老大死了，对湖南来说是天大的事，弟兄们先把陈赡抓起来，然后议举新老大。按当时的政治排名，二号是张佶，所以张佶是理所应当的继承人，大家要推举被马踢伤的张佶做老大。

但让所有人没有想到的是，张佶坚决认为自己才德皆不足以统领湖南，他提出一个人选，就是正在进攻邵州的指挥使马殷。大家见张佶让贤，也没什么说的，派马殷的心腹姚彦章请马殷回长沙当老大。

马殷倒是有些不好意思，还在犹豫，姚彦章直接抽马殷一个嘴巴：你不要这个位置，自然有人要，到时他要杀你，易如反掌！马殷被抽醒了，这才星夜回到长沙。

张佶为人光明磊落，自己虽暂时代理军政，但马殷才是人主之选，等马殷一到，张佶率文武百官向马殷叩拜，定下君臣之分。而张佶奉马殷之命，很快就攻下邵州，为马殷的江山策马效劳。

长沙成了马殷的家天下，但就整个湖南来说，湖南七州，马殷只据谭、邵二州，湖南的天下属谁，尚未可知。

湖南七州割据形势为：

谭州、邵州——马殷

道州（今湖南道县）——蔡结

衡州（今湖南衡阳）——杨师远

郴州——陈彦谦

永州（今湖南零陵）——唐世旻

连州（今广东连州市）——鲁景仁

这些地级军阀对马殷来说并非鱼肉，而且马殷还要时刻小心淮南的杨行密，一旦杨行密举淮南之兵来取湖南，马殷未必能扛得住。那么，为了生存，就必须找一个杨行密的敌人当靠山。算来算去，只有中原的朱三最合适了。马殷接受了谋士高郁的建议，重金收买朱温。朱温也愿意在湖南有个盟友，共同对付杨行密，以朝廷的名义封马殷为湖南节度兵马留后，确认了马殷在湖南的天然统治性，这在政治上对马殷是极为有利的。

不过在进攻诸州之前，马殷做了一件事情。在高郁的支持下，马殷下令在境内铸大铁钱，十个铜钱兑换一个铁钱。按常理，铁钱不如铜钱更有价值，但此举却让来楚做生意赚大钱的商人带不走沉重的铁钱，只好换成大宗当地货物易地二次出售，湖南经济因此迅速发展起来。马殷有钱了，就可以用兵了。

一切准备就绪，马殷开始南下扩张。

这次南下，非常类似三国刘备取荆南四郡，在地理上也基本重合。刘备取南四郡易如反掌，马殷也是如此。光化元年（898年）五月，马殷派指挥使李琼、秦彦晖、张图英、李唐等人率军南下衡州，几乎不费力气就斩杀杨师远，随后又拿下永州，唐世旻出逃。

马殷用兵，和他的为人处世之道一样，力求一个"稳"字。拿下衡、永二州，马殷养兵休整。直到一年后的七月，马殷才再次派李唐出兵道州。道州的蔡结虽说有些小聪明，和当地武装埋伏在树林里企图伏击李唐。李唐更加狡猾，刚到地方，就放了一把火，烧死无数，蔡结被俘斩，道州轻松被拿下。

至于郴、连二州，真没什么好说的，过程甚至比刘备取南四郡还要乏味无聊，干脆一笔带过。这年十一月，楚将李琼攻破郴州，杀刺史陈彦谦，随后翻骑田岭（今五岭之一），围攻连州，鲁景仁虽然勉强守了三天，但还是被李琼拿下，鲁景仁自杀。

湖南七州肥沃之地，尽属马殷。

此时的马殷，和北宋建立者赵匡胤有几分相似，前人种树，后人乘凉，但也有区别。赵匡胤是在周世宗柴荣打下江山的基础上平定南方诸国的，而马殷当政时，刘建锋并没有给马殷留下多少地盘，五州基本上是马殷拼命打下来的。

赵匡胤平定南方后，就不思进取，名为开创，实为守成。而马殷不同，他得到湖南全境，但他并不满足于此，他渴望得到更多，他并不想学他的"前任"——七百年前的东汉荆州牧刘表。

马殷要扩张地盘，往东是杨行密、钱镠、王审知，南边有刘隐，这些枭雄不是马殷能吞掉的，那么，只能向东南方向，桂广一带有不少地头蛇，但实力都不如马殷。

唐光化三年（900年）十月，马殷先礼后兵，劝静江节度使陈可璠投降，老陈不愿，老马大喜，要的就是你不愿意，师出有名矣。马殷一声令下，指挥使秦彦晖、李琼率七千人去抄陈可璠的家底。

李琼为人忍而悍，有的是办法对付陈可璠。李琼生擒了指挥使王建武，在阵前当着陈可璠的面，斩杀王建武，差点没把老陈给吓死。陈可璠的弟兄们不敢惹李琼，都投降了。

投降就安全了吗？当然不是。李琼杀王建武是震慑桂军，而桂国身后还有更大的军阀，所以，桂军两千弟兄不幸成为下一个"王建武"，被李琼全部活埋。桂管境内各路好汉并不怕马殷，而是怕这个到处大埋活人的李琼，李琼所到之处，几乎全是迎风纳降。静江军所辖桂州、柳州（今广西柳州）、宜州（今广西宜山）、象州（今广西象州）、严州（今广西来宾）、蒙州（今广西昭平）、梧州都落进马殷口袋，这也是楚国疆域最大的时候，距离南汉的广州不过百里，对南汉造成了极大的生存压力。

关于李琼活埋人，从道义角度来看应该谴责，但乱世时代人吃人都是家常便饭，换了陈可璠也会这么做。乱世江湖规矩，对所有人都适用。

马殷在这一点上又和赵匡胤有些类似，赵匡胤篡位之后没有参加过一场战斗，全是别人打下来的，马殷也是如此。马殷虽然比赵匡胤更为忠厚一些，但面对个人利益上也是不傻的，混到这一步，没人愿意干替别人火中取栗的蠢事。

二二　木匠传奇
——楚王马殷并不算波澜壮阔的人生路（下）

天复元年（901年），唐昭宗李晔拜马殷为武安军节度使，马殷从省市级军阀一跃成为国家级大军阀。李晔巴结马殷，是想让马殷出兵勤王，攻打朱温，并给马殷及杨行密各下一道密诏。杨行密虽然出兵，但他和朱温本就有仇，和密诏没有任何关系。马殷和李晔无亲无故，和朱温无冤无仇，他自然没必要帮李晔得罪人。唐朝统治早已崩溃，有没有诏命，马殷都是湖南王，不过有了诏书增加了合法性而已。杨行密曾经约马殷共同北上灭梁，马殷决定和朱温结盟，利用朱温在北面牵制杨行密，以免杨行密从侧翼攻楚，自然就把杨行密的话当成耳旁风。

不过，有一件事，马殷还是有求于杨行密的。马殷有个弟弟叫马赉，当年一起在孙儒帐下当差。孙儒被杨行密全歼时，马殷逃了出来，马赉却成了俘虏。马赉成了吴国黑云都的指挥使，但杨行密一直不知道马赉的身世。直到马赉主动向杨行密坦白，杨行密觉得暂时吃不掉马殷，不如把马赉送回去，一则结吴楚两国之好；二则让马赉劝马殷联吴攻梁。

马赉倒是向马殷说了这事，马殷虽然疼弟弟，但事涉楚国安危，马殷是不会儿戏的。马殷心里很清楚，朱温和杨行密，他必须得罪一个，而与其得罪朱温，不如得罪实力相对偏弱的杨行密。

事实也证明了这一点，虽然杨行密死了，但他的儿子杨渥却想从马殷手上撬点干粮。天祐三年（906年），吴军指挥使陈知新率军攻楚国的岳州（湖南岳阳），顺利拿下岳州。但是，马殷可不是软柿子，随后就发起了反攻，时间是梁开平元年（907年）六月，楚军和吴军在湘江决战。结果不必多言，吴军被楚军打得落花流水找不到北，一哄而散。吴国指挥使刘存和吴岳州刺史陈知新被俘，押到长沙砍了头，岳州又回到马殷手上。

岳州是湖南北面门户，但重要性相对来说不如荆州江陵，只是荆南节度使高季昌是朱温的干孙子，马殷不便轻动。而江陵以西是水匪雷彦恭控制的朗州（湖南常德），实力偏弱，可以下嘴。

马殷对梁朝实际上是不太放心的，所以拿下朗州巩固西线是非常重要的。至于吴国杨渥又派人来捣乱，哪里又是马殷的对手？楚将许德勋谈笑之间，援助雷彦恭的吴军就全部被灭了。

马殷性格相对平和，但为了自身利益那也是六亲不认的。雷彦恭被楚军打得筋疲力尽，开城逃往淮南，朗州被马殷顺利拿下，之后又拿下与朗州相邻的澧州（湖南澧县），彻底巩固了西线防御体系。只要马殷守得住朗、澧，无论是梁朝还是蜀国，都不可能对楚国构成战略威胁。

马殷没有什么雄图壮志，他只想守住湘楚之地。其实马殷的地盘非常大，北抵江陵，东在江西，南至广南连州，西至贵州。论面积是十国中最大的。不过马殷知道自己地广人稀，实力并不算强劲。为了活命，马殷只能向中原朱温称臣。朱温自然不会驳马殷的面子，几乎是要什么给什么，唐太宗李世民当过的天策上将军，马殷要了，朱温一咬牙，给！

马殷是个粗人，没读过几天书，但他却知道知识的力量。开平四年（910年）六月，马殷在长沙开天策上将军府，为的就是笼络人才，其中最精英的十八位为学士。马殷在湖南的成功，是离不开这些智囊团的。

马殷是个开拓型帝王，楚国所管辖的范围实际上不只湖南，还包括贵州东部，广西中部北部，广东西北部，是十国响当当的一流强国。号称小南强的南汉，在马殷时代，被楚国压得喘不过气来。只要马殷愿意，楚军的刀锋能直接让南汉刘岩感到彻骨的寒意。

刘岩知道马殷是惹不起的，为了稳住马殷，刘岩写信给马殷，想和马殷的女儿结婚。马殷其实是不愿意把女儿嫁给刘岩这个神经病的，但为了稳住南线，马殷也只好忍痛割爱。

马殷和赵匡胤一样，是个非常实际的人，这类人只重结果不重过程。马殷没有太大的野心，守住湖南足矣！至于中原逐鹿，诚非马殷所敢望。

而当马殷发现中原之主朱友贞在与河东枭雄李存勖的十年河上之战屡处下风时，也下意识地和行将灭亡的朱友贞拉开了距离，暗中和李存勖勾勾搭搭。至于朱友贞的干侄子——割据荆南的高季昌经常与南边的邻居马殷搞搞摩擦，但那和小孩过家家一样，你吐我一脸口水，我喷你一脸唾沫星子。

马殷密切关注中原局势，后梁龙德三年（923 年），得知李存勖马踏中原，朱友贞自杀身亡后，马殷立刻派长子马希范北上洛阳，拍中原新统治者的马屁。马殷上交了朱梁赐的印绶，并称自己身事伪梁二十年，实在对不起陛下。其实没有什么对不起的，乱世军阀都这样，"有奶便是娘"，管你姓朱姓李，谁的大腿粗我就跟谁玩，李存勖自然懂这个道理。

而两年后，后唐同光三年（925 年），后唐大军西行灭掉前蜀，却把马殷吓得魂飞魄散。前蜀和楚国是邻居，李存勖灭蜀，下一个目标自然就是楚国。马殷似乎已经预感到自己在湖南的统治即将结束，立刻上表给李存勖请允许他退休，实际上这是在试探李存勖对湖南的底线。李存勖并没有做好削平诸国的准备，能灭前蜀已能满足李存勖的胃口，所以李存勖暂时没打算动马殷，反而劝马殷安心做楚王。

不过，即使李存勖想动马殷，他也没时间了。后唐同光四年（926 年）四月，成德军节度使李嗣源作乱，李存勖在洛阳死于那场可怕的军前哗变，河北李令公摇身一变成了大唐皇帝，马殷终于可以放心了，因为据他了解，李嗣源并没有统一天下的野心，马殷继续向李嗣源表达自己对皇帝陛下的忠诚。李嗣源一则没有入侵湖南的野心；二则也没那个实力，真要打得两败俱伤，只能便宜别人。李嗣源对诸国的态度是只要臣服就封大官，大家各发各的财。天成二年（927 年）六月，李嗣源封马殷为楚国王，正式确定不会用武力解决湖南问题。

吃下了定心丸，马殷的野心开始膨胀，当然只限于楚国境内。在马殷心中是有一个炽热的帝王梦的，只是限于实力，不敢僭越用帝制而已。马殷接受李嗣源的册封，建立了楚国，仿天子之制，立百官，姚彦章为左大丞相，许德勋为右大丞相，拓跋恒为仆射。除了马殷本人不称帝，他的楚国实际上就是一个独立的帝国。生杀自专，这才是帝王的核心本质，帝王的虚名要不要无所谓。李嗣源对此无能为力，只能听任这个糟老头子在湖南来回折腾。

马殷到了老年，脾气似乎越来越大，反而不似之前的心平气和。高季兴（即高季昌）向来是发过路财的，为了赚钱，老高扣留了湖南节度使史光宪，惹得马殷大发脾气，发大军进攻荆南。荆南只有三州，根本不是马殷的对手，高季兴又要起他独门的无赖绝活，向马殷求和。马殷一直就讨厌像牛皮糖一样的高季兴，这货太讨人嫌了，不如灭掉省事。还是部下王环劝马殷，荆南是四战之后，留下荆南可以作为湖南的北面战略缓冲。灭荆南容易，灭掉之后，湖南就要直接与李嗣源接壤，独当中原兵锋。马殷听了劝，这才饶了高季兴。不过没多久，高季兴又皮痒痒了，向吴国称臣，马殷奉李嗣源之命，光明正大地教训高季兴。高季兴有了吴国外援，也不怕什么马殷，想和马殷练练。但马殷的块头实在太大，很快就把高季兴打得鼻青脸肿，高季兴再次求和，马殷都懒得再搭理这个无赖了，回家自己玩去。除了高季兴经常被马殷敲打，就是马殷的宝贝女婿——南汉国主刘岩也没少挨岳父的板砖，只是刘岩实力较强，马殷没占到什么便宜而已。

马殷在晚年大发脾气，这可能和他早年对领导们低三下四成习惯的反向心理作用。马殷跟着孙儒和刘建锋都是谨小慎微地活着，即使刘建锋死了，马殷都没敢有想法，甚至都打算好了要给张佶下跪称臣。这些窝囊经历一直压在马殷心头，所以当马殷强大之后，他需要找发泄这种情感的渠道，这属于人之常情，无可指责。

马殷老了，接下来要考虑的就是接班人的问题。马殷虽然有十几个儿子，但按照封建礼法，马殷应该立嫡长子马希振为楚国太子，但因为马殷特别喜欢袁德妃，所以越次立了次子马希声为太子。马希振为人恬淡，不当太子也没什么遗憾的，潇洒地当道士去了。而马殷的三子马希范却为人枭雄，见平庸的老二竟然当上了太子，心里极为不服，但老头子决定的事情，马希范只好徒呼奈何。

马希声为人平庸，但却多疑，他好不容易子凭母贵当上了太子，成天疑神疑鬼，生怕别人再把他的太子位置给抢了。马希声向来就不喜欢楚国谋士高郁，担心自己执政后，高郁会乱政夺权。马希声在听信了荆南高季兴的蛊惑之下，背着年老多病的马殷，假传楚王手令，灭了高郁三族。

马殷已经七十九岁了，病中的他已有些意识不清，他只是还记得高郁是跟着自己出生入死的股肱之臣。他曾经警告过马希声不要打高郁的主意，而且马殷也相信儿子不敢不听自己的话。直到有人残忍地捅破了这层窗户纸——高郁为世子所杀。马殷闻讯，如晴天一声惊雷，号啕痛哭：逆子今日能杀湖南忠臣，明日就能杀掉我。

风烛残年的马殷哭得死去活来，再也没有人能挽救这位重感情的楚王。唐长兴元年（930年）十一月，马殷死于长沙宫中。

在五代十国的枭雄堆中，马殷并不起眼，但马殷能在乱世赤手空拳打出一片天地，也是有两把铁刷子的。马殷性格中庸，但这并不代表软弱；相反，马殷是吃人的，而且吃的人还不少。吃人，在乱世中也许是天经地义的，不吃人，总会被人吃掉。

马殷的前任刘建锋是不能治好湖南的，刘建锋当政，三湘又将兵荒马乱，百姓受难。而马殷有智略，会用人，能屈能伸，那些有军功的大佬在马殷面前服服帖帖。终马殷时代，楚人少见兵戈烽火，生活安逸，实是楚人之福。

马殷死后诸子争权，最终闹到刀兵相见，最终引来外敌，席卷马氏基业而去。至于楚国灭亡的责任，和马殷关系不大。人生九龙，种种有别，老子英雄，儿子未必好汉，从古至今，多有其例。

楚国世系年表

君主	姓名	在位年 （用五代年号）	生卒年	备　注
武穆王	马　殷	896—930 年	852—930 年	
衡阳王	马希声	930—932 年	898—932 年	马殷次子。为政愚狂，听说梁太祖朱温喜欢吃鸡，马希声也每顿饭都要吃，被礼部侍郎潘起讽刺
文昭王	马希范	932—947 年	899—947 年	守成令主，开疆扩土，但为人狂妄自大。马希范建九龙殿，以八龙绕柱，说自己也是一条龙，凑成九龙。契丹灭晋中原大成，牙将丁思觐劝马希范北伐中原，被马希范拒绝。死后无子
废主	马希广	947—950 年		马希范同母弟，为人庸懦。马希萼犯境，马希广以马希萼是自己兄长，拒绝在马希范的葬礼上除掉马希萼，后被马希萼勒死
恭孝王	马希萼	950—951 年	900—953 年	为夺楚王之位，向南唐称臣，引南唐兵入楚，杀马希广自立。因马希萼为人凶残淫暴，失去人心。南唐灭楚后，马希萼死于金陵
末王	马希崇	951—951 年		楚军兵变废掉马希萼，推立马希崇为楚王。南唐军入长沙，楚亡，马希崇迁往金陵，下落不明

二三 帝王中的天才，帝王中的疯子
——南汉的神经病皇帝刘岩

唐末五代十国宋初枭雄遍地，这些枭雄虽然个个都会吃人，老好人马殷也不例外，但他们至少还能称为正常人，有正常的心智。而在这群"正常"的枭雄中间，突然就莫名其妙地挤进一个极不正常的同伙，这位大爷其实是个疯子，五代十国再找不出这样的疯子。

他叫刘岩。虽然他后来又捏造汉字，自称刘龑，因为此字太生僻，所以以下还称刘岩，南汉的开国皇帝。

南汉是五代十国最南边的政权，统治广东广西两地，面朝大海，春暖花开。

刘岩其实并不是赤手空拳打天下的，这一点和草根创业的朱温、王建、杨行密、钱镠都不一样。刘岩有些类似南北朝北齐的高洋，二人都不是创业第一代，而是父亲开创的基业，由兄长继承。兄长把家业发扬光大后就死了，他们弟承兄位，建国称帝。而且最重要的是，刘岩和高洋都是历史上鼎鼎有名的完全不可救药的疯子。

刘岩家族自称是来自彭城（今江苏徐州）的汉朝皇族刘氏，但也有一种说法认为刘岩家族的祖上是从大食来到中国谋食的商人。在华为华，即使刘岩祖上是大食人，到了他父亲刘谦这一辈已完全汉化了，更何况刘岩从来都认为自己是华人。

刘谦家世一般，但却被岭南节度使韦宙看上，把女儿嫁给刘谦，从此刘谦一步登天。唐中和二年（882年），刘谦被封为封州（广东封开）刺史，刘氏家族有了自己的立足之地，开始了在岭南的扩张之路。

刘谦在893年去世时，把封州交给了长子刘隐。刘隐是南汉建国史上绕不过去的开国帝王，没有刘隐就没有日后的刘岩。刘隐不如弟弟那么变态，但也不是个好惹的主儿，他刚执政时，就杀了一百多个叛乱分子。这是老爹教他的立身之道：你不杀人，别人就要杀你。

刘隐偏居在封州，对他统治岭南的梦想来说是致命的短处。岭南首府是大城广州，而刘隐的目标也只能是繁华的广州城。

机会很快就来了，乾宁二年（895年），岭南节度使刘崇龟病死，牙将卢琚等人拒绝新任节度使李知柔进城。刘隐立刻发兵出郁州东下，打着讨伐反贼的旗号，很快就拿下广州，尽占岭南天时地利，也奠定了刘氏王朝在岭南的基础。节度使李知柔知道刘隐是实际上的统治者，所以他从来不和刘隐产生矛盾，你忙你的，我忙我的，双方友好相处。等到李知柔在光化三年（900年）死后，又换了一任节度使徐彦若，依然学习李知柔好榜样，你忙你的，我忙我的。而等到徐彦若死前，他上表请封刘隐为岭南节度使，再派所谓的节度使已毫无意义了。没想到昭宗李晔不准，又派了同平章事崔远主政广州，崔远不是傻子，根本不上当，转了一圈又回到长安。李晔无奈，只好正式承认了刘隐在广州的统治地位，封其为岭南节度使。

当时的岭南处在战乱时代，刘隐只不过控制广州而已，其他各州都有强人盘踞。如邕州（广西南宁）叶广略、容州（广西容县）庞巨昭、高州（广东高要）刘昌、交州（越南河内）曲颢、虔州（江西赣州）卢光稠，以及刘岩未来的岳父——楚王马殷，这些势力都严重威胁到刘隐的存在。

庞巨昭这些小虾米不是刘隐的对手，而虔州卢光稠实力稍强，但也被刘隐打得鼻青脸肿。唯独马殷这一块，实在不是刘隐所能应付得了的。梁开平二年（908年），马殷大举进攻岭南，把刘隐之前占领的广西北部全部夺去，岭南军败得惨不忍睹，老巢封州也差点丢了。好在刘隐之前已经向梁太祖朱温称臣，而马殷也向梁称臣，所以马殷不会不给朱温面子，就此收手。

刘隐吃了大亏，也基本暂停了军事行动，反正也打不过马殷，不如修炼内功。刘隐开始注重人才建设。唐末大乱，中原许多名士都逃往岭南避难，如李德裕之孙李衡和杨洞潜、王定保、赵光裔、刘浚这些名满天下的士人。战乱年代的割据生存之道，一是军队；二是人才。刘隐的军队足以自保，所以人才建设刻不容缓。经过几年的韬光养晦，刘隐逐渐恢复了元气，刘氏家族在岭南的统治不可动摇。

接下来，刘隐要面对的问题就是如何选择接班人。实际上根本不用选，家族中没有任何一个人可以取代刘隐之弟刘岩的地位，不立刘岩，等待刘氏家族的将是一场腥风血雨。梁乾化三年（913年）三月，南海王刘隐病死，刘岩接过兄长的权杖，开始了让历史哭笑不得的传奇统治。

其实刘岩和刘隐并非一母所生。刘隐的生母韦氏听说刘谦小妾段氏生了个儿子，担心自己和自己的儿子刘隐受到威胁，便杀死了段氏，把刘岩抱来自己抚养。都说生恩不如养恩大，韦氏倾心抚养刘岩，刘岩也早忘了自己的生母是怎么死的。

早期的刘岩还没有后来那么搞笑变态，但这也和他没有打好自己的权力基础有关，高洋刚开始时也在装傻小子。在不确定自己还能活几天的情况下，刘岩是不敢变态的，否则被人吃掉了，还怎么玩？

因为刘岩的变态名声太响，反而掩盖了他在政治上的明君作为，高洋也是如此。

说到刘岩的政治作为，历史上没什么名声，但有一件大家都知道，就是北宋太祖赵匡胤篡位之后为了独裁专权，搞出一个"杯酒释兵权"，解除武将兵权，起用文官政治，被一些文人好一通吹捧。实际上，五代十国宋时期，最早用文官治理地方的并不是赵匡胤，而是刘岩，赵匡胤只是天下文章一大抄，几乎什么都是抄来的。只不过因为刘岩的历史知名度不如赵匡胤，所以世人皆知赵匡胤文官治政。刘岩是带兵的，他知道武人执政的危害性，所以他把地方州县长官的职务都交给文人打理。宋朝著名的"知某州军事"，实际上率先实行于南汉，比如一个叫樊匡嗣的官员就当过知白州军事，县一级主官称为知某县事。南汉武将不再担任地方职务，而军权则统一于刘岩，避免了武人专权的可能性。而即使是只论赵匡胤"杯酒释兵权"，不是柴荣收地方兵权，建立中央禁军，赵匡胤搞一百场酒会，他也收不回一个大兵。

内政清平，刘岩又夺取了韶州、容州、邕州，巩固了南汉边防，接下来，刘岩的重点是外交。

刘岩的外交思维是远交近攻。年轻气盛的刘岩经常和北边的邻居马殷厮打，各有胜负，不过楚国的实力远强于南汉，刘岩应付马殷比较吃力。刘岩突然想到一个对付马殷的好办法，就是把马殷的女儿当成人质……

刘岩派人向马殷求婚，欲结二国之好。马殷其实也知道刘岩的小心思，但他一时也吃不掉刘岩，不如利用女儿的关系绑住刘岩，不要让这个疯子成天给自己添乱。

刘岩要牵制住马殷，一来要娶马殷的女儿；二来要和马殷的"宗主国"朱梁王搞好关系。刘岩是个狂人，但一开始他并没有称帝，而是打算做朱梁的附庸。刘岩派人去汴梁，希望朱友贞能让自己当上南越国王，这是他向朱梁称臣的唯一条件。客观地讲，刘岩的几个邻居马殷、王审知、钱镠都是国王，刘岩只是一个低级别的南海王。级别不对等，让刘岩和诸国进行外交往来时不太方便。刘岩这个条件并不高，却没想到朱友贞竟然给拒绝了。

刘岩万万没想到这点干粮朱友贞也舍不得给，气得刘岩跳脚大骂朱友贞是个铁公鸡，老子不跟你玩了！刘岩连国王都没兴趣当了，直接当皇帝，气死朱友贞。

梁贞明三年（917年）三月，刘岩在广州称帝，国号大越，改元乾亨，并改广州为兴王府。赵光胤掌兵部、杨洞潜为副，李衡掌礼部，倪曙掌工部，皆为同平章事（宰相）。

此时的刘岩，对外是南霸天，对内是大汉皇帝，统治根基稳固。很好，刘岩很满意，他认为是他开始变态的好时机了。

刘岩"性聪悟而苛酷"，当人有了权力，他就会通过践踏别人的尊严来满足自己的欲望，刘岩自然不会例外。刘岩的爱好有很多，但有一个特殊的爱好，那就是杀人。刘岩把他的皇宫变成屠宰场，抓些倒霉鬼绑到刑架前大卸八块。

刘岩就喜欢看别人的尊严在自己的践踏中慢慢丧失，他经常沉醉于这种残酷的满足感中。刘岩高坐于大殿之上，流着口水欣赏着这人间最残酷血腥的场景，脸上写满了骄傲与自豪。

刘岩喜欢杀人，杀人的快感能得到满足，但刘岩并不是一个昏君，他只不过在政治清明的时候喜欢杀人而已。刘岩杀的都是底层百姓，但对上层士人刘岩是非常尊重的。

比如时任兵部尚书的赵光胤，他是中原名门，有点瞧不上刘岩这号地方土豪，给刘岩打工也是爱理不理。刘岩杀百姓，但不杀名士，反而会低三下四地巴结这些名士。刘岩为了拉拢赵光胤，竟然暗中模仿赵光胤笔迹，然后通过这封假信把远在洛阳的赵光胤家属都接到广州。赵光胤解决了后顾之忧，对刘岩感恩戴德，从此至死效命于大越国皇帝刘岩。

不过刘岩对大越国皇帝这个称号并不太感兴趣，刘岩姓刘，那么最合适的国号自然就是"汉"了，刘岩祖籍徐州，极有可能就是刘邦后人。唐末五代还是要讲究门第的，刘岩攀上汉高祖，在士林中就能被人瞧得起。

门第之别很荒谬，但却真实。

大越乾亨二年（918年）二月，刘岩把国号改为大汉，史称南汉。

刘岩的大汉朝气派很大，实际上就是一个割据两广的土财主。想当土豪那首先要有钱，刘岩别的东西不多，但特别有钱，所以糟蹋得起。两广地近南海，珊瑚玛瑙很多，很多中原没有的奇珍在刘岩这里只能当破烂糟蹋。刘岩把金银宝贝都当成装饰品，甚至用水晶琥珀雕成日月形状，悬在宫中。对刘岩来说，这些东西并不稀罕。

刘岩的钱其实也不全是靠这些珊瑚玛瑙，而是利用两广的特殊地利与洋人做生意。曾经有一种观点认为中国的海上经济繁荣起于北宋太祖赵匡胤，实际早在汉唐时，中国就已与海外进行贸易。唐高宗显庆六年（661年）就在广州设立市舶使，负责与海外各国的贸易联系。黄巢占广州时，朝廷就中断了来自广州的岁贡，"南海有市舶之利，岁贡珠玑；如今妖贼所有，国藏渐当废竭。"汉朝与海外的主要通商口岸是徐闻（今广东湛江徐闻县），这是官方认定的中国最早的海上丝绸之路。唐朝与中东、非洲各国进行贸易时，有一条专门的海上交通线，称为"广州通海夷道"（《新唐书》卷四十三下《地理下七》）。到了南汉，南汉在前朝的基础上，继续与海外诸国做贸易，大发其财。刘岩大力推广海外贸易，很多洋人蹈海而来，在两广登陆，把外国的洋钱送到中国以换取中国的物品。在刘岩时代，广州是全中国最大（分裂状态下）的对外贸易口岸。

刘岩在两广与洋人搞海上贸易，但他时刻关注中原局势，中原的一兴一亡，必须会对两广产生重大影响。

事实也确实如此，李存勖最终战胜了朱友贞，恢复了大唐帝国的昔日荣耀，刘岩终于坐不住了。他听说李存勖是当代光武，那必然要统一天下的，自己的两广土皇帝……

刘岩派宫苑使何词去洛阳探查李存勖的虚实。何词倒是很有眼光，一眼就看穿了李存勖建立的那个虚假的中兴盛世，回来后他告诉刘岩："唐室奸邪弄权于内，强藩怀贰于外，不久必乱，陛下请放宽心。"

在确信李存勖不可能南下后，刘岩彻底放心了。刘岩为人比较极端，他认为李存勖不足虑后，甚至停掉了给后唐朝廷的朝贡。

刘岩这类人，如果他认为自己的危险解除之后，会用一种更加极端的方式来展示自己的这种所谓"自信"。南汉乾亨八年（924年），刘岩做了一个"很了不起"的事情，他给自己改了名字。

刚开始，刘岩改名叫刘陟。不过一年后，刘岩就觉得"刘陟"这名不太霸气，不符合自己南霸天的地位，白龙元年（925年），又改名为刘龑。不过还没等刘龑这名记熟，这位南霸天又改名了。改名的原因，是因为坊间传言刘氏江山有一天会被姓龑的篡位，所以必然改。

刘岩突然脑洞大开，发明了一个字，就是"䶮"，音同岩，意为飞龙在天，非常霸气。字典里并没有这个字，但刘岩就是喜欢这种霸气，他喜欢的事，谁又能反对呢？

而南汉周边的政权，都体会到了刘岩的这种"霸气"，惹了这个疯子，谁都没好果子吃。马殷是刘岩的岳父，想占女婿的便宜，结果被刘岩一通暴打，老脸都丢光了。还有交趾的典承美，因为不服刘岩，刘岩呵呵一笑，大将梁克贞很快就把曲承美五花大绑弄到了广州。

综合来看，唐末五代宋初的那伙乱世帝王中，整体能力可以分为几个层级。超一流：柴荣无可争议。第一流：朱温、李存勖、郭威、杨行密、李昪、王建、孟知祥、马殷、赵匡胤，外加这个南霸天刘岩。

刘岩为人凶残，但他知机，参透人生进退，是个绝顶聪明的人。南汉天下在刘岩时代稳如泰山，但危局却潜藏在暗流中，就是立储问题，这是一个历代帝王都很难解决的根本性问题。

刘岩有二十多个儿子，但长子刘洪度却不为刘岩所喜欢，刘岩最喜欢的是次子刘洪昌。但刘岩比谁都清楚，他死后，南汉立刻会血浪滔天，为了那个位置，他的儿子们势必血腥厮杀。

刘岩能不能阻止这场不可避免的骨肉相残呢？理论上可以，留下一个准备继位的儿子，余皆处死，但虎毒不食子，刘岩怎么可能这么做！而即使刘岩想把其他儿子外放到州郡，等继位的那个上台后，也不会放过弟兄们，厮杀亦不可避免。

刘岩日渐衰老，他告诉右仆射王翻：洪度与洪熙皆不足成大事，只有洪昌可以。不过我的儿子们能成器者不多，我死之后，他们必然兄弟阋墙，就像老鼠钻进了牛角，让他们作去吧，只是不知道他们还能猖狂多久？

事实也证明了刘岩悲观的判断是正确的。为了那一亩三分地的最高权力，刘岩的儿子们自相残杀。杀来杀去，刘岩二十多个儿子只剩下一个，那就是最终的胜利者刘晟。

其实，刘岩比起南朝宋文帝刘义隆来说，还算是幸运的，至少他没有死在儿子手上。这样一个杀人狂魔能寿终正寝，不知道是他的幸运，还是历史的悲哀。

南汉世系年表

君主	姓名	在位年（用五代年号）	生卒年	备注
襄宗	刘隐	无	873—911 年	刘谦之子
高祖	刘岩	乾亨 917—924 年	873—911 年	刘隐之弟
		白龙 925—928 年	889—942 年	
		大有 928—942 年		
殇帝	刘玢	光天 942—942 年	920—943 年	本名刘洪度，刘岩次子。好酒及色，宠用小人，为弟刘晟所杀
中宗	刘晟	应乾 943—943 年	920—958 年	本名刘洪熙，杀兄篡位后，杀尽所有同父兄弟。柴荣即将统一天下，刘晟畏惧欲降，却被楚国所阻。刘晟忧虑，饮酒而死
		乾和 943—958 年		
后主	刘鋹	大宝 958—971 年	942—980 年	本名刘继兴，刘晟长子，晟死继位。刘鋹宠爱太监，甚至要求国人欲做官者，必须净身入宫。南汉人口百万，太监就有两万。南汉权阉龚澄枢非常得宠，南汉人认为真皇帝是龚澄枢，而非刘鋹。刘鋹与波斯国宫女淫乱，宫中乌烟瘴气。917年北宋军灭南汉。刘鋹本想乘船去东南亚，但船只被太监开跑，刘鋹走投无路只好投降。刘鋹入汴。赵匡胤请他喝酒，他以为酒中有毒不敢喝，赵匡胤微笑着喝下此杯

二四　在刀尖上跳舞
——荆南小政权的生存之道

　　高季昌应该为自己感到庆幸，在乱哄哄的世界里，命运也许真的眷顾他建立的那个简直可以忽略不计的荆南政权。论地盘，荆南不过三州十七县；论人口，不过数十万，中原一郡而已。在唐末五代十国的大乱世中，有很多割据政权，论实力，要远强于荆南。比如李茂贞建立的岐国，刘守光建立的燕国，周行逢延续的楚国。但命运就是如此吊诡，大政权反而不为正史承认，反而是小小的荆南倒被正史承认，成为十国之一。当然，高季昌首先要感谢的，有两个人：一个是他的干祖父朱温；另一个就是撰写《新五代史》的欧阳修。没有朱温，就没有高季昌主政荆南；没有欧阳修把荆南列入十国世家，他的荆南小王国早就被历史的铺天黄尘所淹没了。

　　对于规模较小的政权之生存法则，无外乎一点，这个小政权处在几个大政权之间，出于地缘战略的均衡，各大国都不会吃掉它。说来巧合的是，高氏荆南所占的辖区，在四百年前的南北朝末期，也出现了一个辖区相同的小政权，就是萧氏后梁（为与朱温后梁区别，此称"西梁"）。西梁夹在三个大国——北周、北齐、南陈之间，最终被志在统一的隋文帝杨坚废掉。

　　西梁是完全附庸于北周的傀儡政权，毫无自主能力，而荆南则拥有不被大国控制的内政治权。西梁是有背后老大北周撑腰的，而荆南在开始二十年也算是有老大站台的，就是朱梁王朝。可朱梁亡后，荆南政权没了奶娘，完全是靠自己的"厚脸皮"在江湖上吃拿卡要、坑蒙拐骗、闪转腾挪四十年，小日子过得反而非常滋润。

　　高季昌这个人的来历很有意思，他生于唐宣宗大中十一年（857年），陕州（河南三门峡）人，因出身贫苦，被家人送到开封富商李让家中当奴才。给人当奴才使唤是没出息的，但谁都没有想到，天上掉下一块馅儿饼正好砸在高季昌的脑袋上。宣武军节度使朱温认了李让当干儿子，来到李让家中胡吃海喝，正好看到相貌不凡的高季昌，聊了几句，朱温觉得此子可教，就让已改名朱友让的李让收高季昌当义子。本来前途灰暗的高季昌一夜之间跳出苦海，成了当时权倾一时的朱使相的干孙子，实际上，高季昌只比朱温小五岁而已。

朱温开始把高季昌带在身边历练，教他骑马射箭。朱温是一代创业枭雄，能识人，他这种级别的人能看上的人物，自然不是凡品。唐天复二年（902年）五月，梁王朱温发兵攻打劫持唐昭宗李晔的岐王李茂贞，李茂贞打不过朱温，死守不战，众将劝朱温见好就收。而高季昌则站出来反对退兵，他向朱温献了一计。计策并不是很高明，只是让朱温派人骗李茂贞说自己要退兵，实际上埋伏数万梁军，等李茂贞傻乎乎地出城占便宜，结果被梁军一通暴打，李茂贞差点把看家老底都赔光了。在朱温的威逼下，李茂贞不情不愿地把奇货可居的皇帝交给朱温，朱温顺利完成了篡唐大业。高季昌为朱温立下不世奇功，朱温自然要赏干孙子一块大肥肉。

唐天祐三年（906年）十月，朱温攻占荆州重镇江陵。江陵北控中原，西凭两川，东临江东，南接楚粤，战略地位极为重要，必须派心腹人把守。朱温把这块肥肉交给了高季昌，高季昌出任荆南节度使，这也是荆南国的开张元年。

当时的荆南节度使辖八州，但高季昌只占有首府江陵一州，而且战乱不断，百姓流散。高季昌是个干事的，招抚百姓，恢复生产，江陵渐渐恢复元气。在名义上，高季昌是朱梁王朝的外放官员，实际上荆南的高氏印记越来越浓厚，高季昌在江陵城内说一不二，这应该也是朱温的默许。

在强敌环伺的复杂环境下，高季昌的生存策略非常简单——背靠大树，自力更生。

大树是梁朝，但等到朱温被杀后，朱友贞继位，他要面对晋王李存勖强大的进攻压力，根本无暇管干侄子高季昌的死活。实际上，这棵大树只起到战略作用，对高季昌来说，他要生存，最需要做的是把自己变成一棵大树。

大树是不希望小树苗再变成一棵大树的。不过，高季昌做不了大树，但他有能力阻止大树掠夺属于自己的荫凉。平心而论，高季昌的综合能力完全可以和那些南方大佬马殷、王建、杨行密、徐温、钱镠、王审知平起平坐，只不过生不逢时罢了。因为江陵地理位置太过重要，各方都想吃掉高季昌。高季昌进攻能力一般，但守成是没有问题的，吴国权臣徐温新执政之初想立威，去占高季昌的便宜，结果被一把火给烧回去了。

因为高季昌也没想到竟然能打败强大的吴军，心理开始膨胀，反而主动去开疆扩土，直到被西川王建、楚国马殷给狠狠修理一顿，高季昌才从迷梦中醒来。高季昌知道自己的斤两，他不再张牙舞爪，而是收起兵锋，把有限的资源用在稳定对内统治上。

此时的高季昌，与东汉末年寄居荆州的刘皇叔倒有些相似之处。刘备奔波半生没有寸土，原因就在于自己身边没有谋士，所以刘备三顾茅庐请来摇鹅扇的诸葛亮。高季昌也知道自己智力浅薄，身边没人绝对不行，他也挖空心思得到了自己的诸葛亮。

谁呢？唐末进士梁震。

梁开平元年（907年）十月，身在中原的梁震因不愿侍奉朱三，借道江陵要回四川老家，半路却被高季昌拦下了。高季昌只有一个要求：先生不要入蜀，留在江陵给我当诸葛亮吧。梁震本来不想给高季昌这个井龙王当龟丞相，但在高季昌半真诚半威胁下，最后还是留了下来。

梁震的谋略水平在大国相对稍次，但对只有三州十七县的区区荆南来说足够用了。梁震为报高季昌知遇之恩，倾其才力相助，荆南能在各大鲨鱼的口中活下来，梁震功不可没。

除了梁震，高季昌还收留了不少从中原过来的流离名士名将，高季昌知人善任，这些人也愿意为高季昌效力。荆南虽小，但人才储备相当充实，各路军阀也不敢小瞧荆南。没有这些智士给大脑经常短路的高季昌提醒，精神似乎不太正常的老高早就被人给灭了。

有一次就能证明梁震之于高季昌的重要性。

公元923年，梁朝被后唐灭亡，李存勖策马入汴，高季昌自然要拜李亚子的码头。因为要避李存勖祖父李国昌的名讳，高季昌改名高季兴（以下改称高季兴）。高季兴要去洛阳拍李存勖的马屁，以防这个神经病突然进攻荆南，而梁震是坚决反对他北上的。梁震的理由是高季兴是梁朝旧臣，手握重兵，很容易引起李存勖的猜忌，万一把你扣下，欲为诸侯而不可得。高季兴不听，强行北上，结果郭崇韬劝李存勖扣留高季兴，幸亏李存勖还不糊涂，说扣高则失天下人归顺之心，这才放了高季兴。高季兴抹着一头冷汗，玩命般逃回江陵。

事情够惊险，但此次洛阳之行也有很大的收获，就是高季兴看清了李存勖狂妄自大的本质，也看清了后唐帝国潜伏着的乱象：功劳是他一个人的，与功臣无关；妇人干政，荒及酒色，入洛才几个月就已失人心。高季兴反而放心了：这样的李存勖，自保尚不能，是不会对荆南构成威胁的。

因为看透了李存勖的本质，所以高季兴及时调整了自己的生存策略，对于渐入混乱佳境的中原，高季兴开始动手动脚了。李存勖兵变灭亡、李嗣源称帝后，已经灭掉前蜀的李存勖之子、魏王李继岌事先在蜀中搜罗了价值四十万贯的财物，要通过江陵转回中原。这支舰队溯长江而上，逆止江陵后，再也走不动了。

原因很简单：这支船队被高季兴强行扣下，财物均归高季兴本人，至于船队人员皆杀之。高季兴脸不红心不跳地为自己辩解：这四十万财物本就不是李存勖的，更不是李嗣源的，强者得之。

当然，这笔巨款也不是高季兴的，问题的关键在于高季兴算定了李嗣源性格比李存勖更软弱，这才敢动手的。但当高季兴看到李嗣源张牙舞爪怒吼的时候，他一定会非常后悔不该惹毛貔吉烈。

高季兴占了李嗣源的便宜，还想继续吃豆腐，唐天成元年（926年）六月，他想让李嗣源割让夔州（今重庆奉节）、忠州（今重庆忠县）、万州（今重庆万县），理由是荆南狼多肉少。李嗣源一代枭雄，只不过脾气好，就被高季兴如此调戏，他岂能踩这个雷？

李嗣源平时不咬人，一旦咬起来，那就得连皮带肉都得撕下来。李嗣源对高季兴的无耻作风非常反感，发兵狠狠地敲打了高季兴，高季兴派往三州接管的高家子弟全被当地政府乱棍打出，高季兴骨头没啃到，反而咯掉了大门牙。这一次李嗣源是动真的，唐天成二年（927年）三月，山南东道节度使刘训为北路军，东川节度使董璋、副使西方邺为西路军，楚王马殷为南路军，三路讨伐荆南。

高季兴从来没有遇到雪崩式的外交灾难，甚至他向吴国求救，也被不想得罪李嗣源的徐温拒绝。从阵势上看，李嗣源是铁心要灭荆南，占据战略要冲。而高季兴从敏锐中发现了生机，那就是瓦解楚王马殷对帮助后唐消灭荆南的动力。马殷何尝不知，一旦荆南为后唐所有，那么后唐兵锋就直抵洞庭湖，虽说楚国向中原称臣，但战略要害如果被中原占据，如果中原要灭楚国……

很简单的道理，马殷自然心领神会。所以高季兴向马殷服软，马殷立刻答应了。当然事情也有反应，马殷撤兵之后又后悔了，还想占高季兴的便宜，派岳州刺史李廷规进攻荆南，被善守不善攻的高季兴零敲碎打给吃了。马殷知道这块骨头不好啃，也绝了吞并高季兴的念头，让高季兴替楚国看好北大门，更符合楚国的利益。

高季兴的实力太过弱小，所以他只能通过这种几乎是鸡蛋上跳舞的方式来求生存。鸡蛋皮薄易碎，用力过大犹不及，而高季兴的这种圆滑处世之道反而适合在这种复杂的形势中生存。在几个鸡蛋上踩着薄皮跳舞，最重要的技术就是平衡，高季兴在这方面做得非常好。吴国徐温死了，养子徐知诰夺权，而吴国与中原是世仇，所以徐知诰更认同与荆南联合对抗中原。高季兴再次嗅到了"商机"，向吴称臣，吴国自然接受，封高季兴为秦王，正式与荆南联合。

荆南三州之地，和中原比是蚂蚁与大象的差距，但高季兴的聪明之处在于，他和另外一头大象称兄道弟。甲象和乙象是竞争关系，那么，这只小蚂蚁可以从容地周旋在两头大象之间，占尽便宜。

这就是高季兴的本事。

在十国中，高季兴为子孙攒下的家业最小，但含金量却是最高的，毕竟这么小的家业在如此残酷激烈的"市场竞争"中竟然屹立不倒，一般人是做不到的。为子孙拼了一辈子的高季兴病倒了，于后唐天成三年（928年）十二月去世于江陵小城，时年七十一岁。

江陵是南方各大镇向中原政权朝贡的必经之道，所以高季兴经常做劫道的买卖，等各镇或写信责骂，或出兵讨伐时，高季兴又不得不把吞到肚里的东西吐出来，所以各大藩镇都瞧不起高季兴。其实跳蚤般大小的荆南能在梁、唐、晋、契丹、汉、周、宋、前蜀、后蜀、楚、湖南、吴、南唐等十多个大政权的夹缝中生存五十多年，实在很不容易。江陵地寡民贫，处四战之地，所以高季兴为了生存，万般无奈之下，只能偷张家鸡，摸李家狗，顺带着拔了王二家的蒜苗。各大镇的头脑们不妨换位思考一下，他们是高季兴，他们会如何去做？

高季兴死后，把这份蚂蚁般大小的家业传到了长子高从诲。高从诲在父亲身边长大，目睹父亲耍的那些滑头本事，自然也从小练就了一身油滑功夫。高从诲继位时，荆南的生存格局没有发生任何改变，从荆南生存角度考虑，高从诲没有改变父亲制定的生存战略。

高从诲首先改善了与后唐李嗣源的关系。其实，吴国徐知诰本想拉拢高从诲，高从诲固然不想得罪吴国，但吴国距离荆南远而后唐近，再加上后唐是中原正统政权，吴与后唐又是敌对关系。从荆南利益考虑，宁可得罪吴国，也不能得罪中原，所以高从诲向李嗣源表达了善意。李嗣源自然接过高从诲的善意，后唐长兴三年（932年）二月，李嗣源封高从诲为勃海王，两国和好如初。

要说明的是，高从诲的外交策略不是"一边倒"，跟后唐当小弟，与吴国结仇。处在荆南这个特殊的地缘结点上，高从诲要广结宾朋，是个人都能被高从诲当成朋友相处。荆南处北唐、东吴、西蜀、南楚之间，四战之地，谁也得罪不起。高从诲对四大国奴颜婢膝，今天给这个磕头称臣，明天拍那个马屁，从中吃点残羹剩饭。各大国都瞧不起高从诲，给高家二少爷起了一个响亮江湖的诨名——高赖子。

高从诲的"英雄事迹"不少，专摘几例。

吴国徐知诰篡位建立南唐，高从诲向徐知诰称臣。后唐河东节度使石敬瑭勾结契丹灭李从珂建立晋朝，高从诲向石敬瑭称臣。石敬瑭因为认比自己小十一岁的辽国国主耶律德光为干爹，受尽天下笑骂，所以高从诲对晋朝称臣，在很大程度上为石敬瑭的尴尬解了围。石敬瑭非常感激高从诲，派翰林学士陶毂出使江陵，高从诲拍尽了石敬瑭的马屁，说什么只要陛下统一天下，臣愿尽犬马之劳云云。石敬瑭被高从诲的马屁拍得非常舒服，自然大喜，送给对于荆南来说极其宝贵的一百多匹马。当然，石敬瑭也不是傻子，高从诲得寸进尺，向石敬瑭索要郢州（今湖北钟祥），石敬瑭根本不理他。

高从诲其实也没把石敬瑭当回事，你不过是给耶律德光当干儿子，换我坐你那个位置，一样认干爹。高从诲不管谁在中原当皇帝，照例磕头叫爸爸。耶律德光入汴，高从诲拜倒在耶律德光的臭脚下，耶律德光大喜，又赏给高从诲一些马匹。

耶律德光以为高从诲是忠臣，其实高从诲是两边下注，同时又和河东节度使刘知远眉来眼去，但条件是刘知远称帝后把郢州给他。刘知远嘴上答应非常爽快，但等他进中原后，根本不知道高从诲这号鸟人是谁。高从诲出兵去夺郢州，被刘知远暴打一顿，自然就老实了。以荆南的实力，和强大的中原帝国硬碰硬，只能鸡飞蛋打。但这次惨败之后，高从诲及时调整生存策略，不再和中原硬掰，老老实实装孙子。

小公司在几家大公司并存的格局下如何生存？其实道理很简单——吃大鱼剩下的残羹剩饭，一块肉屑都能让小虾吃个肚饱。而有些小虾野心太大，一定要吃到大餐，但因为自己肚皮太小，根本容不下大餐，最终撑死。

高从诲最终也没被撑死，后汉乾祐元年（948年）十月，五十八岁的高从诲病逝于江陵，长子高保融接过了这个蚂蚁般小国的权杖。

荆南在高保融以后的事情，实际上是没有什么可说的，不过是因袭其祖高季兴、其父高从诲的滑头政策，四处揩点油混饭吃。要说区别，高保融更倾向于其父"紧抱中原大腿"的方针，毕竟中原实力最强。特别是一代伟大帝王柴荣继承大位后，整军顿甲，大杀四方，统一之势已成，高保融自然知道该站在哪一边。高保融紧抱柴荣大腿，甚至还曾经给后蜀孟昶写信，劝孟昶归降柴荣。

时代总是会出现变化的，高保融的时代，中原、吴、蜀、楚四大国格局不复存在。周行逢的楚国只堪自保，南唐被周朝吃掉淮南十四州，后蜀精锐被周朝消灭，中原独大。高季兴的时代，虽然李存勖强大到几近无敌，但政治的腐败让中原并不在四大国格局中占据优势。

处在四战之地，如果不能根据时局变化调整外交政策，一味搞中间外交，迟早是要吃大亏的。

北宋建隆元年（960年）八月，高保融病死，其弟高保勖继位。在荆南五位君主中，高保勖是最能出洋相的，甚至到了搞笑的地步。高保勖是高从诲最疼爱的小儿子，高从诲脾气不好，但只要看到高保勖就喜笑颜开，人称"万事休"。高保勖身体不太好，但夜生活却很丰富，当上王爷之后，高保勖大兴土木，建造亭台，耗尽了荆南仅有的一点家当，荆南百姓怨声载道，高保勖不理会。更搞笑的是，高保勖把江陵城中的妓女都召到王府，让身体强壮的侍卫上前调戏妓女，浪笑声四起，高保勖则搂着妻妾，坐在帘后欣赏A片。

…………

然后，高保勖就死了，时间是北宋建隆三年（962年）十一月，继位的是高保融之子高继冲。几个月后，即建隆四年二月，荆南被北宋大将慕容延钊灭亡，高继冲奉上老祖宗打下的三州十七县的"江山"。

二五 活在虚幻的悲剧世界中
——北汉老皇帝刘崇的悲苦人生

北汉是十国之一，应该放在篇尾部分，但因为篇幅实在有限，所以把北汉开国皇帝刘崇的生平附在后汉篇之后。

五代十国总共有三个自称汉朝的政权，一个是刘知远建立的后汉政权，一个是刘龑建立的南汉政权，还有一个比较特殊，这个政权属于十国，但它的法统却来自五代的后汉，相当于东晋之于西晋，南宋之于北宋，这就是北汉——五代十国最强硬的一个存在。

北汉在五代十国中是相当另类的存在。论国力，北汉甚至不一定强过小小的蚂蚁荆南，论经济更是穷得一塌糊涂，连大臣的工资都发不出来。但要论士兵的战斗力，却是五代十国位居前列的，千古一帝柴荣如此强硬的存在，却拿北汉奈何不得，连番进攻无甚可取。到了赵匡胤时代，中原依旧拿北汉没有任何办法，直到赵光义，才费尽九牛二虎之力极其勉强地攻克北汉。柴荣与二赵征服天下的过程，没有哪个政权像北汉那样让中原吃尽苦头，晋人剽悍，所言非虚。

要说北汉，首先得先说北汉的开国皇帝刘崇。

五代十国有两个刘崇，一个是朱温的老东家刘崇，朱温偷的就是刘崇家的大锅，被刘崇捉赃暴打一通；另一个就是北汉刘崇。

严格来说，刘崇不是创业皇帝，因为刘崇是五代后汉建立者刘知远的亲弟。如果没有刘知远铁血打下汉朝江山，以刘崇的资质，他是很难像杨行密、王建那样赤手空拳创业的。

刘崇虽然长得漂亮，史称"为人美须髯，目重瞳子"，然而并没有用。因为没有门路，穷困中的刘崇只能靠赌博混日子，还喜欢喝酒，吃了上顿没下顿。后来靠赌也没混上饭吃，只好狠心参军，在脸上"黥"上字迹，像西汉名将黥布（即英布）那样。

刘崇的运气很不错，他参军后，他的大哥刘知远就在军界混出头了。刘知远在晋天福六年（941年）做到河东节度使，刘崇再也不需要靠赌博或军饷混日子了。刘知远对弟弟虽然提携，但也没有完全重用，直到刘知远于晋天福十二年（947年）二月在太原称帝，南下争夺中原，必须留下一个绝对可靠的人守住河东根据地。刘崇是作为母弟，完全依附于自己吃饭，是再合适不过的留守人选。刘崇当上了二号皇帝的河东节度使，是他发家的第一步，这为他后来在河东建国打下人脉基础。

刘知远至死都没有召刘崇入汴梁辅政，究其原因，大致有二：一、刘知远已定下由杨邠、苏逢吉、史弘肇，外加郭威的"3+1"的辅政格局，四人智力远在刘崇之上，不需要刘崇。二、河东是天下第一大镇，由亲弟刘崇镇守，一旦中原有变，刘家后人还能在河东吃上热饭。另外，刘知远还有一层考虑，就是刘崇和四大臣关系并不融洽，特别与郭威关系尤其糟糕，刘崇去了汴梁只能添乱。

刘崇能力一般，但他也想刘家坐稳江山，但他觉得最能威胁到刘家江山的只有郭威。而等到郭威平定李守贞之乱后，官场威望极高，刘崇已经开始考虑郭威对刘家的实质性威胁。此时的刘崇有了割据河东，以应对未来郭威（有可能）篡位中原之急的想法。当然，这不是刘崇的主意，而是河东节度判官郑珙眼界高于天下，说中原不久必乱，大人应该固守河东，退可自为一王，进可争雄天下。刘崇这才搜刮民财，肥了自己的腰包，给弟兄们发军饷，日夜操练，以备不时之需。

形势发展果如郑珙所料，刘承祐发动乾祐之变，汴梁城中血雨腥风，郭威起兵邺都，中原大乱。乾祐三年（950年）十一月，刘承祐死于汴梁城外，郭威控制汴梁城。

郭威突然得势，让刘崇坐立不安，他想趁郭威在汴梁立足未稳之际，南下吃掉郭威。刘崇的计策未必不好，但郭威是千古一帝级别的人物，他早就料到刘崇会这么做。郭威聪明绝顶，他知道刘崇的软肋在哪里。

刘承祐死后，朝臣要推举新皇帝，郭威坚决推立驻守徐州的武宁军节度使刘赟为嗣君，无他，因为刘赟是刘崇的亲生儿子。在名义上，刘赟是高祖刘知远的养子，但却是刘崇的骨肉，郭威推出刘赟，立刻就让刘崇强硬的态度软化下来。实际上，以郭威之枭雄，怎么可能甘居刘崇这号赌棍之下？郭威利用人性的弱点，成功地在刘崇身上赚取足够的战略时间差，他写信给刘崇说，我脸上有黥字，自古哪有雕青天子？刘崇竟然相信了。

等刘崇回过味来，他的宝贝儿子刘赟已经在宋州被郭威部将郭崇给干掉了。

然后，郭威就称帝了。

刘崇哭了。

在冰天雪地里，刘崇哭得肝肠寸断，他恨透了郭威，他更恨自己的目光短浅。太原少尹李骧早看出郭威一肚子坏水，劝刘崇不要上当，刘崇已沉迷在太上皇的迷梦醒不过来，竟然杀了李骧，理由是万一激怒郭威，刘赟必为郭威所害。结果刘崇也看到了，刘崇一味巴结郭威，郭威照样干掉自己的儿子。

五十七岁的刘崇对天发誓：一定要向郭雀儿讨还杀子之仇。

从李骧判断这件事来说，刘崇的战略能力要比郭威低好几个层次。如果刘崇听李骧之计，郭威必然会顾忌到河东强悍之兵，毕竟郭威在汴梁根基太浅，他还不敢公然与刘崇翻脸。郭威因为"汉大臣不即推尊之，故未敢即立"。所以郭威有可能会拖延称帝时间，只可惜刘崇竟然白白浪费这个战略时间差。刘崇如果出兵南下与郭威争雄，胜负犹未可知，毕竟刘知远在后汉的政治影响还在。可等郭威把一切麻烦都解决了，刘崇也只好坐在太原城中哭鼻子了。

郭威当了皇帝，刘崇也当了皇帝。

在哭天抢地中，刘崇悲壮地坐上了帝位，国号大汉，年号仍称汉乾祐四年（951年）。"刘皇叔"一脸泪痕地看着殿下伏首众臣，叹了口气，他说了段让所有人都心酸的话："本来轮不着我为帝，只是高祖皇帝手创天下，一旦为郭威所夺，不得已而为之。朕孤守河东十二州，其窘甚也，朕到底算是什么样的天子呢？你们算是什么样的宰辅大臣？朕手头也没多少钱，所以待卿必然少薄，卿等也不怪怨朕吝啬。"

刘崇说得辛酸，众人默默无语。

刘崇说的都是实情。北汉本就是地瘠民困，人口又非常少，总户口不过四万，人口不到五十万。财政状况非常差，宰相每月只能领到一百贯钱的工资，节度使只有三十贯钱。换成现在的货币单位，相当于四万五千多，以及一万三千多。这样的工资对老百姓来说肯定是高薪，但这些宰相、节度使每家都有十几甚至几十张嘴吃饭，这点钱显然不够开销。

朝廷穷得叮当响，怎么办？只能向老百姓伸手了，史称北汉"国中少廉吏"。更要命的是，为了对抗郭威，刘崇向契丹称臣，每年都要向契丹奉送大量财物，更加重了北汉的财政负担，再加上刘崇还要养活庞大的军队，真的无钱可花。

　　刘崇本质上并不是一个恶人，他也不像石敬瑭那样不顾廉耻，认个比自己小十一岁的契丹人为干爹。石敬瑭出于私利认干亲，而刘崇虽然也认比自己小二十三岁的契丹皇帝耶律阮为叔父，与契丹结为父子之国，但刘崇却是为了"高祖之业不致坠地"，才牺牲自己的人格尊严。

　　客观来讲，郭威确实对不起刘崇，把刘赟还给刘崇就是，何必斩草除根。刘崇是个有尊严的人，他不可能在儿子被杀的情况下还向郭威叩头称臣，这将被天下人耻笑。所以，刘崇宁可认个和自己无仇无恨的小干爹，也要和杀子仇人郭威死磕到底！

　　从这个角度看，刘崇的血性是非常值得尊敬的。

　　自从刘赟被杀后，刘崇存在于这个世界上的意义就只有一个——向郭威讨还血债。

　　刘崇向契丹请兵，但还没等契丹发兵，满怀仇恨的刘崇就发兵找郭威算账去了。北汉刚建国不久，北汉军就由刘崇长子刘承钧统领南下犯周境。虽然北汉军被周军轻松打退，死伤惨重，但这也拉开了刘崇时代没完没了地与周朝战争的序幕。

　　刘崇只认一个死理，不讨还血债，他死不瞑目。

　　过了半年，当年（951 年）十月，刘崇联合契丹兵南下攻周。

　　作战过程与上次不太相同，但结果还是北汉军惨败。冰天雪地里，北汉军死伤无数，本来能耐寒的契丹军也被冻回老家了，刘崇只好窝在太原皇宫里的火炉边大骂老天不长眼，奈何助郭雀儿？现在刘崇唯一能指望的，就是郭威早点死，只要郭威一死，中原无主，刘崇就有机会杀进汴梁，然后掘墓鞭尸……

　　很显然，在刘崇的世界里，郭威是唯一让他感觉到畏惧的男人。至于早被确定为太子的郭威养子柴荣，刘崇正眼也没瞧过。

　　刘崇苦盼的这一天终于来了，北汉乾祐七年（954 年）正月，好消息传到太原：郭威病死，柴荣嗣位。

　　可以想见刘崇此时的激动心情，脑补一下画面：六十岁的刘崇站在冰天雪地里，抖着花白胡须，痛哭流涕，然后大笑：逆贼郭麻雀，该死久矣！大汉朝中兴，就在今日！

刘崇也老了，他知道自己没有几天活头了，为了报儿子被杀之仇，他必须杀进汴梁，手刃五花大绑的柴荣，快意恩仇。刘崇已经意识到，他将是石敬瑭第二，柴荣不过是第二个石重贵罢了。

梦想很美。

遇到郭威，刘崇两次南犯都被敲肿脑袋，而如今，他的对手是千古一遇的军事天才柴荣，以卵击石，卵还以为自己是石头，扬扬得意地说：眼前这块卵……

关于高平之战，已经在《英雄敌不过天意——漫谈周世宗柴荣之战高平》说详细解读，这里不重复。刘崇怀揣着美好的梦想来到角斗场，他相信自己一定能一拳 KO 掉对手，没想到自己却差点成为柴荣的俘虏。

刘崇应该还记得，柴荣的三个亲生儿子就死在自己的侄子刘承祐手上。

刘崇惊魂未定，柴荣就率周军杀到太原城下，周军四处攻城略地，占领了北汉大半州县。刘崇不擅长进攻，防守倒是一流，当然这也有赖于太原城的坚固。周军在太原城下来回折腾，因为当时周军还没有进行军改，部队纪律很差，无法形成合力。再加上连旬大雨，周军泡成了落汤鸡，柴荣权衡利弊后，只好含恨撤军。

刘崇再次擦拭着额头上惊恐的汗水。

经过这番惊吓，刘崇病倒了，他也知道自己这一次躺下，再也起不来了。孤苦的刘崇经常思念被郭威杀害的儿子刘赟，每一次绝望的思念，陪伴这位孤穷老皇帝的只有悔恨无尽的泪水。

北汉乾祐七年（954 年）十一月，北汉世祖刘崇死于太原，寿六十岁，皇子刘承钧继承大位。

因为北汉是中原死敌，北宋继周朝法统，再加上北宋十九年都没能啃下北汉这块硬骨头。北宋在修《旧五代史》时，北汉还没有灭亡，所以宋史家对刘崇极力贬低，称"刘崇以亡国之余，窃伪王之号，多见其不知量也"。这话倒没有说错，刘崇称帝，确实有些自不量力，可观刘崇这辈子，总是能联想到三国刘皇叔，二人何其相似。都是最弱小的政权，但都以恢复中原为立国根本，不顾自己实力微弱的事实，数度主动进攻中原，最终力尽而亡。

刘崇，其实还是值得后人尊敬的。

北汉世系年表

君主	姓名	在位年（用五代年号）	生卒年	备　注
世祖	刘崇	乾祐 951—954 年	895—954 年	后汉高祖刘知远弟
孝和帝	刘钧	乾祐 954—957 年	926—968 年	刘崇长子
		天会 957—968 年		
废帝	刘继恩	天会 968—968 年	935—968 年	刘承钧外甥兼养子，守孝期间为刘继元所杀
末帝	刘继元	天会 968—974 年		刘承钧外甥兼养子，为人凶暴，重用宦官，擅杀大将，父事契丹，国人离心
		广运 974—979 年	不详—991 年	979 年，北宋进攻北汉，刘继元守不住，出降

附：五代十国世系年表

五代

后梁（907—923 年）定都汴梁（今河南开封）

太祖朱温	开平	907—910 年
	乾化	911—911 年
废帝朱友珪	凤历	911—911 年
末帝朱友贞	贞明	911—920 年
	龙德	920—923 年

注：太祖朱温住洛阳

后唐（907 年建国，923—936 年）定都洛阳

庄宗李存勖	同光	923—926 年
明宗李嗣源	天成	926—930 年
	长兴	930—933 年
闵帝李从厚	应顺	934—934 年
末帝李从珂	清泰	934—936 年

后晋（936—946 年）定都汴梁

高祖石敬瑭	天福	936—942 年
出帝石重贵	天福	942—944 年
	开运	944—946 年

后汉（947—950 年）定都汴梁

高祖刘知远	天福	947—948 年

隐帝刘承祐	乾祐	948—950 年

后周（951—960 年）定都汴梁

太祖郭威	广顺	951—954 年
世宗柴荣	显德	954—959 年
恭帝柴宗训	显德	959—960 年

十国

前蜀（907—925 年）定都成都

高祖王建	武成	907—911 年
	永平	911—915 年
	通正	916—916 年
	天汉	917—917 年
	光天	917—917 年
后主王衍	乾德	918—925 年
	咸康	925—925 年

后蜀（934—965 年）定都成都

高祖孟知远	明德	934—934 年
后主孟昶	明德	934—938 年
	广政	938—965 年

吴（907—937 年）定都广陵（今江苏扬州）

杨行密	开国	
杨渥	唐天祐	905—909 年
杨隆演	唐天祐	909—919 年
	武义	919—920 年
杨溥	顺义	920—927 年
	乾贞	927—929 年

| | 大和 | 929—935 年 |
| | 天祚 | 935—937 年 |

南唐（937—975 年）定都金陵（今江苏南京）

烈祖李昪	昇元	937—942 年
中宗李璟	保大	943—958 年
	中兴	958—958 年
	交泰	958—958 年
	周显德	958—961 年
后主李煜	宋年号	961—975 年

南汉（917—971 年）定都兴王（今广东广州）

襄宗刘隐	唐梁年号	904—911 年
高祖刘岩	梁年号	911—917 年
	乾亨	917—925 年
	白龙	925—928 年
	大有	928—942 年
少帝刘玢	光天	942—943 年
中宗刘晟	乾和	943—958 年
后主刘铱	大宝	958—971 年

闽（907—945 年）定都长乐（今福建福州）

太祖王审知	梁、后唐年号	907—925 年
王延翰	后唐年号	925—926 年
太宗王延钧	后唐年号	926—933 年
	龙启	933—935 年
康宗王昶	永和	935—936 年
	通文	936—939 年
景宗王延曦	永隆	939—943 年

殷帝王延政　　　　　天德　　　　　　　943—945 年

吴越（893—978 年）定都临安（今浙江杭州）

武肃王钱镠	唐、梁、后唐年号	893—924 年
	宝大	924—926 年
	宝正	926—932 年
文穆王钱元瓘	后唐、后晋年号	932—941 年
忠献王钱弘佐	后晋年号	941—947 年
忠逊王钱弘倧	后汉年号	947—948 年
忠懿王钱弘俶	后汉、后周、北宋年号	948—978 年

楚（896—951 年）定都长沙

武穆王马殷	唐、后梁、后唐年号	896—930 年
衡阳王马希声	后唐年号	930—932 年
文昭王马希范	后唐、后晋年号	932—947 年
马希广	后汉年号	947—950 年
恭孝王马希萼	后汉年号	950—951 年
马希崇	后周年号	951—951 年

附后楚

周行逢	后周、北宋年号	955—962 年
周保权	北宋年号	962—963 年

荆南（907—963 年）定都江陵

武信王高季兴	后梁、后唐年号	907—928 年
文献王高从诲	后唐、后晋、后汉年号	928—948 年
贞懿高保融	后汉、后周、北宋年号	948—960 年
高保勖	北宋年号	960—962 年
高继冲	北宋年号	962—963 年

· 附：五代十国世系年表 ·

北汉（951—979 年）定都太原

世祖刘崇	乾祐	951—954 年
睿宗刘钧	乾祐	951—957 年
	天会	957—968 年
刘继恩	天会	968—968 年
刘继元	天会	968—979 年

吴越世系

君王	姓名	在位年	生卒年	备注
武肃王	钱镠	893—932 年	852—932 年	893 年，唐昭宗封钱镠为镇海节度使
文穆王	钱元瓘	932—941 年	887—941 年	钱镠第五子。为人"好儒学"，能作诗，但生活奢侈，花钱如流水。941 年，杭州发生大灾，烧掉吴越国库，钱元瓘受到惊吓，精神失常，不久病逝
忠献王	钱弘佐	941—947 年	928—947 年	即位时十三岁，诸将皆不服，钱弘佐杀诸将不服者，或迁于外地，诸将震恐。闽国内乱，钱弘佐力排众议，发兵南下，破南唐兵夺下重镇福州，扩展了吴越国的生存空间
忠逊王	钱弘倧	947—948 年	929—975 年	被内衙统军使胡进思废黜并软禁，975 年病死
忠懿王	钱弘俶	948—978 年	929—988 年	978 年，畏北宋进攻，主动向宋太宗赵光义举国投降

闽国世系一

君王	姓名	在位年	生卒年	备注
太祖	王审知			
	王延翰	926—927 年		王审知长子。王延翰暗示群臣拥戴他为闽王，用后唐年号。王延翰个头高，美容貌，却是"妻管严"。老婆崔氏"陋而淫"，专杀美女多达 84 人，后被雷劈死。王审知养子王延禀不服王延翰，勾结王延钧推翻王延翰，杀之
太宗	王延钧	927—934 年		王审知次子，改名王鏻。王鏻继位后，杀王延禀，上书李嗣源，要求朝廷封他为尚书令，被拒绝，王鏻怒而断绝对后唐的朝贡。王鏻喜欢道术，装神弄鬼，宠信道士。在道士陈守元蛊惑下，王鏻称帝，令国计使薛文杰专抄富人家产，以为私用。王鏻喜欢奴婢陈金凤，立为皇后，又宠男宠归守明。归守明趁王鏻得病时，与陈金凤私通。皇子王继鹏发动兵变，斩杀王鏻

闽国世系二

君王	姓名	在位年	生卒年	备注
康宗	王继鹏	935—939年		王鏻长子，继位后改名王昶。王昶狂妄自大，向晋称臣，又羞辱晋朝使节。石敬瑭"怒其不逊"，下诏大骂王昶昏狂，并拒绝接受闽国贡品。王昶信鬼神，宠信道士陈守元和妖人林兴，大兴土木建道观，建道像。王昶重自己嫡系部队而疏远其他部队，引起不满，控鹤都将连重遇和拱宸都将朱文进起兵谋反，王昶出逃，连、朱二人迎立王延羲。王昶在路上被王延羲之子王继业所杀，妻子皆死，谥为康宗
景宗	王延羲	939—943年		本名王延义，又改名王曦。王曦同样狂妄自大，昏庸无道。大臣犯法，只要花钱都可以赦免无罪。爱钱如命，王曦嫁女儿，大臣不掏彩礼钱，王曦大怒，要人弹劾百官。王曦自称唐太宗再世，丑态百出。王曦好男色，和外甥李仁遇鬼混在一起，甚至让外甥当宰相。王曦还好饮酒，常在国中牛饮。王曦怀疑连重遇对自己不忠，连重遇畏惧，联合朱文进发动叛乱，趁王曦醉酒后，在马上杀之，谥为景宗
恭宗	王延政	943—945年		王审知之子。王曦昏暴，王延政上书劝谏，王曦不听，反恨王延政。王延政控制建州，自称大殷国皇帝，与王曦互相攻杀。后连文遇推立朱文进为帝，闽人不服，王延政趁机攻下福州。随后南唐军灭闽，王延政力尽而降，迁往金陵

南汉世系

君王	姓名	在位年	生卒年	备注
襄宗	刘隐	904—911年	873—911年	刘谦之子
高祖	刘岩	911—942年	889—942年	刘隐之弟
殇帝	刘玢	942—943年	920—943年	本名刘洪度，刘岩次子。好酒及色，宠用小人，为弟刘晟灌酒拉杀
中宗	刘晟	943—958年	920—958年	本名刘洪熙，杀兄篡位后，杀尽所有同父兄弟。柴荣即将统一天下，刘晟畏惧欲降，却被楚国所阻。刘晟忧虑，饮酒而死
后主	刘铱	958—971年	942—980年	本名刘继兴，刘晟长子，晟死继位。刘铱宠爱太监，甚至要求国人欲做官者，必须净身入宫。南汉人口百万，太监就有两万。南汉权阉龚澄枢非常得宠，南汉人认为真皇帝是龚澄枢，而非刘铱。刘铱与波斯国宫女淫乱，宫中乌烟瘴气。917年，北宋军灭南汉。刘铱本想乘船去东南亚，但船只被太监开跑，刘铱走投无路只好投降。刘铱入汴，赵匡胤请他喝酒，他以为酒中有毒不敢喝，赵匡胤微笑着喝下此杯